CB142885

Mundo Latino e Mundialização

Darc Costa e Francisco Carlos Teixeira Da Silva
Organizadores

**Antonio Celso Alves Pereira – Cristina Buarque de Hollanda – Darc Costa – Fernando Bossi
Fernando de Souza – Francisco Carlos Palomanes Martinho – Francisco Carlos Teixeira Da Silva
Luis Fernandes – Monica Grigorescu – Norma Musco Mendes – Paulo Neves de Aquino
Regina Maria da Cunha Bustamante – Reginaldo Gomes Garcia dos Reis – Reinaldo Gonçalves
Ricardo Pereira Cabral – Sabrina Evangelista Medeiros – Samuel Pinheiro Guimarães
Sergiu Celac – Severino Cabral – Sidnei Munhoz – Williams Gonçalves**

MUNDO LATINO E MUNDIALIZAÇÃO

FAPERJ

MAUAD

Copyright © by Darc Costa, Francisco Carlos Teixeira Da Silva et alii, 2004

Direitos desta edição reservados à
MAUAD Editora Ltda
Av. Treze de Maio, 13, Grupo 507 a 509 – Centro
CEP: 20031-007 — Rio de Janeiro — RJ
Tel.: (21) 2533-7422 — Fax: (21) 2220-4451
www.mauad.com.br

em co-edição com
FAPERJ – Fundação Carlos Chagas Filho de Amparo à Pesquisa do Estado do Rio de Janeiro
Av. Erasmo Braga, 118, 6º andar – Centro
CEP: 20020-000 – Rio de Janeiro – RJ
Tel.: (21) 2533-0161 – Fax: (21) 2533-4453
www.faperj.br

Edição:
Alfredo Ulm

Revisão:
Ieda Raro Schmidt

Digitação:
Angélica Araújo

Projeto Gráfico:
Núcleo de Arte/Mauad Editora

Imagem da Capa:

Mosaico de chão de Roma e suas províncias, encontrado na "Casa da África" em Thysdrus (atual El Djem) e datado da 2ª metade do século II. Tamanho: 3,5m x 3,5m. Acervo: Museu El Djem (Tunísia). Referência Bibliográfica: BLANCHARD-LEMÈE, M. et alii. Mosaics of Roman Africa; floor mosaics from Tunisia. London: British Museum Press, 1996. p. 26, fig. 6.

CIP - Brasil - Catalogação na Fonte
Sindicato Nacional dos Editores de Livros, RJ.

M928

Mundo latino e mundialização
/ Darc Costa, Francisco Carlos Teixeira Da Silva (organizadores).
- Rio de Janeiro : Mauad: Faperj, 2004.

Inclui bibliografia
ISBN 85-7478-129-0

1. América Latina - Relações exteriores. 2. Globalização. 3. Brasil - Relações exteriores. 4. Política internacional. 5. Relações econômicas internacionais.

I. Costa, Darc. II. Silva, Francisco Carlos Teixeira Da.

04-0768.
CDD 327.8
CDU 327 (8)

Sumário

Mundialização e Estratégia – Política no Mundo Latino

A Crise Regional

Apresentação

Este livro é fruto de uma iniciativa conjunta do Centro de Estudos Estratégicos, da Escola Superior de Guerra – então sob a direção de Darc Costa – e o Laboratório de Estudos do Tempo Presente/Tempo, visando aprofundar o debate, particularmente intenso durante a campanha presidencial de 2002, sobre os rumos da política externa e a condição estratégica brasileira. Coube à Fundação de Amparo à Pesquisa do Rio de Janeiro/Faperj acolher com entusiasmo a idéia inicial de realização do seminário e do livro que apresentamos, iniciativa que muito agradecemos.

Procuramos reunir um grupo de especialistas sobre o tema das relações internacionais – como Luis Fernandes, IRI/PUC; Severino Cabral/ESG e Antonio Celso Alves Pereira, da UFRJ – bem como alguns convidados estrangeiros, europeus e latino-americanos. Sentimos ainda a necessidade de discutir a singularidade brasileira, como país latino, mestiço e desigual, daí buscarmos as origens de um longo processo de transplantação e adaptação de um legado cultural antigo e sempre revivificado como a latinidade, para o que convidamos especialistas como Norma Musco Mendes e Regina Bustamante, do curso de pós-graduação em História Comparada, além de Francisco Martinho, do Laboratório de Estudos Ibéricos, da UERJ, capazes de dar a dimensão comparativa necessária a um empreendimento desta dimensão. Abrimos, ainda, espaço para os chamados "novos temas", em especial as questões ligadas às migrações e à construção de um império unilateral enquanto paradigma da nova ordem mundial, como nos textos de Sabrina Medeiros, Cristina Buarque de Holanda e Ricardo Cabral, do Laboratório de Estudos do Tempo Presente, e Reginaldo Reis, do Centro de Estudos Políticos e Estratégicos, da Escola de Guerra Naval.

Vários dos temas abordados aqui – a cooperação internacional, os grandes blocos regionais e a questão da ordem jurídica internacional, como nos textos de Fernando de Souza, Monica Grigorescu e Samuel Pinheiro Guimarães – evoluíram rapidamente no cenário internacional, consolidando tendências que apontávamos ao final de 2002. Muitos dos textos precisaram, por isso mesmo, ser reescritos e algumas notas foram acrescentadas, visando uma atualização necessária para efeito de publicação.

Contudo, os pontos principais tratados, tais como a Alca, as relações com a União Européia e os Estados Unidos, não só se mantiveram inteiramente dentro dos aspectos abordados, como ainda acompanharam claramente as tendências esboçadas nas diversas intervenções ao longo do seminário. Vários de seus autores tornar-se-iam, após a vitória do Partido dos Trabalhadores, atores dos processos discutidos, com capacidade e decisão de enfrentar as questões levantadas.

Ao longo de 2003 o país foi guindado para assumir uma nova preeminência nas relações internacionais – o que foi denominado de *novo protagonismo brasileiro* – que desconhecíamos desde os tempos da Política Externa Independente, de San Thiago Dantas ou do Pragmatismo Responsável, da época de Ernesto Geisel. O enfrentamento claro do dossier da Alca, com respostas já previstas neste livro, em direção a um acordo mais flexível e menos danoso ao país, ao lado do posicionamento soberano na reunião de Cancún, da Organização Mundial do Comércio, marcaria claramente a nova política externa brasileira sob a condução de Lula da Silva.

O eixo central de tal política, entrementes, deveria ser buscado num desejo ardente de aprofundamento da integração sul-americana, levando a restauração do Mercosul como um projeto político de longa duração para o Brasil, superando uma visão mesquinha que, entre 2000 e 2002, quase leva à desaparição da mais importante criação da engenharia diplomática brasileira. Ao mesmo tempo tecia-se, ao longo de necessárias viagens presidenciais, uma ampla rede de relações na América do Sul, visando evitar o isolamento do Brasil, aprofundando nossas relações – inscritas no destino – com nossos irmãos argentinos, além de uma notável aproximação com os países latinos. Com rapidez e sutileza evitou-se uma intervenção estrangeira desastrosa na Venezuela, construindo-se um mecanismo de convivência instável, porém bastante eficiente até o momento.

Em resposta às ameaças de isolamento e boicote – embutidas nas negociações da Alca – criaram-se laços originais e estratégicos na dimensão Sul/Sul, como as desenvolvidas com países fundamentais do planeta: a África do Sul, Índia e China, abrindo-se novos mercados, novas oportunidades de investimentos e de intercâmbio tecnológico.

De forma inédita buscaram-se no Oriente Médio a abertura de ricos mercados e a capacidade de ser considerado uma força alternativa para países emparedados entre difíceis opções. Enquanto na África Negra, e em especial na África lusófona, tratou-se de restabelecer a presença brasileira, relegada durante quase dez anos, num processo crescente de projeção de prestígio, com programas de auxílio ao combate a endemias e a criação de condições de desenvolvimento institucional e econômico, como em Angola, Namíbia e Moçambique.

Todos estes movimentos – além de uma significativa aproximação com o eixo Paris/Berlin – fortaleceram largamente as pretensões brasileiras de um lugar permanente na ONU como um país significante no jogo internacional.

Devemos, por fim, lembrar que sem a ajuda de alguns amigos este livro não poderia ser feito. Neste sentido, cabe um grande agradecimento a Alfredo Ulm, Fernanda Candeias e Kay Bartucci, da Faperj, e Lucia Feijó, da ESG.

Por fim, devemos destacar a atuação da Dra. Maria Carolina Pinto Ribeiro, diretora administrativa da Faperj, pelo estímulo e intensa participação.

Os organizadores

Prefácio

O Brasil em Busca do seu Lugar no Mundo

Fernando Peregrino*

Qual o lugar que o Brasil ocupa, ou deveria ocupar, nas relações internacionais hoje? Para responder esta questão o engenheiro Darc Costa, do Centro de Estudos Estratégicos da Escola Superior de Guerra, e o historiador Francisco Carlos Teixeira Da Silva, do Laboratório de Estudos do Tempo Presente, da UFRJ, reuniram durante três dias, na UERJ, sob o patrocínio da Faperj/Fundação Estadual de Amparo à Pesquisa do Estado do Rio de Janeiro, um vasto número de pesquisadores para debater a questão inicialmente proposta.

A questão colocada, mais do que um exercício acadêmico, decorre da dinâmica das próprias relações internacionais depois dos trágicos acontecimentos do 11 de setembro de 2001. Sob o prisma de vários estudiosos, como Samuel Pinheiro Guimarães, Luis Fernandes, Antonio Celso Alves Pereira, Fernando de Souza, de instituições prestigiosas como as escolas de formação militar superior, dos setores mais dinâmicos do empresariado e, mais importante, do sentimento difuso existente nas ruas junto ao homem comum, o Brasil deveria – e deve – assumir um papel mais ativo nas relações internacionais, condizente com suas dimensões continentais, o peso mundial de sua população, a imensa base industrial construída nos últimos cinqüenta anos, além, é claro, das suas riquezas e possibilidades de exploração de recursos naturais. Tal atitude, já denominada de "o novo protagonismo internacional brasileiro" junto aos diversos fóruns internacionais, apresentava seus primeiros sinais na recusa, em 2001, de uma atitude exclusivamente belicista enquanto resposta ao novo terrorismo mundial; na insistência da resolução da Questão do Estado Palestino como chave das relações entre o Ocidente e o Mundo islâmico; na defesa do uso humanitário e responsável das

* Fernando Peregrino é engenheiro do CBPF, ex-presidente da Faperj, ex-secretário de Estado de Ciência e Tecnologia e atual secretário de Estado Chefe de Gabinete da governadora Rosinha Garotinho.

patentes médico-farmacêuticas; na organização e debate das condições existentes do comércio mundial, como no Fórum da Organização Mundial do Comércio, em Cancún (México) em 2003, culminando na formação do chamado G-20, grupo de países produtores e exportadores de bens básicos no âmbito da OMC.

Todos esses esforços apontam claramente para a inexorabilidade do processo de mundialização, do seu caráter envolvente e inevitável. Todavia, não se trata de uma rendição perante forças malcompreendidas: o novo protagonismo brasileiro avança em direção a transformar a mundialização numa via de mão dupla, não só conveniente e favorável aos países ricos mas, e principalmente, capaz de gerar e distribuir riquezas de forma mais eqüitativa para todos os povos do planeta.

Este foi o centro da discussão nos três dias de reunião na UERJ. Vindos de várias partes do mundo e de vários núcleos de pesquisa brasileiros, tais pesquisadores destacaram, assim, o embate entre os dois fenômenos centrais do final do século XX e do alvorecer do novo século: de um lado, a chamada mundialização – para alguns, o anglicismo globalização –, absorvedora de tudo, homogeneizadora, niveladora e desrespeitosa com o singular e o diferente; de outro lado, o ressurgimento, ou exacerbação, de nacionalismo de caráter localista, bairrista e, mesmo, muitas vezes racista, permitindo a irrupção no cenário mundial de eventos que todos gostariam de considerar superados para sempre, como os genocídios e guerras fratricidas na África ou Ásia.

Assim, a chamada Nova Ordem Mundial, proclamada pelo Presidente George Bush, pai, depois da I Guerra do Iraque, em 1991, surge para nós, ao sul da linha do Equador, como imperfeita, muitas vezes espoliadora, e incapaz de dar conta de questões fundamentais de grave urgência, como a fome, o direito ao trabalho para todos, o sonho de cada criança na escola, o uso humanitário de remédios e vacinas... Mais do que políticos e chefes de Estado, talvez somente o poeta Caetano Veloso tenha verdadeiramente entendido o caráter da Nova Ordem Mundial: *...há alguma coisa fora da ordem!*

Tendo clara consciência de tais questões, os pesquisadores reunidos neste livro centraram sua atenção na originalidade, diversidade e natureza inclusiva da sociedade brasileira em comparação com outras sociedades contemporâneas, caráter este muitas vezes contrariado por uma história longa de cinco séculos de injustiça social. Malgrado o seu passado escravista e latifundiário, o Brasil foi capaz de construir, mesmo permanecendo um país pobre, um espaço de miscigenação, de mestiçagem e mulatice, evitando horrores de políticas oficiais de segregação e exclusão, que até bem pouco pautaram países como os Estados Unidos ou a África do Sul. Ao mesmo tempo, graças ao caráter intuitivo, criativo e assimilador do seu povo, o Brasil apresentou, desde 1930, índices recordes de crescimento econômico, transformando-se, no espaço de cinqüenta anos, de um país atrasado e pobre – do qual se dizia ter uma vocação essencialmente agrícola – em um país moderno, urbano, industrial, relevante nas relações internacionais. Claro que as inomináveis injustiças sociais, muitas vezes tingidas de diferenças de cor, continuaram existindo e implicam na necessidade consciente e afirmativa de os atuais governantes agirem em direção à sua superação. De qualquer forma, a característica central do país que se constrói com o esforço desta imensa população é claramente marcada por sua mestiçagem, sua pluralidade e, ao mesmo tempo, em ser diferente. Muitas vezes surpreendemo-nos com paisagens humanas acotoveladas lado a lado em espaços de poucos quilômetros, de uma forma que em outros locais geraria conflito e segregação, talvez mesmo os famigerados processos de *limpeza étnica*. Tal capacidade de conviver com o outro, com a diferença, escreve-se claramente nos seus componentes históricos e, entre os quais, destaca-se sua latinidade, seu apego ao seu caráter originalmente ibérico mestiçado com as raízes africanas e indígenas.

Hoje, o Brasil é o maior país de origem latina do mundo. Seus mais próximos assemelhados apresentam perfis diferenciados, marcados por debates e conflitos ainda hoje insuperáveis. A França, envolta com o dilema da assimilação ou imposição de regras autoritárias de convivência comum para suas minorias, entre elas a importante minoria islâmica. A Espanha, marcada pelas diferenças regionais e o questionamento da existência de uma pátria única espanhola, enquanto na Itália a própria idéia de Estado-nação é questionada por partidos regionalistas. Enquanto isso, entre nós, as diferenças encontram acolhida, com condições para o desenvolvimento de seus sonhos e aptidões e, simultaneamente, a sedução pelo futebol, pelo samba, pela caipirinha e qualquer um dos nossos heróis esportivos, erguendo com amor as cores verde-amarelo em qualquer campeonato mundial... O caráter latino, a sua base dura, às vezes cruel, proveniente da Península Ibérica, a curiosidade e engenhosidade indígena, a força e a fantasia africanas engendraram um mundo novo nos trópicos.

Ora, face ao fenômeno montante da mundialização, do qual não escaparemos, do qual não há recôndito defensivo ou barricada intransponível, devemos apresentar a própria face do Brasil, sua capacidade de absorver e mestiçar o novo, o alienígena, transformando em *brasis* toda contribuição nova. Assim, a mundialização perderia o seu caráter homogeneizador, nivelador e capaz de destruir o diferente, passando ela própria a projetar a diferença. A condição fundamental de sucesso do Brasil, da ampliação de seu papel no mundo atual, globalizado, implica claramente em oferecer ao mundo aquilo que nos faz ser tão típicos e, ao mesmo tempo, tão universais: nossa latinidade mestiça.

O Mundo Latino — As Origens

Império e Latinidade

Norma Musco Mendes*

A reflexão sobre o que é hoje latinidade nos leva aos primórdios da história de Roma. O termo nos remete aos latinos, habitantes do Lácio, região localizada no centro da Itália, colonizada pelo herói troiano Enéias, do qual descenderam Rômulo e Remo, fundadores de Roma. Ao longo de cinco séculos e por intermédio de conquistas, Roma estruturou uma das mais amplas e coerentes construções políticas e militares da História da humanidade: o *Imperium Romanum.*[1]

A latinidade apresenta-se, assim, desde a época de sua formação,

> "como uma rede lançada à água capturando nas suas malhas políticas, jurídicas e lingüísticas as diversas populações espalhadas por uma extensão incomensurável. Lançadas do Lácio, as suas franjas atingiam, ao sul, o vazio, o grande deserto; cortavam precisamente – é o muro de Adrião – a ilha da Bretanha; desdobravam-se, ondulantes, para lá do Reno e do Danúbio, (...) esbarravam, por fim, ao chegar à Mesopotâmia, contra o obstáculo erguido por um império concorrente, irredutível". (DUBY, G., 1989:12.)

Para se compreender a latinidade, é indispensável o estudo da experiência imperialista romana e do processo de romanização.

A tendência historiográfica atual é refutar o conceito de Romanização como o triunfo de uma cultura superior ou mais avançada em relação às comunidades primitivas, o qual se tornou possível devido à expansão militar e resultou na criação de uma entidade política e cultural uniforme. Hoje, a romanização é vista como um processo de mudança socioeconômica multifacetada em termos de seu significado e mecanismo, implicando múltiplas interpenetrações, intensa circulação e apropriações culturais entre os vários grupos étnicos e classes sociais, em diferentes locais e momentos históricos.

---

* Professora com mestrado em História Antiga e Medieval pelo Instituto de Filosofia e Ciências Sociais da UFRJ, doutora em História Antiga pela Universidade Federal Fluminense, professora de História Antiga Comparada na Graduação e Pós-graduação do IFCS/UFRJ e vice-diretora do IFCS/UFRJ.

A relação entre a romanização e o latim é complexa, pois, no que diz respeito à administração imperial, houve uma importante dicotomia lingüística. Com base na epigrafia, R. Miles demonstra que, no Oriente, o grego foi reconhecido como a linguagem oficial do Império, pois desde Alexandre era a linguagem do governo. No Ocidente, diante da ausência de uma cultura unificada preexistente, o latim tornou-se a língua oficial do governo. (MILES, R., 2000:56ss.)

A latinização do Ocidente ocorreu como forma de articular a conquista para o estabelecimento de uma nova configuração das relações de poder. Ao mesmo tempo que era preciso obter a cidadania, também era necessário aprender latim para se ter prestígio social, manter contatos sociais, comunicar-se com os representantes da administração romana ou adquirir conhecimento acerca da legislação, condições que garantiam não só o direito à propriedade como também a contrair um casamento legítimo.

As línguas locais eram classificadas como diferentes, bárbaras e, portanto, não pertenciam à identidade romana. No entanto, isso não quer dizer que Roma tenha imposto o latim, destruindo as línguas locais. A manutenção das identidades regionais é exemplificada pelo registro da existência de inscrições em etrusco e do dialeto osco na Itália; do púnico na África ou pela existência de inscrições bilíngües. Isso nos projeta para um sistema de domínio que, apesar de almejar a mundialização,[2] não adotou uma postura de exclusão, não significou a destruição das culturas locais, e sim a busca da integração por meio de estratégias de "mestiçagem cultural". (BAUDRILLARD, J., 1996, e WEBSTER, J., 1997.)

A noção de latinidade é um conceito histórico complexo que se baseia na idéia do latim como língua de comunicação oficial do Império Romano, mas que não significou uma homogeneização lingüística, pois a preservação das falas locais foi fundamental para a formação das línguas românicas. Portanto, a latinidade é o resultado de um processo histórico, no qual se observam múltiplas interpenetrações e apropriações lingüísticas e culturais que construíram a civilização européia.

Um exemplo evidente foi o desenvolvimento, no contexto europeu, do vocábulo latino *imperium*, cuja noção traduz a primeira tentativa "verdadeira" e duradoura de dominação universal.

No século XVIII, a palavra *imperium* deu origem ao termo imperialismo vinculado aos partidários de Napoleão, porém ganhou força com os estudos do trabalhista liberal Hobson, em 1902, e de Lenin, em 1906, que buscavam as bases para uma teoria geral do imperialismo, ressaltando-o como um fenômeno sujeito e restrito da sociedade capitalista. (KERNIG, C.D, 1975:113ss.)

Por outro lado, os vetores fundamentais do projeto de identidade imperial romana, assim como os sistemas de representação que lhe davam sentido, foram apropriados como símbolos de poder e utilizados nos discursos ideológicos das potências imperialistas modernas. Os ingleses, franceses e italianos, considerando-se herdeiros dos romanos, justificavam e legitimavam o seu direito à conquista e ao domínio imperial. Eram, como os romanos, os defensores de uma ordem, tinham a missão reguladora, normativa e civilizatória frente aos nativos, os quais representavam a barbárie e, portanto, eram considerados inferiores e incapazes. A guerra era justa, e o domínio justificado porque a barbárie revelava-se ameaçadora para a existência dos valores da civilização. (MENDES, N.M., 1999, pp. 307-324.)

Para que possamos entender o sentido da palavra império, utilizada pelas potências coloniais modernas, é preciso analisar a transformação do significado que o termo latino *imperium* sofreu do século III a.C. ao século I d.C. O novo significado adquirido pelo termo *imperium* demonstra a adaptação da linguagem política que foi necessária para representar a nova realidade imperial romana. Logo, a análise do processo de transformação deste vocábulo político contribui para a investigação da natureza do imperialismo romano.

O *imperium* é a projeção, no interior da *civitas*,[3] da onipotência de Júpiter, *Optimus Maximus*, e, portanto, significa o conjunto da autoridade suprema e a fonte de toda a ação política. Era o atributo inerente aos reis. Como conciliar este poder de essência divina, que confere a quem o possui a unidade de comando militar e de jurisdição, frente às exigências do sistema republicano, que aboliu a monarquia, possibilitando a libertação do povo romano?

Os poderes que convergiam da posse do *imperium* foram divididos, inicialmente, entre dois magistrados:[4] os cônsules. Mais tarde surgiram o *pretor urbano* e o *pretor peregrino*.[5] Porém, em momentos considerados de extrema ameaça para a *res publica*, quando a unidade de comando apresentava-se imprescindível, podia-se recorrer à ditadura. O ditador, escolhido pelo Senado e nomeado pelos cônsules, era um magistrado excepcional, designado para uma missão específica. Unificava os poderes do *imperium*, repartido entre os dois cônsules, por um período limitado de seis meses.

O vocábulo *imperium* significa o poder de exercer o comando de general na guerra (*imperium militae*), a quem não se interpunha qualquer limitação, e o poder jurisdicional exercido na *civitas* (*imperium domi*), porém ambos limitados pelos direitos inerentes ao cidadão romano.[6]

Além de representar um elo com a tradição, emanava da esfera mágico-religiosa, pois quem o recebia tinha a prerrogativa de consultar os *auspicius*, convertendo-se em intérpretes da vontade dos deuses. É interessante observar que tais poderes eram visualizados pelo significado das honras e dos ornamentos usados por tais magistrados superiores: eles ocupavam os acentos especiais nos teatros e espetáculos; vestiam a toga *praetexta* (branca com uma larga banda ornada de púrpura) e tinham direito ao séquito dos *lictores*, os quais portavam os *fasces* (símbolos do poder coercitivo estatal) e compeliam o povo a saudar os magistrados, cujo número determinava a hierarquia das magistraturas, ou seja, 24 *lictores* seguiam o ditador, 12 formavam o séquito dos cônsules e seis acompanhavam os *pretores*.

Os cônsules e *pretores* eram eleitos pela Assembléia Centuriata. No entanto, somente pela *lex de imperio*, votada pela Assembléia Curiata,[7] formada por 30 *lictores* e sob a presidência do Pontífice Máximo, era conferido o *imperium*. A *lex de imperio*, lei de delegação da autoridade soberana, era um formalismo ritualístico que nos remete à época em que o direito sagrado e o direito profano complementavam-se, consolidando o caráter real e sagrado que envolvia a concepção de *imperium*. Os magistrados eram investidos de uma força transcendente, ao mesmo tempo criativa e reguladora, capaz de agir sobre o real e de submetê-lo a uma vontade. Poder inerente a Júpiter, que o transmite ao magistrado escolhido pelo povo romano.

A ligação entre o magistrado revestido de *imperium* e Júpiter é o aspecto fundamental da cerimônia de triunfo, durante a qual o general vitorioso entrava em Roma em um carro de guerra, revestido dos atributos de Júpiter: o manto de púrpura bordado de ouro, a coroa de louros e os soldados vitoriosos aclamando-o e conferindo-lhe o título de *imperator*, que era exclusivo de Júpiter.

Os poderes dos dois cônsules podem ser comparados, hoje, aos dos presidentes da República. Porém, eram submetidos aos princípios da colegialidade, anualidade e elegibilidade. Tentava-se, assim, evitar a ameaça de tirania.

O sistema de magistraturas, formado lentamente durante os primeiros séculos da República, começou a sofrer as adaptações necessárias às novas exigências surgidas com as conquistas, e sua delegação cada vez mais se ligava à iniciativa do Senado.

Diante da ampliação dos territórios que se encontravam sob o poderio romano, da complexidade das relações entre os cidadãos romanos e os estrangeiros, da multiplicação das frentes de batalha e do aumento da duração das campanhas militares, precisou-se aumentar o número de magistrados investidos do *imperium*.

A tradição data do período das guerras samnitas, a primeira prorrogação do *imperium* de um magistrado (T.L., VIII, 23). Tal prática deu início à prorrogação do exercício do *imperium* aos ex-cônsules e ex-pretores, para que pudessem não só realizar uma missão militar especial, como governar uma província. O *imperium* passou, também, a ser delegado a indivíduos que não exerciam magistraturas, como no caso de P. Cipião, eleito proconsul para a Hispânia em 211 (T.L., XXVI, 2,5).

A criação das novas províncias, ao longo do século II a.C., e as guerras contra Jugurta, Címbrios e Teutões tornaram ainda mais séria a criação simultânea de vários magistrados *cum imperium*, os quais cada vez mais se distanciavam do centro do poder. Além disso, a concessão do *imperium* fugia das mãos do Senado e ia para as da Assembléia Tributa, como em 107 a.C., quando Mario obteve o *imperium* na província da África por Assembléia Popular (*Sal. Jug.*, 73.7). No entanto, isso não significa que a posição política da elite romana tivesse sido abalada.

Os magistrados e promagistrados eram membros da elite senatorial, eleitos pelo povo e dele recebiam o *imperium*. O poder de ação em prol do engrandecimento da *Res publica*, assim, ampliava sua *honor, gloria, dignitas* e *auctoritas*. Tais conceitos eram fundamentais para o exercício do poder em Roma e comprovavam a existência de um elo fundamental entre o indivíduo e a atuação cívica e militar.

> "O êxito militar não somente gerava muitas vantagens para o Estado Romano, mas era de vital importância para os objetivos e interesses pessoais de muitos, certamente da maioria dos aristocratas romanos (...). Considerando-se que os aristocratas exerciam o controle indireto por intermédio de eleições e assembléias, o prestígio lhes era indispensável. O êxito militar permitia-lhes reclamar, e em grande parte obter, a mais alta estima dos seus concidadãos, a *laus* e a *gloria*." (HARRIS, W., 1989:17.)

A construção, ao longo do período republicano, de um *éthos* social em relação à guerra, fundamentado nas noções de *laus* e de *gloria*, justificava a posição dos que detinham o poder e a riqueza: os *nobiles*.

No final do período republicano, conforme já mencionamos, as exigências de manutenção e administração das áreas já conquistadas fizeram surgir a multiplicidade de indivíduos investidos de *imperium*, cuja ação era muito mais de caráter militar do que civil. Crescia o individualismo em detrimento do espírito de coletividade, que caracterizava o sistema republicano de governo.

O exemplo dos poderes extraordinários concedidos a Pompeu demonstra que a nova posição cosmopolita de Roma, como centro integrador e explorador dos distintos sistemas regionais desenvolvidos pelas áreas incorporadas, tornou-se incompatível com o sistema de valores éticos e políticos que norteavam as práticas republicanas.

Em 67 a.C., Roma enfrentava um perigo triplo: no Mar Egeu, as incursões dos piratas que desarticulavam todo o comércio marítimo, na Macedônia, os ataques dos trácios, e na Ásia, as investidas de Mitrídates, rei da Síria, e de Tigranes, rei da Armênia. A Lei Gabinia conferiu a Pompeu, por três anos, o *imperium* sobre todos os mares e todas as costas até 70 km para o interior das terras do Bósforo, no limite do Estreito de Gibraltar. Um ano depois, pela Lei Manlia, o *imperium* de Pompeu ampliou-se territorialmente por todo o Oriente e por tempo indeterminado, para enfrentar Mitrídates.

Nunca a R*es publica* havia sido submetida a uma única autoridade militar. Existia a consciência do evidente antagonismo entre tal precedente e os princípios do governo republicano. Porém, até mesmo os mais conservadores, como Cícero, consideravam a concentração do poder militar nas mãos de um *Princips* um mal necessário para manter a posição hegemônica de Roma. Ao responder às críticas de Hortêncio em relação à aprovação da Lei Manlia, Cícero disse: "Estas objeções tornaram-se antigas, refutadas muito mais pela realidade do que por palavras." (*Imp. Cneu,* Pompeu, 6.)

Pompeu retorna a Roma em 61 a.C., depois de ter vencido 14 nações. O prestígio, a popularidade e a *auctoritas*[8] inegáveis de Pompeu mostram que a principal força motriz da guerra não era mais a defesa ou a ampliação da glória dos romanos. A *victrix causa* projetava-se nos interesses individuais para obter os requisitos fundamentais para o exercício da *auctoritas*: a fortuna e a popularidade.

O inevitável choque entre os *principes* republicanos explicam, em parte, as guerras civis e a destruição do sistema republicano de governo.

Toda esta conjuntura explicita o novo significado adquirido pelo termo *imperium*. A transformação da linguagem política é um dos componentes de produção de identidade, na medida em que aos poucos vai perdendo sua identificação com os princípios republicanos e identificando-se com a posição cosmopolita de Roma.

Afirmamos que a noção de *imperium* expressava o poder dos magistrados superiores ou dos promagistrados, resguardando limites temporais e espaciais. Porém, já em Salústio encontramos a seguinte expressão com referência a Cartago: *aemula imperi Romani* (émulo do império dos romanos) (Catilina, 10.1). Certamente, não estamos lidando com dois significados distintos, porém com a adequação do termo à nova realidade imperial de Roma. Ou melhor, a tradicional noção de *imperium* é vinculada ao sentido de concentração de poder que se encontra nas mãos de um único indivíduo, o qual passa a ter, em nome do povo romano, o controle sob o *immensum imperii corpus* (imenso corpo imperial) (Tac. Hist. I., 16). O termo passa a ser sinônimo de *urbs, civitas* e *res publica*.

O novo sentido de *imperium* adapta-se ao estabelecimento do novo regime político conhecido como Principado, cuja base foi a concentração nas mãos de Otávio Augusto da *tribunicia potestas*, do *pontificatus maximus* e do *imperium majus*.

A expressão *Imperium Romanum* "traduz não só o espaço no interior do qual Roma exercia o seu poder, como este mesmo poder" (GRIMAL, P., 1999:9). Essa expressão representou, conforme define C. Nicolet, uma conquista tripla: espacial, temporal e política (1983:164). O estabelecimento do Principado significou uma nova era, durante a qual Roma, por vontade divina ou providencial, estava destinada a organizar e dominar o mundo conhecido. Tal concepção é representada tanto pela documentação textual quanto material, cuja análise nos revela uma percepção de espaço social e de ideologia de um *imperium sine fine* (MENDES, N., 1997:324ss). O *orbis terrarum imperium* tinha duas partes: o território organizado e submetido à lei romana e as *externae gentes*, que reconheciam a superioridade romana e estavam submetidas às relações de *patrocinium* (*Res Gestae*, 26 a 33). Conforme afirma J.S. Richardson, foi por meio do exercício do *imperium* sobre todo o mundo romano que a monarquia retornou a Roma. (RICHARDSON, J.S., 1991:9.)

Toda a análise apresentada em relação à adequação do sentido da linguagem política para a realidade imperial romana explicita a natureza do imperialismo romano.

Inicialmente, parece-nos evidente que o significado sociopolítico do termo *imperium* comprova que, em comparação com os impérios da época moderna, o Império Romano foi organizado pelo que podemos chamar de poder executivo da *Res publica*. A obtenção do *imperium* sempre foi para a aristocracia romana o fator indispensável para sua reprodução econômica e sociopolítica. Por outro lado, Roma nunca desenvolveu uma estrutura mercantil que impulsionasse a expansão imperialista. No entanto, isso não significa que os romanos não tenham lucrado com as guerras e com a ampliação das atividades econômicas geradas pelo domínio do mundo mediterrâneo. Muito pelo contrário, o estabelecimento do Principado comprova que a aristocracia tinha consciência de que o republicanismo como forma de governo não mais existia, mas era preciso manter o estilo de vida republicano. Conforme demonstra-nos Tácito, os aristocratas romanos, para manterem o imenso império, trocaram a *Libertas*[9] republicana pela *Securitas*,[10] caindo na servidão. (Tac, *Diálogo dos Oradores*, 38, 7; Hist. I, 1; I, 16; Ann. I, 9.)

Assim, a experiência imperialista romana deve ser estudada em sua especificidade, ou seja, refutando os condicionantes históricos ligados às ideologias nacionalistas e colonialistas que interagiram na construção das abordagens explicativas sobre o Império Romano.[11]

Certamente, as experiências imperialistas apresentam pontos em comum, pois o imperialismo é ao mesmo tempo um fenômeno histórico e universal, definido como a ação de pensar, colonizar e controlar terras que não são as nossas. São distantes, habitadas e pertencentes a outros povos. É a prática, a teoria e as atitudes de um centro metropolitano dominante governando um território distante. O imperialismo pode ser alcançado pela força, pela colaboração política e pelas dependências econômica, social e cultural (SAID, E.D., 1995:38). É a criação de uma dinâmica específica da dependência, que sobrevive em determinadas práticas econômicas, políticas, sociais e ideológicas, ou seja, em uma esfera cultural geral. Além disso, as experiências imperialistas desenvolveram uma "estrutura de atitudes e referências da cultura imperial" passível de comparações, mas que, no entanto, somente podem ser entendidas se nos preocuparmos com a análise das formas culturais, com a história dos impérios e com os mecanismos de integração existentes no contexto imperial (SAID, E.D., 1995:23). Neste sentido, podemos afirmar que o imperialismo romano não foi idêntico a qualquer dos imperialismos dos séculos XIX e XX, e devem ser afastadas as explicações sobre o imperialismo romano que apresentem como pressuposto fundamental de análise as comparações com o mundo capitalista moderno.

Seguimos a posição de N. Terrenato no sentido de que devem ser afastadas as reconstruções históricas que vêem as conquistas como um processo de mão única, pois temos inúmeros testemunhos que afirmam que a conquista foi um processo de negociação bidirecional entre as comunidades da Itália e de Roma (TERRENATO, N., 2001:2). Tal idéia pode ser ampliada para as regiões provinciais, pois a conquista e a organização do território anexado seguiram o modelo adotado na Itália.

É importante a análise da interação entre os processos regionais de grande escala com o espaço interno dos atores locais e a política de apropriação e controle, que gerou identidades constituídas historicamente. Ou melhor, a análise do tipo de relacionamento entre Roma e as comunidades vizinhas e do processo gradual e contínuo de incorporação de territórios. Os conceitos dos modelos de centro e de periferia de I. Wallerstein, adaptados para a Antigüidade,[12] fornecem-nos um instrumental de análise plausível para o estudo destas questões, as quais implicam a investigação das condições de formação, a manutenção e a reprodução do sistema imperial romano.

A idéia central do referido modelo baseia-se na manutenção do relacionamento entre várias entidades regionais, para a mobilização de recursos controlados por uma área centralizada. A integração é formada por diversas relações de exploração de recursos materiais e humanos, sendo função da periferia servir ao centro geopolítico para assegurar seu funcionamento e manutenção, mediante uma rede de "trocas" e alianças políticas que articulam os interesses não só da elite do centro geopolítico, como também das elites locais. Esta rede é politicamente motivada e dirigida mais para o controle das pessoas do que para a intervenção direta das condições tecnológicas e do intercâmbio de mercadorias.

A natureza das relações de exploração não pode ser interpretada nos moldes de um sistema mundial que se baseia em motivações econômicas similares àquelas do imperialismo capitalista. O anacronismo fica afastado, se considerarmos as especificidades das variáveis romanas, visto que não se tendeu para a formação de uma economia imperial centralizada, mas para uma integração entre os diferentes sistemas econômicos regionais, o que possibilitou o desenvolvimento das potencialidades locais.

Neste sentido, a dinâmica da hegemonia imperial romana era exercida mediante a rede de relações de poder, que possibilitava a administração provincial sem o uso ostensivo da coerção e com base na cooperação das elites indígenas.

Para entendermos melhor a complexidade das relações de poder no sistema de domínio imperial romano e dos níveis de subordinação e dominação, utilizou-se o conceito de hegemonia de Gramsci, definida como "a organização do consentimento: os processos pelos quais se constroem formas subordinadas de consciência, sem o recurso à violência ou à coerção". (BARRET, M., 1994:238.)

A própria idéia de *pax romana* significava a ausência não só de uma política militar ofensiva em relação aos povos fronteiriços como também de uma relação de poder interior por consentimento. Isso nos leva a defender a idéia de que a população nativa não estava passiva frente à ação de Roma, que então adotou novas idéias e as utilizou em formas diferentes, de acordo com os seus interesses, criando "experiências divergentes" (SAID, E.D., 1995:64) em toda a extensão do império.

A conquista e a organização imperial levaram à urbanização sistemática da Europa Ocidental e do norte da África e à manutenção da cidade no Oriente. Apesar de seguir o modelo grego, Roma inovou. O vínculo que definia a comunidade de cidadãos continuou tendo natureza política, porém a soberania e a autonomia em relação à política externa, que caracterizavam a cidade-Estado, foram suprimidas.

A *civitas* constituiu-se na célula material que dava coesão a toda organização social, econômica, política e cultural do Estado Romano. Era uma unidade administrativa que pode ser conceituada como um território dotado de governo próprio, escolhido pela assembléia local, cuja autonomia frente ao governo provincial variava de acordo com o estatuto político jurídico (as distintas formas de colônias, de municípios e de *oppida*[13]) que lhe fora atribuído pela administração romana. A elevação das cidades e dos povoados indígenas provinciais à categoria de *municipium* possibilitava aos seus habitantes ter acesso à cidadania romana depois de terem servido ao governo local como *magister*, *decurio* ou *duunviri*. Tal fato trazia vantagens e obrigações. Por um lado, era muito digno identificar-se com o povo dominante do mundo civilizado, minimizando o sentimento de inferioridade e de subordinação inerente aos conquistadores e conferindo prestígio sociopolítico para a reprodução do *status* na cidade de origem. Por outro lado, isso obrigava as pessoas a fazerem importantes doações e a prestar serviços para a manutenção da ordem, do enriquecimento e da glória do município, e, conseqüentemente, do Império.

O município caracterizou-se como um instrumento de integração, tanto de um centro urbano previamente existente, como da comunidade que o habitava. A flexibilidade do sistema político administrativo romano foi fundamental para esta função integradora do município, pois permitia a subsistência dos costumes e das instituições locais, garantindo a sua autonomia administrativa. Assim, o município foi um estímulo para a integração, a circulação e as apropriações culturais, em uma dinâmica de diálogo entre a tradição e a inovação e entre a autoridade e a autonomia.

A dinâmica imperialista romana, baseada em práticas de agregação e, portanto, de não-exclusão da alteridade, criou um sentimento de comunidade e de disciplina pública alimentado pelas elites locais, por meio das quais, provavelmente, obtinha-se o controle do restante da população local. Tais práticas talvez tenham sido o fator fundamental para que o Império Romano fosse caracterizado como uma das mais bem-sucedidas manifestações do imperialismo, uma vez que é um fenômeno universal.

Referências Bibliográficas

Barret, M. "Ideologia, Política e Hegemonia: de Gramsci a Laclau e Mouffe". *In:* Zizek, S. (org.) *Um Mapa da Ideologia*. Rio de Janeiro: Contraponto, 1996. pp. 235-264.

Baudrillard, J. *El Crime Perfecto*. Barcelona: Anagrama, 1996.

Cicero. *Imperii Cneo Pompeu*. Harvard University Press, Loeb Classical Library, 1990.

Duby, G. *A Civilização Latina dos Tempos Antigos ao Mundo Moderno*. Lisboa: Publicações Dom Quixote, 1989.

Grimal, P. *O Império Romano*. Lisboa: Ed. 70, 1993, p. 9 ss.

Harris, W.V. *Guerra e Imperialismo en la Roma Republicana (327-70 a.C.)*. Madrid: Siglo XXI, 1989.

Kernig, C.D. *Marxismo e Democracia*. Tomo 4, (Guerra Fria-Integração). Madrid: Ed. Rioduero, 1975.

Laplantine, F. e Nouss, A. *Métissages: de Arcimboldo 'a Zombi*. Paris: Pauvert, 2001.

Mendes, N. "O Limes Reno-Danubiano: Conceito e Prática no Alto Império". *In: Phoinix*, suplemento do Laboratório de História Antiga, 1997, pp. 321-334.

Mendes, N. "Romanização: Cultura Imperial". *In: Phoinix,* suplemento do Laboratório de História Antiga, 1999, pp. 307-324.

Miles, R. "Communicating Culture, Identity and Power". *In:* Huskinson, J. *Experiencing Rome. Cultures, Identity and Power in the Roman Empire*. Oxford: Routledge, 2000, pp. 29-62.

Richardson, J.S. "Imperium Romanum: Empire and Language of Power". *In: The Journal of Roman Studies*. London: Published by the Society for The Promotion of Roman Studies, vol. 81, 1991, pp. 1-9.

Res Gestae Divi Augusti. Tradução de G.D. Leoni, SP, Liv. Nobel S/A. 1957.

Said, E.W. *Império e Cultura*. São Paulo: Companhia das Letras, 1995.

Sallust. *The War with Catilina*. Harvard University Press, Loeb Classical Library, 1995.

Tacitus. *The Histories*. Books I-III, Harvard University Press, Loeb Classical Library, 1992.

Tacitus. *The Annals*. Books I-III, Harvard University Press, Loeb Classical Library, 1992.

Tacitus. *The Annals*. Books IV-VI, XI-XII, Harvard University Press, Loeb Classical Library, 1986.

Tacito. *Diálogo dos Oradores*. Tradução de Agostinho da Silva, Coleção Horizonte-Clássicos, Portugal, 1974.

Tito Livio. *História de Roma*, São Paulo, Paumape, 1989.

Terrenato, N. e Simon, K. *Italy and the West. Comparative Issues in Romanization*. Oxford: Oxbow Books, 2001.

Webster, J. "A Negotiated Syncretism: Readings on the Development os Romano-Celtic Religion". *In:* Mattingly, D.J. *Dialogues in Roman Imperialism*. Journal of Roman Archaeology, 1997, 23:165-184.

[1] O presente texto é fruto da pesquisa que venho realizando com o auxílio do CNPq, mediante a concessão de bolsa de produtividade nível III C, intitulada Romanização: Conceito e Prática na Lusitânia.

[2] Utilizamos o termo mundialização em vez de globalização com base na idéia de que a globalização visa à homogeneidade e a mundialização visa à diversidade, à multiplicidade, permitindo o reencontro das comunidades, da cultura, dos indivíduos, acelerando a exposição à alteridade. Tais conceitos são desenvolvidos no livro de Laplantine, F. e Nouss, A. *Métissages: de Arcimboldo 'a Zombi*. Paris: Pauvert, 2001.

[3] O termo *civitas*, geralmente traduzido por cidade, deve ser definido como o estatuto sociojurídico de uma comunidade assentada em um espaço urbano (*urbs*) e rural (*ager*), a qual é independente e soberana em relação aos seus bens e indivíduos e cimentada na religião e nas leis.

[4] O termo *magistratus* deriva da raiz *magis* algo que é mais ou que pode mais. Depreende-se que o significado de um magistrado para os romanos não representava simplesmente um servidor, mas um expoente do poder estatal.

[5] O *pretor urbano*, criado em 367 a.C., encarregado da jurisdição civil, foi duplicado em 242 a.C., com o estabelecimento do *pretor peregrino*, este agia fora de Roma, ou seja, atuava juridicamente nos processos que envolviam os cidadãos romanos e os estrangeiros.

[6] Refiro-me ao reconhecimento do direito de asilo representado pela casa do tribuno da plebe *(ius auxilium)* e do direito de apelação ao povo de qualquer cidadão romano na vida civil (*inter togatos*) condenado à pena de morte *(ius provocationis)*. Esta prerrogativa freava o uso da coerção por parte dos cônsules e dos pretores, constituindo-se em um fator essencial para a *Libertas*[6] (Tito Livio, 3.45.8) do *Populus Romanus*.

[7] Assembléia Curiata era um vestígio da época real, quando os cidadãos eram reunidos em 30 cúrias. Os representantes das cúrias foram substituídos na época republicana por 30 *lictores*. Esta assembléia cai em desuso ao longo da República.

[8] A idéia de *auctoritas* não significa simplesmente autoridade. Deve ser entendida como um processo, ou seja, o desempenho de uma contínua liderança militar, uma ação contínua como o maior benfeitor da *res publica,* não somente pela demonstração das suas virtudes (prudência, justiça, sabedoria, clemência, clemência, *pietas, gravitas*), como pelas suas ações e realizações (*meritis*).

[9] É um direito pessoal, desfrutado pelo homem livre, adquirido pela sua condição de cidadão romano. Não é uma liberdade democrática, mas pessoal, que marca a personalidade jurídica. É a consagração da vontade individual É um ideal humano associado à dimensão política. É o direito à atuação pública, quer dizer, a demonstração das virtudes e da honra do cidadão dentro da cidade.

[10] Segurança, paz, ordem.

[11] Vide Frezouls, E. *Sur l'Historiographie de l'Impérialisme Romaine.* K Tema, 8:141-162, 1983, Webster, J. e Cooper, N. (edit) *Roman Imperialism: post-colonial perspective.* University os Leicester, 1996; Mattingly, D.J. *Dialogues in Roman Imperialism.* Journal of Roman Archaeology, 23, 1997.

[12] Ekholm, K e Friedman, J. "Capital Imperialism and Exploitation in Ancient World Systems". *In:* Frank, A.G. e Gills, B.K. *The World System: Five Hundred Years or Five Tthousand?* Routledge: London, 1993. pp. 59/80. Rowlands, M. "Centre and Periphery: a Review of a Concept". *In*: Rowlands, M. *et al. Centre and Periphery in the Ancient World.* Cambridge University Press, 1987.

[13] Povoados indígenas.

Roma Aeterna

Regina Maria da Cunha Bustamante*

No imaginário contemporâneo (LIND, 2000:5-11), Roma Antiga está associada à conquista, que permitiu o seu extenso domínio sob uma vasta região,[1] extrapolando em muito o seu território original na região da Itália Central (Lácio). A idéia de que o Mar Mediterrâneo tornara-se um "lago romano", ou, utilizando uma expressão mais conhecida, também cunhada pelos próprios romanos (César. *Comentários Sobre a Guerra Gálica* V, 1; Salústio. "Guerra de Jugurta", XVII, 4), o "nosso mar" (*mare nostrum*), foi reproduzida e reforçada desde a Antigüidade. No contexto ocidental, evidencia-se a importância da herança de Roma para os regimes que a seguiram, tais como: o império carolíngio, a Rússia czarista, o império britânico, o fascismo italiano, o nazismo alemão e o imperialismo americano. A linguagem e os símbolos da República Romana e dos imperadores romanos foram elementos essenciais da auto-expressão dos poderes imperiais, criando um senso de familiaridade na mente do observador moderno do Império Romano que pode atrapalhar uma correta compreensão da Antigüidade, havendo, portanto, a necessidade de se retornar ao sentido original (RICHARDSON, 1991:1-9). Este viés foi trabalhado pela professora Mendes no artigo "Império e Latinidade", componente desta coletânea. O presente texto será desenvolvido em uma outra perspectiva. Optou-se por abordar o processo de construção historiográfica sobre Roma Antiga a partir do século XVIII até o XX, visando à compreensão de suas distintas releituras e exemplificando com o caso da África Norte.[2]

Na historiografia do século XVIII, diferentes correntes político-filosóficas perpetuaram a concepção de que os romanos sempre tiveram planos de conquista. Bossuet (1627-1704), um dos principais teóricos do absolutismo francês de origem divina, em sua obra "Discurso sobre a História Universal" (3a. parte, cap. VI), escreveu:

---

* Professora Adjunta II do Departamento de História da UFRJ; vice-chefe do Departamento de História da UFRJ; pesquisadora do Laboratório de História Antiga (LHIA) da UFRJ; co-editora científica da Revista *Phoînix*.

> "Quando eles [romanos] provaram o doce gosto da vitória quiseram que tudo lhes fosse submetido e exigiram nada menos que seus vizinhos, inicialmente, e, em seguida, todo o universo estivessem sob suas leis."

Por sua vez, também no Iluminismo, que criticava o referido absolutismo monárquico, encontrava-se esta mesma concepção. De acordo com Montesquieu (1689-1755), em seu livro *Considerações sobre as Causas da Grandeza dos Romanos e da sua Decadência* (I, 3; IV, 3, e V, 2):

> "Roma estava, portanto, em uma guerra eterna e sempre violenta. Ora, uma nação sempre em guerra, e isso por princípio de governo, devia necessariamente perecer ou sobrepujar todas as outras, as quais vivendo ora em guerra, ora em paz, nunca estavam aptas para atacar nem preparadas para defender-se.
>
> Os romanos eram ambiciosos, por orgulho (...) queriam comandar (...).
>
> (...) mas Roma não se conduzia pelo sentimento de bens e males: ela só se determinava pela sua glória, e, como ela nem imaginava que pudesse existir sem comandar, não havia esperança nem receio que pudesse obrigá-la a fazer uma paz que ela não tivesse imposto.
>
> Pois os romanos, mal subjugaram os cartagineses, já atacaram novos povos e apareceram pela Terra toda para invadir tudo."

Mesmo reconhecendo o afã romano de conquistar, percebe-se, entretanto, nos dois autores admiração por Roma Antiga, da qual se consideravam herdeiros por serem membros da sociedade européia ocidental. Para Bossuet, a expansão romana estava condizente com os desígnios da Providência e trouxe uma ordem racional. Já para Montesquieu, o Senado romano soube realizar uma política coerente e realista, capaz de evitar traumatismos e geradora, apesar de todos os aspectos criticáveis, de uma vasta comunidade de fato, que o Principado transformará em comunidade de direito. A República venceu todos os povos pelas suas máximas (princípios de ação), mas, com o Império, essas máximas transformaram-se e os romanos perderam sua grandeza. A concepção de *bellum iustum,*[3] elaborada pela antiga historiografia romana, foi reproduzida pelo pensamento humanista clássico e pós-clássico, peças-chave da ideologia burguesa, que, mesmo reconhecendo alguns excessos da República Romana, diluíram-nos em favor do resultado final: a *pax romana*. Esta era preferível à liberdade da anarquia. Prevalecia a idéia de que uma civilização tinha o direito de conquistar e organizar o mundo, legitimando assim a constituição ou a extensão de um império pela força, contanto que os conquistadores respeitassem certas formas de direito dos povos. A função justificadora da história romana, pelo viés de uma filiação que associava a Europa a um império pacificador e civilizador, foi utilizada nos discursos das potências coloniais durante a expansão imperialista européia, do final do século XIX ao início do XX, na África e na Ásia. A historiografia colonial européia ressaltou então o Império Romano e as suas benesses. O expansionismo imperialista das metrópoles européias procurou no passado um paralelo histórico e encontrou no Império Romano um campo propício para justificar o seu domínio em outros continentes. Além disso, a noção de *bellum iustum*, reproduzida pela historiografia colonial, implicava a noção de "guerra defensiva", pois os exércitos romanos apenas reagiriam a um ato agressivo do inimigo, não sendo o agente provocador do conflito. Assim, cada vez que Roma era acusada de agressividade expansionista alegava-se que fora a resposta a uma intenção ou a um ataque injusto e bárbaro de outros povos, buscando desta forma legitimar a agressão romana. Construía-se a imagem dos romanos como heróis justiceiros na medida em que a sua causa fora vencedora (*victrix causa*); os vencidos tiveram sua voz silenciada ou expressa pelos vencedores em seu próprio favor.[4]

Na análise do historiador alemão Theodor Mommsen (1874),[5] o sistema de clientela da época republicana fora transformado em uma comunidade de Estados livres sob o domínio romano, o que garantiu a liberdade desses Estados. O direito histórico de Roma à hegemonia baseava-se não só por ser ela uma civilização intelectual e tecnicamente avançada, como por ter uma capacidade superior e dons inerentes a toda uma população, e que encarnava, às vezes, em um grande chefe (p. ex., César, na Gália). Os romanos tinham a capacidade real de exercer a hegemonia e os vencidos foram legitimamente submetidos a esta dominação, pois eram incapazes de assegurar seu destino histórico, tais como os celtas. Entretanto, esse autor não deixava de reconhecer que os responsáveis na Espanha pelo domínio romano durante o período republicano usaram de todos os meios legais e extralegais para explorar a região conquistada, muitas vezes agindo em prol de seus próprios interesses e de forma independente em relação a Roma.

Mas, no "frigir dos ovos", o saldo fora positivo e o "imperialismo" romano, considerado benigno. Desta mesma opinião compartilham Frank (1914) e Holleaux (1921), que se interrogavam sobre o caráter voluntário ou não, consciente ou não da construção imperial romana. Viam com restrições a intervenção significativa dos interesses "mercantilistas" para qualquer época, defendendo que o início da expansão romana não foi direcionado por esses interesses e, sim, por preocupações defensivas. Esses dois autores estavam inseridos no debate contra os marxistas, críticos do imperialismo europeu (p. ex., Lenin e Rosa de Luxemburgo). Assim, consideravam que a perspectiva marxista sobre o imperialismo romano foi uma extrapolação abusiva.

O materialismo histórico, ao denunciar a exploração econômica como móvel do expansionismo, acabou por considerar a política de Roma Antiga em uma perspectiva também negativa. Schumpeter (1919) defendia que os romanos eram levados à guerra e a um intervencionismo sistemático alegando sempre assegurar a paz ou defender seus interesses ameaçados ou efetivamente atacados, mas que, por trás disso, havia motivações econômicas: a guerra interessava aos latifundiários (aristocracia senatorial romana), pois desse modo eles obtinham mão-de-obra escrava e evitavam a reforma agrária. Por sua vez, Rostovtzeff (1926), mesmo classificando a 1a. fase da campanha romana no Oriente de "guerras preventivas", acabou por reconhecer que, sob um pretexto vão de defesa contra perigos hipotéticos (evitar a formação de um Estado político forte no Oriente), havia o caráter destruidor do imperialismo. A crítica marxista abordou não apenas as estruturas internas das sociedades e dos Estados, mas também as relações entre os Estados (guerra, dependência de uma nação para com a outra e a relação entre guerra e dependência). Desenvolveu-se um novo tipo de análise e argumentação, que foi reforçado pela eclosão, por toda a Europa, de consciências nacionais oponentes à idéia de império e de construções transnacionais, que evocavam principalmente lembranças da opressão cultural.

De modo distinto, a historiografia colonial francesa buscará reforçar o imperialismo francês na África do Norte traçando um paralelo com o domínio romano, tal como expresso por Boissier (1901:II; original de 1893):

> "Nós não somos os primeiros que viemos do Norte e nos estabelecemos na África; nós tivemos, nesta terra, predecessores ilustres que a conquistaram, como nós o fizemos, e a governaram com glória durante mais de cinco séculos. Eles aqui encontraram quase as mesmas dificuldades que nós; tiveram que vencer as mesmas resistências da natureza, que não era então mais clemente que hoje; as mesmas oposições de raças guerreiras, que ocupavam o solo e não queriam dividi-lo com ninguém. Como eles conseguiram? Por quais milagres de coragem, de paciência, de habilidade fizeram desta região árida, freqüentemente desabitada uma das províncias mais ricas de seu Império e do mundo? De quais procedimentos se serviram para implantar sua civilização no meio de povos bárbaros, e a tornaram tão florescente que a África acabou por produzir em abundância escritores latinos, e que, em determinado momento, pareceu mais romana que a própria Itália e que Roma? Tudo isso é importante saber; nós não podemos negligenciar as lições e os exemplos que o passado pode nos fornecer. Para que a pesquisa que se quer fazer seja completa, é necessário chamar os romanos que aqui também estiveram: eu acredito que, se nós soubermos interrogá-los, eles terão muito que nos ensinar."

Cagnat (1913:776-778) foi mais além e, na comparação entre o antigo imperialismo romano e o contemporâneo francês, apregoou a superioridade dos "herdeiros":

> "Nós podemos então (...) comparar nossa ocupação da Argélia e da Tunísia àquela das mesmas províncias africanas pelos romanos; como eles, nós conquistamos gloriosamente a região; como eles, nós asseguramos a ocupação; como eles, nós tentamos transformá-la à nossa imagem e ganhá-la para a civilização (...) A única diferença é que nós fizemos em 50 anos o que eles completaram em três séculos."

A política imperialista francesa na África do Norte e os estudos sobre a África Romana andavam juntos, como se deduz na correspondência do marechal Soult ao secretário da Academia de Inscrições e Belas-Letras (*Apud.*, FÉVRIER, 1989:30):

> "A ocupação da Argélia pelas tropas francesas (...) não deve ficar sem resultado para a ciência e, por seu lado, a própria ciência pode concorrer a esta obra de civilização que

começa na África sob a proteção de nossos exércitos. Algumas pessoas, que possuem uma boa compreensão dos assuntos da Argélia, me assinalaram, e eu senti por mim mesmo, as vantagens que, sob esta dupla relação, podia oferecer uma boa geografia da Mauritânia sob a civilização antiga e uma história da colonização dos romanos nesta região, as instituições que eles fundaram, as relações que se estabeleceram entre eles e os indígenas. Eu não tenho necessidade de insistir sobre o interesse científico destas pesquisas; aquele que as pesquisas teriam para a administração não é menos evidente."

Era reconfortante para os exércitos coloniais modernos encontrar vestígios arqueológicos da presença das antigas legiões romanas nos mesmos locais ocupados por eles na África do Norte. Generais franceses vitoriosos compararam-se aos legendários comandantes romanos que infligiram derrotas aos grandes líderes africanos, tais como Aníbal, Jugurta, Tacfarinas e Firmo, e as inscrições militares e os monumentos comemorativos erguidos pelos franceses procuraram imitar os romanos (DODIN-PAPYRE, 1991:141-149). O exército francês esteve particularmente presente nas explorações arqueológicas na Tunísia e na Argélia, seja por meio de unidades especiais de mapeamento (as brigadas topográficas), seja pelo esforço individual de militares que admiravam o passado romano, como Baradez (1949), que estudou o sistema defensivo romano na Numídia. Este papel ativo dos militares acabou por influenciar a interpretação do desenvolvimento urbano na África Romana.

Devido a atuação do exército romano na conquista e na colonização das regiões dominadas, ressaltou-se a origem militar de muitos núcleos urbanos. Cagnat (1913) fez alusão à influência do exército na assimilação dos indígenas. Esse autor também defendeu a pacificação e a reconciliação das populações norte-africanas em relação ao elemento romano, assim como o governo colonial francês propagandeava na primeira metade do século XX. Entretanto, a persistente resistência na Argélia, exacerbada na década de 50 do século passado, redirecionou este paralelismo entre o domínio romano e o francês. O caráter de rebeldes, ingovernáveis e criadores de problemas dos norte-africanos foi acentuado. Gautier (1952) projetou no passado as dificuldades dos franceses em controlar a população argelina, comparando-as com os problemas enfrentados pelos antigos romanos. Rachet (1970) continuou na mesma linha, enfatizando que as zonas fronteiriças de montanha e de deserto eram freqüentemente perturbadas por ataques não provocados e supostamente irracionais de tribos berberes.

A Arqueologia e a Epigrafia romanas tiveram um notável impulso com o colonialismo contemporâneo, inspirado não apenas na aliança entre os interesses político-administrativos e na curiosidade científica, mas também no desejo de provar a superioridade da cultura européia. Mattingly (1996:51) assinala que o controle do estudo das fontes escritas capacitou os franceses a acentuar a distância entre os romanos e as populações berbere e árabe.

Uma anedota reproduzida por Boissier (1901:XV-XVI) demonstra essa política: o epigrafista francês Renier, ao afirmar a um *sheik* local que sabia ler as antigas inscrições romanas e escrever em latim, obteve o reconhecimento por parte deste último de que os franceses eram verdadeiramente os herdeiros dos romanos, e mais, que tinham o direito de retomar o bem de seus antepassados. Era uma forma de fazer com que os próprios norte-africanos estivessem cônscios dessa hereditariedade e, portanto, da legitimidade do domínio francês na região.

Procurou-se também reforçar o sentimento de inferioridade das populações nativas, como bárbaras e selvagens, incapazes de viver pacificamente ou de se organizar politicamente sem uma interferência externa (fenícia, cartaginesa, romana e bizantina). O papel destas populações na África Romana foi relegado à recepção passiva dos "frutos da civilização" ou à anarquia bárbara advinda de sua incapacidade de autogoverno e de progresso socioeconômico por si próprias. Em termos econômicos, destacou-se a diferença entre a situação de degradação ecológica e o empobrecimento dessa região sob o domínio dos norte-africanos e a antiga situação de fertilidade e riqueza na época romana. Apesar de mudanças climáticas serem aventadas, predominou a concepção de que esta diferença era oriunda da ação da população local (os berberes) e/ou dos invasores posteriores ao domínio romano, ou seja, vândalos e muçulmanos. Estabeleceram-se dicotomias segregacionistas: nômades x sedentários, planície x montanha, cidade x campo, deserto x área cultivada, Sahara x Tell, africanos x romanos, ignorando todas as possíveis gradações (social, espacial e temporal). A aceitação da interpretação de um declínio ambiental, devido à ação humana nativa, justificava o restabelecimento da agricultura e da prosperidade através de um forte governo metropolitano europeu, de imigração européia, de tecnologia e de conhecimento específico superiores. Cabia, portanto, aos franceses continuar a missão civilizadora de educar os africanos sobre sua própria herança cultural e restabelecer a antiga prosperidade para a região.

A romanização, vista como a implantação da civilização romana nas províncias conquistadas, foi estudada em seus diversos aspectos, privilegiando ora um aspecto, ora outro: religioso com a adoção dos deuses romanos e/ou sua assimilação às divindades indígenas (LE GLAY, 1961 e 1966) e a adesão ao culto imperial (SMADJA, 1980:151-169; 1995:279-294); jurídico-político com o grau de permeabilidade às instituições e ao direito romanos e a participação dos indígenas na administração municipal (TOUTAIN, 1896; MENSAGE, 1913; BROUGTHON, 1972, original de 1929; recentemente GASCOU, 1972, e LEPELLEY, 1979/1981); econômico com o comércio entre a região norte-africana e Roma, o desenvolvimento das técnicas agrícolas e industriais e os trabalhos públicos (irrigação, aquedutos, estradas, fóruns, termas, teatros, anfiteatros...) (SALAMA, 1951; GSELL, 1903:1-143; BIREBEN, 1962); e social com as transformações das estruturas sociais (LESCHI, 1957) e a difusão da vida municipal (VISCHER, 1961:229-242) acompanhada da expansão do urbanismo e da cultura latina (MONCEAUX, 1901-1923: 7v.; LABRIOLLE, 1947: 2 v.; POULLAIN, 1948; BAYET, 1965; BICKEL, 1982). O "milagre africano" e "a idade do ouro" foram os resultados da romanização. Nesta perspectiva, o fim da civilização romano-africana, dificilmente contestável, foi explicado por fatores externos: a invasão vândala e depois a muçulmana.

A historiografia tradicional restringia o fracasso do domínio romano a um período: o Baixo Império. Em 429, os vândalos, partindo da Península Ibérica, atravessaram o Estreito de Gibraltar e alcançaram a África Romana. Em dez anos, conquistaram a região, terminando com o domínio romano de séculos. A África Romana, um dos celeiros de Roma e berço de uma cultura latina comprovadamente rica, sucumbiu perante os vândalos. Tal fato levou a um questionamento sobre a natureza e a profundidade do domínio romano na África do Norte. A África Romana nesta época era analisada preferencialmente mediante as constituições do Codex Theodosianus, da Res Gestae de Amiano Marcelino e da produção agostiniana. Assim sendo, estudiosos como Julien (1951) e Courtois (1955) defendiam a "teoria do verniz", pois consideraram a romanização na África do Norte como frágil e superficial, já que afetou apenas temporariamente uma estreita faixa da população formada por descendentes dos colonos ou dos berberes romanizados, que viviam, sobretudo, nas cidades litorâneas e arredores, enquanto a maioria permanecia fiel às tradições e aos costumes ancestrais. Esta visão historiográfica pessimista sobre a romanização ganhou força na década de 1950, quando o movimento de independência argelino ocorria.

Em meados do século XX, com a fragilidade européia após a Segunda Guerra Mundial e principalmente com a descolonização afro-asiática, a produção historiográfica desenvolveu um novo viés, conhecido como historiografia pós-colonial. Este olhar historiográfico se construiu afastando-se de uma perspectiva eurocêntrica. O surgimento em primeiro plano de atores (URSS, EUA e Japão), que pertenciam somente marginalmente ao *oikoumênê* dos antigos (tradição clássica), provocou uma dissociação na consciência dos historiadores e, no seu subconsciente, entre o objeto de suas pesquisas e a aplicação possível a uma dominação imperial presente; nascia então outros pólos de interesse histórico. Este distanciamento permitiu abordar Roma sem ter o sentimento de lhe dar razão ou não e afastou de uma possível identificação com Roma. O desenvolvimento da arqueologia, da etnologia e da história das religiões e o aprofundamento do conhecimento da Antigüidade propiciaram a descoberta de mundos estranhos ao universo clássico e uma visão distinta do homem a partir de comparações resultando em explicações diferentes. Analisam-se, sob diferentes óticas (mentalidades, religião, lingüística, sociológica...), as relações entre os discursos dos antigos romanos e os seus atos expansionistas. Busca-se compreender os atos e discursos de um outro tempo mas evitando o anacronismo através de um rigor filológico e crítico. Apesar da insuficiência de fontes originadas do "outro", atenta-se para não reproduzir a visão monolítica de *bellum iustum* passada pelos antigos romanos. Nesta perspectiva, inserem-se: Badian (1968), Werner (1972), Veyne (1975), Brunt (1978), Garnsey e Whittaker (1978), Harris (1979 e 1984), North (1981), Lintott (1981), Sherwin-White (1980 e 1984), Linderski (1984) e Frézouls (1983).

A historiografia pós-colonial denunciou a romanização como um processo de mão única – a romana – e resgatou elementos nativos. Entretanto, tal como a perspectiva historiográfica do final do século XIX e início do XX, alguns historiadores procuraram encontrar no passado uma antecipação e/ou continuidade da realidade histórica vivenciada no momento de sua produção. Neste caso, os dois paradigmas, ao estudarem o domínio romano sobre outras sociedades, transpuseram a visão polarizada da história recente para as suas respectivas produções historiográficas. As revoltas indígenas detectadas na documentação antiga para o período romano não são debitadas, como na historiografia colonial, à beligerância nativa, mas inseridas numa resistência contínua e organizada tanto em nível militar como cultural, semelhante aos movimentos nacionalistas de independência deste século. O processo de descolonização significou assim uma descolonização da produção historiográfica, com os nativos reescrevendo a história e resgatando a memória de suas origens e, assim, tomando em suas mãos a rica e complexa herança cultural (p. ex., para a África do Norte, SAHLI, 1976:5-23). Neste contexto, buscou-se demonstrar a singularidade e a individualidade de diferentes povos locais ocasionando a crítica de termos genéricos como "nativos" ou "indígenas" que, apesar de expressarem ao menos parcialmente a unidade de uma população frente ao elemento externo, mascaram a complexidade socioétnica das regiões. Também se verifica o esforço em romper com a tradição historiográfica de escrever a história começando com a conquista pelos estrangeiros. Para a África do Norte, o estudo de Camps (1960:15-302), por exemplo, insere-se neste quadro. Mattingly (1996; 57) ressaltou a obra de Abdullah Laroui, *L'Histoire du Maghreb*, publicada em 1970, como o marco desta nova tendência, ao denunciar como a história do antigo Magreb tem sido seqüestrada pelos interesses europeus ("a ciência das antigüidades magrebianas foi a ciência da administração colonial", p. 25) e assim desconstruir a história colonial da região que privilegiou os aspectos militar, urbano e cultural (este apenas relacionado à elite). Para contrapor-se a esta visão, Laroui enfatizou a importância da resistência a Roma não como uma tendência anárquica ou uma rejeição dos benefícios da civilização, mas como uma contínua oposição às conquista e cultura estrangeiras. Buscou detectar as lacunas, os erros e as tomadas de posição da historiografia colonial. Apesar desta obra ter sido marginalizada pelos dois principais levantamentos bibliográficos sobre a África Romana, o do Centre National de la Recherche Scientifique (CNRS) e o da Escola Francesa de Roma (EFR), seu impacto foi significativo entre os historiadores norte-africanos que desenvolvem a temática de resistência.

Bénabou (1976:367-375; 1978a:83-88; 1978b:139-144; 1980:15-22; 1981a:9-21; 1981b:253-332; 1982:13-27; 1986:321-332) foi outro dos expoentes da corrente historiográfica pós-colonial na África do Norte. O autor ressaltou uma identidade histórico-cultural norte-africana por meio de um "fundo de cultura". Um dos alicerces desse "fundo cultural" seria a religião, considerada um elemento de resistência ao domínio romano na medida em que as divindades indígenas e púnicas sobreviviam e continuavam a ser cultuadas, mesmo que sob aparência romana. Outros elementos de resistência passiva ao domínio estrangeiro seriam a manutenção das línguas púnica e berbere e a seleção de nomes de origem púnico-berbere (documentados pela epigrafia) quando da aquisição da cidadania romana, o que demonstraria a africanidade mesmo por parte dos africanos romanizados.

Houve reação por parte da historiografia européia. A revista francesa *Annales* foi o espaço de um debate entre Bénabou (1978a:83-88), Leveau (1978:89-92) e Thébert (1978:64-82). Este último compartilha da visão tradicional de participação condescendente dos africanos no Império Romano, enquanto Leveau se aproxima da concepção de Bénabou de resistência nativa ao opressivo poder romano, apesar de não chegar ao exagero de Deman (1975:3-97) e de Michel (1975:98-159), que responsabilizam os romanos pelo subdesenvolvimento atual norte-africano, pois, no seu afã de explorar economicamente a região, relegaram o interesse em "civilizar". Estes autores tomaram como referências as características fundamentais do mundo atual, baseadas na obra de Lacoste (1965). Thompson (1982:383-401) criticou o uso do conceito de subdesenvolvimento para a África Romana pelo seu anacronismo, falta de visão do conjunto do Império Romano e desconhecimento da situação pré-romana e da forma de distribuição da riqueza de solo pelos antigos. Além de Thébert, outros historiadores também se manifestaram contrariamente às teses de Bénabou. Romanelli (1981-1982:243-283) criticou-as ressaltando os benefícios da romanização para a região. Fentress (1982:107-113) questionou o aspecto passional desta historiografia norte-africana como uma reação ao domínio colonial. Seguindo a mesma linha de argumentação, Euzennat (1986) devolveu uma crítica da corrente pós-colonial em relação à historiografia colonial européia: seu anacronismo, pois busca no passado romano um protonacionalismo magrebiano, fruto de uma projeção de idéias e acontecimentos recentes sobre a Antigüidade. Picard (1990) considerou que a resistência seria mais uma simples variação da romanização, processo de assimilação da cultura local que se desenvolveu distintamente em cada província imperial. Segundo Sheldon (1982:102-106), o uso dos termos romanização, aculturação e resistência definiria as diferentes posições historiográficas: o conceito de romanização conduziria a uma interpretação imperialista e racista; o de resistência caracterizaria o indígena pela oposição a Roma e subordinaria assim a sua história à dos invasores; e o de aculturação ocultaria a importância dos dados materiais revelados pelas arqueologia. Este autor defende uma interpretação globalizante a partir do estudo da evolução das estruturas sociais.

A documentação arqueológica é a base para a historiografia pós-colonial, na medida em que a documentação textual sobrevivente, em sua maioria, é oriunda do conquistador romano. Mesmo este último tipo de documentação, através da epigrafia, está sendo analisada de forma a dar voz ao "outro". Os estudos prosopográficos de Lassère (1989) para África Romana privilegiaram os nomes de pessoas para concluir que a vasta e numerosa população romana na região era de origem africana, acabando por relegar o papel dos imigrantes italianos. Nas arquiteturas pública e privada também estão presentes indícios púnicos (PENSABENNE, 1990:251-293). Besachaouch (1978) expandiu mais esta diretriz ao aplicá-la, em toda região cartaginesa, não apenas à arquitetura e à onomástica, mas também à vida municipal com sua manutenção de instituições políticas púnicas; e concluiu que os colonos romanos e africanos romanizados instalados na região constituíram-se em enclaves no seio de um território de tradição púnica. A tecnologia hidráulica, imputada aos romanos, teve sua origem contestada (SHAW, 1984:121-173). Afastando-se das cidades, sentiu-se a necessidade de se estudar os assentamentos rurais e seu desenvolvimento (LEVEAU, 1986; MATTINGLY, 1988:21-41; HITCHNER, 1988:7-41 e 1990:231-260). Entretanto, com a afirmação das nações norte-africanas, o trabalho de arqueólogos estrangeiros (muitos das ex-metrópoles européias) foi restrito, contudo não inteiramente dispensado, como se pode perceber no trabalho de preservação de Cartago, no estudo dos vales líbios pela Unesco, nas escavações das equipes francesas em Thamusida, Bulla Regia e Mactar e italiana na Cirenaica. Os problemas de conservação e/ou potencial turístico das escavações de sítios urbanos romanos drenam grande parte dos recursos destinados à Arqueologia da Antigüidade pelos atuais governos norte-africanos, que marginalizam a realização de novas escavações ou, quando as fazem, mantêm a mesma preocupação colonial com os fortes, cidades e *uillae,* herdada da formação acadêmica européia de historiadores e arqueólogos norte-africanos. A expansão do fundamentalismo muçulmano também afeta os estudos sobre a Antigüidade, pois há uma tendência para privilegiar a cultura árabe em detrimento das demais (berbere/líbica/africana/moura, romana, grega/helenística, púnica/fenícia) e considerar não muito bem-vista a presença de estudiosos ocidentais.

Atualmente, sente-se a necessidade de se repensar a relação entre romanos e as populações locais. A compreensão deste processo deve partir de uma visão multifacetada desta complexa realidade histórica superando uma perspectiva dicotômica "nós" (locais) x "outros" (estrangeiros) e uma generalização de um único comportamento, como se numa sociedade não pudesse conviver a pluralidade de comportamentos nem houvesse um dinamismo inerente. Conceitos como interação, hibridização, alteridade, multiculturalismo, mundialização e outros permitem operacionalizar a compreensão deste fenômeno histórico e identificar as nuances e peculiaridades ali presentes. Tais conceitos foram forjados concomitantemente às discussões recentes envolvendo a pós-modernidade, surgidas no final do século XX e início deste. A importância e a atualidade dos estudos sobre Roma Antiga para a contemporaneidade fundamentam-se justamente numa relação dialógica entre o passado e o presente, afastando-se assim do equívoco de se considerar os estudos da Antigüidade como referentes às sociedades mortas, a partir de documentos lacunares e duvidosos. O real desafio do historiador é indagar, pesquisar, criticar e fazer nascer a História Antiga do diálogo entre o antigo e o moderno, ou, se preferir, entre antigos e modernos. Neste sentido, Roma Antiga e o século XXI estão intrinsecamente relacionados, pois, no dizer do poeta mexicano, Octavio Paz, em *Os filhos de barro:* "A pluralidade de passados torna plausível a pluralidade de futuros."

Referências Bibliográficas

Badian, E. *Roman Imperialism in the Late Republic.* Oxford: University Press, 1968.

Baradez, J. *Fossatum Africae.* Paris: Arts et Métiers Graphiques, 1944.

Bayet, J. *Littérature latine.* Paris: A. Colin, 1965.

Bénabou, M. *La résistance africaine à la romanisation.* Paris: Maspero, 1975.

Bénabou, M. "Résistance et romanisation en Afrique du Nord sous le Haut-Empire". VI Congrès Internationale Détudes Classiques. *Assimilation et résistance à la culture gréco-romaine dans le monde ancien.* Bucuresti - Paris: Editura Academiri. Les Belles Lettres, 1976. pp. 367-375.

Bénabou, M. *Les romains ont-ils conquis l'Afrique?* Annales. Économies, Sociétés, Civilisations 33 (1):83-88, jan.fév. 1978a.

Bénabou, M. *Quelques paradoxes sur l'Afrique Romaine, son histoire et ses historiens.* Actes du IIe. Congrès International D'Étude des Cultures de la Méditerranée Occidentale. t. 2. Alger: Société Nationale d'Édition et de Diffusion, 1978b. pp. 139-144.

Bénabou, M. L'Afrique et la culture romaine: le problème des survivances. Cahiers de Tunisie 29 (117-118): 9-21, 1981a.

Bénabou, M. L'imperialisme et l'Afrique du Nord: le modèle romain. *In:* Nordman, D., Raison, J.P. (ed.). *Sciences de l'homme et conquête coloniale; constitution et usage des sciences humaines en Afrique (XIXe.-XXe. siècles).* Paris: Presses de l'ëcole Normale Supérieur, 1980a. pp. 15-22.

Bénabou, M. Anomalies municipales en Afrique Romaine. Ktema 6: 253-260, 1981b.

Bénabou, M. *Les survivances préromaines en Afrique Romaine.* Les Conférences Vanier 1980. "L'Afrique Romaine". Ottawa: Les Éditions de l'Université d'Ottawa, 1982. pp. 13-27.

Bénabou, M. "Le Syncrétisme Religieux en Afrique Romaine". Intercambi Culturali 1:321-332. Atti del Congresso Internazionale di Amalfi (5-8 dicembre 1983). *Gli intercambi culurali e socio-economici fra l'Africa Settentrionale e l'Europa Mediterranea.* Napoles, 1986.

Beschaouch, A. "Étude sur le peuplement et interférences culturelles dans le pays de Carthage à l'époque romaine. Actes du IIe. Congès International D'Étude des Cultures de la Méditerrané Occidentale. t. 2. Alger: Société Nationale d'Édition et de Diffusion, 1978.

Bickel, E. *História de la literatura romana.* Madrid: Gredos, 1982.

Birebent, J. *Acquae romanae; recherches d'hydraulique romaine dans l'est algérienne.* Alger: Service des Antiquités de l'Algérie, 1962.

Boissier, G. *L'Afrique Romaine; promenades archéologiques en Algérie et en Tunisie.* 6. ed. Paris: Hachette, 1901.

Broughton, T.R.S. *The romanisation of Africa Proconsularis.* Witsport: Greenwood Press, 1972.

Brunt, P.A. "Laus Imperii". *In:* Garnsey, P.D.A., Whittaker, C.R. *Imperialism in the Ancient World.* Cambridge: University Press, 1978. pp. 159-191.

Cagnat, R. *L'armée romaine d'Afrique et l'occupation militaire de l'Afrique sous l'empereurs.* 2. ed. Paris: E. Leroux, 1913.

Camps, G. Aux origines de la Berbérie: Massinissa ou les débuts de l'histoire. Libyca: Archéologie-Épigraphie 8: 50-215, 1960.

Courtois, G. *Les vandales et l'Afrique*. Paris: Arts et Métiers Graphiques, 1955.

De Laet, S.J. *Un siècle de résistence à l'époque romaine*. Les dossiers de l'archéologie 21:18-25, mars/avril 1977.

Deman, A. *Matériaux et réflexions pour servir à une étude du développment e du sous-developpment dans les provinces de l'Empire Romain*. Aufstieg und Niedeergang der Römischen Welt, Principato 2(3):3-97, 1975.

Derow, P.S. *Polybius, Rome and the East*. Journal of Roman Studies 69: 1-15, 1979.

Dodin-Papyre, M. *L'exercitus Africae inspiration de l'armée française: ense et aratro*. Antiquité Africaine 27:141-149, 1991.

Dyson, S.L. *Native revolt patterns in the Roman Empire*. Aufstieg und Niedergang Römisch Welt, Principato 2 (3):136-175, 1975.

Euzennat, M. *La frontière d'Afrique 1976-83*. Acten des 13 Internationalen Limeskongress Aalen (September 1983). Stuttgart, 1986.

Fentress, E. *La vendetta del Moro: recenti ricerca sull'Africa Romana*. Dialoghi di Archeologia 1:107-113, 1982.

Févriei, P.A. *Approches du Maghreb Romain*. t. 1. Aix-en-Provence: Édisud, 1989.

Frank, T. *Roman Imperialism*. New York: s/e, 1914.

Frézouls, E. *Sur l'historiographie de l'impérialisme romain*. Ktema 8:141-162, 1983.

Gabra, E. *Storiografia greca e imperialismo romano (III-I sec. a.C.)*, Rivista Storica Italiana, 86:625-642, 1973.

Garnsey, P.D.A., Whittaker, C.R. *Imperialism in the Ancient World*. Cambridge: University Press, 1978.

Gascou, J. *La politique municipale de l'Empire Romain en Afrique Proconsulaire de Trajan à Septime Sévère*. Rome: École Française de Rome, 1972. (Coll. B. E. F. A. R., 8)

Gautier, E.F. *Le passé de l'Afrique du Nord; les siècles obscurs*. Paris: Payot, 1952. (Coll. Petit Bibliothèque Payot, 67)

Gsell, S. Enquête administrative sur les hydrauliques anciens en Algérie. Nouvelles Archives des Missions Scientifiques et Littéraires (nouvelle série) 3 (10): 1-143, 1903.

Guarinello, N. L. *Imperialismo greco-romano*. São Paulo: Ática, 1987.

Harris, W.V. *War and Imperialism in Republican Rome, 327 - 70 B.C.* Oxford: University Press, 1979.

Harris, W.V. (ed.). *Proceedings: The Imperialism of Mid-Republican Rome*. Rome: American Academy in Rome, 1984.

Hitchner, R.B. *et al*. "The Kassrine Archaeological Survey 1987". *Antiquités Africaines* 26:231-260, 1990.

Hitchner, R.B. The University of Virginia - INAA Kasserine Archaeological Survey 1982-1986. *Antiquités Africaines* 24:7-41, 1988.

Holleaux, M. *Rome, la Grèce et les monarchies hellénistiques*. Paris: s/e, 1921.

Julien, Ch. A. *Histoire de l'Afrique du Nord*; Tunisie, Algérie, Maroc. 2. ed. t. 1: Des origines à la conquête arabe. Paris: Payot, 1951.

Labriolle, P. de. *Histoire de la littérature latine chrétienne*. 3. ed. Paris: Les Belles Lettres, 1947. 2 t.

Lacoste, Y. *Géographie du sous-développement*. Paris: Presses Universitaires de France, 1965. (Coll. Magellan, 2)

Lamirande, É. *Nords-africaines en quête de leur passé; coups d'oeil sur la période romaine chrétienne*. Revue de L'Un9iversité D'Ottawa 46 (1):5-23, 1976.

Laroui, A. *L'Histoire du Maghreb*. Paris: Flamariom, 1970.

Lassère, J.M. Le recrutement romain et les musulames. *In*: Actes du IVe. Colloque International D'Histoire et D'Archéologie de L'Afrique du Nord. *L'Armée et les Affaires Militaires*. t. 2. Paris: Comité des Travaux Historiques et Scientifiques, 1991. pp. 299-311.

Lassère, J.M. *Vbique populus*; peuplement et mouvements de population dans l'Afrique Romaine de la chute de Carthago à la fin de la dynastie des Sévères (146 av. J.C. - 235 ap. J.C.). Paris: Éd. du CNRS, 1977.

Le Bohec, Y. *La Troisième Légion Auguste*. Paris: CNRS, 1989.

Le Glay, M. *Saturne africaine*. Paris: Arts et Métiers Graphiques - CNRS, 1961 / 1966. 2 v.

Le Glay, M. *Saturne africaine*. Paris: E. de Boccard, 1966.

Lepelley, Cl *Les cités de L'Afrique Romaine au Bas Empire*. t. 1-2. Paris: Études Augustiniennes, 1979/1981.

Leschi, L. Une famille thévestine au IIe. siècle de notre ère; études d'épigraphie, d'archéologie et d'histoire africaine. Paris, 1957.

Leveau, P. *Caesarea de Maurétaine*. Une ville romaine et ses campagnes. Rome: École Française de Rome, 1986. (Coll. de l'École Française de Rome, 70)

Leveau, P. *La situation coloniale de l'Afrique Romaine*. Annales. Économies, Sociétés, Civilisations 33 (1):89-92, jan.-fév. 1978.

Lind, M. A segunda queda de Roma. Folha de São Paulo. Caderno Mais!: 1-5, 08/10/2000.

Linderski, J. "Si vis pacem, para bellum: concepts of Defensive Imperialism." *In:* Harris, W.V. (ed.). *Proceedings: The Imperialism of Mid-Republican Rome*. Rome: American Academy in Rome, 1984. pp. 133-164.

Lintott, A. "What was the Imperium Romanarum." *Greece and Rome* 28 (1):53-67, 1981.

Mattingly, D.J. "From one colonialism to another: imperialism and the Maghreb." *In:* Webster, J., Cooper, N. (ed.). *Roman Imperialism: post-colonial perspectives*. Leicester: School of Archaeological Studies, 1966. pp. 49-69.

Mattingly, D.J. *The olive boom. Oil surpluses, wealth and power in Roman Tripolitania*. Libic Studies 19:21-41, 1988.

Mensage, J. *La romanisation de l'Afrique: Tunisie, Algérie, Maroc*. Paris: G. Beauchesne, 1913.

Michel, J.H. *L'insuffisance des investissement: signe ou cause de sous-développment dans deux provinces romaines (L'Epagne et l'Afrique)*. Aufstieg und Niedergang der Römischen Welt, Pricipato 2(3):98-159, 1975.

Mommsen, Th. *Römische Geschichte*. Berlin: s/e, 1874.

Monceaux, P. *Histoire Littéraire de l'Afrique Chrétienne*. Paris: Leroux, 1901-1923. 7 t.

Montesquieu. *Considerações sobre as causas da grandeza dos romanos e da sua decadência*. Trad. P. V. Mota. São Paulo: Saraiva, 1997.

North, J. A. The Development of Roman Imperialism. Journal of Roman Studies 71: 1-9, 1981.

Palanque, J.R. *Les imperialismes antiques*. Paris: P.U.F., 1948. (Coll. Que sais-je?, 320)

Pensabene, P. Il tempio di Saturno a Dougga e tradizioni architettoniche *d'origine punica*. Afrique Romaine 7:251-293, 1990.

Pflaum, H.G. La romanisation de l'Afrique. In: _______. *Afrique Romaine;* scripta varia I. Paris: L'Harmattan, 1979. pp. 375-392.

Picard, C.G. *La civilisation de l'Afrique Romaine*. 2. éd. Paris: Études Augustiniennes, 1990.

Poullain, P. *La littérature latine*. Paris: P.U.F., 1948.

Rachet, M. *Rome et les bérberes*; un problème militaire d'Auguste à Diocletien. Bruxelles: Latomus, 1970. (Coll. Latomus, 110)

Richardson, J.S. Imperium Romanum: empire and language of power. The Journal of Roman Studies. 81: 1-9, 1991.

Romanelli, P. Roma e gli Africani. Atti Della Academia Nazionale dei Lincei (série 8) 25 (2): 243-283, 1981-1982.

Rostovtzeff, M. *Social and Economic History of Roman Empire*. Oxford: University Press, 1926.

Salama, P. *Les voies romaines de l'Afrique du Nord*. Alger: (espaço) Imprimerie Officielle, 1951.

Samadja, E. *Statue, image et culte de l'empereur en Afrique. In:* Actes du Colloque (Besançon, 27-28 janvier 1995). *Discours religieux dans l'Antiquité*. Paris: Les Belles Lettres, 1995. pp. 279-294 (Centre de Recherches d'Histoire Ancienne, 150).

Schumpeter, J. Zur Soziologie der Imperialismen. Archiv für Sozialwissenschaft und Sozialpolitik 46: 1-39 / 275-310, 1919.

Shaw, B.D. Water and society in the ancient Maghreb: technology, property and development. Antiquités Africaines 20:121-173, 1984.

Sheldon, R. Romanizzazione, acculturazione e resistenza: problemi concettuali nella storia del Nord Africa. Dialoghi di Atcheologia 4 (1):102-106, 1982.

Sherwin-White, A. N. Rome the Agressor? Journal of Roman Studies 70: 177-181, 1980.

Smadja, E. Remarques sur les débuts du culte impérial en Afrique sous le regne d'Auguste. *In:* Annales Líttéraires de L'Université de Besançon. *Religions, pouvoirs, rapports sociaux*. Paris: Les Belles Lettres, 1980. pp. 151-169 (Centre de Recherches d'Histoire Ancienne, 32)

Thébert, Y. Romanisation et déromanisation en Afrique: histoire décolonisée ou histoire inversée? Annales. Économies, Sociétés, Civilisations 33 (1):64-82, jan.-fév. 1978.

Thompson, R.A. On "development" and "under development" in the Early Roman Empire. Klio 64:383-401, 1982.

Toutain, J. *Les cités romaines de la Tunisie*; *essai sur la colonisation de l'Afrique Romaine*. Paris: Albert Fontemoing, 1896.

Veyne, P. Y-a-t-il eu un imperialisme romain? Mélange de l'École Française de Rome - Antiquité 87:793-855, 1975.

Vischer, F. de. La constitution Antonine et la dynastie africaine des Sévères. Revue Internationale des Droits de L'Antiquité 8:229-242, 1961.

Werner, R. Das Problem des Imperialismus und die römische Ostpolitik im zweiten Jahrhundert v. Chr. Aufstieg und Niedergang Römisch Welt, Principato 1 (1):501-563, 1972.

---

1 A expansão romana, que começara lentamente após o fim da hegemonia etrusca, por volta de 500 a.C., tornou-se mais rápida no século IV a.C. Toda a Península Itálica ficou sob o controle de Roma aproximadamente em 246 a.C. Um século após, Roma tinha apossado-se da Sicília, da Córsega, da Sardenha e de partes da Espanha e da África do Norte, como resultado das três guerras com Cartago. Mais províncias foram adquiridas na Grécia e na Ásia Menor por volta de 100 a.C. Em 50 a.C., quase toda a costa mediterrânea estava em mãos romanas. A extensão máxima do Império foi alcançada no século II, quando se expandiu, usando-se a terminologia toponímica atual, da Escócia ao Egito e do Marrocos ao sul da Rússia. Grande parte deste território permaneceu intacta até o século V. A formação do Império Romano levou à dominação de diversas áreas de características bastante distintas. Por séculos, manteve-se a unidade política imperial nas províncias.

2 Este estudo foi realizado para a tese *África do Norte e Império Romano: Processo de Integração. Estudo dos casos de Hippo Regius e Thamugadi*, sob orientação do prof. Dr. Ciro Flamarion S. Cardoso e defendida no Programa de Pós-graduação em História da Universidade Federal Fluminense em 1998. Houve o apoio financeiro da Capes.

3 A guerra para o romano é um ritual muito complexo da competência dos sacerdotes feciais a fim de que toda guerra seja justa (*bellum iustum*) para não acarretar a cólera dos deuses. Seus motivos devem ser justos: expulsão do inimigo, vingança por uma injustiça sofrida e reivindicação de um direito legítimo. O primeiro ato é a *clarigatio:* o *pater patratus* conduz uma delegação de feciais trazendo um montículo de relva retirada do Capitólio e uma pedra simbolizando Júpiter e reclama reparação aos inimigos em um prazo de 30 dias. Uma vez passado este prazo, é a declaração de guerra (*indictio belli*) por meio do voto dos *comitia centuriata.* O *pater patratus* envia uma lança ensangüentada ao território inimigo, que foi em conseqüência simbolizado por um marco construído diante do templo de Belona, em Roma. Antes de partir para a campanha, os soldados devem prestar um juramento no Campo de Marte, o que fazem deles iniciados capazes de assegurar um serviço sagrado (*sacra militia*). Toda a operação militar é precedida da tomada dos auspícios e o calendário religioso prevê várias festas com ritos de purificação ou ritos iniciáticos (*Equirria, October Equus, Armilustrium*) no início e no fim do ano militar (de março a outubro). Durante toda a guerra, as portas do templo de Jano em Roma permanecem abertas. A vitória comporta também todo um ritual: súplicas em honra aos deuses, elevação de um troféu, triunfo do general, introdução em Roma dos deuses dos inimigos. O ritual fecial intervém ainda no momento do tratado da paz: o *pater patratus* sacrifica com um sílex o porco escolhido como vítima para o sacrifício.

4 Por exemplo, Tácito, em *Anais IV*, p. 26, ao comentar a Revolta de Tacfarinas na África do Norte (início do século I), informa que: "Aquele povo [garamantes], abalado pela morte de Tacfarinas e **cônscio de suas culpas** [negrito nosso] mandava dar satisfações ao povo romano."

5 Sua obra, *História Romana*, ganhou o prêmio Nobel de Literatura.

Ditadura e Ordem Internacional: das Guerras Coloniais à Transição Democrática Portuguesa[1]

Francisco Carlos Palomanes Martinho*

"Estamos, cada vez mais, orgulhosamente sós." (Oliveira Salazar)

Quando se encerrou a Segunda Guerra Mundial, em 1945, a oposição ao Estado Novo português comemorou não apenas o desfecho do conflito como também as conseqüências que o mesmo poderia ter para aquele regime. Esperava-se que os ventos democratizantes fossem capazes de impor a derrocada final da ditadura vigente a partir do golpe militar de 28 de maio de 1926. Apesar de algumas vitórias parciais, os segmentos oposicionistas viram-se, entretanto, obrigados a conviver com a continuidade da ditadura do Estado Novo, alternando momentos de maior flexibilidade com outros de maior endurecimento e recrudescimento da repressão política.

Ainda em junho de 1945, contrariando as expectativas da oposição portuguesa, os governos da Grã-Bretanha e dos Estados Unidos da América declararam apoio explícito ao regime do Estado Novo. Tal atitude dos regimes britânico e americano decorreu, em grande parte, em virtude do comportamento português ao longo da Segunda Guerra Mundial. A "neutralidade colaborante" colhia seus frutos. Tal cordialidade pragmática entre regimes liberais e uma ditadura "corporativa" começou a esgarçar-se a partir dos anos 60 do século passado, com a radicalização da guerra pela independência nas colônias e os desgastes daí decorrentes. Ao mesmo tempo, uma transição democrática em Portugal era vista com cautela pelas potências ocidentais, temerosas de um processo de radicalização incontrolável em uma difícil conjuntura de guerra-fria.

É, portanto, sobre a conjuntura que se estende do isolamento do regime do Estado Novo português, no contexto das guerras coloniais, até a transição para a democracia, em um quadro de guerra-fria e bipolaridade, que procurarei apresentar este trabalho. Para

* Professor adjunto do IFCH/UERJ e do CAP/UERJ, pesquisador do Navegar – Laboratório de Estudos Portugueses do Programa de Pós-graduação em História da UERJ.

isso, ele estará dividido em duas partes. A primeira procurará fazer um breve balanço do posicionamento português no quadro das relações diplomáticas internacionais, bem como de seu gradual processo de isolamento. A segunda abordará de modo específico a questão colonial e o seu contributo no desgaste político no plano interno do Estado Novo.

Portugal no Quadro das Relações Internacionais

É bastante consensual entre os historiadores portugueses que, se o regime do Estado Novo serviu como um anteparo frente ao perigo comunista no pós-guerra, garantindo assim o apoio das potências ocidentais, nos anos 60 do século passado ele já era entendido como um sistema obsoleto e passível de superação. De acordo com Manuel Braga da Cruz, o período compreendido entre 1961 e 1968, ou seja, entre o início da guerra da África e a ascensão de Marcello Caetano à chefia do governo, caracterizou-se, "no plano externo", pelo seu progressivo isolamento.[2] As razões para este processo de desgaste encontram-se na guerra colonial e na teimosia do regime em manter intacta a política ultramarina. É neste contexto que as relações diplomáticas de Portugal sofrem um progressivo e contínuo desgaste.

Ainda de acordo com Braga da Cruz:

> "A irredutibilidade da política ultramarina, quanto a uma eventual e progressiva autodeterminação dos territórios coloniais, provoca o crescente agastamento contra Portugal na comunidade internacional. Nas Nações Unidas multiplicam-se as pressões sobre o governo de Salazar para enveredar pela autodeterminação, primeiro por meio de convites de colaboração e de medidas de persuasão, mais tarde por meio de medidas frontalmente hostis e agressivas. Das comissões de estudo e das conversações dos primeiros anos da década de 60, passa-se gradualmente, a partir de meados da década, à aprovação de sanções contra o governo português, à preconização do corte das relações diplomáticas com Lisboa, à expulsão ou ao abandono forçado de vários organismos internacionais (Conferência Mundial de Turismo, em 1963, da Instrução Pública, em 1964, Conferência Técnica da Unesco, em 1965, à própria Unesco em 1971), ao apoio direto aos Movimentos de Libertação (agosto de 1970), à sua admissão como observadores em comissões (setembro de 1972) e como membros em organismos, uma vez proclamada unilateralmente a independência (como foi o caso da admissão da Guiné-Bissau na FAO, em novembro de 1973)."[3]

A teimosia portuguesa em manter as colônias deve ser explicada por razões de cunho ideológico, uma vez que esta era a última grande herança histórica do regime. Para Boaventura de Souza Santos, o colonialismo substituía, naquele momento, o corporativismo como "núcleo central" do Estado Novo.[4] Considero que, durante a maior parte do período do Estado Novo, colonialismo e corporativismo mantiveram-se como suportes ideológicos fundamentais do regime. A perda de uma dessas referências, o "corporativismo orgânico", deu à herança ultramarina uma "sobrevalorização" inexistente nos primórdios do regime.[5]

Esta teimosia, entretanto, levava o regime a um gradual isolamento e a um constante desgaste frente à opinião pública internacional. O jornal *Le Monde*, por exemplo, acompanhou atentamente a guerra colonial, não se deixando iludir pela propaganda "integracionista" do governo português, que procurava desviar a atenção das constantes denúncias de violência e trabalho forçado.[6] A situação portuguesa agrava-se ainda mais quando, no Conselho de Segurança da ONU, mediante uma aliança entre países afro-asiáticos e do Leste Europeu, a presença de Portugal na África é atacada frente à acusação de massacres e trabalhos forçados.[7]

É necessário destacar que as relações entre Portugal e os organismos internacionais nunca foram muito fáceis. Portugal, por exemplo, levou nove anos para, enfim, ser admitido nas Nações Unidas. As dificuldades vividas pelo Estado Novo frente aos organismos internacionais eram decorrentes mais da questão do ultramar do que da natureza ditatorial do regime. Segundo Pedro Pezarat Correia:

> "Portugal só seria admitido na ONU em 14 de dezembro de 1955 e iria aí se confrontar com um quadro jurídico e político que era claramente prejudicial às suas intenções imobilistas em matéria colonial. Argumentava que deixara de ter colônias ou de administrar territórios não-autônomos porque todos os territórios de além-mar sob tutela portuguesa passaram a fazer parte integrante de Portugal."[8]

O investimento português na África data do século XIX e, em grande parte, ele se impõe em decorrência da perda da América portuguesa. Para Valentim Alexandre, após a Independência do Brasil, as elites governantes de Portugal perceberam a necessidade de se organizar na África um "novo Brasil". Esta necessidade era decorrente do fato de "o país não poder viver sem império" frente ao perigo de ser absorvido pela Espanha. Essa idéia marcou todo o pensamento nacionalista português nos séculos XIX e XX.[9] Por esse motivo, podemos perceber o impacto que teve, no regime do Estado Novo, a crise do império colonial a partir dos anos 60 do século passado. Mais do que isso, compreende-se as razões que levaram a crise das colônias a provocar a crise e a derrocada do próprio regime.

Este processo de crise no ultramar, entretanto, não começa quando da eclosão dos primeiros movimentos separatistas na África portuguesa. Ele tem sua origem ao fim da Segunda Guerra Mundial, conjuntura em que a temática da autodeterminação dos povos e o descrédito na missão tutelar dos povos ocidentais sobre os povos considerados "atrasados" ou "inferiores" ganham espaço cada vez maiores.[10] A gradual conquista da independência de alguns povos submetidos à tutela e ao controle das nações européias abalava, frente à opinião pública internacional, o prestígio português e o seu direito "natural" no ultramar:

> "Esta situação deixava uma estreita margem de manobra política quando, na segunda metade da década de 50 do século passado, se dá a aceleração do processo de descolonização da África. Sobre Portugal, a pressão só atinge o ponto crítico após a

concessão da independência do Congo belga, em junho de 1960: a continuidade geográfica do novo Estado com Angola e, mais ainda, a identidade étnica dos povos das respectivas regiões fronteiriças tornavam provável que ela se repercutisse em curto prazo no território angolano."[11]

É, portanto, no contexto das guerras coloniais que Portugal se vai afastando das potências do Ocidente na medida em que estas procuram convencer o governo de Lisboa a adotar uma política de gradual liberalização. O que as potências ocidentais não previam e o que, sobretudo, o regime do Estado Novo sob o comando de Salazar rejeitava era o fato de que a gradual liberalização na África conduziria, inevitavelmente, a uma gradual liberalização e distensão na política ultramarina.

Afirma Valentim Alexandre, na contramão da maioria dos estudos sobre a política colonial portuguesa e suas conseqüências externas, que fundamentalmente, as potências ocidentais, com exceção dos Estados Unidos sob a presidência de John Kennedy, apoiaram a política colonialista portuguesa. Sobre o quadro internacional, diante do problema das colônias, assim se refere o autor:

> "Conflito de longa duração, a guerra colonial inscreve-se em um xadrez complexo, estando no ponto de intersecção de alguns dos confrontos maiores vividos nas décadas de 60 e de 70: manifestação da emergência dos nacionalismos africanos, em luta contra as potências imperialistas, ela é também, à escala regional, um dos elementos do conflito entre o 'bastião branco' da África e os países de supremacia negra, ao mesmo passo que, à escala mundial, constitui um dos palcos, lateral, mas importante, do exercício da Guerra Fria. Neste contexto, foi sempre possível para Portugal obter os apoios militares e diplomáticos para conter as guerrilhas. Das nações ocidentais, apenas os Estados Unidos exerceram uma real pressão sobre o governo de Lisboa para descolonizar, mas sob um curto lapso de tempo – durante a administração Kennedy e, sobretudo, em 1961, ano em que foi decretado um embargo de venda de material de guerra americano a Portugal. Depois, as pressões diluíram-se, o embargo foi várias vezes contornado: o peso estratégico da base de Lages (cedida desde 1944 aos Estados Unidos, por acordo periodicamente renovável) fazia-se sentir, impedindo Washington de hostilizar a política africana do governo de Lisboa. Do lado de países como a França e a Alemanha, o apoio era ainda mais franco."[12]

Não é isso, entretanto, que se depreende do processo gradual de isolamento vivido por Portugal desde o início dos anos 60 do século passado. Na verdade, como apontado anteriormente, o desconforto das potências democráticas do Ocidente para com a política ultramarina portuguesa era evidente. Conforme aponta Nuno Severiano Teixeira:

> "Entre 1961 e 1974, acentua-se o isolamento e a hostilidade internacional ao Estado Novo. Reduz-se, significativamente, o empenho atlântico e os compromissos com a Nato e a questão colonial torna-se preocupação quase exclusiva da política externa portuguesa.

Perdida a Índia, o problema estende-se à África. No mesmo ano, 1961, começa a guerra em Angola e, em breve tempo, Portugal vê-se envolvido em três conflitos de descolonização em três palcos de operações diferentes: Angola, Guiné e Moçambique. Em abril de 1961, logo no início da guerra, um grupo de militares chefiados pelo general Botelho Moniz, com o conhecimento e o assentimento da administração norte-americana, tentou um golpe contra Salazar que, aliás, falhou. O objetivo era alterar a política colonial, abandonar a via militar e procurar uma solução política para o conflito.

Depois de falhado o golpe, a administração Kennedy tentou ainda, em 1963, um acordo entre Washington e Lisboa com vistas a uma solução negociada para o problema colonial português. A proposta americana era a de uma terceira via entre o integracionismo de Salazar e a independência pura e simples do movimento afro-asiático: uma fórmula de autodeterminação que Salazar acaba também por rejeitar, inviabilizando o acordo. Entre o golpe que falhou e a tentativa de acordo, a administração norte-americana chegou a elaborar uma lista de países com quem Portugal tinha melhores relações e que, por isso mesmo, estariam em melhores condições de pressionar Lisboa a inflectir a sua posição: Inglaterra, Espanha, Brasil e o próprio Vaticano. Em vão. A todos a política externa portuguesa ofereceu a mais firme resistência. Tal como sucedera na questão indiana, a Inglaterra afasta-se agora de Portugal devido ao problema da descolonização africana. A Espanha por várias vezes distancia-se das posições portuguesas e o próprio Brasil, sob a presidência de Jânio Quadros, assume idêntica posição. Até mesmo o Vaticano abstem-se de apoiar Portugal e, Paulo VI, apesar da visita a Fátima, em 1967, chega a receber o movimento de libertação das colônias portuguesas, já no início dos anos 70 do século passado. Em matéria africana, chega-se ao ponto mais alto da política do 'orgulhosamente sós'."[13]

Assim, pode-se concluir que o gradativo isolamento português frente à opinião pública internacional deu-se a partir de iniciativas da diplomacia americana. Entretanto, a pressão dos Estados Unidos sobre Portugal no sentido de uma saída alternativa ao problema das colônias não se limitou apenas ao início da década de 60 do século passado, como tampouco foi um ato isolado do governo de Washington. A rigor, o que pretendia o governo dos Estados Unidos era, ao mesmo tempo, manter o acordo de ocupação da base de Lages e evitar, no quadro internacional da Guerra Fria, um caminho que parecia inevitável e que afinal revelou-se verdadeiro, a aproximação dos movimentos de independência com o bloco soviético.

Se, nos anos 60 do século passado, os movimentos de libertação da África portuguesa obtiveram um contínuo, mas acanhado apoio dos organismos internacionais, o mesmo não ocorreu nos primeiros anos da década seguinte, quando o apoio à luta dos povos africanos foi expresso abertamente:

"O ano de 1972 seria fértil, em sinais dados pela ONU, em benefício dos movimentos nacionalistas. Em 4 de fevereiro, o Conselho de Segurança reunia-se excepcionalmente em Addis Abeba e recebia os representantes do MPLA, do PAIGC e da Frelimo. Nesta reunião, o Conselho de Segurança aprovara uma resolução em apoio aos movimentos de libertação, o que significava o seu reconhecimento implícito como legítimos representantes dos povos dos seus países. Foi um gesto que viria a ter, no futuro, uma influência decisiva quando se entrou na fase de transferência do poder e houve que definir quem tinha legitimidade para negociar com a potência colonial. Na reunião de Addis Abeba, o PAIGC convidara o Conselho de Segurança para enviar uma delegação sua para visitar 'áreas libertadas' na Guiné-Bissau, convite que o conselho aceitou. Essa visita foi efetuada entre 2 e 8 de abril, o que constituiu um dos maiores desaires diplomáticos do Governo português. O relatório desta missão retirava quaisquer dúvidas sobre o efetivo controle do PAIGC sobre vastas áreas do país. Em outubro, os representantes dos movimentos de libertação de Angola, Guiné-Bissau e Moçambique obtiveram o estatuto de observadores junto à ONU e, em novembro, a Assembléia Geral reconhecia a legitimidade da luta armada dos movimentos contra Portugal."[14]

O isolamento português era tal que, chegado o ano de 1974, seus únicos aliados na política colonial eram a África do Sul e a Rodésia. Até mesmo o Brasil e a Espanha tomavam na ONU posições, ao lado dos países africanos, favoráveis à independência, nas ocasiões em que se discutia a questão colonial portuguesa. Contraditoriamente, ficava um regime propagador da idéia de uma pátria não-racial, a receber o apoio isolado de países defensores do *apartheid* e universalmente condenados.[15]

Deve-se acentuar ainda o gradativo desgaste nas relações diplomáticas com o Vaticano, e mais uma: a questão colonial é decisiva para entender este afastamento da Igreja Católica frente à diplomacia portuguesa. Em finais de junho ocorreu em Roma, sob o patrocínio das centrais sindicais italianas, a Conferência de Solidariedade com os Povos das Colônias Portuguesas, na qual compareceram os principais líderes africanos de língua portuguesa: Amílcar Cabral, do PAIGC (Partido Africano para a Independência da Guiné e Cabo Verde), Agostinho Neto, do MPLA (Movimento Popular de Libertação de Angola), e Marcelino dos Santos, da Frelimo (Frente para a Libertação de Moçambique). Mediante articulações da democracia-cristã italiana, o papa Paulo VI anunciou que receberia os três líderes dos movimentos de libertação da África portuguesa. Esses informaram ao chefe da Igreja Católica os propósitos de sua luta e exigiram que o papa se empenhasse em fazer Portugal compreender o direito à independência que tanto clamavam.[16] A notícia da aceitação da audiência e do fato em si provocou manifestações de esperança de que o problema colonial português logo se resolvesse. Menos para Portugal:

> "O Governo de Lisboa, informado pela Embaixada no Vaticano do sucedido, decide tomar 'uma atitude enérgica': apresenta um protesto formal ao secretário de Estado, manifestando a 'grande mágoa' pela 'audiência que o Santo Padre acaba de conceder aos dirigentes dos movimentos terroristas antiportugueses mais extremistas, de comprovada filiação marxista', e chama o embaixador a Lisboa, ordenando-lhe que transmita à Secretaria de Estado que se fica a aguardar 'explicações sobre uma atitude cujo significado não podemos entender'."[17]

A diplomacia portuguesa, que em um primeiro momento atacou a atitude da Santa Sé, procurou depois justificar que o papa foi levado a encontrar-se em caráter religioso e não-político com os "cabecilhas do terrorismo por meio de uma articulação de opositores do Estado Novo. Ao mesmo tempo, exortou o fato de o papa ter-se referido à necessidade de usarem "meios pacíficos". No entanto, apesar das justificativas, necessárias em um regime assentado ideologicamente na fé católica, o impacto da visita dos líderes africanos ao papa teve enorme repercussão no mundo católico, contribuindo para um gradual aprofundamento do desgaste nas relações entre Estado e Igreja.[18]

A Questão Colonial e o Gradual Processo de Desgaste do Regime

A questão colonial, conforme já foi dito, além de interferir decisivamente no gradual isolamento do Estado Novo frente à opinião pública internacional, contribuiu também para um desgaste interno que levou à sua derrocada final no dia 25 de abril de 1974. Por um lado, a própria opinião pública portuguesa afastava-se do nacionalismo colonialista do regime. Em grande parte, o agravamento das condições econômicas contribuía fortemente para que as colônias deixassem de ser vistas como um "patrimônio" dos portugueses. Por outro lado, a guerra colonial de longa duração permitiu que um segmento do aparelho de Estado, as Forças Armadas, de sucessivas conspirações e oposições ao regime, se colocasse no centro das decisões políticas, que desembocaram, conforme já o dissemos, no golpe final contra o Estado Novo.[19]

Se, durante o período em que Oliveira Salazar encontrava-se na condição de presidente do Conselho de Ministros, as possibilidades de implementação de uma alternativa reformista e negociada para o ultramar estavam vedadas, a ascensão de Marcello Caetano em substituição a Salazar criou perspectivas que logo se revelaram frustradas. Por esse motivo, Fernando Rosas chamou o breve consulado marcellista de "falência da via reformista".[20] O final dos anos 60 do século passado foi, apesar do cerco imposto pela conjuntura internacional desfavorável, de relativo otimismo por parte das forças oposicionistas, nomeadamente aquelas de perfil moderado e reformista, que acreditavam na possibilidade de uma gradual liberalização do regime com Caetano. Essa possibilidade não era, entretanto, percebida por outra parte da oposição portuguesa, fato que veio a acarretar disputas e cisões no campo oposicionista:

> "É claro que o curso marcellista, em 1969, despertou uma enorme expectativa no conjunto das forças oposicionistas relativamente a uma evolução, mesmo que gradual, para a democracia parlamentar. Mesmo que parte dela insistisse na retórica de que nada mudaria e de que a 'liberalização' não seria senão um artifício demagógico do regime para se manter. (...).
>
> Também agora a nova força polarizadora da oposição não-comunista demarca-se e antecipa-se, como que a se oferecer enquanto parceiro preferencial, responsável, ordeiro, para o diálogo com os reformistas do regime: a Ação Socialista Portuguesa emite, em dezembro de 1968, um 'manifesto à Nação', firmado por 467 subscritores,

no qual, para além da condenação do 'socialismo totalitário', transparece uma certa expectativa benevolente quanto ao novo curso das coisas. E Soares avista-se e dialoga nos meses seguintes com Melo e Castro, o novo responsável pela União Nacional, designadamente acerca das eleições de outubro de 1969, e com Plínio Leite, o líder fáctico da 'ala liberal'. Entretanto, personalidades católicas da oposição, como Alçada Baptista, aproximam-se de Caetano, enquanto os grupos da esquerda estudantil insistem na necessidade de mudar de linha e de discurso na oposição, face à mudança de natureza do 'inimigo'."[21]

Para além da forte oposição comunista ao posicionamento autônomo da Ação Socialista Portuguesa, que atentava contra as teses de frente antifascista, o anúncio de uma possível transição negociada sob a liderança de Marcello Caetano colocava, na ordem do dia, o problema do ultramar. É mais uma vez Rosas quem afirma:

"O segundo tipo de efeitos do processo de transição era mais grave: é que ele colocaria imediatamente no centro do debate político o problema do fim da guerra colonial, ou seja, a questão de uma solução descolonizadora para a guerra em África. Também em Portugal, como acontecera nas democracias colonialistas do Ocidente, seria verificada a impossibilidade, desde logo política, de manter indefinidamente uma guerra 'antisubversiva' em clima de liberdade de opinião, de expressão e de associação, mesmo que muito limitadas. A guerra causava/suscitava a crescente oposição de largos setores da opinião pública, em particular da juventude e, especialmente, da juventude estudantil; desviava avultadíssimas verbas do orçamento (cerca de 40% no fim do marcelismo), indispensáveis para aplicações essenciais à sobrevivência do regime, designadamente no campo social e educacional, e tornava-se mesmo financeiramente insustentável a partir da crise econômica internacional de 1973, que viera interromper o longo ciclo de prosperidade européia do pós-guerra, até aí, fator decisivamente absorvente das tensões inflacionistas decorrentes do esforço militar. Por tudo isso, era vista com crescente preocupação por importantes setores políticos e econômicos da própria oligarquia, progressivamente voltados para a Europa, inquietos com o isolamento internacional do país e ansiosos por encontrar uma 'solução' aceitável para o conflito compatível com os seus desígnios estratégicos. Era óbvio que qualquer abertura política tornava inadiável, a prazo curto, a colocação da questão do fim da guerra e da descolonização. Mais do que isso: nessas circunstâncias, qualquer processo de reforma só podia manter-se e sustentar-se se esvaziasse a crispação que rodeava a questão da guerra, ou seja, se abrisse caminho para uma saída política da questão colonial. Esta tornara-se o nó górdio da sobrevivência do marcelismo: ou a 'liberalização' lograva acabar com a guerra e consolidar-se, ou o prolongamento do conflito sem fim à vista impunha o congelamento da 'liberalização', com risco de levar ao impasse e de abrir um processo de rotura e queda do regime."[22]

Portanto, qualquer processo de transição democrática em Portugal impunha uma revisão em toda a política do ultramar. Política esta que havia sido um dos mais fundamentais pilares de sustentação do Estado Novo português. Ao mesmo tempo, a permanência da política ultramarina, segundo o modelo tradicional, conduziria, como de fato aconteceu, a um inevitável processo de ruptura política. O problema maior para Marcello Caetano era que, se por um lado segmentos mais modernos da sociedade portuguesa, "europeizados", alinhados com contingentes expressivos das Forças Armadas defendiam uma transição negociada, por outro, no interior do regime e entre aliados favoráveis à manutenção da política ultramarina, havia também aqueles que impunham a continuidade. E eram exatamente estes últimos em quem Caetano procurava apoiar-se para se manter na chefia do governo.

Um dos momentos mais marcantes no afastamento gradual das Forças Armadas frente ao regime do Estado Novo foi a publicação, em 1971, do livro do General Antônio de Spínola, governador da Guiné Portuguesa, *Portugal e o Futuro.*[23] Esse livro, de grande repercussão internacional, defendia abertamente uma saída negociada para a crise do ultramar. Em seu livro, Spínola afirma a necessidade da criação de um Estado Confederado, que levasse em conta a tradição portuguesa na África e se recusasse terminantemente a manter-se naquele território por força da imposição militar.

Spínola estava ciente da possibilidade de perda completa dos territórios africanos e, por isso, considerava urgente a necessidade de o Estado antecipar-se aos fatos. Para ele, a manutenção das relações políticas e econômicas com as colônias deveria implicar, necessariamente, uma saída negociada naquele momento, antes que a ruptura, como no caso da Índia portuguesa, se fizesse inevitável:

> "O exemplo da Índia é um precedente bem vivo no porvir que receamos. Nunca se acreditou que sucedesse o que, afinal, era inevitável; no entanto, a tragédia deu-se; e logo foi desviada a atenção da Nação para o campo circunstancial da conduta militar, acusando-se as Forças Armadas de não se terem batido heroicamente; quando, na realidade, qualquer que fosse a eficácia da defesa, o colapso seria sempre questão de dias. Não se ignora que é fácil falar *a posteriori*; todavia, pensamos que, se outra tivesse sido a visão dos fatos, a Índia portuguesa seria hoje, é certo, um Estado confederado da Comunidade Lusíada; mas no coração e na mente de todos ali continuaria a ser Portugal, ali continuaria a falar-se o português e a viver-se à portuguesa. Porque Nação e Pátria, muito mais do que criação de um estatuto legal, são sentimento e vivência do subconsciente de cada homem.
>
> Não se pode aceitar que, ao fim de tantos anos de sacrifícios e de sangue vertido, o drama da Índia se repita em qualquer outra parcela do Mundo Português. Nem tãopouco pode aceitar-se que se encaminhe a solução do problema ultramarino para um desfecho no campo militar, por maior que seja o heroísmo das Forças Armadas.
>
> Haveremos de continuar na África, sim! Mas não pela força das armas, nem pela sujeição dos africanos, nem pela sustentação de mitos contra os quais o mundo se encarniça. Haveremos de continuar na África, sim!, mas pela clara visão dos problemas no quadro de uma solução portuguesa."[24]

O gradual processo de isolamento e da perda de controle por parte das elites governamentais tornava-se por demais evidente. Se, conforme aponta Fernando Rosas, no quadro internacional, a crise portuguesa acentua-se abruptamente a partir de 1970, no plano interno assistia-se à radicalização oposicionista, ao crescer do descontentamento entre os grupos católicos progressistas, a reaproximação dos socialistas para com o Partido Comunista português e, por fim, a radicalização e o descontentamento das Forças Armadas.[25] O descontentamento militar, é importante que se ressalve, manifestava-se abertamente tanto à esquerda como também à direita, evidenciando a ampliação do isolamento do regime:

> "À sua direita, o endurecimento geral do regime e da situação política não parecia comover os arraiais ultradireitistas, e, em fins de 1973, deposita-se alguma esperança no general Kaúlza de Arriaga como organizador de um golpe militar que capitalizasse em seu favor a já visível inquietação da oficialidade intermédia. Mas a manifesta incapacidade de levar a cabo era quase mais inquietante para Caetano do que tranqüilizadora: mostrava-se que, por detrás da retórica ameaçadora e da usual basófia do general '*nó górdio*' ... – não existia força real nesse setor (ou nos comandos militares a eles afectos) para derrubar o Governo, evidenciava também que, dessa banda, o marcelismo estava completamente indefeso em caso de ataque à sua esquerda. Como viria a acontecer."[26]

Antes de falarmos sobre o Movimento dos Capitães, que levou à queda do Estado Novo, vale destacar aqui que o gradual processo de cisão entre a cúpula das Forças Armadas e o governo deveu-se também, muito, à intransigência de Marcello Caetano em atender a reivindicações básicas de segmentos militares favoráveis, desde os anos 60 do século passado, a uma transição dialogada no ultramar. Alguns militares tinham esperanças de que, nas eleições presidenciais de 1972, Marcello Caetano optasse por um militar "moderado", com um posicionamento mais aberto frente ao tema das colônias. A escolha de Américo Tomás, que em agosto de 1972 tomava posse do seu terceiro mandato presidencial consecutivo, marcou definitivamente o fim das esperanças de alternativas liberalizantes por dentro do regime.[27] Ciente de seu isolamento frente a contingentes hegemônicos das Forças Armadas, Marcello Caetano buscou tomar a ofensiva no sentido de controlar a insatisfação dos militares. Primeiro, acusou o governador da Guiné, general Spínola, de insubordinação ao dar uma entrevista sobre política ultramarina sem seu prévio conhecimento. Spínola, em resposta à ofensiva de Caetano, tornou público seu descontentamento frente à recusa do Governo em negociar uma saída pacífica para a guerra da Guiné. O distanciamento de Marcello Caetano frente ao corpo militar, evidenciava-se também no âmbito do próprio aparelho de Estado. Para além das divergências com o governador da Guiné, o Governo do Estado Novo mostrava também, publicamente, divergências com o comandante do Estado Maior Geral das Forças Armadas, general Costa Gomes, franco defensor de uma saída negociada para a guerra nas colônias. A tentativa governamental de impor a hierarquia apenas ajudava no sentido de alargar o fosso entre governo e Forças Armadas e caminhar no sentido da desobediência e da conspiração:

"... obrigar Costa Gomes e Spínola a regressarem ao redil da fidelidade política e da obediência hierárquica... – ou punir a sua desobediência com o afastamento, entregando o cargo de Cemgfa a um general integrista e colaboracionista (Joaquim Luz Cunha), não só não resolvia nada, como precipitava tudo: nem os generais desobedientes, nem os fiéis ao Governo, nem os ultras tinham já poder real de comando sobre o essencial das Forças Armadas, isto é, para decidir do sucesso ou do insucesso do golpe. E a substituição de Costa Gomes e de Spínola, não fez mais do que dar um bom pretexto para o seu desencadeamento.

Na realidade, em março/abril de 1974, Caetano já não tinha nem poder, nem tempo, nem espaço de manobra para evitar o que quer que fosse. Muito menos para impor alternativas. É por isso que as tentativas de negociação política com movimentos de libertação (com o Paigc, em Londres, ou com o MPLA, em Paris), chegavam irremediavelmente tarde. O tempo para a solução política da guerra por iniciativa do regime passara. (...)."[28]

Na medida em que a guerra continuava, tornava-se cada vez mais claro que uma saída negociada para o fim da guerra, como defendiam contingentes cada vez mais expressivos do corpo militar, poderia implicar o fim do próprio regime:

"As Forças Armadas estão prontas para politizar a guerra colonial, isto é, torná-la apenas um meio para se procurarem soluções que lhes permitam uma trégua no esforço de guerra, ou mesmo a retirada da África, sem prejuízo de sua continuação como instituição.

Porém, para terminar a guerra será necessário derrubar o regime político?

As oposições à ditadura cedo haviam chegado a essa conclusão. Os militares, sobretudo os oficiais subalternos e os capitães, irão evoluir muito rapidamente a essa posição durante os meses que precederam o 25 de abril de 1974."[29]

E foram exatamente estes oficiais subalternos, nomeadamente majores e capitães que, desgastados com uma longa guerra colonial que não lhes dizia respeito, puseram fim a quase cinco décadas de regime arbitrário. O Movimento dos Capitães, mais tarde Movimento das Forças Armadas (MFA), embora tivesse nascido em meio à crise política do regime a partir de objetivos nitidamente militares e de reivindicação corporativa, logo assistiu a uma transição para a defesa de objetivos nitidamente políticos:

"O documento que materializa a passagem do Movimento dos Capitães, de natureza corporativa e classista, ao MFA, já com objetivos claramente políticos, é o manifesto 'O Movimento das Forças Armadas e a Nação', aprovado em uma reunião em Cascais em 5 de março de 1974.

Sendo um documento que trazia a marca inconfundível do seu autor, Melo Antunes, pelo conteúdo politicamente progressista, que transpirava de todas as suas passagens, não deixa de exprimir algumas cautelas na abordagem da questão colonial.

Logo a abrir afirmava-se, no documento, que seu objetivo era o de levar os militares '(...) a refletir criticamente sobre os aspectos fundamentais dos problemas que as Forças Armadas enfrentam (...)'. Dizendo, quase a concluir, que se trata '(...). antes de mais nada e acima de tudo, da obtenção a curto prazo para os problemas das instituições no quadro de uma democracia política."[30]

Embora o documento não se referisse abertamente à questão do ultramar ou à guerra colonial, é evidente que, como bem aponta Pedro P. Correia, "os aspectos fundamentais dos problemas que as Forças Armadas enfrentam" eram exatamente estes. Como organismo nascido de parte integrante do corpo do Estado, o MFA nunca defendeu o fim da guerra por considerá-la perdida, mas sim por conta dos "objetivos negativos que servia"[31].

A vitória do golpe militar de 25 de abril de 1974 possibilitou que Portugal vivesse imediatamente um clima de intensa liberdade política. Neste quadro, a sociedade civil portuguesa, representada por partidos políticos recém-saídos da clandestinidade, impunha uma saída para a questão colonial urgente e decisiva. Uma saída que, longe de ser o projeto confederado do general Spínola, passava, necessariamente, pela autodeterminação dos povos africanos de língua portuguesa. Assim, embora Spínola procurasse adotar, primeiro como presidente da Junta de Salvação Nacional e depois como presidente da República, uma política conservadora para a questão ultramarina, as lideranças civis surgidas após o golpe, em particular Mário Soares, ministro dos Negócios Estrangeiros, e Almeida Santos, responsável pela Coordenação Interterritorial, trataram imediatamente de garantir a independência das colônias por intermédio de acordos com os movimentos de libertação. As divergências entre Mário Soares e Antônio Spínola foram, desde sempre, evidentes. Como demonstra Pedro P. Correia:

> "Em entrevista que concedeu a Dominique Pouchin, e que vem transcrita no livro *Portugal que Revolução? Diálogos com Dominique Pouchin,* Mário Soares revela que 'a entrevista (com Spínola no próprio dia da chegada do exílio) terminou por uma rápida troca de pontos de vista sobre a descolonização. Aí apareceram as primeiras divergências: Spínola fazia questão de distinguir autodeterminação de independência, julgando travar assim o curso da História. Não havia quanto a nós nenhuma saída senão a independência, conclusão vitoriosa das lutas de libertação nacional e ponto final de uma guerra colonial injusta e dispendiosa (pp. 65 e 66)'. Entrevistado pelo Der Spiegel, em 6 de maio de 1974, dizia Mário Soares: 'Os movimentos de libertação têm todo o direito de exigir a independência absoluta (...); entre a autonomia e a independência absoluta, o meu partido exige a independência das colónias (...)'. E a 13 do mesmo mês à *Newsweek*: 'O problema mais crítico que Portugal terá de enfrentar nos próximos meses é a libertação para as colónias africanas. Devemos começar a trabalhar imediatamente para um acordo de cessar-fogo com os guerrilheiros. Não podemos esperar doze meses para que um Governo eleito trate disso (...). O general Spínola conhece a nossa posição. É a independência pura e simples."[32]

Para a liderança civil da Revolução, portanto, as independências deveriam ser imediatas, sendo "irrealistas prazos dilatados que aguardassem a realização prévia de eleições em Portugal".[33] A razão desta premência estava no princípio da autodeterminação, entendido como defesa da independência, e no fato de que este já era um objetivo tanto das oposições civis submetidas à clandestinidade durante o Estado Novo, e também dos militares do MFA que desferiram o golpe final sobre o regime.

Conclusão

A questão ultramarina foi, a partir da década de 70 do século passado, ao mesmo tempo, a razão de existência e de derrocada do Estado Novo português. Conforme dito anteriormente, o gradual desmonte de um modelo "corporativo" tendente à mobilização social deu à política do ultramar a condição de pilar ideológico único do sistema. Talvez mesmo no início do Estado Novo, a questão colonial fosse mais importante que a organização corporativa, haja vista a sua longevidade e seu papel na manutenção do próprio Estado soberano em Portugal.

Assim, quando em 1961, já em uma conjuntura internacional desfavorável, tiveram início as guerras coloniais, o Estado Novo português procurou, de todos os modos, reagir no sentido da manutenção de sua última grande herança. Para o discurso oficial, Portugal havia terminado com o colonialismo na medida em que considerava os territórios africanos parte integrante do seu próprio território. Este discurso, entretanto, não sensibilizava nem a opinião pública e a diplomacia internacionais e nem tampouco os africanos submetidos ao colonialismo português. Para os primeiros, o desconforto com a manutenção de uma política que, em suas linhas gerais, era idêntica à política colonial do século XIX, traduzia-se em pressões e embargos que levaram Portugal a um inexorável isolamento. Isolamento que o regime, à época de Salazar, procurou responder apostando, arrogantemente, em seu próprio isolamento. Nem mesmo a conjuntura de guerra-fria acanhou o mundo ocidental no sentido de pressionar o regime português a adotar uma postura alternativa àquela adotada desde o século anterior. Ao contrário, principalmente os Estados Unidos, mas não só, temiam uma proximidade dos movimentos de libertação colonial para com o bloco soviético. Temor este que, posteriormente, se verificaria justificável.

Por parte dos movimentos de libertação, a intransigência governamental portuguesa e o crescente apoio internacional contribuíram grandemente no sentido de manterem sua luta e seu firme propósito de autodeterminação. No início da década de 70 do século passado, os apoios do papa Paulo VI e do Conselho de Segurança da ONU em Addis Abeba apenas confirmaram sua política de intransigente defesa da independência.

No plano interno, as economias com uma guerra em três frentes distintas, Angola, Moçambique e Guiné, corroeram de tal modo a economia portuguesa que o orgulho das colônias tornou-se, para os portugueses, um pesadelo sem fim. O orgulho da solidão frente ao estrangeiro esbarrava agora, em uma inesperada solidão interna.

O empenho nos esforços de guerra, que chegaram a consumir cerca de 40% das economias portuguesas apenas fez crescer, desproporcionalmente, a importância do efetivo militar e das Forças Armadas como instituição. Uma instituição que, embora tivesse sido a responsável pelo nascimento do regime autoritário, seria agora a executora de seu fim. Além do descontentamento da alta hierarquia do Exército, a guerra trouxe à baila um contingente expressivo de jovens oficiais, coronéis, majores e, sobretudo, capitães, que na medida em que adquiriam reconhecimento da tropa, adquiriam também força e capacidade de mobilização. A passagem do Movimento dos Capitães para o Movimento das Forças Armadas, sob a liderança política do General Ernesto de Melo Antunes, representou a constituição do aparato político militar capaz de pôr fim a um regime que, se um dia se imaginou eterno e sólido, desmanchava-se agora no ar. Por fim, se entre parcela das altas patentes da hierarquia militar, Spínola à frente, ainda persistia a vontade de manter as antigas colônias através de um regime confederado, o mesmo já não ocorria no interior do MFA, nunca esteve presente nos objetivos da oposição civil e, sobretudo, não era mais possível na conjuntura revolucionária subseqüente ao golpe de 25 de abril.

Referências Bibliográficas

Alexandre, Valentim. "O Império Colonial". *In:* Costa Pinto, António (coordenador). Portugal Contemporâneo. Madrid: Sequitur, 2000, pp. 39/60.

Anderson, Perry. *Portugal e o Fim do Ultracolonialismo*. Rio de Janeiro: Civilização Brasileira, 1966.

Bernardo, Manuel A. Marcello e Spínola: a ruptura. As Forças Armadas e a Imprensa na Queda do Estado Novo, 1973-1974. Lisboa: Estampa, 1996.

Brandão de Brito, José Maria. "A Economia Portuguesa, do Salazarismo à Comunidade Européia". *In*: Costa Pinto, António (coordenador). *Portugal Contemporâneo*. Madrid: Sequitur, 2000, pp. 111/121.

Carrilho, Maria. "Forças Armadas e Democracia". *In:* Costa Pinto, António (coordenador). *Portugal Contemporâneo*. Madrid: Sequitur, 2000, pp. 143/159.

Castilho, José Manuel Tavares. "A Idéia de Europa no Marcelismo (1968-1974)". *Lisboa: Assembleia da República*; Porto: Afrontamento, 1999.

Correia, Pedro Pezarat. "Descolonização". *In:* Brandão de Brito, José Maria (direção). *Do Marcelismo ao Fim do Império*. Braga: Círculo de Leitores, 1999, pp. 101/224.

Costa Pinto, António. "Portugal no Século XX: Introdução". *In:* Costa Pinto, António (coordenador). *Portugal Contemporâneo*. Madrid: Sequitur, 2000, pp. 01/38.

____ & Monteiro, Nuno. "Mitos Culturais e Identidade Nacional Portuguesa". *In:* Costa Pinto, António (coordenador). *Portugal Contemporâneo*. Madrid: Sequitur, 2000, pp. 232/245.

Cruz, Manuel Braga da. *O Estado Novo e a Igreja Católica*. Lisboa: Bizâncio, 1998.

____. *O Partido e o Estado no Salazarismo*. Lisboa: Presença, 1988.

Duarte, António de Souza. *Salgueiro Maia: Um Homem da Liberdade*. 3ª edição, Porto: ASA, 1996.

Ferreira, José de Medeiros. O comportamento político dos militares: forças armadas e regimes políticos em Portugal no séc. XX. Lisboa: Estampa, 1992.

Marques, Fernando Pereira. "Sete Noites, Sete Dias". *In:* Brandão de Brito, José Maria (direção). *Do Marcelismo ao Fim do Império*. Braga: Círculo de Leitores, 1999, pp. 61/100.

Nunes, António. "O Regime Salazarista nos Anos Sessenta Visto pelo Jornal Le Monde". *In:* AAVV. *Do Estado Novo ao 25 de Abril*. Revista de História das Idéias (17) do Instituto de História e Teoria das Idéias da Faculdade de Letras da Universidade de Coimbra, 1995, pp. 481/511.

Oliveira, César. *Os Anos Decisivos: Portugal, 1962-1985 um Testemunho*. Lisboa: Presença, 1993.

Patriarca, Fátima. *A Questão Social no Salazarismo*. 2v. Lisboa: Imprensa Nacional/ Casa da Moeda, 1996.

Rosas, Fernando. "O Marcelismo ou a Falência da Política de Transição no Estado Novo". *In:* Brandão de Brito, José Maria. *Do Marcelismo ao Fim do Império*. Braga: Círculo de Leitores, 1999, pp. 15/59.

Rosas, Fernando. "Sob os ventos da guerra: a primeira crise séria do regime (1940-1949). In: MATOSO, José [Direcção]. História de Portugal: o Estado Novo. Lisboa: Estampa, 1994, pp. 301/415.

Spínola, Antônio de. Portugal e o futuro: análise da conjuntura nacional. Rio de Janeiro: Nova Fronteira, 1974.

Teixeira, Nuno Severiano. "A política externa portuguesa". In: COSTA PINTO, António [Coordenador]. Portugal Contemporâneo. Madrid: Sequitur, 2000, pp. 61/92.

Telo, António José. "As relações internacionais da transição". In: BRANDÃO DE BRITO, José Maria. *Do Marcelismo ao Fim do Império*. Braga: Círculo de Leitores, 1999, pp. 225/267.

Torgal, Luís Reis. "O Estado Novo, fascismo, salazarismo e Europa". In: TENGARRINHA, José [Org.]. História de Portugal. Bauru: EDUSC; São Paulo: UNESP; Lisboa: Instituto Camões, 2000, pp. 313/337.

---

1 Aos Capitães de Abril, os "jovens oficiais de um combate recusado, mais por injusto do que por impossível...", Eduardo Lourenço.

2 Cruz, Manuel Braga da. O Partido e o Estado no Salazarismo. Lisboa, Presença, 1988, p. 43.

3 *Ibid.*, p. 44.

4 Santos, Boaventura de Souza. A Crise e a Reconstrução do Estado em Portugal. Cit. por Manuel Braga da Cruz. *Ibid.*, p. 45.

[5] Consideramos que um "corporativismo" dotado de "vontade mobilizatória" realizou-se em Portugal entre o período inaugural do regime e a conjuntura final da guerra, em particular no ano de 1947, quando uma nova legislação retirou o Estado das negociações de trabalho que voltaram a se realizar apenas entre patrões e empregados. Cf: Patriarca, Fátima. *A Questão Social no Salazarismo, 1930-1947.* 2 v. Lisboa, Imprensa Nacional/Casa da Moeda, 1996.

[6] Nunes, António. "O Regime Salazarista nos anos Sessenta visto pelo Jornal *Le Monde*." *In:* AAVV. *Do Estado Novo ao 25 de Abril.* Revista de História das Idéias (17) do Instituto de História e Teoria das Idéias da Faculdade de Letras da Universidade de Coimbra. 1995, pp. 489/492.

[7] *Ibid.*, p. 493.

[8] Correia, Pedro Pezarat. "Descolonização". *In*: Brandão de Brito, J.M. (Direção). *Do Marcelismo ao Fim do Império.* Braga, Círculo de Leitores, 1999, p. 147.

[9] Alexandre Valentim. *A Política Externa, 1890-1986. In*: Costa Pinto, António (coordenador). Portugal Contemporâneo. Madrid. Sequitur, 2000, pp. 87/88.

[10] *Ibid.*, p. 55.

[11] *Ibid.*, p. 57.

[12] *Ibid.*, p. 58. Sob pressão britânica, Oliveira Salazar concede os Açores para a implantação de uma base militar britânica, em 1943, cede a base de Lages aos Estados Unidos e impõe um embargo econômico aos países do Eixo. Cf. Rosas, Fernando. "Sob os Ventos da Guerra: A Primeira Crise Séria do Regime (1940-1949). *In:* Matoso, José (Direção). *História de Portugal: o Estado Novo.* Lisboa, Estampa, 1994, pp. 301/415.

[13] Teixeira, Nuno Severiano. *A Política Externa, 1890-1986. In*: CostaPinto, António (coordenador). Portugal Contemporâneo. Madrid. Sequitur, 2000, pp. 87/88.

[14] Correia, Pedro Pezarat. "Descolonização". *Ibid.*, p. 152.

[15] *Ibid.*, p. 156.

[16] Cruz, Manuel Braga da. *O Estado Novo e a Igreja Católica.* Lisboa, Bizâncio, 1998, p. 181.

[17] *Ibid.*

[18] *Ibid.*, pp. 184/185.

[19] Sobre a história das relações de proximidades e distanciamentos das Forças Armadas portuguesas para com o Estado Novo, ver: Ferreira, José de Medeiros. *O Comportamento Político dos Militares: Forças Armadas e Regimes Políticos em Portugal no Século XX.* Lisboa, Imprensa Universitária, 1992.

[20] Rosas, Fernando. "O Marcelismo ou a Falência da Política de Transição no Estado Novo". *In:* Brandão de Brito, J.M. *Do Marcelismo ao Fim do Império.* Braga, Círculo de Leitores, 1999, p. 40.

[21] *Ibid.*, pp. 41/42.

[22] *Ibid.*, p.43.

[23] Spínola, Antônio de. Portugal e o Futuro. RJ. Nova Fronteira, 1974.

[24] *Ibid.*, pp. 227/228.

[25] Rosas, Fernando. *O Marcelismo ou a Falência da Política de Transição no Estado Novo. Ibid.*, pp. 52/54.

[26] *Ibid.*, pp. 54/55.

[27] Ferreira, José Medeiros. *O Comportamento Político dos Militares: Forças Armadas e Regimes Políticos em Portugal no Século XX.* Lisboa, Estampa, 1992, p. 297.

[28] Rosas, Fernando. "O Marcelismo ou a Falência ...". *Ibid.*, p. 57.

[29] Ferreira, José de Medeiros. *Ibid.*, p. 299.

[30] Correia, Pedro Perazat. *Descolonização. Ibid.*, pp. 167/168.

[31] *Ibid.*, pp. 168/169.

[32] *Ibid.*, p. 173.

[33] *Ibid.*, pp. 172/173.

A Mundialização e a Crise Atual

Globalização e Soberania

Antonio Celso Alves Pereira*

Giovanni Arrighi e Beverly J. Silver, em interessante estudo sobre a crise que atualmente afeta a soberania dos Estados, afirmam que, nessa questão, o que assistimos agora é a emergência da terceira crise de soberania estatal desde a criação, em 1648, do moderno sistema de Estados. Para isso, os autores apresentam-nos uma análise dessas crises, configurando-as no âmbito das transições hegemônicas verificadas desde a formação dos Estados nacionais. Para eles, cada transição hegemônica "resultou em uma simplificação dramática do mapa do poder mundial". Na passagem da hegemonia holandesa para a britânica, as Cidades-Estados que, até então, eram vistas como potências européias e, ao lado delas, alguns protoestados nacionais, como a própria potência hegemônica holandesa, foram desalojados,

> "espirrados da política européia pela emergência de poderosos Estados nacionais construtores de impérios. Na transição da hegemonia britânica para a norte-americana, foi a vez de os mesmos Estados nacionais construtores de impérios serem espirrados da política mundial pela emergência de duas superpotências de dimensões continentais, que se haviam formado no perímetro externo do sistema eurocêntrico".

Os autores argumentam ainda que esse processo de centralização do poder mundial, em um número reduzido de Estados, destruiu o equilíbrio de poder que sustentava a igualdade soberana desses mesmos Estados, nos termos do sistema derivado dos Acordos de Vestfália. "Na medida em que esse sistema se globalizou", explicam os autores,

> "pela concessão da soberania jurídica a uma variedade crescente de Estados, a maioria perdeu a soberania de fato que havia sido garantida por uma distribuição mais equilibrada das capacidades sistêmicas. Sob a hegemonia britânica, essa garantia tornou-se uma espécie de ficção; sob a hegemonia norte-americana, foi descartada até mesmo

* Professor de Direito Internacional Público e ex-reitor da Universidade do Estado do Rio de Janeiro – UERJ, professor de Relações Internacionais da Universidade Federal do Rio de Janeiro e presidente da Sociedade Brasileira de Direito Internacional.

como ficção. No decorrer da crise da hegemonia norte-americana, esse processo deu mais um passo, com a desintegração da União Soviética e a centralização da capacidade militar global nas mãos dos norte-americanos."[1]

O conceito de soberania passa, nos dias atuais, por uma completa transformação. Em razão de sua marcada natureza política, das implicações econômicas que lhe são incidentes, das mudanças e dos processos históricos que hoje gravam, sobremaneira, as ordens interna e externa dos Estados, tornou-se um conceito jurídico de conteúdo indeterminado, sujeito às circunstâncias políticas do momento histórico, em suma, uma das noções mais obscuras e mais polêmicas no âmbito do Direito Público e da Ciência Política.[2]

A globalização[3] veio acentuar a evidência de que o Estado, como ator internacional, perdera parte da antiga importância que lhe fora historicamente conferida a partir da Paz de Vestfália e, hoje, se vê ameaçado em seu poder e limitado em sua ação – interna e externa – pelas forças econômicas e pelas condições resultantes da redução de seu papel pelo consenso neoliberal e pelas doutrinas minimalistas, que subordinam os Estados nacionais, principalmente as nações periféricas, a organismos multilaterais interventores – hoje amplamente controlados pelos Estados Unidos –, dotados de poder regulatório, como o Fundo Monetário Internacional, a Organização Mundial do Comércio, o Banco Mundial, etc. Cabe-nos, contudo, reconhecer que, a despeito do alastramento das organizações intergovernamentais e dos acordos promotores da supranacionalidade, o Estado, apesar de tudo, não perdeu sua real importância, mas a exclusividade da ação internacional.[4] Contudo, não obstante os desafios à sua soberania, os Estados continuam predominando na cena internacional, uma vez que são eles os criadores das organizações internacionais, são eles que lideram a atividade diplomática mundial, negociam tratados, têm larga influência sobre a produção e o comércio, enfim, fazem a guerra e celebram a paz.[5]

Porém, paralelo ao Estado, agindo de forma autônoma, com absoluta liberdade de ação no sistema internacional, surgem outros atores não estatais que, sob a forma de grupos de pressão e de interesses internacionais, organizações não-governamentais, partidos políticos, grupos ideológicos, sindicatos e grupos religiosos e, muito especialmente, as grandes corporações transnacionais, com muito voluntarismo, dinamizam a vida internacional. Foram essas forças que propiciaram o aparecimento, ao lado das relações tradicionais entre os Estados, da proliferação das chamadas "relações transnacionais" determinadas pelos contratos, coalizões e interações que ultrapassam as fronteiras nacionais e que não são, ao cabo, executadas somente pelos órgãos estatais de planejamento e implementação da política exterior do Estado. Essas relações caracterizam-se pelo fato de contarem com a participação imprescindível de, pelo menos, um agente ou instituição não-governamental.

As macroempresas transnacionais, fiéis apenas aos mecanismos multiplicadores de seus fabulosos capitais, são os mais eficientes agentes das metamorfoses do capitalismo contemporâneo. Nessa qualidade, essas empresas trouxeram, por meio de seu comportamento atípico, uma série de novos mecanismos de ação comercial, já que são possuidoras de tecnologias sofisticadas, de estruturas de pesquisa voltadas para a inovação tecnológica, de mercadologia e de competência gerencial, circunstâncias que propiciam às mesmas uma posição privilegiada no movimento internacional de capitais, na produção industrial e na prestação de serviços. São elas que ditam as regras, as condições e tudo que diz respeito ao mercado globalizado.[6]

"O Estado-Nação", destaca Gilberto Dupas, "está cada vez mais limitado para decidir plenamente a sua política monetária, definir seu orçamento, organizar a produção e o comércio e cobrar impostos sobre as empresas; ou seja, perdeu a maior parte de seu poder no âmbito econômico, mas ainda conserva boa parte de sua capacidade reguladora. Por outro lado, a consolidação de alianças estratégicas entre redes criminais, gerando a globalização do crime organizado, coloca em xeque a capacidade de o Estado regular a própria legislação nacional, já que estes negócios fogem de todo tipo de regulação governamental".[7]

A globalização do crime organizado, compreendendo ações criminosas acima das fronteiras nacionais por meio do tráfico de drogas, do contrabando de armas e de todo o tipo de mercadorias, além da lavagem de dinheiro, constitui um poderoso desafio à soberania do Estado, uma das ameaças mais difíceis de serem superadas pelo Estado pós-moderno. O que torna essas atividades ilícitas incontroláveis é o fato de elas articularem-se em rede de negócios e de colaboração global. São fabulosos os capitais gerados anualmente pelas redes criminosas em todo o mundo. Neste contexto, não podemos deixar de mencionar, tratando-se de redes criminosas internacionais, a questão do terrorismo internacional. Basta-nos registrar a rede Al Qaeda, estruturada em vários Estados, organização criminosa que responde pelo mais grave atentado à soberania dos Estados Unidos, desde 1812, ocasião em que os ingleses, reagindo ao expansionismo norte-americano em direção do Canadá, invadiram o país e chegaram a incendiar Washington.

Manuel Castells,[8] em instigante trabalho sobre a natureza do Estado pós-moderno, identificando "o como e o porquê" do que ele chama de transbordamento do Estado-Nação, e da crise de legitimidade que as suas instituições sofrem, assinala que a multilateralidade de suas ações e a descentralização de suas instituições acabou por criar o que ele chama de Estado-rede, forma estatal pós-moderna que, institucionalmente, passa a dispor de mecanismos que permitem ao Estado enfrentar os desafios da sociedade da informação. Ao propor sua conceituação, Castells deixa logo claro que não vê o Estado-rede como uma nova utopia da era da informação. Afirma que nem tudo é global, que a imensa maioria dos empregos, da atividade econômica, da experiência humana e da comunicação simbólica, seja regional ou local, (Castells explica que os processos estruturadores da economia, da tecnologia e da comunicação estão, a cada dia, mais globalizados e que, em virtude disso, o sistema global organizou-se em redes assimétricas, que conectam tudo o que vale e desconectam tudo o que não vale ou se desvaloriza: pessoas, empresas, territórios e organizações. Nenhum país, em razão da velocidade com que eletronicamente as moedas e outros capitais são enviados de um país a outro, em questão de segundos, pode determinar sua política monetária, creditícia ou fiscal, à margem da evolução dos mercados financeiros. "Em outras palavras: os Estados, todos os Estados, têm de navegar no sistema financeiro global e adaptar suas políticas, em primeiro lugar, às exigências e conjunturas desse sistema", afirma Castells.

No quadro conceitual do Estado-rede, os meios de comunicação, embora também amplamente globalizados, não configuram instrumentos que propiciem a concretização de uma cultura única, global e imposta pelos oligopólios da informação. "Há uma produção global de imagens, de sons e de informação, que, por sua vez, recebe inputs de todo o mundo, de todas as culturas, e rearticula-se empresarialmente no âmbito de cada cultura, de cada sociedade e para cada audiência específica." Essas realidades, por possuírem dinâmica própria, conseguem ficar à margem dos controles estatais, o que se dá, também, com a Internet, que, por ser um meio global de informação, escapa ao controle do Estado.

> "Nas sociedades democráticas, o Estado perde a capacidade de controlar os fluxos de informação entre os cidadãos. E, até nas sociedades autoritárias, o preço para fechar o acesso à Internet é muito alto para que ele pense em desconectar a totalidade do país da rede mundial pela qual circulam, junto com bobagens e pornografia, valiosas informações e novas relações."

Pensando nisso, vale a pena registrar que as projeções confiáveis estimam que a rede mundial de usuários da Internet deverá atingir 600 milhões de internautas ainda na primeira década deste século, o que, sem dúvida, ampliará as dificuldades que o Estado já enfrenta para controlar os fluxos de informação.

Para melhor entendimento do que Castells denomina Estado-rede devemos levar em conta os processos sociais, econômicos e políticos que favorecem o local, o regional, em detrimento do nacional. A criação da Comunidade Econômica Européia pelo Tratado de Roma, firmado em 25 de março de 1957, e os sucessos subseqüentes, que redundariam na União Européia e, portanto, na consolidação da integração do continente após Maastricht, como não poderia deixar de ser, operaram profundas modificações na natureza da soberania dos Estados-membros no âmbito interno e, principalmente, no âmbito externo. Interessa-nos aqui discutir essas implicações, considerando o conceito tradicional de soberania. As relações específicas que se estabeleceram entre os Estados-membros consolidaram um corpo normativo especial, o Direito Comunitário, isto é, formou-se um complexo Direito Regional, que se constituiu como um forte elemento de coordenação e de integração dos Estados-membros.

A base de sustentação jurídica da União Européia está na transferência de soberania por parte dos Estados-membros. A força impositiva do poder normativo comunitário sobre as legislações nacionais, como assinala Joana Stlezer, constitui "a dimensão teleológica da integração". Esta mesma autora ressalta que,

> "esta transferência de parcelas soberanas tornou-se possível em virtude da mutação que o próprio conceito de soberania sofreu ao longo do tempo. Ora, se a conceituação de soberania continuasse atada à sua idéia de poder absoluto e intangível, a partir de um ato de transferência de soberania, o Estado deixaria de existir ou a transferência não se completaria. Em decorrência do fenômeno da globalização e de outras variáveis, a soberania restou diluída na teoria e na prática, tornando-se possível falar em transferência de parcelas soberanas, sem danificar a imagem do Estado na comunidade internacional. Antes una e absoluta, a soberania passou a demonstrar-se divisível".[9]

A União Européia, sob o prisma da soberania, conforma uma situação singular. Com os poderes que lhe são assegurados pelo Tratado de Maastricht, instituiu a moeda única e, da mesma forma, trabalha para a efetivação de políticas únicas, não só externa como de segurança, coordena fortemente as economias dos Estados-membros, porém, apesar de tudo isso, a União Européia ainda está longe de caracterizar-se como uma federação, embora tenha avançado bastante nessa direção ao passar a cunhar uma moeda, pois esta competência é um dos principais apanágios da soberania estatal. Além disso, como é do conhecimento geral, uma moeda forte é, sem dúvida, um poderoso instrumento de dominação. A libra esterlina financiou a hegemonia inglesa e, da mesma forma, o dólar sustenta hoje a hegemonia norte-americana.[10]

No mundo dominado por redes globais, transnacionais, as sociedades estão preocupadas com suas identidades primárias e, em razão disso, buscam o fortalecimento das instituições que expressem suas identidades. No âmago da crise do velho Estado-Nação está o renascimento dos nacionalismos, das antigas querelas étnicas e a conseqüente explosão do terrorismo. Como diz Gilberto Dupas:

> "O objetivo da maioria dos nacionalismos é construir ou reconstruir um novo Estado-Nação com base na identidade, não somente na herança histórica do controle territorial. Os Estados-Nação estão deixando de ser sujeitos soberanos e passando a ser atores estratégicos, que se ocupam dos interesses daqueles que supostamente representam um sistema global de interação. Trata-se de uma situação de soberania partilhada sistematicamente."[11]

Voltando ao conceito de Estado-rede, Manuel Castells afirma que esta nova categoria de organização estatal compartilha sua soberania por meio de uma série de instituições. Este sistema não está subordinado a um centro, pois uma rede não tem centro e sim nós, de diferentes dimensões e com relações internodais, os quais são freqüentemente assimétricos, embora todos os nós sejam necessários para a existência da rede. Desta forma, o Estado-Nação articula-se, compartilha decisões com instituições supranacionais, regionais e locais, fazendo o mesmo com organizações não-governamentais. Na linha de pensamento de que a União Européia "está organizada como uma rede que implica compartilhar soberania, em vez de transferir soberania em um nível superior", Castells conclui que "o associativismo europeu acabou fazendo surgir um novo tipo de Estado, que não é o Estado-Nação, mas que não o elimina e, sim, o redefine". "Este tipo de Estado parece ser o mais adequado para processar a complexidade crescente de relações entre o global, o nacional e o local, a economia, a sociedade e a política na era da informação."[12]

Discutindo o processo que configura a perda gradual de poderes soberanos pelo Estado no mundo globalizado, Michael Hardt e Antonio Negri destacam, de início, a questão econômica, lembrando que, cada vez mais, em um mundo acima das fronteiras nacionais, os fatores primários de produção e troca – dinheiro, tecnologia, pessoas e bens – transitam à vontade, dentro e fora das fronteiras, o que acaba limitando e dificultando o poder regulador do Estado – mesmo daqueles dotados de maior capacidade de soberania – sobre esses mesmos fluxos e sobre a economia. Apesar disso, os citados autores afirmam que, embora declinante, a soberania não está passando por um processo de completo desprestígio. Asseguram isso argumentando que a soberania toma nova forma, uma vez que as funções, os controles políticos e os mecanismos reguladores do Estado continuam, a despeito de tudo, a determinar o reino da produção e da permuta econômica e social. "Nossa hipótese é de que a soberania tomou nova forma, composta de uma série de organismos nacionais e supranacionais, unida por uma lógica única. Essa nova forma global de economia é o que chamamos de Império."[13]

É importante observar o que Hardt e Negri expressam como Império. Começam explicando que este Império da pós-modernidade é

> "algo completamente diverso de 'imperialismo'. As fronteiras definidas pelo moderno sistema de Estados-Nação foram fundamentais para o colonialismo europeu e para a expansão econômica: (...) O imperialismo era, na realidade, uma extensão da soberania dos Estados-Nação europeus, além de suas fronteiras. Onde quer que deitasse raízes, a soberania moderna construía um leviatã que cobria, como um arco, seu domínio social e impunha fronteiras territoriais hierárquicas para fiscalizar a pureza de sua identidade e para excluir tudo o que representasse o outro. A transição para o Império surge do crepúsculo da soberania moderna.
>
> Ao contrário do imperialismo, o Império não estabelece um centro territorial de poder, nem se baseia em fronteiras ou barreiras fixas, é um aparelho de descentralização e desterritorialização do geral, que incorpora gradualmente o mundo inteiro no interior de suas fronteiras abertas e em expansão. O Império administra entidades híbridas, hierarquias flexíveis e permutas plurais por meio de estruturas de comando reguladoras. As distintas cores nacionais do mapa imperialista do mundo uniram-se e mesclaram-se em um arco-íris imperial global.
>
> (...) Muita gente identifica os Estados Unidos como a autoridade definitiva que rege o processo de globalização e a nova ordem mundial. Simpatizantes aplaudem este país

como expoente do mundo e única superpotência, enquanto detratores o denunciam como o opressor imperialista. Os dois pontos de vista partem do pressuposto de que os Estados Unidos simplesmente vestiram o manto do poder global que os países europeus deixaram cair. (...) Nossa hipótese básica, entretanto, de que uma nova forma imperial de supremacia surgiu, contradiz ambas as teorias. Os Estados Unidos não são, e nenhum outro Estado-Nação poderia ser, o centro de um novo projeto imperialista. O imperialismo acabou. Nenhum país ocupará a posição de liderança mundial que as avançadas nações européias um dia ocuparam.

De fato, os Estados Unidos ocupam uma posição privilegiada no Império, e esse privilégio acontece não por semelhanças com antigas potências imperialistas européias, mas por diferenças em relação a elas.[14]

Nesse contexto, os autores salientam que utilizam a palavra Império para expressar não as semelhanças entre a ordem mundial de hoje e os Impérios do passado, como o romano e o chinês, por exemplo, mas, em uma abordagem teórica, para explicar que o conceito de Império caracteriza-se, fundamentalmente, pela ausência de fronteiras, já que o poder do Império abrange a totalidade do espaço, sem limites.

Na passagem do moderno para o pós-moderno, do imperialismo para o Império, é cada vez menor a distinção entre o dentro e o fora, entre o interno e o externo, em qualquer âmbito de manifestação – social, política e militar. No conceito de soberania moderna, era bem distinta a relação do Estado com seu exterior, uma vez que a soberania era concebida em termos de território. Sob o Império entramos na era dos conflitos menores, comparativamente aos que até o fim da Guerra Fria marcaram a história contemporânea. Segundo os autores, a história das guerras imperialistas, interimperialistas e antiimperialistas acabou. Hoje, todas as guerras travadas no âmbito do Império seriam classificadas como guerras civis.[15]

A propósito, vale registrar a observação de Castells, segundo a qual

"é sugestivo observar a diferença na terminologia, nas metáforas e nos conceitos usados durante certos momentos históricos na referência dos mencionados períodos de maior integração mundial: o colonialismo dos séculos XVI a XVIII, o imperialismo do século XIX e do início do século XX, o processo posterior de internacionalização e, mais recentemente, os processos de transnacionalização (Sunkel) e globalização (Otavio Ianni). Embora esses conceitos tenham sido originados em determinadas circunstâncias históricas, com o passar do tempo eles serão recuperados. Na verdade, alguns observadores perguntam-se agora quais desses conceitos descrevem melhor os fenômenos que estamos atualmente presenciando. Esse não me parece ser um exercício muito útil, principalmente porque pode parecer que essas diferentes metáforas na realidade corresponderiam a um ponto de vista histórico relativo a momentos particulares, em que o mundo tenderia à integração, de um modo específico e diferenciado".[16]

Contudo, a visão de que o imperialismo acabou, a afirmação segundo a qual os "Estados Unidos não são e nenhum outro Estado-Nação poderia ser o centro de um novo projeto imperialista", está longe de ser pacífica entre os analistas internacionais.

Segundo Emir Sader, a não referência e a não utilização das duas categorias essenciais – capitalismo e imperialismo –, a ausência desses conceitos no marco interpretativo dos fenômenos contemporâneos, acabam por impedir uma compreensão real do caráter das relações existentes hoje no mundo. Por isso, é necessário entender o ciclo de expansão da economia norte-americana na década de 90 do século passado, que teve como base a tradicional intensificação da exploração do trabalho e não apenas os avanços tecnológicos.

Por outro lado, a desaceleração dessa economia nesse início do século XXI nos leva à certeza de que, no período citado, uma nova economia, caracterizada pelo crescimento contínuo, imune a crises, não se estruturou, mas ficou evidente que estamos presenciando à velha sucessão de ciclos expansivos e recessivos do capitalismo, com todos os sintomas clássicos de suas crises, isto é, a incapacidade de absorção, pelo consumo, da massa de bens produzidos. Emir Sader reafirma, ainda, que é preciso buscar no imperialismo a explicação do fenômeno político contemporâneo, pois o que se passa hoje no mundo não se pode reduzir a uma simples relação entre Estados ou entre as empresas transnacionais, mas deriva da existência de um sistema de poder total, sem paralelo na história da humanidade, centrado na hegemonia de uma potência imperial, os Estados Unidos da América.[17]

Diante do exposto, acreditamos ser oportuno registrar a distinção entre diplomacia imperial e diplomacia imperialista. Raymond Aron,[18] tratando do tema, explica que a o termo imperialista tem conotação pejorativa, mas não o termo imperial, que conserva algo das lembranças de glórias transmitidas pela cultura histórica. Nessa linha, Aron afirma que o Estado imperial usa eventualmente sua força para defender seus protegidos, não para dominar seus clientes. Assim, não tem dúvidas em classificar a diplomacia americana para a Europa Ocidental como imperial, nos limites conceituais referidos, pois a ação política, ideológica, econômica e militar dos Estados Unidos nessa região durante a Guerra Fria não poderia ser cunhada de imperialista, sem abuso do termo, pois ajudava, realmente, seus aliados europeus a se defenderem contra a expansão do então Império Soviético. Mas essa era, em nosso entendimento, uma posição válida apenas para a Europa. O mesmo não se pode dizer da diplomacia norte-americana, em qualquer época, para o resto do mundo, principalmente para a América Latina. Em 1973, Benjamin J. Cohen perguntava:

> "Que importa se (os Estados Unidos) têm poucas colônias formais? O imperialismo americano nunca dependeu da extensão direta da soberania política. Seus métodos foram sempre essencialmente indiretos, como nas suas relações com a América Latina no decorrer dos anos. De fato, todo o Hemisfério Ocidental e algumas partes do Hemisfério Oriental têm sido tradicionalmente dependências dos Estados Unidos. Agora, diz-se que

muito do resto do mundo é igualmente controlado dali, em parte por intermédio da influência americana na Europa e no Japão. A chave de tudo é a economia capitalista."[19]

Na fase histórica em que vivemos, o imperialismo apresenta nuances e diferenças que o tornam mais sutil, e, talvez, mais eficiente que o imperialismo praticado pelos poderes coloniais europeus até a Segunda Guerra Mundial e pelos próprios norte-americanos até a Guerra do Vietnã.[20]

Nos limites deste trabalho, não temos como discutir, com profundidade, a questão do imperialismo no mundo globalizado. O fato é que o termo, apesar das polêmicas em torno de seu significado atual, continua presente na análise das relações internacionais como definidor de um complexo de relações econômicas, políticas e militares, melhor dizendo, de um sistema de desigualdade nas relações econômicas mundiais, referindo-se, dessa forma, a qualquer relação de dominação ou controle efetivo, direto ou indireto, de um Estado sobre outro, ou, como quer Benjamim Cohen,[21] refere-se àquelas relações internacionais caracterizadas por uma assimetria particular baseada na dominação e na dependência.

Discutindo os temas pertinentes à soberania estatal no marco da globalização, Patrício H. Handle, antigo professor da Universidade de Buenos Aires, comenta:

> "*Robert Cooper en su libro* The Post-Modern State and the Word Order, *sostiene como tantos otros, que actualmente el imperialismo está fuera de moda. Pero más bien parece que los imperialismos se han trasmutado y viven bajo outras formas. Lo cual es absolutamente normal y previsible*".[22]

Como sabemos, o processo de descolonização total está ainda muito longe de ser concluído. A soberania dos Estados que emergiram desse processo, como já foi dito, em muitos aspectos – com destaque para o econômico –, é meramente formal. Comércio e investimentos, ajuda externa, empréstimos do FMI e subordinação tecnológica são instrumentos eficientes de manutenção do controle e da exploração neocolonial[23] o que, no meu entendimento, mantém cada vez mais atual a clássica definição de neocolonialismo formulada por Nwame Nkrumah:

> "A essência do neocolonialismo é que o Estado que está subordinado, em teoria, é independente e tem todos os adornos exteriores de soberania internacional. Na realidade, o seu sistema econômico – e portanto a sua política interna – é dirigido do exterior."[24]

Na discussão do presente tema, acreditamos que seja conveniente destacar outras características da soberania na sociedade pós-moderna, levando em conta, nesta oportunidade, que os fatores políticos, econômicos, culturais, científicos e tecnológicos de corte eminentemente transnacional, universalista e que embasam a globalização[25] são dominados plenamente e controlados por redes assimétricas a partir, principalmente, dos Estados Unidos, do Japão e de Estados da União Européia. Disso resulta a realidade de que, no máximo 30 Estados – com destaque, além dos já citados para a China e a Rússia –, dentre os 189 que fazem parte da ONU, têm condições para exercer e compartilhar, segundo seus interesses e vontades – uns mais, outros menos –, a nova soberania. Nessa perspectiva, devemos considerar, em relação às grandes corporações transnacionais, que por mais fortes e poderosas que elas sejam, mesmo assim necessitam da capacidade de articulação e dos mecanismos de pressão dos Estados nos quais elas estão sediadas, para a defesa de seus interesses políticos e comerciais nos espaços que esses Estados controlam. Como registra René Armand Dreifuss, o Japão, a China, a Coréia, a Alemanha, a França e os Estados Unidos, sabem o que querem, maximizam seus trunfos, desenham cuidadosamente suas intervenções além-fronteiras em benefício de suas corporações estratégicas. Essa realidade nos obriga a concluir que, para esses Estados, há como minimizar, ou mesmo controlar o voluntarismo e os desafios de atores internacionais poderosos, como as empresas transnacionais.[26]

Há, em relação ao restante dos Estados, uma limitação de fato, que afeta, sobremaneira, seus graus de soberania, decorrente da instabilidade política, da dependência econômica, da insignificante participação nas redes transnacionais de ciência e tecnologia, da submissão à atual divisão internacional do trabalho, que só beneficia os Estados ricos, enfim, da ameaça que, a todo tempo, essas sociedades nacionais emergentes sofrem de serem desconectadas das redes que controlam o poder mundial.[27] Somente os Estados que dispõem de amplas condições de poder nacional para exercer o controle das redes financeiras, científicas, tecnológicas e culturais mundiais têm possibilidades de operar de forma verdadeiramente ativa no sistema internacional. Portanto, a grande maioria dos Estados membros da ONU – mais de dois terços –, tem hoje, considerando o conceito moderno de soberania, principalmente em relação à soberania econômica, apenas soberania formal. Como registra Michael Mann, referindo-se aos Estados latino-americanos, "eles são típicos Estados nacionais emergentes, com alcance territorial seguro e bastante estável, governos estatais grandes mas contestados, e regimes políticos voláteis. Todavia, como economias dependentes, também lhes faltam o grau de soberania econômica que a maioria dos estados europeus já detinha no século XIX". No mundo menos desenvolvido, a crise do Estado não é de pós-modernidade, mas de modernidade insuficiente.[28]

A dependência econômico-financeira dessas sociedades nacionais é de tal ordem, que qualquer pronunciamento das agências privadas internacionais de avaliação de crédito acaba afetando a estabilidade política, provocando crises cambiais, enfim, criando dificuldades de toda a ordem para esses Estados. Comentando a vulnerabilidade da economia mexicana na crise que o país enfrentou em 1994-1995, Giovanni Arrighi e Beverly J. Silver, citando Thomas Friedman, registram: "Existem os Estados Unidos e a Moody's Investors Serviçes. Os Estados Unidos podem destruir um país, arrasando-o com bombas; a Moody's também pode destruir um país, baixando o valor de seus títulos."[29] O Brasil, em razão da vulnerabilidade de sua economia, vem sofrendo, nos últimos tempos, ataques especulativos das principais agências de risco dos Estados Unidos. Além da Moody's, os bancos de investimento JP Morgan, Morgan Stanley, Goldman Sachs e Merrill Lynch, estão sempre espalhando o pânico na economia brasileira, não só baixando o valor dos nossos papéis, como também recomendando aos investidores que não adquiram títulos do país. Essa realidade nos mostra como os Estados emergentes, como o Brasil, perderam o controle de sua vida financeira. Não deixa de ser uma capitis diminutio para a soberania desses países.

Nessa perspectiva, devemos ainda considerar a questão da soberania sob o ponto de vista do poder militar. As questões de segurança universalizaram-se a partir de 1945, e os Estados Unidos, desde então, submeteram o Japão e a Europa Ocidental a uma situação peculiar, fato que levou Raymond Aron a cunhar a expressão protetorado militar, usando o termo no sentido de exercício de proteção, de hegemonia, não tendo a expressão outro sentido que não o de leadership militar.30 Embora a presença e o controle militar dos Estados Unidos nesses dois espaços não sejam hoje tão representativos como o foram na época da Guerra Fria, principalmente na questão da umbrella nuclear, a hegemonia militar norte-americana em relação ao Japão e à Europa continua incontestável, o mesmo acontecendo em relação ao resto do mundo, desde o colapso da União Soviética.[31]

Comentando a capacidade militar dos Estados Unidos, Paul Kennedy destaca que este país responde por mais de um terço do total de gastos com defesa de todos os 190 países do planeta.

> "Embora os Estados Unidos possuam menos de 1/20 da população mundial, são responsáveis por quase um terço da produção total do mundo. (...) O orçamento do Pentágono, no ano 2000, foi equivalente aos gastos combinados com defesa das nove maiores potências militares. Não há desproporção igual na História, mesmo retrocedendo aos tempos do Império Romano".[32]

São essas realidades que levam alguns autores, como Hans-Peter Martin e Harald Schumann, a afirmar que, como única superpotência, os Estados Unidos são, também, a única nação que, de fato, na sociedade globalizada, tem conseguido manter um alto grau de soberania. Isso se dá, não só em razão da superioridade militar,[33] mas, sobretudo, pelos poderios econômico e financeiro que fazem da República Imperial o condutor da integração global.[34]

Os trágicos acontecimentos de 11 de setembro de 2001 e a guerra total declarada pelos Estados Unidos ao terrorismo internacional foram responsáveis pelo aparecimento de um novo tipo de guerra – a chamada guerra assimétrica, ou seja, a guerra dos fracos contra os fortes, dos pobres contra os ricos. O professor Darc Costa, Coordenador do Centro de Estudos Estratégicos da Escola Superior de Guerra, em excelente ensaio sobre o tema, explica que, por sua natureza, a guerra assimétrica tem como objetivo surpreender, exaurir e desequilibrar o adversário, busca muito mais uma vitória política do que uma vitória militar.

"Se tiver vontade e capacidade de conduzir uma guerra assimétrica, um pequeno país pode vir a se contrapor com êxito contra a pretensa múltipla superioridade de uma potência. Um caçador de feras, munido de fuzil de alta precisão e de mira telescópica, pode ser abatido, se quiser atirar em uma colméia, pelo ataque de um enxame de abelhas. Basta essas abelhas buscarem-no de forma objetiva."

Entre outros meios, a guerra assimétrica pode tomar forma de guerra psicológica, guerra radiológica, nuclear ou radioativa, guerra biológica, bacteriológica ou virótica, guerra cibernética, eletrônica ou informática e guerra química. O ataque terrorista de 11 de setembro enquadra-se nessa categoria e, da mesma forma, o terrorismo palestino contra Israel. Nas duas situações, fica evidente a assimetria de poder entre os adversários, isto é, a disparidade da capacidade militar, a incontestável amplitude e sofisticação dos arsenais, o poder financeiro, científico e tecnológico dos Estados Unidos e de Israel diante de seus inimigos.[35]

Após 11 de setembro, os Estados Unidos, em sua guerra contra o terrorismo internacional, explicitam cada vez mais sua vontade hegemônica, e, em sua unilateralidade, a política externa da República Imperial desconsidera seus aliados tradicionais, a tal ponto que, em recente protesto, o ministro do Exterior alemão Joshka Fischer declarou: "Os aliados dos Estados Unidos não são satélites."[36]

Devemos ainda considerar, como conseqüência da política externa adotada pelos Estados Unidos a partir de 11 de setembro, que o Departamento de Estado e a Assessoria de Segurança Nacional do país divulgaram, recentemente, a nova doutrina norte-americana sobre a soberania nacional. O ponto central dessa nova configuração está no fato de que os Estados Unidos somente se obrigam a respeitar a soberania de outro Estado, se este se conduzir dentro da cláusula democrática, e, sobretudo, seguir a política antiterrorista do atual governo. Em razão disso, o Conselho de Segurança Nacional dos Estados Unidos formulou, também, uma nova doutrina estratégica para o país, consubstanciada no conceito de intervenção defensiva, princípio que justificaria ataques preventivos contra grupos terroristas ou Estados hostis aos norte-americanos. O conceito de intervenção defensiva traduz-se em radical mudança da concepção geoestratégica dos Estados Unidos, vigente nas últimas décadas, uma vez que os estrategistas norte-americanos, até 11 de setembro, trabalhavam com a noção de que a fortaleza americana era inexpugnável, ou seja, os Estados Unidos não sofreriam ataques ao seu território, porque a resposta militar seria arrasadora. Isto, como sabemos, mostrou-se tragicamente falso com o ataque terrorista de 11 de setembro. Ao apresentar esta doutrina, os Estados Unidos, sob o governo Bush, deixam claro que não têm a menor intenção de recorrer e prestigiar os mecanismos multilaterais de prevenção de crises e, portanto, manter a unilateralidade de suas ações externas.[37]

Além disso, como já registramos anteriormente, no exercício de seu incontestável poder soberano, os Estados Unidos, por razões mais do que conhecidas, têm enorme controle dos organismos multilaterais, como o sistema das Nações Unidas, a Otan, a OEA, etc. Basta recordarmos a recente e truculenta intervenção norte-americana na Organização para a Proibição das Armas Químicas – Opaq, da qual resultou a demissão do embaixador José Maurício Bustani da Secretaria-Geral da organização, por contrariar interesses dos Estados Unidos, isto é, por administrar a organização de forma independente. É com base nesses argumentos que Samuel Pinheiro Guimarães afirma, contrariando os prognósticos sobre o fim do Estado, que no tocante à reorganização territorial e de soberania, situações como a que acabamos de nos referir apontam não para o fim do Estado, mas para o fortalecimento de certos Estados nacionais, como os Estados Unidos.[38]

Soberania e Direitos Humanos

Nas últimas décadas do século passado, a partir da promulgação da Declaração Universal dos Direitos do Homem e da celebração de inúmeros tratados e convenções versando sobre direitos humanos, que foram aprovados para vigorar nos âmbitos universal e regional, vem prosperando uma cultura centrada na necessidade de universalizar e garantir, de forma efetiva, o exercício desses direitos. As duas Cortes regionais permanentes voltadas para os direitos humanos, em pleno funcionamento – a européia e a americana —, e os Tribunais *ad hoc* para a antiga Iugoslávia e para Ruanda, além da perspectiva de entrada em funcionamento do Tribunal Penal Internacional – as 60 ratificações necessárias para a entrada em vigor do Estatuto de Roma já estão depositadas na Secretaria Geral da ONU –,[39] são, portanto, realidades que nos permitem alimentar esperanças de avanços cada vez maiores na direção de uma efetiva consciência universal de respeito aos direitos humanos.

Na história da progressiva afirmação desses direitos, várias etapas foram percorridas. Como se sabe, esta é uma longa história, que, nos limites deste trabalho, não teremos como discutir.[40] Na fase atual, graças à consagração definitiva do homem como sujeito de direito internacional, consolidam-se os mecanismos internacionais de supervisão e implementação dos direitos humanos em âmbito internacional, situação que permite ao indivíduo, independentemente do sistema clássico da proteção diplomática, argüir direitos humanos violados por meio de recursos às instâncias judiciais internacionais competentes, mesmo contra seu próprio Estado,[41] fato que trouxe novos argumentos à discussão sobre os limites da soberania.

Hoje está amplamente consagrado que não cabe a nenhum Estado invocar direitos soberanos para justificar o descumprimento de compromissos internacionais em matéria de direitos humanos. "Pelo simples fato de integrar-se às Nações Unidas – para quem a Declaração Universal dos Direitos Humanos, se não era originalmente compulsória, tem força de *jus cogens* como direito costumeiro –, os Estados abdicam soberanamente de uma parcela da soberania, em sentido tradicional, obrigando-se a reconhecer o direito da comunidade internacional de observar e, conseqüentemente, de opinar sobre sua atuação interna, sem a contrapartida de vantagens concretas."[42]

Duas situações recentes trouxeram à baila discussões doutrinárias sobre a prevalência de princípios consagrados nos tratados de direitos humanos e as questões firmadas no conceito de soberania nacional: o caso Pinochet e a intervenção militar da Otan na Iugoslávia.

Em 16 de outubro de 1998, acusado de crimes contra a humanidade, foi preso na Inglaterra, para aguardar a conclusão do julgamento do pedido de sua extradição para a Espanha, o antigo ditador chileno Augusto Pinochet. Seus defensores sustentavam, à época, que ele estava amparado pelo princípio da imunidade soberana, como ex-chefe de Estado, senador e portador de passaporte diplomático, situações que lhe asseguravam, ainda, imunidades diplomáticas. Em razão disso, à luz do Direito Internacional, a sua detenção seria ilegal.

É princípio consagrado do Direito Internacional que os chefes de Estado gozem de completa imunidade e, em território estrangeiro, têm inviolabilidade pessoal, não podendo, portanto, serem presos. Vários argumentos podem ser propostos para justificar essa imunidade, como, por exemplo, o princípio da extraterritorialidade e o caráter representativo da função. Registra Celso de Albuquerque Mello que os "Estados gozam de igualdade jurídica, devendo-se aplicar o adágio par in parem non habet judicium. O mesmo raciocínio podemos aplicar em relação ao chefe de Estado, que é um órgão do Estado. Além desta razão jurídica, existem considerações de ordem prática, como a conveniência, a reciprocidade e o desejo de se evitarem conflitos internacionais."43 Nesta linha, o ilustre mestre esclarece ainda que a questão está em saber "se estas imunidades cobrem um indivíduo que tenha deixado de ser chefe de Estado, mas que tenha praticado atos ilícitos como tal. Na responsabilidade penal, pelo menos, a tendência moderna tem sido contrária à conservação de imunidade de jurisdição". Cita, ainda, o artigo 227 do Tratado de Versalhes, que exigia a punição do *kaiser* Guilherme II, exilado na Holanda, pelos crimes cometidos durante a Primeira Guerra Mundial. Estas são, sobretudo, questões com fortíssimos componentes políticos. O governo inglês, por razões políticas óbvias, após rumoroso processo, acabou não extraditando o general Pinochet, assim como o governo holandês não extraditara o antigo soberano alemão.

A guerra que a Otan moveu contra a Iugoslávia e os ataques aéreos que arrasaram o território dos sérvios foram justificados pelos membros da Aliança Atlântica, em razão das atrocidades cometidas pelo governo iugoslavo contra seus próprios cidadãos, uma vez que em nenhum momento a Aliança Atlântica questionara a soberania iugoslava sobre Kosovo.

São inúmeras as questões jurídicas que podem ser levantadas em relação aos acontecimentos na antiga Iugoslávia. Dentre essas, por suas implicações com a soberania estatal, salienta-se o chamado direito de ingerência, cuja finalidade seria a defesa e salvaguarda dos direitos humanos. Da forma como aparece hoje, o direito de ingerência seria uma evolução do chamado direito de intervenção humanitária. Como hoje a problemática dos direitos humanos está na ordem do dia, os Estados mais poderosos, muitas vezes, usam o princípio para encobrir interesses políticos e econômicos variados. São esses Estados os principais defensores do direito de ingerência, que, no meu entender, da forma como vem sendo usado, é inaceitável para os países emergentes. Por essa razão, não se tem na doutrina uma posição dominante sobre a legalidade desta forma de intervenção. Sob o ponto de vista do direito positivo, somente se revestirá de legalidade a intervenção humanitária praticada pela ONU, mesmo assim no caso em que a violação possa ser, de fato, fundamentada no Capítulo VII da Carta, isto é, configurar-se como verdadeira ameaça à paz e à segurança internacionais.

A intervenção militar da Otan na Iugoslávia, à luz do Direito Internacional, foi uma ação ilícita. A ONU, por meio do seu Conselho de Segurança, não foi ouvida e sua Carta completamente desrespeitada, uma vez que o seu artigo 53 estabelece que, em especial, no que tange às atribuições facultadas por acordos a organismos regionais, como é o caso da Otan, o Conselho de Segurança utilizará, quando for o caso, tais acordos e entidades regionais para uma ação coercitiva sob a sua própria autoridade. Nenhuma ação coercitiva será, no entanto, levada a efeito, de conformidade com acordos ou entidades regionais, sem autorização do Conselho de Segurança.

Soberania e Meio Ambiente

As questões ambientais de cunho internacional, por encerrarem interesses políticos, econômicos, financeiros e comerciais dos países dominantes, muitas vezes representando conveniências comerciais e financeiras de empresas transnacionais sediadas em seus territórios, são destaques no rol dos desafios à soberania dos países emergentes. Sob o pretexto inaceitável de proteger e evitar danos ao meio ambiente, ou corrigir má conduta em questões ambientais, chegam a afirmar, como fez o falecido presidente Mitterrand: "Tratando-se de questões de meio ambiente, o conceito de soberania dos povos deve ser revisto."[44] Por trás destas manifestações estão, evidentemente, os interesses econômicos desses Estados e dessas empresas transnacionais sobre os imensos recursos naturais dos países emergentes – principalmente a cobiça internacional sobre a diversidade biológica e os imensos recursos hídricos e minerais da Amazônia brasileira.[45] Não podemos aceitar, de forma alguma, por exemplo, a idéia de criação, que vez por outra vem à tona, de uma entidade supranacional, uma Autoridade Ambiental Mundial, com poderes para intervir nas políticas ambientais dos países nos quais, segundo decisões desta autoridade estariam ocorrendo danos ao patrimônio ambiental mundial.[46]

Nesta perspectiva, a pretensa revisão do conceito de soberania se daria com base em um dever de ingerência, categoria estritamente política, que seria exercido individual ou coletivamente pelos Estados, e que, segundo Nascimento e Silva,

> "é bem mais drástico do que um direito de ingerência, está ligado à noção de *enforcement*, ou seja, de execução em caso de dano ambiental, que, por sua vez, está ligada a outro

problema extremamente complexo, ou seja, a responsabilidade internacional. Considerando que os principais danos ao meio ambiente são atribuídos às potências industriais, a dúvida que existe consiste em saber, na hipótese de má conduta pelos Estados Unidos, pela Grã-Bretanha, pela Alemanha ou pela Rússia, se uma entidade supranacional teria poderes para julgar e punir um dos citados países. Daí o empenho dos países mais débeis em insistir, durante a Conferência do Rio (92) e durante os trabalhos preparatórios, que a referência ao direito soberano de explorar os seus recursos naturais de conformidade com a sua política ambiental fosse mantida."[47]

Comentando o assunto, esclarece Roberto Pereira Guimarães:

(...) a grande maioria dos países em desenvolvimento participa do consenso, ratificado no Rio (92), de que a globalização da crise impõe uma interpretação responsável das concepções tradicionais de soberania nacional e de segurança estratégica. Isso não deve dar lugar, porém, a uma percepção ingênua a respeito das realidades de poder ainda imperantes nas relações internacionais, sob pena de nos submetermos a 'interesses da humanidade' definidos ambígua e geopoliticamente. Ainda assim, tal como ocorre com a liberdade individual que, apesar de inalienável, encontra-se restringida pela liberdade dos demais cidadãos, também a soberania, irrenunciável, não pode colidir com os interesses da humanidade. O grande desafio atual, é, por conseguinte, o de buscar novas formas de cooperação que, sem desconhecer a assimetria existente entre o Norte e o Sul, permitam o surgimento de uma nova ordem internacional na qual os interesses nacionais contribuam para o fortalecimento dos interesses mundiais, em perfeita sintonia com o direito soberano de cada país."[48]

Além do exposto, achamos importante lembrar que os países industrializados são os verdadeiros responsáveis pela degradação ambiental mundial, uma vez que suas intensas atividades industriais provocam o lançamento na atmosfera, em proporções alarmantes, de gases do chamado efeito estufa, que eleva a temperatura terrestre e faz subir o nível dos oceanos. Os Estados Unidos, que se negam a ratificar o Protocolo de Kyoto, de 1997, instrumento internacional que busca reduzir as emissões de gases poluentes na atmosfera,[49] são responsáveis por um quarto das emissões globais de CO_2. A União Européia, por sua vez, responde por 23% dessas emissões.

Conclusão

Encerramos estas linhas reafirmando a natureza polêmica do conceito de soberania estatal no âmbito da sociedade globalizada. Originária do século XVI, a teoria da soberania – que fora elaborada pelos publicistas europeus, sobretudo por Jean Bodin, e nascera para expressar, em toda a sua plenitude, o poder do Estado moderno – é, sobretudo, uma criação histórica, subordinada, portanto, à evolução e às conseqüentes transformações resultantes das mudanças sociais, políticas, econômicas e culturais pelas quais passa a humanidade. Nos dias atuais, a soberania do Estado-Nação tornou-se divisível – daí falarmos em graus de soberania – e juridicamente está limitada pelo Direito Internacional além disso, sob o prisma político-econômico, sujeita ao que Michael Mann grava como "reversões neoliberais e transnacionais de alguns poderes dos Estados nacionais".

Desta forma, a interação cultural entre as Nações propiciada pelas tecnologias da informação, pela interdependência, pela completa internacionalização dos mercados, pela natureza da atual divisão internacional do trabalho, pelo fenômeno da integração comunitária, sobretudo na Europa, pelos desafios das poderosas corporações transnacionais e por outros atores internacionais não-estatais, além da globalização das redes do crime organizado, tudo isso acaba por configurar uma lista de fatores que afeta, limita e transforma, sobremaneira, a natureza do poder e, conseqüentemente, a soberania do Estado pós-moderno.

---

1 Giovanni Arrighi e Beverly J. Silver. *Caos e Governabilidade no Moderno Sistema Mundial*. Rio de Janeiro: Editoras Contraponto/UFRJ. 2001, p. 285.

2 "Ao meu ver, não há uma definição integralmente sólida do que seja a soberania. Este é um conceito jurídico indeterminado. (...) A doutrina tem uma opinião bastante uniforme sobre esta noção. J. E. Faria escreve: 'Os conceitos jurídicos indeterminados' são expressões vagas utilizadas pragmaticamente pelo legislador com a finalidade de propiciar o ajuste de certas normas a uma realidade cambiante ou ainda pouco conhecida; graças a esses conceitos, o intérprete pode adequar a legislação às condições socioeconômicas, políticas e culturais que envolvem o caso concreto e condicionam a aplicação da lei." Mello, Celso D. de Albuquerque, *A Soberania Através da História*. *In:* "Anuário de Direito e Globalização". *Op. cit.* p. 8. Ver, também, do mesmo autor, *Direito de Ingerência*. *In*: "O Direito Internacional no Terceiro Milênio". Estudos em Homenagem ao Professor Vicente Marotta Rangel. São Paulo, 1998, pp. 359/374.

3 Discute-se muito sobre o conceito de globalização. Manuel Castells a define como "um processo segundo o qual as atividades decisivas num âmbito de ação determinado (a economia, os meios de comunicação, a tecnologia, a gestão do ambiente e o crime organizado) funcionam como unidade em tempo real no conjunto do planeta. Trata-se de processo historicamente novo (distinto da internacionalização e a existência de uma economia mundial) porque somente na última década se constituiu um sistema tecnológico (telecomunicações, sistemas de informação interativos e transporte de alta velocidade em um âmbito mundial, para pessoas e mercadorias) que torna possível essa globalização. A informacionalização da sociedade, a partir da revolução tecnológica, que se constitui como novo paradigma operante na década de 70 do século passado, é a base da globalização da economia. A exitosa *perestroyka* do capitalismo, junto com a fracassada reestruturação do estatismo, conduziu, na última década, à constituição de um sistema econômico articulado globalmente, funcionando com regras cada vez mais homogêneas entre as empresas e os territórios que o constituem. Pela primeira vez na História, a economia de todo o planeta é capitalista". *Para o Estado-rede: Globalização Econômica e Instituições Políticas na Era da Informação*. *In*: "Sociedade e Estado em Transformação". Organizadores: L.C. Bresser Pereira, Jorge Wilheim e Lourdes Sola. São Paulo: Editora Unesp, 1999, p. 149.

4 Comentando a crise que afeta o Estado, Michael Mann – *Um Mapa da Questão Nacional* – Rio de Janeiro, Editora Contraponto, 1996, pp. 313/314, explica que a perda de poder não se dá em todas as esferas de sua ação soberana. Segundo esse autor, "nos últimos 25 anos, assistimos a reversões neoliberais e transnacionais de alguns poderes dos Estados nacionais. No entanto, alguns de seus poderes continuam a crescer. Ao longo desse mesmo período recente, os Estados regularam cada vez mais as esferas privadas íntimas do ciclo de vida e da família. A regulamentação estatal das relações entre homens e mulheres, da

violência familiar, do cuidado com os filhos, do aborto e de hábitos pessoais que costumavam ser considerados particulares, como o fumo, continua a crescer. A política estatal de proteção ao consumidor e ao meio ambiente continua a proliferar, e as feministas e os ativistas "verdes" exigem uma intervenção estatal ainda maior".

5 Ver, a respeito, Huntington, Samuel P. *O Choque de Civilizações e a Reconstrução da Ordem Mundial*: São Paulo: Editora Objetiva, 1997, pp. 29/43.

6 "Há, portanto, pelo menos dois protagonistas importantes no processo de globalização: as corporações estratégicas e os Estados nacionais. As primeiras são mais ou menos 38 mil empresas que ocupam o centro de uma rede maior, de talvez 250 mil, e determinam o crescimento de um mercado desterritorializado, cujos fluxos estão dentro das mesmas. É o comércio intrafirmas, que representa algo como 2/3 do comércio internacional." René Armand Dreifuss. *Corporações Estratégicas e Estados Nacionais: os Protagonistas do Grande Jogo. In: Visões da Crise*. Rio de Janeiro, Contraponto Editora Ltda. 1998, p. 29.

7 Dupas, Gilberto. *Economia Global e Exclusão Social.* São Paulo: Paz e Terra, 1999, p. 102.

8 Para o Estado-rede: *Globalização Econômica e Instituições Políticas na Era da Informação. In:* "Sociedade e Estado em Transformação". Organizadores: L.C. Bresser Pereira, Jorge Wilheim e Lourdes Sola. São Paulo: Editora Unesp, 1999, pp. 148/171.

9 Stelzer, Joana. *União Européia e Supranacionalidade – Desafio ou Realidade?* Curitiba: Editora Juruá, 2000, pp. 111/116.

10 Sobre soberania e a aplicação de regras jurídicas, ver Brownlie, Ian, *Princípios de Direito Internacional Público.* Lisboa: Fundação Calouste Gulbenkian, 1997, pp. 310/318 e, muito especialmente, Cançado Trindade, Antônio Augusto, *O Direito Internacional em um Mundo em Transformação*. Rio de Janeiro: Editora Renovar, 2002, pp. 35/53, em que o autor discute a importantíssima questão da influência do conceito de soberania na interpretação dos tratados, particularmente a chamada regra da interpretação restritiva.

11 *Op. cit.* pp. 102/103.

12 *Para o Estado-rede: Globalização Econômica e Instituições Políticas na Era da Informação*, pp. 147/164.

13 Michael Hardt e Antonio Negri. *Império.* Rio de Janeiro: Editora Record, 2001, pp. 11/12.

14 *Op. cit.* pp. 13/14.

15 Recomendamos a leitura do excelente ensaio de Boaventura de Souza Santos – *Reinventar a Democracia: entre o Pré-contratualismo e o Pós-contratualismo,* em que o mestre da Universidade de Coimbra apresenta uma análise da questão da erosão do poder do Estado e, conseqüentemente, da erosão de sua soberania. *In:* "A Crise dos Paradigmas em Ciências Sociais e os Desafios para o Século XXI". Rio de Janeiro, Contraponto Editora Ltda., 1999, pp. 33/75.

16 Castells, *op.* cit. p. 180.

17 Sader, Emir. *Capitalismo e Imperialismo. In: Jornal do Brasil,* edição de 15/04/2002, p. 9.

18 *Republica Imperial – Os Estados Unidos no Mundo do Pós-guerra.* Rio de Janeiro: Zahar Editores, 1975, pp. 287/288.

19 Cohen, Benjamin J. Rio de Janeiro: Zahar Editores, 1976, p. 91.

20 Sobre o tema, ver Alves Pereira, Antônio Celso, *Os Impérios Nucleares e seus Reféns: Relações Internacionais Contemporâneas,* pp. 13/35

21 *A Questão do Imperialismo.* Rio de Janeiro: Zahar Editores, 1976, p. 87.

22 *Soberania Global – Adonde lleva el Mundialismo.* Buenos Aires: Ciudad Argentina, 1999, p. 131.

23 George Soros, banqueiro e financista, expoente do capitalismo globalizado, portanto, insuspeito, opinando sobre a sangria de capitais a que são submetidos os países emergentes pela banca internacional, afirma em seu livro *On Globalization,* recém-lançado: "As economias emergentes estão sofrendo uma drenagem de capitais somada a custos crescentes de financiamento. Em 1996, as economias emergentes receberam US$ 81,7 bilhões. Em 2000 transferiam US$ 106 bilhões. Desde a crise financeira de 1997-1999 as taxas de risco das economias emergentes subiram de patamar. Em outra manifestação desigual do jogo, as melhores empresas dos países emergentes se vêem obrigadas a pagar juros mais altos para se

financiarem, perdendo competitividade. Isso é verdade tanto para países tão diferentes quanto a África do Sul, a Bulgária e o Brasil." *Apud* Elio Gaspari – jornal *O Globo*, edição de 29/05/2002, 1º caderno, p. 7.

24 *Apud* Benjamin J. Cohen, *op. cit.* pp. 90/91.

25 "Na pós-modernização da economia global, a produção de riqueza tende, cada vez mais, para o que chamaremos de produção biopolítica, a produção da própria vida social, na qual o econômico, o político e o cultural cada vez mais se sobrepõem e se completam um ao outro." Hardt e Negri. *Império*, p. 13.

26 *Op.* cit. p. 29.

27 "Ao contrário das concepções às vezes propostas em ciência política, a soberania não é indivisível, mas regular e caracteristicamente moldada pelas posições geopolíticas dos Estados, suas respectivas forças militares e, em um grau menor, pela sua situação na divisão internacional do trabalho." Anthony Giddens. *O Estado-Nação e a Violência*. São Paulo: Editora Edusp, 2001, p. 300.

28 *Op.* cit. pp. 327 e 333.

29 *Caos e Governabilidade no Moderno Sistema Mundial*. Rio de Janeiro: Editoras Contraponto e UFRJ, 1999, p. 17.

30 Ver Raymond Aron, *República Imperial – Os Estados Unidos no Mundo do Pós-guerra*. Rio de Janeiro, Zahar Editores, 1975, pp. 466/467. Sob o conceito de protetorado nuclear, ver Alves Pereira, Antônio Celso, *Os Impérios Nucleares e seus Reféns: Relações Internacionais Contemporâneas*, *op.* cit. pp. 209/212.

31 "Tal como a Europa", escreve Michael Mann, "o Japão não tem sido um 'Estado pleno' desde 1945, faltando-lhe o controle de sua defesa e de sua política externa". Contudo, este autor ressalta que, embora a Constituição japonesa limite os gastos militares do país em 2% do PIB, o tamanho desse PIB tornou-se tão grande que o Japão tem agora a quarta maior das forças armadas do mundo. *Op.* cit. p. 328.

32 Kennedy, Paul. *A Manutenção do Poder Americano. In:* "A Era do Terror – O Mundo Depois de 11 de Setembro". Coletânea organizada por Talbot, Strobe e Chanda Nayan. Rio de Janeiro: Editora Campos, 2002, pp. 72/73.

33 O poderio estratégico norte-americano é ainda maior do que as estatísticas, que levam em conta indicadores como PIB, orçamento militar e capacidade industrial, revelam. Basta atentarmos para o fato de que sua base tecnológica e científica é inigualável, uma vez que 40% de todo o tráfego da Internet ocorrem nos Estados Unidos, e mais de 70% dos laureados com o Prêmio Nobel, desde que esta distinção foi instituída, são oriundos da comunidade científica norte-americana. Recomendamos a leitura do ensaio de Paul Kennedy, *A Manutenção do Poder Americano: da Ferida à Recuperação. In:* "A Era do Terror – O Mundo depois de 11 de Setembro". Coletânea organizada por Talbot, Strobe e Chanda Nayan. Rio de Janeiro: Editora Campus, 2002, pp. 67/92.

34 Consulte-se, dos autores, *A Armadilha da Globalização*. São Paulo: Editora Globo, 1999, p. 300.

35 Darc Antônio da Luz Costa, *Guerra Assimétrica. In:* "Estudos Estratégicos", publicação do Centro de Estudos Estratégicos da Escola Superior de Guerra. Rio de Janeiro: abril de 2002, pp. 99/164.

36 Ver *Jornal do Brasil*, edição de 14/02/2002.

37 Ver Editorial de *A Folha de São Paulo*, *Insegurança Mundial*, edição de 12/06/2002.

38 "Um aspecto revelador do crescente poder nacional do Estado americano é a sua capacidade de, mesmo diante da evidência do aumento de seu poder, promover e difundir ideologias que advogam a inevitabilidade – ou a necessidade – do desaparecimento dos 'outros' Estados (e, portanto, a 'naturalidade' e 'desejabilidade' de seu enfraquecimento) e de fazer com que as sociedades e as lideranças de outros Estados convençam-se e para tal fim cooperem. A nenhum analista – norte-americano ou não – que anuncia o 'fim do Estado nacional' ocorre imaginar ou sugerir que o Estado norte-americano esteja em vias de desaparecimento." Pinheiro Guimarães, Samuel. *Quinhentos Anos de Periferia*. Porto Alegre/Rio de Janeiro: Editoras Universidade/UFRGS/Contraponto, 2000, p. 49.

39 Artigo 126 do Estatuto Tribunal Penal Internacional.

40 É bem verdade que a preocupação com o respeito aos direitos humanos é um fenômeno político e jurídico que tem suas bases na própria fundação do Direito Internacional moderno, no século XVI. Fran-

cisco de Vitória (1483/1546), dominicano espanhol, professor de Teologia na Universidade de Salamanca, em suas *Relectiones – De Indis recentes inventis e De Jure Belli* defende, do ponto de vista teórico, os direitos dos índios na América espanhola recém-descoberta, enquanto Bartolomeu de las Casas – este, antes de tudo, um missionário –, enfrenta o colonizador espanhol protestando, com inusitada coragem, energia e veemência, contra os maus-tratos que os conquistadores infligiam aos nativos do Novo Mundo. Para um estudo aprofundado da obra de Vitória, consulte Urbano, Francisco Castilla: *El Pensamiento de Francisco de Vitoria,* "Filosofia Política do Índio Americano". Barcelona: Editorial Anthropos, 1992.

41 "Enquanto a afirmação dos direitos naturais foi uma teoria filosófica, essa afirmação teve valor universal, mas não teve uma eficácia prática: quando esses direitos foram acolhidos pelas constituições modernas, a sua proteção tornou-se eficaz, mas apenas nos limites em que era reconhecida por aquele particular Estado. Depois da Declaração Universal, a proteção dos direitos naturais passou a ter ao mesmo tempo eficácia jurídica e valor universal. E o indivíduo, de sujeito de uma comunidade estatal, passou a ser também sujeito da comunidade internacional, potencialmente universal." Norberto Bobbio: *Teoria Geral da Política.* Rio de Janeiro, Editora Campus, 2000, pp. 485/ 486.

42 Lindgren Alves, J. *Os Direitos Humanos como Tema Global.* São Paulo: Editora Perspectiva, 1994, p. 5.

43 Ver Albuquerque Mello, Celso D., *Curso de Direito Internacional Público* - Rio de Janeiro, Editora Renovar, V. II, pp. 1.289/1.290.

44 Ver Nascimento e Silva, Geraldo Eulálio. *Direito Ambiental Internacional.* Rio de Janeiro: Thex Editora, 1995, p. 52. Registra ainda o mesmo autor: "Embora o prontuário francês em matéria ambiental não seja dos piores em comparação com o de outros países industrializados, apresenta alguns exemplos de má conduta, como nos casos das explosões nucleares no Pacífico Sul, a poluição do Reno pelas indústrias alsacianas de extração de potássio e a poluição do Mediterrâneo pela descarga de poluentes." Idem, p. 52.

45 "Não é de hoje que os ricos intentam internacionalizar a Amazônia. (...) Por conta disso, inúmeras Ong, umas ingênuas, outras malandras, são subsidiadas pelos governos das multinacionais dos países ricos para defender a formação de nações indígenas independentes nas fronteiras do Brasil com a Guiana, a Venezuela, a Colômbia e o Peru. Onde existirem tribos nômades, que passam daqui para lá e de lá para cá, a estratégia será desligá-las da soberania brasileira, colocando-as sob a proteção da ONU ou da OEA. De preferência, onde existirem grandes reservas minerais nobres, como o nióbio, utilizado na fabricação de mísseis e foguetes, do qual a Amazônia brasileira detém 90% do total mundial." Ver artigo de Carlos Chagas, *Os Sete Ricos dão Novo Bote sobre a Amazônia. In: Revista Manchete,* número de 13/11/1999, p. 9.

46 Consulte Pedro Motta Pinto Coelho. *O Tratamento Multilateral do Meio Ambiente: Ensaio de um Novo Espaço Ideológico. In:* "Temas de Política Externa Brasileira I". Rio de Janeiro: Paz e Terra – Fundação Alexandre de Gusmão – Ipri, 1997, pp. 233/263. Escreve este autor: "De fato, para os defensores dessa tese do 'direito de ingerência', a base da 'legitimação' estaria nas noções de *danger imminent* para a vida dos *bénéficiaires* (...), o que, convenhamos, abre as portas para todo o tipo de discricionariedade.", p. 256.

47 Idem, p. 53.

48 *Da Oposição entre Desenvolvimento e Meio Ambiente ao Desenvolvimento Sustentável: Uma Perspectiva do Sul. In:* "Temas de Política Externa Brasileira", Volume I. Coletânea organizada por Gelson Fonseca Júnior e Sergio H. Nabuco de Castro. Rio de Janeiro: Editora Paz e Terra, p. 214.

49 Proposta na Conferência do Rio de 1992 e consolidada em Kyoto, é fundamental para o clima mundial a diminuição, até 2012, de 5% das emissões de gases de efeito estufa na atmosfera, tomando como base os índices registrados em 1990. Pouco se avançou, de 1997 até agora. Dados recentes da ONU indicam que, de 1990 até o momento, a emissão de gases de metano, de CO_2 e de óxido nitroso aumentou 10% no mundo.

O *Status quo* da Mudança

A Geoestratégia de Consenso *versus* a Geopolítica de Confronto

Sergiu Celac*

O Paradoxo da Mudança

Não é novidade dizer que os últimos acontecimentos vêm se caracterizando, há bastante tempo, pela crescente extensão e pelo ritmo das mudanças. Levadas por avanços explosivos em conhecimento e tecnologia, particularmente nas áreas de informação e comunicação, as mudanças têm alcançado e englobado a tudo e a todos.

Estamos aprendendo a entender e a reconciliar-nos com o paradigma da mudança como um fato da vida. Estamos acostumando-nos a ela e, por sua vez, ela já é quase subentendida por nós, junto às incertezas e ansiedades que traz consigo. Capturados pela implacável correria da mudança e sendo tantas vezes surpreendidos por ela, nossos sentidos e instintos, inclusive os políticos, ficaram um pouco entorpecidos. Chegamos a um ponto em que[1] a mudança é aceita conforme nos é dada uma nova e perversa versão do *status quo*.

Paradoxalmente, esse ambiente sempre mutante faz surgir, mediante a mera repetição de novidades, uma postura mental essencialmente estática, que começa a se traduzir em uma – ao meu ver perniciosa – tentação de ceder à complacência intelectual. Quando tudo parece ser importante, nada realmente o é. Quando cada suposição parece ser desafiada, nenhuma realmente o é. A pressão de ter de responder a crises – grandes ou pequenas, reais ou percebidas –, praticamente a cada dia, seja na política ou no gerenciamento de negócios, engole o precioso tempo, necessário à reavaliação crítica, à reflexão e ao pensamento progressista. O mal-estar vem se difundindo inclusive entre a comunidade acadêmica, cada vez mais compartimentada, enquanto as pessoas precisam preocupar-se mais em angariar fundos para o próximo projeto ou

*Embaixador, presidente do Instituto Romeno de Estudos Internacionais.

lidar com problemas básicos de equipamentos ou pessoais, em vez de dar atenção ao fundamental. O transtorno gradativo das mudanças limitadas, porém muito difundidas, tende a perpetuar as práticas atuais e as estruturas insustentáveis, em uma demonstração de conservadorismo hedonista, com o fim de obscurecer o aspecto inevitável das transformações mais radicais. Tendemos a concordar, tornando-nos cativos na agradável roda-viva dos negócios, como sempre.

Às vezes não conseguimos deixar de sentir – erroneamente, é claro – que estamos sendo confrontados por uma conspiração obscura, para nos manter ocupados com assuntos triviais e impedir que tratemos das realidades perturbadoras do quadro mais amplo. Ao menos de vez em quando precisamos parar e pensar. Tentar fazer com que compreendamos para onde estamos indo e, principalmente, por que, não é um passatempo prazeroso. É sempre um desafio, que ocasionalmente remete à humildade, tentarmos medir os escassos recursos do cérebro humano pela imensidão de problemas a serem resolvidos. Porém, precisamos pensar, pois tal capacidade é nosso privilégio e responsabilidade como seres humanos. Colocando de forma crua, talvez brutal, o que está em jogo aqui é a vida na Terra. E a pergunta inescapável e repetitiva continua sendo: o padrão estrutural desenvolvido no mundo rico, e agora convenientemente descrito como globalização, é capaz de sustentar o milagre da vida? É tão simples assim?

Sinais de Esperança

Nos dois últimos séculos, o cenário mundial tem sido dominado pelos jogos de poder da geopolítica. Fazer julgamentos com padrões morais atuais sobre os eventos históricos e as idéias subjacentes do passado nem sempre é um exercício produtivo. Mas as lições precisam ser aprendidas, principalmente as das experiências em engenharia social – totalitárias, caríssimas e abortivas – contra a natureza humana e a santidade da vida. Minha pressuposição preliminar – ou hipótese de trabalho – é a de que a geopolítica adversária que conhecemos, embora ainda esteja bem viva, já não é apropriada para governar as relações internacionais no século XXI, não por ser moralmente errada, mas por não ser uma ferramenta eficaz de se fazer política nas novas circunstâncias predominantes. Propõe-se o conceito de geoestratégia de consenso, baseado em um equilíbrio racional de interesses, sem ignorar as realidades do poder, em um empenho conjunto de todos os participantes para buscar caminhos práticos não só para a sobrevivência como para a melhoria de toda a humanidade.

Há basicamente duas escolas de pensamento em relação ao abalo moral mais amplo causado pelo brutal ataque terrorista realizado contra os Estados Unidos em 11 de setembro de 2001. Uma é a da teoria "divisora de águas": nada mais será igual depois daquele trágico acontecimento, as prioridades vão mudar drasticamente, assim como a natureza das respostas aos desafios atuais. A outra reivindica que foi apenas uma reversão temporária na manifestação de poderosas megatendências que estão conosco há tempos e que continuarão operando ainda por muito tempo. No meu ponto de vista, nenhuma das duas abordagens está inteiramente correta, tampouco inteiramente errada. Embora essa contenda possa ser facilmente descartada como uma visão tipicamente "em cima do muro" de um diplomata de carreira, ainda acho que há mérito em se observar com maior proximidade a substância racional de cada uma das teses.

O ocorrido em 11 de setembro pode ter exposto algumas das fraquezas inerentes a uma sociedade pós-industrial democrática aberta e dramatizado as causas subjacentes do extremismo militante irracional, mas também destacou a importância de uma emergente solidariedade mundial, nascida de uma percepção compartilhada dos riscos e das ameaças, antigos e novos, com os quais todos temos de nos deparar. Pela primeira vez, um consenso está sendo construído sobre o que está definitivamente errado. Mas, ao concordarmos em lutar contra o mau, em suas formas mais desprezíveis, também precisamos começar a pensar em fazer o bem em uma semelhante escala global. A comunhão de interesses, cada vez mais perceptível, sobre o que realmente importa e em conseqüência sua determinação de fazer algo sobre isso, de preferência em união, pode provar ser o único e mais forte incentivo para se estruturar uma geoestratégia consensual para o futuro.

Minha contenda básica, que também justifica meu otimismo, é a de que os ingredientes essenciais para um grandioso projeto estratégico em escala global estão quase todos em seu lugar. Alguns são óbvios, outros não, porém há uma perceptível convergência em direção a algo ainda indefinido, mas fundamentalmente novo, nos conceitos e nas condutas dos assuntos internacionais. É provável, e também desejável, que o novo paradigma da mudança transformacional, rumo a uma geoestratégia consensual, deve operar de maneira crescente, em vez de abrupta, unindo vários fios de esperança.

Vamos examinar, como pressuposto, apenas alguns pontos evidentes que podem eventualmente tornar-se significativos, embora não exclusivos, esteios para a construção de uma visão compreensiva, que pretende prover uma alternativa viável para o paradigma geopolítico que ainda prevalece.

Recursos globais. A questão da energia

Desde o relatório do Clube de Roma, em 1972, sobre os limites do crescimento, e da Eco '92, no Rio, há 10 anos, as tentativas de destacar a inerente contradição entre os recursos finitos da Terra e o apetite insaciável da demanda do consumidor por mais bens materiais têm sido rotuladas de neo-malthusianismo alarmista ou exaltadas como advertências visionárias. Não importa qual atitude iremos tomar, existem fatos inflexíveis que não podem simplesmente ser exorcizados.

A tecnologia moderna e o gerenciamento responsável caminharam muito para aliviar alguns dos temores relativos ao esgotamento dos recursos naturais do mundo.

Os prazos para o esgotamento dos depósitos de minerais valiosos conhecidos foram adiados, de forma significativa, em decorrência das perspectivas de "final dos tempos" que tínhamos há 40 anos. Contudo, isso não se deve a grandiosas e novas descobertas. A explicação é encontrada, principalmente, em um gerenciamento mais cuidadoso, que visa à preservação de materiais escassos e dá maior ênfase à conservação. A triste realidade continua sendo a de que os recursos da Terra são fatalmente limitados.

A energia é um caso a ser considerado. O século XX foi, em grande parte, dominado pela questão energética. Guerras foram travadas e incômodos acordos de paz foram impostos. A segurança energética, em se tratando do acesso estabelecido aos recursos para os consumidores (segurança de suprimento) e aos mercados para os produtores (segurança de demanda), continua sendo o principal componente das preocupações com relação às seguranças nacional e internacional. Contudo, aqui também as coisas estão mudando. Parece que as irreconciliáveis leis do mercado e a ação de fatores puramente econômicos estão gradualmente tomando precedência sobre as considerações geopolíticas clássicas. Uma sucessão de crises, por mais dolorosas que tenham sido, apontou o caminho em direção à sabedoria das soluções cooperativas.

Tomemos o exemplo do Mar Cáspio. Os recursos petrolíferos dos Estados litorâneos, mesmo excluindo a Rússia e o Irã, são suficientemente significativos no mercado mundial. São, indubitavelmente, de interesse vital para a amplitude da Europa. O que é mais significativo em relação ao que está ocorrendo por lá é a abordagem cooperativa (em vez daquela de confronto), que é baseada na sinergia (em vez de na exclusividade) de grandes sociedades públicas e privadas, envolvendo os governos e as companhias nacionais dos países envolvidos, a Federação Russa, outros atores regionais, multinacionais com base nos Estados Unidos ou na Europa e empresas individuais.

A composição da produção e do consórcio de oleodutos, de base ampla e com múltiplos investidores, fala por si mesma. O conceito de múltiplos oleodutos, desenvolvidos em escala inter-regional no programa Inogate da União Européia, elaborado para ligar a Europa, o Cáucaso e a Ásia Central em uma rede energética de benefícios mútuos em torno do Mar Negro e por ele, é outra indicação de que algo novo está acontecendo.

Um antigo e cético provérbio romeno diz que "uma andorinha sozinha não faz verão", o que significa que precisamos aguardar uma confirmação antes de fazer julgamentos definitivos, mas as ocorrências em torno do Mar Cáspio, embora confusas, indicam que as coisas podem ser feitas, e estão sendo feitas, de forma diferente.

O estado do meio ambiente. Mudança climática

Sólidas provas científicas indicam que, principalmente nos dois últimos séculos, temos causado muito mal ao nosso meio ambiente. Não há saída para o fato incontestável de que a moderna civilização industrial está produzindo uma enorme quantidade de lixo tóxico que está poluindo o ar, a água e o solo, pondo em risco a grande variedade de espécies animais e vegetais e provocando um aquecimento global potencialmente catastrófico que está ocasionando mudanças climáticas. Combinações sem precedentes de enchentes com escassez de água, de secas no verão com falta de neve para esquiar no inverno, de incêndios devastadores nas florestas com deslizamentos de terra ou rios de lama assassinos têm se tornado comuns por todo o mundo. Sabemos agora, sem dúvida, que a ação do ser humano, anterior ou atual, é pelo menos parcialmente responsável por tais desastres. Calcula-se que, se não fizerem, já, um acordo sobre as rigorosas ações que precisam ser tomadas, ocorrerão sérios danos às propriedades devido às mudanças climáticas, e essas poderão exceder o PIB mundial até 2065. As crianças nascidas hoje talvez vivam o suficiente para passar por esta horrível experiência. As previsões são terríveis demais para serem contempladas.

Porém, já podemos ver sinais de esperança vindo por meio da ciência e da tecnologia, que ajudarão sob o ímpeto da crescente conscientização ambiental da população e de sua demanda por soluções realistas e eficazes em matéria de custos. O elemento totalmente novo no quadro é a conseqüente ação ambiental, outrora vista como *hobby* de uma minoria colorida de entusiastas ingênuos, está agora permanentemente na agenda dos governos e das organizações internacionais. Além disso, é estimulada pelo mundo dos negócios.

O que no passado era visto como foco de discordância e salacidade, é hoje representado pela política oficial e por uma boa proposta comercial. Embora ainda existam certas diferenças de interpretação em relação aos méritos intrínsecos do Protocolo de Kioto para a Estrutura da Convenção das Nações Unidas sobre Mudanças Climáticas, podemos discernir, em um claro padrão de conscientização, que o problema existe e precisa ser abordado de forma responsável, mediante a vontade política e o uso inteligente dos instrumentos do mercado.

Adquirimos uma melhor compreensão dos problemas ocasionados pelo homem, em relação ao meio ambiente, e dos mecanismos concretos – políticos, institucionais e financeiros – necessários para lidar com tais problemas de forma sensata. O raio de esperança que vislumbro no cenário ambientalista devido aos últimos acontecimentos é que, hoje, somos capazes de visualizar uma aliança emergente de base científica para a tomada de decisões políticas. Tal aliança, associada ao apoio do público informado e de algumas iniciativas provenientes de empresas acostumadas em lidar, de forma prática, com o aumento dos desafios acumulados, faz parte de um acordo para a elaboração de um projeto estratégico global.

Desenvolvimento Sustentável

De 26 de agosto a 4 de setembro de 2002, em Johanesburgo, na África do Sul, vários líderes mundiais encontraram-se para uma Reunião da Cúpula Mundial para o Desenvolvimento Sustentável, descrita como Rio+10, na qual foram discutidas questões fundamentais para o crescimento econômico ligado à condição humana e em harmonia com o meio ambiente. Inevitavelmente, as questões das disparidades entre ricos e pobres, entre expectativas e realidades, gozaram de grande destaque no temário. A Declaração do Milênio das Nações Unidas destacou as duras conseqüências das crescentes lacunas de desenvolvimento e produziu um inventário lógico de prioridades para as futuras ações em conjunto. Esperamos que o resultado da Reunião de Cúpula de Johanesburgo vá mais além.

Em recente e produtivo artigo, o Dr. David Rothkopf, ex-diretor-geral da Kissinger Associates, levantou um ponto bastante significativo: "Nunca antes na história das nações ou em idéias uma visão prevaleceu por muito tempo sem desafios, principalmente sendo vista por muitos aumentando as lacunas entre os, comparativamente, pouco ricos e a grande maioria de pobres no mundo." Realmente, relatou-se que as 358 pessoas mais ricas do mundo possuem um total igual à renda anual somada das 2,3 bilhões mais pobres. É indiscutível que um excesso como esse não pode ser sustentado por mais tempo. Mas o que faremos?

Esse dilema tem dois lados: a ambição de fazer com que as nações pobres sejam levadas para os padrões atuais de consumo material, como aqueles que vemos nos países pós-industriais, não é sustentável devido aos recursos disponíveis. O sonho igualitário de tirar dos ricos e dar aos pobres simplesmente não é realista. Mas as discrepâncias entre essas duas abordagens extremas não precisam necessariamente ser tão grandes e insuperáveis quanto parecem.

Já podemos ver alguns sinais de que o aparente dilema pode ser resolvido por outros meios que não seja necessariamente recorrer à guerra, que no passado trouxe incontáveis penúrias a todos os envolvidos. A propagação de novas tecnologias pode certamente ajudar. O advento gradual de uma nova mentalidade a respeito do que é realmente importante para a satisfação pessoal e a qualidade de vida pode tornar-se um fator contribuinte. Uma crescente mobilidade vertical e horizontal entre as fronteiras, dentro de limites razoáveis, pode tornar-se parte da resposta. Um conjunto de incentivos significativos para a introdução e a cuidadosa formação de uma governança totalmente responsável e clara pode, indubitavelmente, contribuir para a criação e a distribuição de riquezas mais eqüitativas. Voltar a atenção para o comércio e ajudar no desenvolvimento podem ser dois fatores importantes para melhorar o destino de muitos. A chave para se desenvolver e implementar os módulos flexíveis para o aprendizado e o trabalho vitalícios pode ser o esforço determinado.

Quando formulado pela primeira vez, o conceito de desenvolvimento sustentável foi, como todas as idéias realmente revolucionárias, bem adiantado para a época. Agora, o tempo o alcançou. A implementação de tecnologias, incorporando muito mais inteligência e muito menos matéria bruta e energia no produto final, o advento de novas práticas e procedimentos de gerenciamento e a maior sofisticação dos serviços fornecem ferramentas valiosas para uma divisão mais igualitária, eu diria mais democrática, do crescimento econômico e do desenvolvimento humano. Além disso, a transferência dos princípios de governança corporativa para a esfera política, na forma de boa governança, confere uma nova dimensão ao exercício da política tanto nacional quanto internacionalmente.

Agora há mais atores envolvidos no cenário da política mundial, atores estatais e não-estatais, tais como empresas multinacionais, sociedades civis, vários grupos de interesses e pressão, até mesmo indivíduos com poderes obtidos mediante o alcance global da Internet. Coalizões baseadas em visões convergentes tornam-se menos formais e mais eficazes. Ironicamente, talvez seja mais fácil criar um consenso quando há um maior número de atores envolvidos no processo. A racionalidade, como elemento de ligação, finalmente torna possível a tomada de decisão coletiva sobre as questões fundamentais.

O que tenho em mente é uma mudança essencial, em vez de uma maquiagem enganosa. Um consenso sobre a geoestratégia pode ser a resposta, colocando para todos uma visão iluminada de como nós, os habitantes do Planeta Terra, gostaríamos de ver o mundo daqui a uma geração ou além disso, e, então, de como trabalharíamos juntos para atingir os objetivos partilhados e concordados.

A Contribuição Específica do Mundo Latino

Vamos esclarecer uma coisa. Não acredito que o mundo latino – América do Sul e o sul da Europa – pretenda fornecer uma solução alternativa em oposição às atuais tendências dominantes e ainda contraditórias ou que tenha capacidade para isso. A futura arquitetura da política mundial, no sentido mais amplo da palavra, será formada por várias e diferentes contribuições, cada qual merecedora de atenção, respeito e consideração em uma sinergia de boa vontade.

Contudo, a cultura política do mundo latino leva para a mesa-redonda do debate mundial algumas características distintas, que ostentam a marca inconfundível de Roma e que têm sido refinadas por séculos, por tentativa e erro, para oferecer respostas específicas a perguntas específicas. Não são apenas as raízes comuns das línguas românticas que explicam nossa identidade latina, é também a experiência acumulada da sabedoria em ação, que, embora única, é perfeitamente compatível com as demandas de inter-operacionalidade – para usar outro clichê moderno de origem latina – com o mundo como um todo.

A seguir, tentarei enumerar brevemente, e por isso incompletamente, o que julgo serem traços característicos emblemáticos de uma potencial contribuição do mundo latino para formar o que um dos meus mentores espirituais romenos, o professor Mircea Malitza, chama de "uma única civilização de muitas culturas".

Variedade de opção política

No sul da Europa e na América Latina, tradicionalmente, a variedade de opção política é muito maior do que em outras partes do mundo, com poucas exceções.

Além disso, nossos sistemas políticos têm provado ser extraordinariamente versáteis em produzir novos e originais veículos para a manifestação organizada do sentimento público e de suas preferências. Diferentes plataformas podem competir exatamente no interior de um mesmo partido político. Se essa flexibilidade e capacidade política de se adaptar às demandas da realidade, recusando a tentação de enxergar tudo em branco e preto, são uma virtude ou um pecado, não nos cabe julgar.

Aceitação orgânica da diversidade

Em nossa cultura latina, a diversidade – étnica, religiosa, filosófica, comportamental – não é apenas tolerada, é encorajada. É vista como parte de nossa riqueza nacional e de nossa capacidade de construir e manter pontes internacionais de compreensão e cooperação. Isso se deve à nossa propensão natural de estender a mão em sinal de amizade a outras culturas e à nossa curiosidade intelectual de conhecer mais sobre "os outros" e de identificar os pontos de convergência, de forma a desenvolver projetos em comum, e não para demonstrar a preeminência de nossas próprias idéias e abordagens. Nosso mundo ideal não está na uniformidade de um caldeirão de fusão, mas sim na frutífera polinização cruzada de diversas contribuições, diferentes em substância, iguais em valor.

Regionalismo cooperativo

Não é por acaso que a compreensiva noção de integração regional tenha nascido na Europa latina, e que o tratado que estabeleceu o que é hoje a União Européia tenha sido assinado em Roma. Não é por acaso também que os acordos cooperativos regionais bem-sucedidos, como o Mercosul, tenham sido desenvolvidos na América Latina. Igualmente não é por acaso que todos esses acordos tenham dispositivos legais específicos para proteger os interesses dos parceiros menores ou mais fracos. Isso diz respeito a uma certa mentalidade, a uma disposição intelectual que olha para a frente e que pode ser útil quando começarmos a falar com maior intensidade da construção de uma estrutura consensual realizada mediante uma significativa cooperação em escala planetária.

Princípios e regras

O mundo latino possui um ótimo registro das contribuições construtivas para a elaboração e a implementação de uma ordem legal de funcionalidade e de apoio às estruturas institucionais, tanto no nível nacional quanto no internacional, quaisquer que tenham sido as excentricidades da política. Uma coisa é certa, a terminologia legal aceita baseia-se em grande parte na lei romana. A ênfase, muito significativamente, é sobre a correta formulação dos princípios fundamentais que determinam a escrita subseqüente de um conjunto coerente de regras. Isso pode ser uma útil contribuição para os futuros empreendimentos conjuntos, com o objetivo de construir bases lógicas do novo multilateralismo para o século XXI.

Cultura como valor social

Ser um intelectual não é um estigma no mundo latino. Tal dote não confere automaticamente uma posição privilegiada, mas também não é percebido como um sinal de inferioridade em termos de utilidade social. Até mesmo a definição de *intelligentsia* é, aparentemente, muito mais ampla em nossas sociedades do que em outras partes do mundo. Tendemos a ver a cultura não só como um entretenimento, mas como um modo de ser, uma parte integral de realização pessoal e uma fonte de alegria em um contexto social evolutivo.

Em síntese, o modelo latino, se puder ser corretamente identificado como tal, não é melhor ou pior do que qualquer outro. Sendo algo diferente de outros padrões culturais, ele também tem as virtudes de abertura e inclusão. Conforme embarcamos na busca de um novo paradigma para o gerenciamento de mudanças transformacionais, devemos ter cuidado com as armadilhas do elitismo latino. Construir um mundo novo para todos e com todos é um sóbrio exercício de humildade.

As Novas Formas do Império

Luis Fernandes*

Assentada a poeira do que restou do *World Trade Center* em Nova Iorque após os atentados terroristas de 11 de setembro, fica cada vez mais claro que o mundo não é mais o mesmo. O determinante desta mudança não foram os atentados em si, e sim a reação global deflagrada pelo Estado norte-americano. Esta reação marca uma inflexão fundamental na evolução da ordem mundial neste início de Século XXI, que volta a ter a sua agenda dominada por ações unilaterais de força e coerção, em detrimento do sistema de segurança coletiva consagrado na ONU ao fim da Segunda Guerra. O resultado é uma perigosa escalada de violência e instabilidade em todo o sistema internacional.

O Fim da "Nova Ordem"

Para captar a profundidade da mudança atualmente em curso na política mundial, é necessário recuar um pouco no tempo e acompanhar a evolução da agenda externa do governo norte-americano após o colapso do antigo campo socialista. O triunfalismo de Washington se traduziu, na época, na proposição de uma "Nova Ordem Mundial" para substituir a velha ordem bipolar da Guerra Fria. Este conceito foi incorporado como eixo estruturador da política externa norte-americana pelo Presidente George Bush (pai) às vésperas da Guerra do Golfo, em 1990. A proposição básica era a de que os variados fóruns multilaterais do sistema da ONU deveriam se tornar o núcleo ordenador de uma nova ordem mais estável no mundo, superando as tensões e os antagonismos que haviam marcado a Guerra Fria. Nesta perspectiva, o Conselho de Segurança da ONU assumiria nova centralidade como foro de negociação e resolução de problemas relacionados à paz e à segurança no sistema internacional, enquanto os organismos econômicos do sistema da ONU (com destaque para o FMI, Banco Mundial e OMC) exerceriam o papel de "indutores" e "guardiões" dos mercados abertos. Este parecia ser o formato mais adequado ao exercício da hegemonia

* Professor do Instituto de Relações Internacionais (IRI) da PUC-Rio e do Departamento de Ciência Política da UFF, Secretário Executivo do Ministério de Ciências e Tecnologia..

norte-americana no pós-Guerra Fria, sintonizado com o movimento (então vitorioso) de reconfiguração do exercício dessa hegemonia via a agenda neoliberal. Do ponto de vista econômico, essa agenda correspondia à necessidade estrutural dos Estados Unidos de conquistar e consolidar novos mercados de exportação para os seus produtos e capitais, em função da brutal contenção dos níveis de salário real que acompanhou o advento das inovações tecnológicas da chamada "era do conhecimento" na sua economia. Já do ponto de vista ideológico, ela se alimentava da tese do "fim da história" proposta por Francis Fukuyama, que argumentava não existirem horizontes de desenvolvimento humano para além do liberalismo político e econômico. Vale lembrar, ainda, que a própria Guerra do Golfo foi justificada, em 1991, com base nos princípios ordenadores desta pretensa nova ordem (i.e., como punição da "comunidade internacional" à ação unilateral do Iraque na invasão do Kuwait).

Ao longo dos anos '90, a agenda externa norte-americana foi se afastando progressivamente, tanto no discurso quanto na prática, dos princípios ordenadores da "Nova Ordem Mundial" anunciada no início da década. Os Estados Unidos passaram, crescentemente, a impor pela força e de forma unilateral os seus interesses em diferentes regiões do mundo. Este desenvolvimento já se fazia sentir no governo Clinton, materializado em episódios como os ataques contra o Iraque em 1998 e a Iugoslávia em 1999, conduzidos inteiramente à margem do Conselho de Segurança da ONU. Esta escalada, por sua vez, refletia as crescentes dificuldades enfrentadas pelo Estado norte-americano para impor a sua agenda externa de forma "consensual", via instrumentalização "indireta" dos mecanismos de poder estrutural de que dispõe na economia mundial (entre os quais se destaca o papel central da sua moeda na operação dos mercados internacionais de capitais). Esta forma de exercício do seu poder hegemônico passou a enfrentar crescentes resistências, tanto de outros blocos e potências capitalistas (como a União Européia e o Japão), quanto de novos pólos regionais de poder no antigo campo socialista e nos países em desenvolvimento (entre os quais a China, a Rússia e a Índia). Em resposta, a hegemonia norte-americana foi assumindo, cada vez mais, uma feição abertamente coercitiva.

A Nova Agenda da "Segurança Global"

Os atentados de 11 de setembro forneceram o pretexto para o atual Presidente George Bush (filho) elevar a um novo patamar esta "opção preferencial" pelo unilateralismo e pelo recurso a uma política de força e coação abertas. Instrumentalizando o clima de histeria e pânico que se formou na sociedade americana após os atentados – fruto da sua repentina e traumática constatação de que a ampla superioridade tecnológica e militar não era garantia de invulnerabilidade - o novo Governo Bush consagrou a busca da "segurança" (com todas as suas implicações) como o valor/objetivo supremo da política doméstica e externa do estado norte-americano. Isto implicou conferir nova centralidade para os mecanismos e instrumentos do exercício direto da sua dominação pela força no sistema internacional, em detrimento da opção predominante anterior pelo exercício da sua hegemonia via recursos "indiretos" de poder estrutural.

Com base nesta nova orientação, a "guerra global contra o terrorismo" foi transformada no eixo estruturador da política externa dos Estados Unidos. A própria guerra movida contra o regime dos talibãs e as forças do *Al Qaeda* no Afeganistão definiram o perfil da nova agenda intervencionista. Por mais que a ameaça à segurança dos território norte-americano fosse creditada a uma força terrorista transnacional que opera globalmente, os alvos da sua retaliação militar foram absolutamente "territorializados", visando desarticular estruturas de poder que estariam alimentando as ações terroristas. Ou seja, objetivos geopolíticos de controle de território pela força continuam ditando a agenda de segurança dos Estados Unidos. Mas estes objetivos são perseguidos de forma unilateral, inteiramente à margem do sistema de segurança consagrado na ONU. Sob a égide do discurso intimidatório de que "quem não está conosco está contra nós", a construção de "coalizões" internacionais em torno dos objetivos geopolíticos norte-americanos assume a forma de parcerias *ad hoc* pontuais e seletivas, montadas via acertos bilaterais segundo as prioridades variáveis da sua agenda externa, em detrimento da consolidação de um sistema multilateral de segurança coletiva. Coerentemente, os objetivos da "guerra global contra o terrorismo" são definidos de forma deliberadamente aberta e imprecisa, para permitir a contínua eleição de novos alvos nos territórios dos 60 países que, supostamente, abrigam "núcleos terroristas". Não surpreende, portanto, a insistência do Presidente Bush em afirmar que se trata de uma "guerra" sem prazo determinado para terminar - e que tende a ser muito prolongada.

A consolidação desta nova agenda de política externa na administração Bush se dá no contexto de um amplo debate sobre a redefinição da sua estratégia de segurança nacional. A agenda de política externa e defesa do governo é cada vez mais dominada por um núcleo coeso de dirigentes e assessores de perfil ideológico "ultraconservador", que cultiva laços estreitos com a indústria armamentista e petrolífera. Entre os principais expoentes deste grupo estão o Vice-Presidente Dick Cheney, o Secretário de Defesa Donald Rumsfeld, e os assessores Paul Wolfowitz e Lewis Libby. É este núcleo que vai definindo os contornos da nova "Estratégia de Defesa Nacional" a ser apresentada ao Congresso dos Estados Unidos pela Assessora de Segurança Nacional Condoleeza Rice até o final deste ano, mas cuja lógica já se evidencia na própria condução da "guerra global contra o terrorismo". O princípio orientador desta nova agenda é impedir, a todo custo, a consolidação de centros de poder que possam vir a ameaçar a condição de única superpotência do sistema internacional alcançada pelos Estados Unidos ao término da Guerra Fria, ou servir de obstáculo para a realização dos seus interesses em distintas regiões do mundo. Segundo a nova orientação estratégica, o Estado norte-americano deve estar preparado para recorrer a todos os instrumentos de força à sua disposição para a consecução desses objetivos, inclusive a utilização ofensiva de armas nucleares (o que contraria a compreensão predominante sobre esse tipo de armamento durante a Guerra Fria, que o concebia como fator de dissuasão de conflitos).

A Nova Doutrina em Ação

Colocada em operação plena a partir dos atentados de onze de setembro, a nova doutrina estratégica norte-americana aprofundou a opção unilateralista da sua política externa, que já havia se tornado prevalente ao longo dos anos '90. Para além da sua tradicional oposição à ratificação do Tribunal Penal Internacional, os Estados Unidos se recusaram a assinar o Protocolo de Quioto de proteção ambiental e se retiraram da Conferência da ONU sobre o Racismo realizada na África do Sul. No que concerne os regimes internacionais de controle de armamentos, o governo Bush se negou a endossar o Instrumento de Verificação do Protocolo de Armas Biológicas e o Protocolo sobre Minas Terrestres, além de romper com o Tratado de Mísseis Anti-Balísticos (ABM) - a espinha dorsal dos acordos de contenção da corrida armamentista firmados com a antiga União Soviética nos anos '70.

O período pós-atentados assistiu, ainda, a ações de força sem precedentes por parte do governo norte-americano para afastar personalidades consideradas "não-alinhadas" com os sues interesses da direção de organismos multilaterais. O caso mais evidente foi a demissão do Presidente da Organização para a Proscrição de Armas Químicas (OPAQ), o diplomata brasileiro José Maurício Bustani, por ter aberto um canal de negociação para a incorporação pacífica do Iraque ao organismo (o que se contrapunha ao interesse dos Estados Unidos em fomentar um clima de guerra com esse país com base no argumento de que ele não aderira ao regime internacional de controle e erradicação das armas químicas). Outro caso emblemático foi o da Alta Comissária de Direitos Humanos da ONU, Mary Robinson, forçada a renunciar ao exercício de novo mandato por pressão norte-americana.

A mesma doutrina estratégica que elevou o unilateralismo da política externa dos Estados Unidos a um novo patamar alimentou, igualmente, o seu perfil militarista e intervencionista. No período pós-atentados, o estado norte-americano passou a se envolver em múltiplas ações de força em diversas regiões do planeta, em nome da "guerra global contra o terrorismo". A principal iniciativa foi, sem dúvida, a guerra deflagrada no Afeganistão, cujas ações foram conduzidas inteiramente à margem do Conselho de Segurança da ONU e resultaram na derrubada do regime dos talibãs (embora o novo governo venha enfrentando grandes dificuldades para consolidar o seu controle em todo o território do país). Esta ação vem sendo seguida pela preparação de novas ações militares de grande envergadura contra os países identificados pelo Presidente Bush como integrantes de um "eixo do mal", com destaque para o regime de Saddam Hussein no Iraque. Ainda no Oriente Médio, o governo dos EUA deu carta branca a Ariel Sharon (pelo menos, temporariamente) para responder aos atentados terroristas cometidos em Israel com a reocupação militar dos territórios palestinos e a destruição da capacidade administrativa da Autoridade Nacional encabeçada por Iasser Arafat. Nas Filipinas, os Estados Unidos vêm aumentando o seu envolvimento direto nas ações militares contra o grupo fundamentalista islâmico de Abu Saiaf. Na América Latina, além de lançarem acusações infundadas sobre o envolvimento do governo cubano com o "bioterrorismo", vêm ampliando a sua participação em ações militares contra o narcotráfico na região andina e alimentando a escalada da violência na Colômbia, caracterizando as forças insurgentes como grupos "narcoterroristas". Na Venezuela, participaram (e, ao que tudo indica, continuam participando) das articulações golpistas para romper a ordem constitucional e derrubar o presidente democraticamente eleito, Hugo Chaves. Em todas estas iniciativas, a ação do estado norte-americano se caracteriza pelo crescente recurso à força e à intimidação para a conquista simultânea de variados objetivos geopolíticos, entre os quais se destaca a desarticulação de pólos de poder potencialmente hostis aos seus interesses em diferentes regiões do mundo.

A Nova Escalada Intervencionista

No plano doméstico, a nova agenda intervencionista dos Estados Unidos se traduz em uma impressionante escalada de medidas de proteção da sua economia e das suas empresas, que entram em flagrante contradição com o seu discurso oficial de defesa do "livre comércio". Para além do habitual recurso a pesadas barreiras não-tarifárias, o governo norte-americano aprovou, nos últimos meses, cotas extremamente restritivas para a importação de aço e outros produtos, bem como um pacote bilionário de subsídios à agricultura que contraria toda a regulação da Organização Mundial do Comércio (OMC) sobre o tema. Em meio às negociações da Alca, as condições da concessão do *trade promotion authority* ao poder Executivo pelo Congresso praticamente inviabilizou a abertura do mercado norte-americano nos setores em que as suas empresas não detenham vantagens competitivas acentuadas. Alimentadas pela nova escalada belicista, as encomendas governamentais para a indústria armamentista voltaram a atingir níveis equivalentes aos do período da Guerra Fria. Pacotes econômicos especiais injetaram, ainda, dezenas de bilhões de dólares nos setores mais prejudicados economicamente pelos atentados, com destaque para o transporte aéreo e o turismo. No caso das companhias aéreas, o pacote veio acompanhado da ampliação da participação acionária do Estado norte-americano nas empresas, o que sinaliza um curioso retorno do "estado produtor" após duas décadas seguidas de pregação liberal. Mesmo na esfera financeira, o governo Bush decidiu estabelecer controles mais estritos sobre os fluxos de capitais em nome do combate ao terrorismo e à "lavagem de dinheiro", revertendo, assim, políticas anteriores de promoção agressiva da liberalização financeira. Em suma, os tempos andam cada vez mais intervencionistas e menos liberais na economia do "grande irmão" do Norte.

A esta escalada antiliberal na economia correspondeu um movimento de restrição dos direitos e liberdades civis sem precedentes na sociedade norte-americana, pelo menos desde os tempos do *Macarthismo*. Na seqüência dos atentados, o governo dos Estados Unidos aprovou um novo plano se Segurança Nacional que passou a autorizar a violação de correspondência e comunicação privadas, bem como o encarceramento prolongado de cidadãos estrangeiros em condições de incomunicabilidade, mesmo sem indícios fortes de culpa. Cabe destacar, igualmente, o recurso a tribunais militares para julgar cidadãos estrangeiros acusados de terrorismo, e a recusa a aplicar os termos da Convenção de Genebra aos combatentes talibãs e do *Al Qaeda* presos no Afeganistão e transferidos para a base militar de Guantanamo.

A Instabilidade da Novíssima Ordem

O balanço apresentado acima revela como recurso aberto à força e á violência para a conquista de objetivos geopolíticos se tornou o eixo estruturador da política externa norte-americana após os atentados de onze de setembro. No plano internacional, isto implica no esvaziamento do Conselho de Segurança da ONU como foro multilateral legitimo de resolução dos problemas de paz e segurança no mundo, a favor de uma política de construção de alianças tópicas via contatos e negociações bilaterais, conforme os interesses norte-americanos em cada região. Para todos os efeitos, tal evolução acarreta o desmantelamento do sistema multilateral de segurança coletiva consagrado na ONU ao fim da Segunda Guerra. Por outro lado, os organismos econômicos multilaterais do Sistema das Nações Unidas (com destaque para o FMI, Banco Mundial e OMC) continuam a ser instrumentalizados para impor aos países dependentes uma agenda liberal de abertura de mercados, apesar da política econômica doméstica dos Estados Unidos ser crescentemente protecionista e intervencionista (i.e., não liberal). O sistema internacional, a partir desta agenda dominante, passa a ser caracterizado, cada vez mais, pela combinação de processos de militarização e dependência. Coerente com esta inflexão, a tese do "choque de civilizações" de Samuel Huntington vem substituir a do "fim da História" de Francis Fukuyama no trono de leitura ideológica mais afinada com o novo formato da agenda.

Em perspectiva histórica, essa evolução parece dar contornos mais definitivos à ordem mundial que substitui a bipolaridade da Guerra Fria. Por este prisma, como foi sugerido pelo próprio Secretário de Estado norte-americano Colin Powell, os atentados de 11 de setembro e a retaliação dos Estados Unidos marcam o fim da transição pós-Guerra Fria no sistema internacional. E a "novíssima" ordem que emerge no assume contornos cada vez mais próximos das formas clássicas de poder e dominação que precederam a chamada "era da globalização".

A agenda norte-americana de dominação via coerção aberta alimenta, inevitavelmente, contramovimentos de resistência, que intensificam as tendências à multipolarização e à instabilidade no sistema internacional. Limitações de tempo e espaço não me permitem expandir o exame desses desenvolvimentos na presente apresentação. Destaco, ainda que topicamente, a espiral de violência que vêm marcando a evolução mundial. Esta se materializa não apenas nas grandes mobilizações de guerra conduzidas diretamente pelos Estados Unidos (como na Guerra do Afeganistão e nos atuais preparativos para a invasão do Iraque), mas também na perigosa intensificação de conflitos e tensões regionais em função da ruptura de delicados equilíbrios geopolíticos locais (como os que opõem o Paquistão à Índia e Israel ao mundo árabe).

Apesar de se encontrar claramente na ofensiva no mundo, a nova agenda norte-americana enfrenta cada vez maiores dificuldades para coesionar politicamente o sistema internacional em torno dos seus objetivos. Para além dos seus adversários tradicionais (batizados de "estados párias" ou "integrantes do eixo do mal" pela administração Bush) destaca-se, aqui, o crescente divórcio entre a política externa dos Estados Unidos e da União Européia em diferentes áreas temáticas e regiões do mundo (sobretudo no Oriente Médio), e também a consolidação de pólos regionais críticos da agenda norte-americana entre os países em desenvolvimento (como o Brasil, a China, o Irã e a Indonésia). Mesmo a ampliação das parcerias com a Rússia e a Índia, em função das suas agendas particulares na "guerra contra o terrorismo", vem enfrentando crescente oposição da opinião pública e do mundo político nos dois países, já que se torna evidente o antagonismo dos seus interesses geopolíticos com os dos Estados Unidos a médio e longo prazo. Talvez a maior expressão das dificuldades políticas enfrentadas pela nova agenda intervencionista do governo Bush seja a crescente resistência que este vem enfrentando nos últimos meses para respaldar e legitimar a sua planejada guerra contra o Iraque.

Às vésperas de eleições gerais que prometem redefinir o desenvolvimento nacional, o novo governo brasileiro – qualquer que seja o resultado do pleito – terá de situar o país nos variados movimentos contra-hegemônicos em curso no sistema internacional. Diante da escalada de violência e instabilidade gerada pela agenda do unilateralismo intervencionista, cabe ao nosso país assumir um papel de liderança mais destacado na defesa da paz, da democracia, do desenvolvimento e do multilateralismo no sistema internacional.

O Império Pós-moderno – Uma Análise sobre a Estratégia de Engajamento e Expansão e o Posicionamento do Brasil

Ricardo Pereira Cabral*

Introdução

Este trabalho faz, a partir da descrição do Império Pós-moderno realizada por Michael Hardt e Antonio Negri, uma análise da Estratégia do Engajamento e Expansão empregada pelo governo dos Estados Unidos em seu projeto de consolidação hegemônica a partir da difusão da economia de mercado, do liberalismo político e de sua cultura.

Esta análise se propõe a mostrar que o governo norte-americano, por ter interesses e capacidade de projetar poder a nível global, ao elaborar a Política Nacional de Segurança, em que pese a importância dos aspectos econômicos, também se utiliza de parâmetros políticos, culturais e de defesa, além de levar em consideração aspectos geopolíticos e estratégicos.

Por último apresentaremos a postura do governo Fernando Henrique Cardoso frente aos projetos da hegemonia e a necessidade de se avançar na cooperação sul-americana de modo a permitir que a integração regional possibilite uma inserção internacional mais equilibrada, pela qual se quebraria o ciclo da periferia por intermédio do conceito de investimento seletivo.

O Império Pós-moderno

Em seu livro *Império,* Hardt e Negri fazem uma análise da conjuntura da última década do século passado – marcada pelo fim da União Soviética, um aumento ainda maior da preponderância mundial dos Estados Unidos sob o governo de Bill Clinton, aceleração do processo de globalização, o aprofundamento do processo de integração europeu com a transformação da Comunidade Econômica Européia em União Euro-

* Professor de História Contemporânea e pesquisador do Laboratório de Estudos do Tempo Presente/UFRJ.

péia, a integração da China ao mercado global, etc. – e constatam que estamos diante de uma nova entidade histórica que chamam de Império, que com uma estrutura de poder em rede, sem um centro definido, organiza a produção, a sociedade e a política.

Hardt e Negri afirmam que o surgimento do Império ocorreu a partir da tensão capital-trabalho, pela qual o processo de globalização se define como um projeto capitalista de união do poder político com o econômico e em que pese a posição de destaque dos Estados Unidos não existe uma única potência ou mesmo um grupo de potências no controle do processo e do Império.

Usando as bases teóricas do marxismo, os autores explicam que o capital, para realizar a mais-valia gerada no processo de produção e visando evitar a desvalorização, tem necessidade de ampliar seus domínios a partir da incorporação de sociedades não-capitalistas e transformá-las em capitalistas. Quando o ambiente não-capitalista se incorpora e se submete formalmente ao capital, ele já não pode ser o exterior necessário para a realização da mais-valia e o circuito reinicia com a incorporação de novas áreas.

A partir do século XIX os Estados europeus se utilizaram da expansão e da conquista – o Imperialismo – para deslocar a luta de classes e a instabilidade para o exterior, a fim de preservar a ordem e a soberania interna. Mas o imperialismo, com suas exclusividades comerciais e tarifas protetoras, seus territórios nacionais e coloniais, estava continuamente propondo e reforçando fronteiras fixas, bloqueando ou canalizando fluxos econômicos, sociais e culturais, que ao lado de outras distorções (cartéis e monopólios) limitavam a concorrência e o pleno desenvolvimento capitalista a fim de superar esses entraves o capitalismo precisava vencer o imperialismo e os monopólios.

A oportunidade de se reformar o capitalismo surgiu com a Crise de 1929 – cujas origens estão ligadas à superprodução e ao subconsumo. Adotando o keynisianismo, o Estado norte-americano assumiu o papel central na regulamentação da economia que desenvolveu a partir de então um regime de altos salários, alto consumo e alta conflitividade. As reformas do New Deal constituíram o Regime de Bem-Estar Social numa síntese de taylorismo na organização do trabalho, fordismo no regime salarial e keynisianismo na organização macroeconômica da sociedade.

O New Deal foi o primeiro passo em direção ao Império, pois levou à criação de um governo disciplinar e de uma sociedade disciplinar, com todas as suas articulações produtivas e reprodutivas subordinadas ao comando do capital e do Estado. A expansão deste modelo a todas as potências capitalistas, após a Segunda Guerra Mundial, levou ao Estado disciplinar global baseado em um regime disciplinar estável e na estabilidade de todos os padrões de valor, baseados no dólar, e no poderio militar dos Estados Unidos.

A difusão do New Deal constituiu um novo cenário global definido e organizado basicamente em torno de três mecanismos ou aparelhos: (1) o processo de descolonização que gradualmente reorganizou o mercado mundial em linhas hierárquicas a partir dos EUA; (2) a descentralização gradual da produção econômica; e (3) a construção de uma estrutura de relações internacionais que espalhou pelo mundo o regime produtivo disciplinar e a sociedade disciplinar em suas sucessivas evoluções. Cada um desses aspectos constitui um passo na evolução do imperialismo para o Império. Esses três elementos – descolonização, descentralização de produção e disciplinaridade – caracterizam o poder imperial do New Deal e demonstram o quanto ele foi além das velhas práticas do imperialismo e mais próximo do projeto de um novo tipo de Império.

Para Hardt e Negri a expansão das transnacionais pelo mundo, subordinando, difundindo tecnologias e mobilizando as forças produtivas, fez com que os fluxos de riquezas circulassem com mais intensidade e volume pelo mercado mundial. Tais fluxos, em sua maior parte, desembocavam nos EUA, que garantiam, coordenavam e comandavam grande parte dos movimentos e das operações dessas empresas. É neste período que ocorreu a fase constituinte do Império pós-moderno, pois, devido à atuação das transnacionais, a mediação e a equiparação das taxas de lucro fugiram do controle dos Estados-nação.

A passagem para o novo modelo ocorreu na crise capitalista do fim dos anos de 1960, quando então os movimentos sociais fizeram exigências que excediam as relações estabelecidas de produção e reprodução, colocando em risco a capacidade disciplinar capitalista e desestabilizando o sistema econômico mundial. Os movimentos sociais do período forçaram uma mudança na qualidade e na natureza do trabalho, valorizando o trabalho cultural, intelectual, a criatividade, as relações sociais, a mulher, a criança, etc.

Até a década de 1970, o Sistema de Bretton Woods funcionou baseado no dólar como padrão de valor – base de toda a mediação monetária do comércio e da produção – e na relativamente livre circulação de bens. A acumulação de dólares na Europa e no Japão, a explosão das lutas sociais e o crescimento do déficit público/comercial norte-americano levaram a uma crise do sistema, agravada pela desvinculação do dólar ao padrão ouro.

A superação da crise foi conseguida através do uso intensivo da tecnologia, da automação e da informatização da produção, restabelecendo o controle do capital sobre o ciclo da produção e provocando uma degradação do trabalho através da desregulamentação por onde é transferida renda para o acúmulo da mais-valia. E o capitalismo continua se expandindo mediante um ciclo ampliado de subordinação, mas cada vez mais ele subjuga, não ambientes não-capitalistas, mas o próprio ambiente capitalista; um exemplo seria o processo de privatização dos bens públicos, das estruturas de assistência constituídos com recursos públicos para ganhos privados.

Hardt e Negri afirmam que os EUA desenvolveram seu projeto imperial baseado em redes de poder, no desenvolvimento de normas jurídicas internacionais e na multiplicação de organizações multilaterais capazes de produzir direito internacional e subordinar outros Estados-nação. A constituição norte-americana favorece o Projeto Imperial, pois diferente do Imperialismo europeu que estendia seus poderes sobre espaços fechados, destruía e subjugava países legítimos em sua soberania, o norte-americano promove a articulação do espaço aberto em relações singulares e em diversas redes.

Neste ponto verificam-se algumas contradições a partir da afirmação de que o Império pós-moderno não tem centro nem comando, de que tem sua própria dinâmica a partir da expansão do capitalismo, mas o que se observa a partir da descrição da constituição do Império feita por Hardt e Negri é que os Estados Unidos estão sempre articulando, induzindo e direcionando a evolução do sistema mundial segundo seus interesses, tanto no aspecto econômico (a maioria das multinacionais é norte-americana ou tem grandes interesses no mercado norte-americano, sua moeda é o padrão de trocas no mercado mundial, no tamanho de seu PIB, etc) quanto político (no estabelecimento de normas jurídicas, na influência sobre as entidades multilaterais e sua ação nos acontecimentos internacionais), na manutenção da hegemonia militar e no domínio que exerce sobre várias áreas do conhecimento científico-tecnológico, além da própria concepção de expansão imperial pela extensão do modelo norte-americano presente no Mito da Fronteira.

O surgimento do Império pós-moderno está relacionado à construção de um novo paradigma estrutural, a partir dos seguintes elementos: o declínio do Estado-nação, a desregulamentação dos mercados, a atuação das multinacionais, das agências e das ONGs. Além de articular novas concepções de soberania, justiça, paz, moral, padrões éticos e valores.

O paradigma da soberania imperial é a noção americana de soberania expansiva pela extensão internacional da rede de poder constitucional. A soberania imperial é inclusiva de novos poderes, pois é modelada em redes de poder, diferentemente da soberania moderna, pela qual cada Estado-nação organizava seu espaço geográfico. O capital opera pela desobstrução das tradicionais fronteiras sociais e políticas, ampliando-se através dos territórios, envolvendo sempre novas populações dentro dos seus processos para criar as redes e os caminhos de um único sistema cultural e econômico de produção e circulação.

Hardt e Negri afirmam que Foucault segue esse movimento em sua análise da passagem do governo europeu entre os séculos XVII e XVIII de "soberania" (forma absoluta de soberania centralizada na vontade e na pessoa do príncipe) e "governamentalidade" (uma forma de soberania expressa mediante uma economia descentralizada de governo e administração de bens e populações). Essa transição entre formas de soberania coincide com o desenvolvimento e expansão do capital. Cada paradigma moderno de soberania apóia a operação do capital por um período histórico específico, mas ao mesmo tempo apresenta obstáculos ao desenvolvimento do capital que terão de ser superados.

Durante a Guerra Fria houve a criação de múltiplos organismos internacionais, incentivados pelos Estados Unidos, capazes de produzir Direito, sendo que, novamente os norte-americanos, influenciaram a redução das resistências ao seu funcionamento e suas decisões tinham força de lei. À concepção de um direito internacional baseada em contrato ou negociação, aludiram, em vez disso, a uma autoridade central, um legítimo motor supranacional de ação jurídica. As grandes instituições internacionais, que tinham nascido na base limitada de negociações e pactos firmados pelos Estados-nação, levaram à proliferação de organismos e atores que começaram a agir como se existisse uma autoridade central sancionando o direito.

A instrumentação jurídica posta à disposição da ONU legitima o direito de intervenção baseado em valores universais e promove tais intervenções mediante ações de polícia, que contribuem para a construção da ordem moral, normativa e institucional do Império. Tais ações são justificadas pelo conceito de Guerra Justa, que se caracteriza como: ação policial a serviço do direito e da paz, dentro de uma ordem jurídica legítima, da moral, da ética e contra um inimigo que representa o mal absoluto.

A expansão imperial é um movimento inclusivo que aceita as delimitações culturais e se define por três momentos de controle: (1) inclusivo, quando não se dá importância às diferenças; (2) diferencial, quando as identidades étnicas-culturais são estimuladas como prova de multiculturalismo e as diferenças conflituosas são deixadas de lado e (3) administrativo, quando as diferenças são administradas e hierarquizadas dentro de uma economia geral de comando.

A partir do acima exposto, Hardt e Negri definem a organização do Império como um amplo espectro de corpos (Estados-nação, organizações de Estados-nação, organismos multilatcrais, etc) divididos por funções (organismos monetários, políticos, de saúde, educacionais, etc) e atravessados por uma variedade de atividades produtivas.

A estrutura organizacional apresenta uma organização piramidal dividida em três camadas. A 1ª Camada tem três níveis: no primeiro, isolada está a única superpotência, os EUA, que detém a hegemonia sobre o uso global da força – uma superpotência que pode agir sozinha mas prefere fazê-lo em colaboração com outros, debaixo do guarda-chuva das Nações Unidas. No segundo nível, encontra-se um grupo de Estados-nação que controla os instrumentos primários monetários globais e com isso é capaz de regular as trocas internacionais como o G7, os clubes de Londres e de Paris, Davos. O terceiro nível da primeira camada apresenta um conjunto heterogêneo de associações, incluindo, mais ou menos, os mesmos poderes que exercem hegemonia nos níveis militar e monetário, e demonstra poder cultural e biopolítico em nível global.

Na 2ª Camada o comando é amplamente distribuído pelo mundo, ressaltando não tanto a unificação como a articulação. Essa camada é estruturada basicamente pelas redes que empresas capitalistas transnacionais estenderam no mercado mundial –

redes de fluxo de capital, de fluxo de tecnologias, de fluxos de populações e coisas do gênero (satisfação das necessidades, sejam capitais ou produção material e imaterial, etc, a partir das redes de comunicação). O mercado mundial homogeneiza e diferencia territórios, redesenhando a geografia do globo. Ainda na 2ª Camada, num nível que está geralmente subordinado ao poder das empresas transnacionais, reside o conjunto geral de Estados-nação. Os Estados-nação desempenham várias funções: mediação política no que diz respeito aos poderes hegemônicos globais; regateio no que diz respeito às empresas transnacionais; e redistribuição, de acordo com as necessidades biopolíticas em seus próprios e limitados territórios. Os Estados-nação captam e distribuem os fluxos de riqueza de e para o poder global, e disciplinam suas próprias populações tanto quanto possível.

Na 3ª Camada estão presente grupos que representam interesses populares no arranjo global do poder, como, por exemplo, Assembléia Geral da ONU, as ONGs, a mídia e as instituições religiosas.

Hardt e Negri fizeram uma analogia entre o Império Romano e o Império pós-moderno, ressaltando, porém, que este não tem centro nem território definidos e que o comando imperial baseia-se em três meios de atuação global: no aparato militar, em especial no arsenal nuclear; em mecanismos monetários e no mercado mundial sob o controle dos centros financeiros imperiais – as cidades globais (Nova York, Los Angeles, Londres, São Paulo, etc); e por último na estrutura do sistema educacional e na produção cultural.

A partir do exposto pode parecer que os Estados Unidos são a nova Roma, ou melhor, um grupo de novas "Romas": Washington (poder militar), Nova York (mercado global) e Los Angeles (comunicação e produção cultural), mas para Hardt e Negri isso não é real, pois ainda que tenha uma posição privilegiada, quando não dominante nos aparelhos de comando imperial, os Estados Unidos não são o centro, até porque a estrutura em rede não permite sua existência.

Em outra analogia, o comando e a administração imperial seriam análogos às organizações feudais, às estruturas monárquicas da Idade Média, às estruturas do Estado no períodc Moderno. Além do que a comunicação é o elemento central que estabiliza as relações de produção, as forças produtivas e orienta o desenvolvimento capitalista e este não está sob o controle norte-americano. O poder imperial é distribuído em redes por intermédio de mecanismos móveis, não tem território, nem centro.

A hegemonia americana se difundiu com a adoção pelos países subdesenvolvidos do modelo do New Deal e de falsas analogias históricas como fundamento de políticas econômicas. Segundo esse discurso, a história econômica de todos os países segue um só padrão de desenvolvimento, cada país a seu tempo, e em velocidades diferentes. Países cuja produção econômica não se encontra no nível dos países dominantes, se repetirem suas políticas e estratégias econômicas, vão acabar desfrutando de posição ou estágio igual. As teorias de dependência e subdesenvolvimento formuladas no contexto sul-americano e africano na década de 1960 ressaltaram que o sistema econômico regional ou nacional depende, em grande parte, de seu lugar na hierarquia e nas estruturas de poder do sistema capitalista mundial. Esses teóricos defenderam que as economias dominantes tiveram suas estruturas articuladas e independentes mantendo uma limitada interação com o mercado mundial; logo, a chave para o desenvolvimento seria recriar tais condições. Hardt e Negri alegam que tal posicionamento é anacrônico, já que até mesmo as economias dominantes são dependentes do mercado mundial e que qualquer tentativa de isolamento ou separação só resultará em aumento da pobreza, na redução à impotência e numa forma mais brutal de dominação pelo sistema global.

Hardt e Negri têm razão ao chamar a atenção para o fato de que não se pode conquistar um alto nível de desenvolvimento econômico-social com isolamento e independentemente do mercado mundial, mas a intervenção do Estado na economia buscando substituir importações tanto de bens de consumo quanto de bens de capital, estratégias de industrialização voltadas para exportação, proteção do mercado interno, internacionalização da produção interna com a entrada do capital produtivo estrangeiro e investimentos em educação e na formação de quadros técnicos e científicos explicam o sucesso de países como o Japão, a Alemanha, Coréia do Sul, etc, e encontram sérios entraves para serem implementados em países em desenvolvimento, como o Brasil, impostos pelos países desenvolvidos.

Para o desenvolvimento, os autores de *Império* citam dois modelos: a economia de serviços e o modelo info-industrial. Ambos os modelos caminham em direção à informatização da economia e da importância dos fluxos de capital e redes de informação. Já economias diversificadas como o Brasil e a Índia sugerem a coexistência de todos os níveis do processo produtivo; produção de serviços baseados na informação, moderna produção industrial (com utilização de alta tecnologia, robôs, etc) e produção tradicional (agricultura, artesanato e mineração), sem haver necessariamente uma progressão histórica, mas se misturando e coexistindo, a exemplo do que ocorre na Itália.

Hardt e Negri afirmam que a atividade econômica tende a cair sob o domínio da informática e ser qualitativamente transformada; os exemplos são: a passagem do modelo fordista-taylorista para o toyotista; da organização hierárquica vertical para o modelo em rede; tendência à desterritorialização da produção; aumento da importância do manuseio, produção e circulação de informação.

A economia de informação apresenta dois aspectos que cabe ressaltar: o primeiro é que os serviços financeiros, negócios e ordens de produção partem de cidades-chaves ou regiões que administram e dirigem as redes globais de produção; o segundo é a internet que por ter uma estrutura em rede não-hierárquica e não-centralizada possibilita a livre circulação de produtos informacionais. Mas chamo a atenção que apenas um pequeno número de empresas, em sua grande maioria localizadas nos países dominantes, centraliza a produção da cultura de massa, difundindo e reproduzindo pelo globo padrões culturais, hierarquias, comportamentos, promovendo uma certa homogeneização cultural; além desse perigo, verifica-se que as condições de acessabilidade não são democráticas, livres, e isto gera mais exclusão e desigualdade.

A Geoeconomia

A partir da exposição do que considero os principais pontos da obra de Hardt e Negri, verifico que eles não consideraram que suas bases intelectuais de análise partem de uma concepção expansionista, de projeção de poder dos Estados Unidos; que essa jornada em direção à constituição de um Império pós-moderno, provavelmente, não seja o único caminho para a humanidade; de não levar em consideração a questão do território; de supervalorizar a importância da economia; de desvalorizar o Estado-nação, a entidade política habilitada, reconhecida e soberana para a negociação de acordos internacionais, com legitimidade nas negociações dos mais diversos assuntos da pauta global e que leva em conta seus interesses e objetivos, além do fato de dispor dos instrumentos jurídicos de organização do espaço político-econômico-social e de dispor do monopólio da força.

Foi comum na produção geopolítica e geoeconômica da segunda metade da década de 1990, impressionada pelo avanço do processo de globalização e pelo fim da Guerra Fria, a visão de que esta nova conjuntura internacional enfraquecia os grandes atores internacionais, em especial o Estado-nação, e favorecia atores menores (regiões, lugares, empresas menores, indivíduos). Seria uma das várias interpretações do termo "globalização": uma crescente interdependência de todas as economias numa rede ou sistema global – o mercado mundial, que se torna mais importante que os mercados locais – e que seria impulsionada por novas tecnologias, em especial a telemática.

Mesmo autores que enfatizam a lógica econômica aplicada ao território, à geoeconomia, como Edward Lutwak e Lester Thurow, não descartam a atuação do Estado-nação, apesar da constatação da diminuição do espectro de atuação do poder público e de sua influência no espaço econômico, devido à entrada de novos atores – organizações multilaterais, ONGs, empresas transnacionais, novas tecnologias como a Internet, influência da mídia, etc –; a competição não seria mais ideológica ou bélica, mas por novas tecnologias, mercados e ganhos econômicos. Destacam que a disputa entre as nações seria num ambiente competitivo/cooperativo, em que fatores como a demografia, a globalização, o progresso tecnológico estariam presentes numa conjuntura multipolar, mas não descartam a atuação do Estado e nem a possibilidade de ocorrerem conflitos militares.[1]

Kenechi Ohmae considera os atuais mapas-múndi ilusões cartográficas, pois mostram a superfície terrestre dividida em um grande número de Estados-nação, deixando de mostrar o essencial, o Estado-região. Sua tese seria que o mercado nacional com suas "fronteiras", moedas, alfândegas – sobre o qual o Estado-nacional exerce seu poder – é algo cada vez menos importante e na verdade constitui um entrave ao desenvolvimento; o mais importante seriam as economias regionais e suas áreas dinâmicas, por exemplo, o norte da Itália, o Alto Reno, a Coréia, Hong Kong – Sul da China, Tóquio-Osaka-Kansai, o estado de São Paulo, etc. A base da economia mundial seriam os investimentos (sistema financeiro), as indústrias (empresas, cada vez mais transnacionalizadas), as informações (tecnologia em rede: informática, telecomunicações, etc) e os indivíduos; estes elementos seriam globais e independentes dos governos nacionais que juntamente com as outras entidades internacionais seriam extintos pela expansão do sistema global.[2]

Verificamos pelo discurso dos autores acima que o processo de globalização, a introdução de novas tecnologias, a difusão do liberalismo político e econômico transformaram o cenário internacional, introduziram novos atores, enfraqueceram o papel do Estado-nação e desviaram o enfoque da competição do aspecto ideológico e bélico para o econômico. Mas nem todos vêem isso como solução e sim aumento da instabilidade internacional. Paul Kennedy observa que tais mudanças tendem a agravar as desigualdades entre o Norte e o Sul, pois esta "nova revolução industrial" (introdução da robótica, da informática, aumento expressivo da produtividade, na utilização de matérias-primas, além das transformações no mundo do trabalho) seria incompatível, imprópria para os países do Sul, que com seus elevados índices demográficos, com sua baixa qualificação só agravariam os problemas sociais, a concentração de renda, a miséria e provocariam ondas de imigração em direção às regiões mais ricas do Norte, onde vão produzir mais racismo e intolerância. Aponta problemas na expansão do sistema financeiro internacional que implica maior instabilidade devido à especulação e à falta de controle do fluxo de capitais; na biotecnologia que oferece grandes possibilidades, mas sua influência no meio ambiente ainda não está muito claro se isenta de perigos, além do fato de que o aumento da produtividade diminui sensivelmente os preços dos produtos primários, principal fonte de renda dos países do Sul; no próprio processo de globalização e na lógica do mercado que enfraquece o Estado-nação, não lhe permitindo dispor de recursos para aplicar em políticas sociais que permitam a diminuição da desigualdade e que contribuam para o aumento da instabilidade internacional.[3]

A fronteira e a desordem das nações

Diferentemente de Hardt e Negri, que vêem uma crescente expansão do Império pela incorporação de toda a Humanidade e vêem na imigração uma forma de liberdade e contestação do controle e do poder imperial, e numa abordagem mais próxima de Kennedy, Jean Christophe Rufin se utilizou do termo Império não para descrever os Estados Unidos e sua estratégia de difusão da economia de mercado, da democracia liberal e de seus valores culturais, de sua geoestratégia de consolidação da hegemonia, mas para algo bem maior, o Norte – onde se concentram as nações desenvolvidas –

que, com o fim da bipolaridade, tendia a se isolar dos países subdesenvolvidos do Sul. Estes, caracterizados pela falência dos Estados, dominados por autoridades locais incompetentes, hostis ou corruptas, principais culpados pelo fracasso dos planos de desenvolvimento econômico e social (financiados pelo Norte com a finalidade de promover transformações na realidade local); pelas altas taxas de crescimento demográfico; o estado caótico e miserável de suas metrópoles; pelas levas de imigrantes que se dirigem rumo ao Norte para fugir da miséria, fome e opressão, mas que são fontes de instabilidade, marginalidade, preconceito e violência; pelo desenvolvimento de tecnologia bélica, em especial de armas nucleares, da corrida armamentista, a explosão de conflitos pelas mais variadas causas morais, étnicas, religiosas, disputas pelo poder, por territórios, muitas vezes em conexão com narcotraficantes, etc.[4]

Rufin, ao analisar a política externa do Norte, chegou à conclusão de que as intervenções no Sul visam defender suas fronteiras territoriais e seus interesses econômicos. Como os romanos que distinguiam os bárbaros segundo sua proximidade do Império, o Norte tende a tratar com mais atenção os Estados do Sul mais próximos de sua linha de fronteira, a fim de que controlem e mantenham a estabilidade, distribuindo ajuda de maneira seletiva, mesmo que isso os leve a apoiar regimes autoritários, antidemocráticos, de maneira altamente contraditória, diferentemente de operações humanitárias, a partir de valores morais que Hardt e Negri definem como as operações policiais realizadas pelas forças imperiais. Intervenções humanitárias a partir de valores morais foram completamente descartadas.

Em uma visão complementar a Rufin, o também francês Pierre Lellouche verificou que o durante a Guerra Fria havia o interesse dos EUA e da URSS em controlar áreas no Terceiro Mundo a fim de manter uma certa estabilidade com objetivos políticos e estratégicos. Mas, sem esse controle, os atores locais passaram a agir sem qualquer peso de uma "regulação externa" e fizeram seus próprios potentados às custas do aliciamento forçado, clientelismo e do terror das populações locais; as retóricas ideológicas religiosas, nacionalistas ou indigenistas e os interesses "locais" substituíram (melhor seria dizer, deixaram de se associar com) o arcabouço ideológico da Guerra Fria, e isso acabou por gerar uma desordem, um mundo mais conflitivo.

Diferente de uma integração, Lellouche verifica a exclusão de áreas, como, por exemplo, a África, e muito mais perigoso o mundo islâmico – superpovoado, miserável, humilhado, com seus focos fundamentalistas – onde as armas nucleares teriam pouca utilidade já que seriam politicamente inúteis, já que não teriam o efeito dissuasivo desejado num conflito periférico, numa parte do mundo onde vários Estados já dominavam a tecnologia bélica nuclear, que deixou de ser monopólio do Norte.[5]

Rufin e Lellouche relacionaram uma série de ameaças: o terrorismo (cada vez maior), a destruição do meio ambiente, a difusão de tecnologia bélica pela Rússia, a inserção equilibrada de bilhões de muçulmanos na lógica do mundo desenvolvido, a marginalização técnico-econômica do Sul, queda das taxas demográficas e envelhecimento da população no Norte e altas taxas de crescimento populacional, de empobrecimento e marginalização do Sul, etc, e cobram uma mudança de atitude do Norte, mais cooperativa e participativa, a fim de superar estes desafios em nome da estabilidade do sistema mundial. Tais fatores trazem uma grande instabilidade, diferentemente do que Hardt e Negri sugerem com a constituição do Império e seu equilíbrio econômico-social.

Ao contrário de Hardt e Negri que vêem a conjuntura como um momento de expansão e inclusão das várias nações no Império, Rufin e Lellouche nos mostram o distanciamento e o isolamento do Norte (rico, civilizado e desenvolvido) em relação ao Sul (pobre, bárbaro, subdesenvolvido, violento, fundamentalista, de demografia pouco controlável, etc), o que levaria a uma tensão e ao conflito, aumentando a instabilidade global.

A Hegemonia em ação: a Estratégia de Engajamento e Expansão

Um aspecto importante a ressaltar é que Hardt e Negri não consideraram em suas bases teóricas a Geopolítica para análise da conjuntura internacional, o que lhes permitiria vislumbrar, a partir dos documentos oficiais norte-americanos – o discurso do presidente ao Congresso sobre o Estado da União, a Política de Defesa Nacional e a Estratégia Nacional – que naquela conjuntura estava em andamento uma geoestratégia de engajamento e expansão que visava a consolidação da hegemonia.

A análise da geoestratégia americana prevista na National Security Strategy Engagement and Enlargement publicada em fevereiro de 1996, durante o governo Bill Clinton (1993-2000), nos permite ver a importância de considerarmos a geopolítica e verificarmos a tentativa de superação da Estratégia de Contenção, formulada por George Kennan, que, juntamente com a Teoria das Fímbrias, de Spykman, foi a base da geoestratégia norte-americana durante a Guerra Fria e que na atual conjuntura, sem o inimigo ideológico, apresentava novos desafios à segurança, mas também permitiria a extensão da hegemonia a partir da projeção dos valores culturais, do modelo de economia de mercado e do liberalismo.

O fim da Guerra Fria permitiu aos Estados Unidos uma liberdade de movimentos no cenário internacional e a necessidade de se reformularem em suas relações internacionais. Segundo Cristina Pecequilo, a política externa norte-americana se orienta num misto de tradição – exemplo, a política de portas abertas, expansão das fronteiras, império, o sistema americano e o wilsonianismo – reformando visões sobre o isolacionismo e o unilateralismo.

A política de portas abertas e de expansão de fronteiras visava a expansão do capitalismo americano e a garantia de segurança de seus investimentos internacionais, o livre comércio, o acesso a matérias-primas e outros produtos estratégicos.

Os norte-americanos investiram seus recursos políticos, econômicos, diplomáticos e militares no sentido de construírem uma série de órgãos multilaterais que disciplinassem as relações internacionais, mas que, ao mesmo tempo, eram utilizados para sustentar sua hegemonia, usufruindo o domínio e o controle sobre o sistema.

Pecequilo afirma que, a partir do pós Segunda Guerra Mundial, os Estados Unidos abandonaram a posição isolacionista e unilateralista clássica. Quanto ao isolacionismo não há o que se contestar, mas as várias intervenções militares, sanções econômicas, operações de desestabilização clandestinas ou encobertas, além de outras medidas "punitivas" a outros Estados, não nos permitem concordar. Sempre que possível os Estados Unidos preferem se engajar com o respaldo das organizações multilaterais, ONU, OEA, aliados conjunturais, etc, esse estilo de liderança caracterizado pela dupla hegemonia/parceria dando espaço para o multilateralismo e as demandas dos aliados; mas mesmo no período da Guerra Fria os Estados Unidos nunca ficaram constrangidos de agir unilateralmente quando e onde julgassem ser do seu interesse, principalmente na América Latina (Afeganistão, Brasil, Chile, Cuba, Iraque, Líbia, Panamá, Sudão, etc).

Desde que a URSS e seus aliados começaram a apresentar sinais claros de crise (a queda do Muro de Berlim) e tentativas de reformas (a *perestroika* e a *glasnost*), os norte-americanos preparam o caminho para a consolidação de sua hegemonia e a expansão de seu sistema (liberalismo político, economia de mercado, difusão de seus valores culturais, etc), a começar pelas reformas econômicas – o Consenso de Washington – e a imposição de suas diretrizes, através do FMI, do Banco Mundial, BIS, etc, além da reorganização das relações comerciais (Criação da OMC e as rodadas de liberalização do comércio) e financeiras (o Acordo Multilateral de Investimentos).

No pós-Guerra Fria as avaliações de vários analistas estratégicos (Brzezinsky, Kissinger, Huntington) convergiam no sentido de que houve um aumento das tensões regionais pelos mais variados motivos étnicos, religiosos ou territoriais que poderiam levar à fragmentação e à instabilidade. A estas mais tradicionais vieram se juntar novas ameaças como o terrorismo, o narcotráfico, destruição do meio ambiente, volatilidade dos fluxos financeiros, crime internacional, ou seja, um novo mundo marcado por uma série de ameaças pontuais e localizadas ao lado de outras mais difusas, o que exigiu um novo padrão de conduta estratégica. Dentro desse contexto, o governo Bill Clinton definiu uma nova estratégia de engajamento e expansão a partir da avaliação da nova conjuntura internacional que tinha como objetivo principal a manutenção da liderança e da hegemonia norte-americana.

A nova estratégia possuía quatro prioridades:

1 – Fortalecer o núcleo principal das democracias de mercado, inclusive a norte-americana, favorecendo a disseminação dos valores e dos princípios democráticos para todo o sistema a partir desta comunidade.

2 – Incentivar, quando possível, a implementação e a consolidação de novas democracias e livres mercados em Estados significativamente importantes.

3 – Impedir a agressão de Estados hostis à democracia e incentivar a sua liberalização por meio de políticas específicas.

4 – Perseguir uma agenda humanitária para a melhora das condições de vida em regiões prejudicadas. Posteriormente, criar condições para que eventualmente essas comunidades possam integrar-se ao sistema, pacífica e democraticamente.

A Estratégia de Engajamento e Expansão possuía elementos característicos da política externa norte-americana, como a disseminação da economia de mercado, do liberalismo político, defesa da abertura de mercados, a fim de permitir a expansão das fronteiras através da difusão da liberdade comercial e financeira, mas também incluía elementos idealistas – defesa dos direitos humanos, preocupação com o meio ambiente, disseminação dos valores e do modo de vida americano –, ou seja, incluía elementos pragmáticos e idealistas, havendo plena correlação entre a segurança internacional e a norte-americana, a promoção de um modelo de ordem internacional em que a liderança dos Estados Unidos era necessária à manutenção do equilíbrio.[6]

A Estratégia de Engajamento e Extensão conjugada com a postura mais cooperativa e multilateral de Bill Clinton fazia com que a liderança norte-americana fosse suave, ou, usando a expressão de Nye, utilizando-se do *soft power* (o alcance global da cultura popular americana na disseminação de seus valores, modo de vida e interesses; o poder de persuasão político, econômico, tecnológico e cultural) para administrar o sistema, as instituições e os aliados para atingir os seus objetivos, sem criar grandes constrangimentos e atritos.

Nye argumenta que nenhuma grande potência pode se dar o luxo de ser estritamente multilateralista, mas este deveria ser o ponto inicial de suas políticas, pois seus interesses nacionais devem ser definidos em termos abrangentes, de modo a incluir também interesses globais. Defende também a necessidade de se trabalhar em conjunto com outros países no controle das instituições internacionais e organizações não-governamentais, balanceando persuasão e coerção para que se reforcem mutuamente. Estas posturas permitiriam que um certo grau de unilateralismo seja mais aceitável.[7]

Os conservadores criticavam a nova estratégia, afirmando que exacerbava o conteúdo idealista e não reconhecia as limitações do poderio norte-americano no pós-Guerra Fria, além de ser por demais internacionalista sem a adequada consideração de custos, riscos e benefícios.

Mas há de se ressaltar uma aproximação entre liberais e conservadores, a partir da perspectiva de difusão dos valores, da cultura, modo de vida, dos direitos humanos, do respeito ao multiculturalismo, assumida pela Estratégia de Engajamento e Expansão com a teoria do Choque das Civilizações, em que Huntington hierarquiza a partir do Ocidente padrões culturais e explicita futuros pólos de contestação no Oriente – o mundo islâmico e a civilização chinesa. A estratégia de promover transformações através da difusão de valores, padrões comportamentais, etc, é semelhante à descrita por Hardt e Negri quando dos momentos de controle (inclusivo – diferencial – administrativo) da expansão imperial e que mostram os Estados Unidos como o líder do Império e modelo de um sistema político-econômico-social que deve ser difundido por ser o melhor e mais justo. Além disso, Hardt e Negri identificaram o respeito ao multiculturalismo, a partir dos parâmetros conservadores, como uma nova forma de racismo, não mais biológico, mas étnico e cultural, em que o outro é posicionado numa hierarquia em relação ao Ocidente, e visto como exótico, particular, curioso ou interessante, mas desde que fique restrito a sua especificidade dentro de seu território.

No segundo mandato Clinton reformou pontos da estratégia de Engajamento e Extensão quando lançou, em 1999, a Estratégia de Segurança Nacional para o Novo Século, em que procurava uma atuação internacional mais seletiva e hierarquizando as prioridades, evoluindo de uma postura mais multilateral e cooperativa para outra que enfatizava a liderança norte-americana mesclando estratégias de engajamento seletivo, de primazia e de segurança coletiva, evitando um excessivo intervencionismo pela auto-restrição.

No que se refere à América Latina, a Estratégia de Engajamento e Extensão considera como prioritárias a dimensão política (a consolidação das democracias), o aspecto da Segurança Coletiva (combate ao narcotráfico e as novas ameaças) e uma abordagem puramente econômica no que se refere ao processo de integração hemisférica (Alca).[8]

No que se refere à Segurança Coletiva, o governo Clinton identificava o terrorismo e a proliferação de armas de destruição em massa como as maiores ameaças, mas estava atento à instabilidade regional que poderia ser provocada por algum conflito local, de natureza étnica, religiosa ou territorial. Para fazer frente a essas ameaças, Clinton ampliou o orçamento de defesa – com ênfase em armas mais sofisticadas e de maior poder de destruição, com utilização de alta tecnologia, a fim de manter uma superioridade total no teatro de operações; retomou parte do programa de Iniciativa de Defesa Estratégica; constituiu forças mais leves, versáteis e de alta mobilidade; procurou dar usabilidade tática a armas nucleares; ampliou o número de bases e de acordos de cooperação militar e se utilizou da estratégia de sempre: ter o apoio das organizações multilaterais e de aliados regionais, principalmente quando envolvia o envio de forças terrestres.

A lógica da ação norte-americana era manter uma postura agressiva, de intervenção e envolvimento, a fim de proteger a segurança norte-americana, deixando claro, numa postura unilateral, que aderem ao multilateralismo, mas também se reservam o direito de agir sozinhos quando, onde e como considerarem necessário. Tal postura de total independência da liderança norte-americana na utilização de seus recursos militares é tradicional; cumpre ressaltar que em recentes operações militares (Afeganistão, Bósnia, Iraque, Kosovo, Ruanda, Somália, etc.), mesmo onde havia forças americanas enquadradas numa coalizão, os comandantes norte-americanos se reportavam diretamente ao seu oficial mais graduado e muitas vezes atuavam de maneira independente.

Outro aspecto a ressaltar foi a reformulação e ampliação da Otan, pela incorporação à Aliança de antigos inimigos do Leste e a redefinição de sua missão a partir da ampliação de sua esfera de atuação, permitindo-lhe atuar dentro ou fora do continente europeu; a prevenção e administração de conflitos regionais; o combate à proliferação de armas de destruição em massa e às ameaças transnacionais, como o terrorismo. Mas no que se refere ao continente americano, a postura dos Estados Unidos foi completamente diferente, estimulando os Estados latino-americanos a diminuírem seus orçamentos militares, seus efetivos e equipamento. Restringiram o acesso à aquisição de material bélico sofisticado, usando o argumento de que, devido à natureza pacífica e à inexistência de ameaças – já que o continente se encontrava sob sua proteção – não havia necessidade de se dispenderem recursos, que seriam muito mais importantes em outras áreas. Além disso, aconselharam os governos locais a redirecionarem suas forças ao combate às ameaças internas, em ações contra narcotraficantes, segurança das fronteiras, crimes ambientais; à composição de Forças de Paz da ONU; defenderam a transparência através da publicação de inventários, de medidas de aumento da confiança entre os países do continente, através de aumento do intercâmbio e da realização de exercícios conjuntos, a ações de apoio ao desenvolvimento socioeconômico, à diminuição da influência dos militares nas políticas de governo e no acesso a cargos de nível ministerial e praticamente impuseram a criação de Ministérios da Defesa onde as forças armadas locais estivessem subordinadas a um civil. Todas essas diretrizes estavam preconizadas na Conferência de Williamsburg realizada em 1995, na Virgínia.[9]

A conjuntura econômica do início dos anos de 1990 se apresentava difícil para os Estados Unidos. Além dos problemas externos (déficits comercial e fiscal, desemprego, recessão, baixa produtividade em relação aos principais concorrentes internacionais), estavam perdendo espaço para a União Européia e as áreas mais dinâmicas na Ásia – China, Coréia, Japão e os tigres –; somente com a América Latina seu comércio era superavitário. A reação no campo interno foi realizada através de uma política protecionista mais sofisticada, utilizando-se de barreiras não-tarifárias, de estímulos fiscais e subsídios; no campo externo pressionaram por uma maior liberalização das relações comerciais (Rodada Uruguai do Gatt) e no caso de se concretizar a hipótese de um mundo segmentado em blocos, organizar seu espaço econômico nas Américas, que consideravam sua *área de dominação patrimonial e ideológica*[10] , ao mesmo tempo que tomavam iniciativas no sentido de constituir um novo bloco, integrando as áreas econômicas mais dinâmicas do Pacífico.

O sucesso do Nafta estimulou os Estados Unidos a aprofundar suas propostas com a criação da área de Livre Comércio das Américas. A proposta inicial para a formação de uma área de livre comércio nas Américas foi do governo George Bush, a partir do sucesso do acordo com o Canadá e das perspectivas positivas em relação ao México. Os Estados Unidos, ao investirem no México, garantiram acesso ao petróleo, conseguiriam melhorar o nível de segurança na fronteira e diminuir parcialmente a onda de imigrantes em direção ao norte. Mas devido à derrota na disputa eleitoral, Bush não teve tempo para consolidar propostas contidas na Iniciativa para as Américas, que de certa forma foram retomadas por Clinton na Cúpula de Miami, em 1995.

A agenda hemisférica comum entre a América Latina e os Estados Unidos pode ser divida em três temas: econômico, político e de segurança. Os temas econômicos de interesse norte-americano podem ser resumidos em construir uma área de livre comércio englobando todo o continente, exceto Cuba; consolidar o modelo neoliberal prescrito no Consenso de Washington, que abriria o mercado de serviços públicos na região e as oportunidade advindas das privatizações, reorganização jurídico-institucional de modo a adequar as economias locais às regras do mercado internacional, assegurando investimentos, patentes, etc; já a América Latina se interessava pelos investimentos e o aval norte-americano junto a instituições, investidores e credores internacionais em apoio aos programas locais de estabilização, desenvolvimento e reestruturação da dívida externa. Os temas políticos convergiam no sentido da consolidação do regime democrático e, na solução pacífica das controvérsias para a superação de antigos antagonismos, os norte-americanos se empenharam também no respeito aos direitos humanos, aos povos indígenas, além do combate à corrupção. No tema segurança, os Estados Unidos consideravam como principais ameaças o crime organizado (principalmente o tráfico de drogas), a imigração e as agressões ao meio ambiente; para a América Latina era uma questão menor, pois quando comparada a outras regiões é pacífica – a região abdicou de possuir armas nucleares e as Forças Armadas dispõem de poucos recursos, além de modesto e defasado equipamento militar – não havendo sérias rivalidades, disputas étnicas, religiosas ou por poder, subsistem problemas de fronteiras entre alguns Estados, mas a atuação dos Estados Unidos coadjuvados por outros Estados (Brasil, México) mantém a área estável e relativamente em paz.

As repercussões da Nova Ordem Mundial para o Brasil

No Brasil as repercussões do fim da bipolaridade e as iniciativas norte-americanas de rearticulação do sistema internacional foram recebidas num período de turbulência política (o impedimento de Fernando Collor) e econômica (o plano real de estabilização econômica). Os governos Fernando Collor (1990-1992) e Itamar Franco (1992-1994) já haviam colocado em prática várias das prescrições do Consenso de Washington, que seriam aprofundadas durante o governo de Fernando Henrique Cardoso (1995-2002) com um extenso programa de reformas econômicas (quebra dos monopólios estatais, privatizações, etc), na previdência social, criação do Ministério da Defesa, aprovação da lei de patentes, etc.

Esta análise se concentrará no governo de Fernando Henrique Cardoso, pois foi exatamente neste período que a Estratégia do Engajamento e Extensão foi implementada. No que se refere à política externa, desde o período em que era ministro das Relações Exteriores (dezembro de 1992 – maio de 1993) e depois na presidência Fernando Henrique Cardoso defendia o aprofundamento da integração regional, gestões no sentido de se reformar e reforçar o papel dos organismos multilaterais (ONU, FMI, BM, Bird, etc), a fim de adequá-las ao século XXI e ao fim da Guerra Fria, a necessidade de controle dos fluxos financeiros internacionais, a busca de uma globalização solidária, sem hegemonias, e de uma inserção internacional menos assimétrica, além do início de discussões e do processo de implementação da Área de Livre Comércio das Américas.[11]

Com relação à Alca, as posições defendidas pelo Brasil (no sentido de se respeitarem as diferenças e os níveis de desenvolvimento dos vários países, de abertura do setor agrícola, da discussão da política de subsídios e das barreiras de acesso ao mercado norte-americano), entraram em choque com a configuração proposta pelos norte-americanos (liberação dos serviços, compras governamentais, fluxos financeiros, etc). A posição do governo brasileiro era de que não estava em jogo só o comércio, mas fazer da Alca um instrumento de desenvolvimento, de prosperidade, de melhor distribuição de oportunidades, a partir do reconhecimento das assimetrias existentes entre os países.[12]

Em que pese o bom relacionamento pessoal entre os chefes de Estado (Clinton e FHC), Brasil e Estados Unidos iniciaram um período de disputas políticas e comerciais, que se tornaram mais agudas com a eleição de George W. Bush, devido à adoção de políticas protecionistas, do incremento de barreiras não-tarifárias, da pressão pela inclusão de seus interesses comerciais, da exclusão de temas sociais e outros (imigração, legislação trabalhista, etc) da pauta de negociações e do nivelamento das desigualdades entre os principais parceiros, exigindo compensações em níveis de profunda assimetria (comparações entre o Brasil com o próprio EUA e Canadá).

A defesa de uma reformulação dos organismos multilaterais foi tema constante da política externa do governo Fernando Henrique. A necessidade de se reformar a Organização das Nações Unidas se devia à falta de legitimidade nas decisões internacionais, simplesmente por representar uma correlação de forças do pós-guerra que serviu para administrar a Guerra Fria, mas que naquela conjuntura estaria superada, daí a necessidade de reformas para acomodar a nova correlação de forças internacionais. A principal reivindicação brasileira era a reformulação do Conselho de Segurança da ONU, com a abertura de vagas para novos membros permanentes, com "voz, voto e veto".

Este item em particular parece contraditório, pois todos os atuais membros do CS detêm capacidade de projeção de poder militar e armas nucleares, e o Brasil é um dos países que menos investem em defesa, sendo que nos últimos anos vem reduzindo seus gastos na área, provocando uma grande defasagem tecnológica e o sucateamento das Forças Armadas.[13]

No plano regional destacam-se a inclusão da cláusula democrática na OEA, a entrada em vigência do tratado de Tlatelolco, mediação no conflito Peru-Equador, o Tratado de Cooperação Amazônica, a instituição da "Zona de Paz Sul-Americana", em 2000, a abdicação da fabricação de armas nucleares pelo Brasil e pela Argentina. Em 2001 atuou de maneira a respaldar rupturas da ordem democrática e legal (Paraguai, Peru e Venezuela); respeitando a soberania nacional, procurou aproximar os países, pondo de lado antigas rivalidades, como, por exemplo, entre a Argentina e o Chile. Em que pesem as dificuldades e divergências com a Argentina, as ações destinadas ao aumento do intercâmbio e do comércio no âmbito do Mercosul foram intensificadas. A crise portenha (2001) e o apoio do brasileiro serviram para reforçar a percepção de que não haveria retrocessos no processo de integração econômica e que a convergência dos objetivos levaria a uma melhor coordenação na área política entre Brasil e Argentina. Foram realizadas tentativas de atração da Bolívia, Chile, Peru e Venezuela, com diferentes graus de sucesso e velocidade.

O discurso de uma integração do subcontinente solidária, sem hegemonias, ainda que vista com uma certa desconfiança pelos países vizinhos, prosseguia ditada pelo ritmo da falta de recursos e pelas necessidades de se administrarem as dificuldades e repercussões das seguidas crises econômicas mundiais. Na prática muito pouco foi feito para oito anos de governo.

Durante seu governo, Fernando Henrique Cardoso, consciente das limitações brasileiras e seguindo a tradição diplomática brasileira, enfatizou o multilateralismo, com a adesão ao Protocolo de Kyoto, na Convenção sobre Minas Terrestres, Armas químicas, na instituição do Tribunal Penal Internacional, através de tratados bilaterais nas áreas comercial, cooperação científico-tecnológico, intercâmbio cultural com outras potências regionais (em especial com a Índia, China e a Rússia), aumento das relações com a Ásia (mercado com o maior crescimento mundial e onde o Brasil tinha pouca penetração e enormes possibilidades em todos os níveis de relacionamento), na abertura de negociações sobre uma área de livre comércio com a União Européia, na constituição de um bloco sul-americano (a partir da fusão Mercosul-Pacto Andino), na atração dos países africanos subsaharianos localizados em nossas costas opostas no Atlântico Sul, a fim de se formar uma grande área no livre comércio na região e estendê-la como área desnuclearizada, tudo isso dentro de uma visão geoestratégica, que nos possibilite agregar poder para uma inserção global e regional mais equilibrada.[14]

Como verificamos, o principal enfoque da política externa de Fernando Henrique era, sob o aspecto econômico, dentro do que se convencionou chamar de diplomacia do desenvolvimento, ou seja, através de um duplo caminho bilateral e multilateral, promover um ambiente mais favorável ao desenvolvimento econômico e social, mas que, ao adotar e se alinhar, com raras exceções (quebra de patentes dos remédios contra a Aids e as discussões na OMC sobre o protecionismo agrícola, compras governamentais, serviços), aos parâmetros estabelecidos pela Estratégia de Engajamento e Expansão, converge para o modelo de ordem imperial apresentado por Hardt e Negri e para uma inserção subordinada e dependente.

Paulo Roberto de Almeida afirma que o fim da bipolaridade marca a conjuntura como um período de transição, pois ainda que se reconheça a proeminência dos Estados Unidos, as configurações regionais ou outros ordenamentos específicos nos levam a perceber que a interdependência econômica tem de conviver com a fragmentação política. As diversas configurações regionais – UE, Nafta, Mercosul, Apec, etc – têm uma lógica unificadora que parece ser a competição global. O "novo realismo" na política externa dos Estados não se constitui tanto na busca de supremacia militar, mas no sucesso, na atração e mobilização produtiva de enormes volumes de capitais que circulam no mercado mundial em busca de oportunidades de investimentos – o capital estrangeiro. A nova configuração geopolítica de poder mas também de concentração de riquezas apresenta uma "nova economia" que tem como principais vetores o comércio eletrônico e a biotecnologia.[15]

Para Sérgio Danese, as limitações de natureza econômica – falta de complementaridade das economias sul-americanas, as economias muito fechadas devido à política de substituição de importações, à necessidade de geração de superávits comerciais, às desconfianças ou mesmo rivalidades históricas entre os Estados e à falta de um projeto realista e pragmático de integração continental foram os principais entraves aos projetos de integração sul-americana. A necessidade de uma inserção menos assimétrica e de responder ao desafio proporcionado pelo binômio globalização-regionalização levariam o Brasil a liderar a construção de um espaço sul-americano mais coeso e organizado a partir de uma plataforma sub-regional baseada em redes de integração, a saber: física – através de uma rede de comunicações e transportes; econômica e comercial – a partir do núcleo do Mercosul incorporando outros Estados; energética – integração dos recursos hidroelétricos, petróleo e gás; e política-diplomática e de defesa, com base na democracia, direitos humanos, coordenação de políticas externas e de segurança comuns. Todos esses projetos de integração regional visariam potencializar não só o Brasil como também os outros países-membros para competir no mercado global e buscar maior equilíbrio nas negociações internacionais.[16]

Em uma análise mais centrada em fundamentos geopolíticos, Guilherme Sandoval Góes observa que o fim da bipolaridade tem como reflexo a fragmentação nuclear e esta nos leva a um período de transição de um mundo político-estratégico para um universo econômico-estratégico. O modelo da Estratégia de Engajamento e Extensão vincula diretamente a segurança nacional (manutenção da hegemonia militar) ao político-econômico (difusão do modelo democracia liberal e economia de mercado) e tem um nível tridimensional – econômico, cultural e militar. Dentro desse modelo, a criação da Alca enquanto projeto de Estado para os norte-americanos representa uma ameaça aos interesses brasileiros. Para enfrentar essa ameaça, o Estado brasileiro deveria se pautar em dois princípios: liderar o processo de integração do espaço geopolítico sul-americano e realizar uma inserção internacional multilateral, ou seja, uma atuação internacional ampla e diversificada, não-alinhada aos Estados Unidos. Para Góes, ou o Brasil assume sua natural liderança na América do Sul ou então se subordina aos Estados Unidos. O modelo estratégico proposto tem três grandes fases: a primeira fase, de inserção internacional multipolar, caracterizada pela abertura simultânea das Frentes Européia, Atlântica e Asiática; a segunda fase seria a integração sul-americana a partir de seus três grandes conjuntos geopolíticos: o Arco Amazônico, o Pacto Andino e o Cone Sul; e a última fase, de maturidade sub-regional, sustentada pela idéia-núcleo de que a América do Sul como um todo ganhe capacidade de executar o conceito de investimento seletivo, ou seja, escolher investimentos internacionais que não produzam o efeito da periferia. A idéia de manutenção da hegemonia militar visa enfrentar ameaças e ganhar a guerra em dois grandes teatros de operações regionais simultaneamente e assim desestimular intenções agressivas de um Estado-bandido quando estiver engajado em operações em outro teatro regional; daí a necessidade de grandes orçamentos militares, a fim de manter uma grande máquina de combate eficiente e de alta densidade tecnológica, e dessa maneira manter a liberdade e independência tático-estratégica que caracteriza a atual conjuntura de unipolaridade militar.[17]

Dentro de um conceito mais amplo de segurança, Luiz Fernando Ayerbe afirma que a política externa norte-americana, durante o governo Clinton, se orienta no sentido de liderar o processo de homogeneização econômica (integração econômica, reformas liberalizantes, etc.) e cultural (ideais democráticos, valores éticos e morais, padrões de comportamento, etc.) do continente, mas amplia a discussão quase sempre limitada ao aspecto econômico — na perspectiva de que a América Latina será um mercado cada vez mais importante para produtos norte-americanos e uma fonte de recursos naturais — para considerações sobre Segurança. Para os Estados Unidos, a região não apresenta problemas como corridas armamentistas, disputas por recursos naturais, terrorismos, diferenças étnicas ou religiosas. As principais preocupações estão associadas a fatores que podem afetar a governabilidade dos Estados latino-americanos: instabilidade econômica e excessiva dependência de financiamento externo; aumento da pobreza e exclusão, que estimula a migração interna e a imigração em direção aos Estados Unidos; crescimento da criminalidade, especialmente o narcotráfico, com efeitos no aumento da corrupção e no enfraquecimento da capacidade coercitiva do poder público. Os norte-americanos criaram o Center for Hemispheric Defense Studies, dentro da National Defense University, visando desenvolver programas para a formação de especialistas civis em assuntos militares e de defesa para atuar tanto em órgãos de governo quanto no meio acadêmico, na mídia, junto aos setores privados. O objetivo seria fortalecer a capacidade de ação do Estado, promovendo a modernização e o aparelhamento do sistema judiciário e das forças de segurança, estimulando mecanismos sub-regionais de resolução de conflitos, de intervenção e de solução de crises.[18]

Para Darc Costa, o discurso de globalização é um discurso de dominação, suas principais bases — a informação, a cultura, o desenvolvimento tecnológico e as ciências — são formas de dominação e estão sob o controle dos países desenvolvidos, que exercem controle rigoroso de sua disseminação. O processo de mundialização não alterou as relações entre o centro e a periferia. Para a periferia, a solução de seus problemas sociais passa pela sociedade industrial e pela ação do Estado, a quem cabe prover a sociedade de vontade nacional e de uma concepção estratégica. Além do que, na conjuntura atual, existe uma polarização econômica transfigurada de regionalização. O centro, hoje, exige escala e países pequenos, ou se unem em mercados maiores, em Megaestados, como a União Européia, ou estão fadados a se tornarem ou continuarem periféricos.

Com o objetivo de superar o discurso sobre a impossibilidade de o Brasil criar um espaço próprio de acumulação capitalista e a partir de estudos geopolíticos e de uma aguda percepção estratégica, Darc Costa defende a necessidade de construção de um projeto regional de integração da infra-estrutura econômica, a partir da constatação de que a América do Sul dispõe de elevado grau de suficiência em recursos naturais e de complementaridade econômica. O primeiro passo em direção à integração regional foi o Mercosul e o seguinte seria a criação da Alcsa. A sinergia decorrente do processo de integração sul-americana poderia acrescentar aos Estados Nacionais participantes parcelas expressivas de poder e bem-estar para as sociedades envolvidas. Costa defende a importância do Estado no planejamento, gerenciamento, na definição e articulação política, na formulação de estratégias e na condução do processo, indicando de maneira precisa os principais projetos a serem implementados com o necessário respaldo técnico-científico e vontade política a fim de superar os óbices e implementá-los integralmente, para permitir uma inscrção mais equilibrada no sistema internacional. O aprofundamento da cooperação sul-americana a partir da adoção de políticas comuns levaria até à união em uma federação e à constituição de um Megaestado.

O Brasil, com suas características equilibradas de maritimidade e continentalidade, o potencial geográfico e geopolítico, e seu dinamismo econômico, deveria assumir a liderança do processo; para tanto, deveria adotar como concepção estratégica a cooperação sul-americana (já prevista na Constituição Federal[19]) e assumir o intervencionismo e nacionalismo econômico dentro de uma estratégia nacional, visando a conquista e manutenção dos objetivos pretendidos.

Como verificamos, Darc Costa propõe que o Brasil lidere um grande projeto de cooperação regional que promova a integração sul-americana em todos os níveis e que através de políticas convergentes possibilite a criação de um Megaestado, nos moldes da União Européia, de modo a promover uma inserção internacional mais justa e equilibrada, eliminando a possibilidade de a potência hegemônica impor seu projeto de unificação e subordinação do continente americano, através do Consenso de Washington, da criação da Alca e da Estratégia de Engajamento e Expansão.[20]

Conclusão

Neste texto procuramos mostrar que o Império pós-moderno, como descrito por Hardt e Negri, ou seja, essa nova entidade internacional oriunda de diversos fatores — como a contínua expansão e transformação do capitalismo, o alcance e a intensidade do processo globalização, das conseqüências da desregulamentação das relações de trabalho, das mudanças no papel das massas, da valorização da cultura e da criatividade, das imensas possibilidades da informação e das ciências, do enfraquecimento dos Estados Nacionais e do surgimento de novos atores no sistema internacional —, organizada em uma estrutura em rede sem um centro definido, corresponde, na verdade, a uma estratégia da potência hegemônica, que, mesmo estando em nível de poder superior às demais nações, não dispõe de poder suficiente para impor um projeto unipolar.

A Estratégia do Engajamento e Expansão ligou a Segurança Nacional à questão econômica e comercial, e se propõe a difundir a economia de mercado, o liberalismo político, a abertura de mercados, a fim de permitir a expansão das fronteiras através da difusão da liberdade comercial e financeira, a defesa dos direitos humanos, preocupação com o meio ambiente, disseminação dos valores e do modo de vida americano por todas as parte do globo. Em termos de segurança, o principal objetivo visava a manutenção de um alto nível de superioridade militar, de forma a dissuadir qualquer potência de contestar sua hegemonia, criando um modelo de ordem internacional onde a liderança dos Estados Unidos — atuando de maneira cooperativa e multilateral — era necessária à manutenção do equilíbrio.

No âmbito regional, devido à importância do mercado e das matérias-primas latino-americanas e da aceleração do processo de regionalização, os Estados Unidos iniciaram um processo visando assegurar sua hegemonia no continente através da criação da Área de Livre Comércio das Américas, onde procura impor uma homogeneidade econômica (integração econômica, reformas liberalizantes, etc.) e cultural (ideais democráticos, valores éticos e morais, padrões de comportamento, etc.) segundo os padrões norte-americanos, num processo de subordinação regional aos seus interesses.

A análise da conjuntura internacional a partir do enfoque puramente econômico, desconsiderando a geopolítica, a estratégia e a capacidade de articular um projeto de cooperação regional que superasse as limitações e potencializasse os recursos internos, levou o Brasil a um alinhamento com a hegemonia pela adoção dos preceitos do Consenso de Washington e da Conferência de Williamsburg, que relegaram o país a uma posição de subalternidade e condenado a permanecer na periferia.

Era necessário que o Brasil assumisse uma postura mais combativa dos interesses nacionais e a liderança da América do Sul, por suas condições e potencial, no desenvolvimento de um projeto de cooperação sul-americana pelo qual se buscaria a integração regional – não só econômica, mas política, social e cultural – tendo como núcleo o Mercosul e incorporando os demais países sul-americanos, de modo a que se permitisse uma inserção internacional mais equilibrada, em que se quebraria o ciclo da periferia por intermédio do conceito de investimento seletivo. Do exposto, concluímos que ou o Brasil lidera o processo de integração sul-americana ou estará condenado a se subordinar à hegemonia.

Referências Bibliográficas

Ayerbe, Luis Fernando. *Estados Unidos e América Latina.* São Paulo: Editora UNESP, 2002.

Cardoso, Fernando Henrique. "Política externa: fatos e perspectivas". In: *Política Externa*, vol. 2 nº 1. São Paulo: Paz e Terra, 1993.

____________________. Discurso na 3ª Assembléia Geral da Conferência Parlamentar das Américas. 2001

____________________. Discurso na apresentação dos estagiários da Escola Superior de Guerra, 2001.

Costa, Darc. *Estratégia Nacional: A cooperação Sul-Americana como caminho para a inserção internacional do Brasil.* Rio de Janeiro: Aristeu Souza, 2003.

Clinton, William. *A National Security Strategy of Engagement and Enlargement.* Washington, DC: 1995.

____________________. *A National Security Strategy for a New Century.* Washington, DC: 1999.

Danese, Sérgio. "Brasil e América do Sul, uma convergência". In: *Política Externa*, vol. 9 nº 4. São Paulo: Paz e Terra, 2001. pp.49-71.

Góes, Guilherme Sandoval. "A evolução do pensamento estratégico norte-americano a partir da fragmentação nuclear e seus reflexos no Brasil". In: *Revista Marítima Brasileira.* Rio de Janeiro: Serviço de Documentação da Marinha, 2002.

Halliday, Fred. *Repensando as relações internacionais.* Porto Alegre: Ed. Da Universidade/UFRGS, 1999.

Hardt, Michael e NEGRI, Antonio. *O Império.* Rio de Janeiro: Editora Record, 2001.

Harrison, Lawrence E.; Huntington, Samuel P. *A Cultura Importa: os valores que definem o progresso humano.* Rio de Janeiro: Record, 2002.

Harvey, David. *Condição Pós-Moderna.* São Paulo: Loyola, 1993.

Huntington, Samuel. "O Choque das Civilizações". In: *Política Externa*, vol. 2, Março. São Paulo: Paz e Terra, 1994.

Lamizière, George. "Cooperação político-militar na América do Sul". In: *Política Externa*, vol. 9 nº 4. São Paulo: Paz e Terra, 2001, pp. 42-48.

Lellouche, Pierre. *Le Nouveau Monde: de l'ordre de Yalta au désordre des nations.* Paris: Bernard Grasset, 1992.

Mafra, Roberto Machado de Oliveira. *Geopolítica: Introdução ao Estudo.* Rio de Janeiro: Departamento de Estudos da ESG, 2002. [LS 838/02; DAInt]

Monteiro, Raymundo Guarino. *Uma percepção sobre a defesa e a segurança hemisférica.* Rio de Janeiro: Centro de Estudos Estratégicos da ESG, 2001. [Texto elaborado para o IV ENCUENTRO NACIONAL DE ESTUDIOS ESTRATÉGICOS, BUENOS AIRES, 17, 18, 19 SETEMBRO, 2001].

______________________. *A inserção geoestratégica do Brasil, no atual contexto internacional.* Rio de Janeiro: Centro de Estudos Estratégicos da ESG, 1998.

Nye, Joseph. "Há limites para o poder americano". In: *Valor Econômico* com textos da The Economist. Rio de Janeiro, 2002.

Orçamento de Defesa: situação internacional e perspectivas. Centro de Estudos Estratégicos da Escola de Comando e Estado-Maior do Exército.

Pecequilo. *A política externa dos Estados Unidos: continuidade ou mudança.* Porto Alegre: Editora da UFRGS, 2003.

Rufin, Jean-Christophe. *O Império e os Novos Bárbaros.* Rio de Janeiro: Bibliex, 1996.

Saraiva, José Flávio Sombra. *Relações Internacionais. Dois séculos de história. Entre a ordem bipolar e o policentrismo (de 1947 aos nossos dias).* Vol. II. Brasília: Instituto Brasileiro de Relações Internacionais, 2001.

Silva, Francisco Carlos Teixeira Da et alii. *Dicionário Crítico do Pensamento da Direita: Idéias, Instituições e Personagens.* Rio de Janeiro: MAUAD, 2000.

Tosta. Otávio. *Teorias Geopolíticas.* Rio de Janeiro: Bibliex, 1984.

Vesentini, José William. *Novas Geopolíticas.* São Paulo: Contexto, 2003.

---

1 VESENTINI. José William. *Novas Geopolíticas.* São Paulo: Contexto, 2003, pp. 31-41.

2 Idem, pp. 42-44.

3 KENNEDY, Paul. "Preparando o século XXI". In: *Política Externa.* Rio de Janeiro: Paz e Terra, 1993, vol. 2, nº 1, pp. 11-46.

4 RUFIN, Jean-Christophe. *O Império e os Novos Bárbaros.* Rio de Janeiro: Bibliex, 1996. pp. 29-213.

5 LELLOUCHE, Pierre. *Le Nouveau Monde: de l'ordre de Yalta au désordre des nations.* Paris: Bernard Grasset, 1992. pp. 213-337.

6 PECEQUILO. *A política externa dos Estados Unidos: continuidade ou mudança.* Porto Alegre: Editora da UFRGS, 2003, pp. 239-356.

7 NYE, Joseph. "Há limites para o poder americano". In: *Valor Econômico* com textos da The Economist. Rio de Janeiro, 2002, pp. 3-6.

8 PECEQUILO. *A política externa dos Estados Unidos: continuidade ou mudança.* Porto Alegre: Editora da UFRGS, 2003, pp. 289-356.

9 Reunião dos Ministros da Defesa em Williamsburg. Virginia: 1996.

10 MONTEIRO, Raymundo Guarino. "Uma percepção sobre a defesa e a segurança hemisférica". Rio de Janeiro: Centro de Estudos Estratégicos da ESG, 2001. [Texto elaborado para o IV ENCUENTRO NACIONAL DE ESTUDIOS ESTRATÉGICOS, BUENOS AIRES, 17, 18, 19 SETEMBRO, 2001].

[11] CARDOSO, Fernando Henrique. "Política externa: fatos e perspectivas". In: *Política Externa*, vol. 2 nº 1. São Paulo: Paz e Terra, 1993, pp. 3-10.

[12] Discurso do presidente da República Fernando Henrique Cardoso na 3ª Assembléia Geral da Conferência Parlamentar das Américas, 2001.

[13] Orçamento de Defesa: situação internacional e perspectivas. Centro de Estudos Estratégicos da Escola de Comando e Estado-Maior do Exército.

[14] Discurso do presidente da República Fernando Henrique Cardoso na apresentação dos estagiários da Escola Superior de Guerra, 2001.

[15] ALMEIDA, Paulo Roberto. "As duas últimas décadas do século XX: fim do socialismo e retomada da globalização". In: SARAIVA, José Flávio Sombra (org). *Relações Internacionais: dois séculos de história: entre a ordem bipolar e o policientrismo (de 1947 até os nossos dias)*. Brasília: IBRI, 2001, p. 153.

[16] DANESE, Sérgio. "Brasil e América do Sul, uma convergência". In: *Política Externa*, vol. 9 nº 4. São Paulo: Paz e Terra, 2001, pp. 49-71.

[17] GÓES, Guilherme Sandoval. "A evolução do pensamento estratégico norte-americano a partir da fragmentação nuclear e seus reflexos no Brasil". In: *Revista Marítima Brasileira*. Rio de Janeiro: Serviço de Documentação da Marinha, 2002, pp. 123-151.

[18] AYERBE. Luis Fernando. *Estados Unidos e América Latina*. São Paulo: Editora UNESP, 2002, pp. 271-284.

[19] Constituição da República Federativa do Brasil, parágrafo único do artigo quarto.

[20] COSTA, Darc. *Estratégia Nacional: A cooperação sul-americana como caminho para a inserção internacional do Brasil*. Rio de Janeiro: Aristeu Souza, 2003, pp. 15-118.

O Império e o Estado-nação Hoje: uma História Comparada*

Francisco Carlos Teixeira Da Silva**

As atuais relações internacionais estão profundamente marcadas pela concentração de poder político, militar e econômico em uma só potência, os Estados Unidos da América, a um ponto que o ex-chanceler francês, Hubert Védrinne, cunhou a expressão *hiperpotência* para descrever tal condição. Trata-se, em verdade, de um excedente, ou mesmo *excesso de poder* – em todas as suas manifestações – chegando ao limite de uma profunda desorganização das relações internacionais, extrapolando mesmo o *estado de natureza* de caráter hobbesiano[1]. A condição de hiperpotência, dada a escala alcançada de projeção de poder pelos Estados Unidos, é nova na história, e embora possamos fazer paralelos com os diversos *impérios* que procuraram a universalidade, tais como o Império romano, na Antiguidade, ou Império Britânico, mais recentemente, somente a América alcançou as condições de agir e fazer respeitar seus interesses em escala universal, após a desaparição da União Soviética em 1991. Estas características, de busca de uma aceitação de seus objetivos em escala planetária, tornaram-se evidentes – ou uma irresistível vontade nacional – após o colapso da União Soviética e, principalmente, da Guerra do Golfo de 1991, com a superação de uma ordem mundial de caráter bipolar. Sua consagração definitiva deu-se, entretanto, somente em 2003, com a nova Guerra no Iraque, quando efetivamente, em desconsideração da ONU e inúmeros outros países, e sem razões convincentes, os Estados Unidos procuraram realizar seus objetivos na região. Desde então, de forma bastante insistente e característica, a atuação externa do país será marcada por uma incontida vontade de tornar-se *império*. De forma inicial, entendemos aqui a noção de

---

* Comunicação apresentada no Seminário sobre Política e Estratégia norte-americana na Escola de Guerra Naval, Rio de Janeiro, 2002.

** Professor titular de História Moderna e Contemporânea, da Universidade do Brasil/UFRJ, doutor em História Social (Universidade Livre de Berlin/UFF), coordenador do Laboratório de Estudos do Tempo Presente e organizador do *Dicionário Crítico do Pensamento da Direita* (Rio, Mauad, 2000) e da *Enciclopédia de Guerras e Revoluções do Século XX* (Rio, Campus, 2004).

império – inclusive aceita pela própria liderança no poder em Washington – a consideração por parte dos Estados Unidos, para além de qualquer limitação, de seus interesses de forma unilateral, sem qualquer cuidado com as regras do direito internacional, do sistema de segurança coletiva e da soberania das nações, inclusive com a exigência de aplicação de suas prerrogativas de soberania por sobre a soberania dos demais Estados-Nação[2]. Na verdade, de forma típica a um império, os Estados Unidos passaram a considerar seus interesses e objetivos – agora iluminados pela ascensão ao poder de uma elite política marcada pelo fundamentalismo liberal e cristão – auto-imaginados como os melhores, não somente para os Estados Unidos, como, ainda, para o conjunto do mundo. Hoje no poder, este grupo de homens imagina-se o único capaz de realizar um destino melhor para a América, impondo como regra de todos os temas a *preferência americana*. No afã de tornar o mundo mais seguro, atraente e próspero para a América, o conjunto de povos e estados do planeta é visto através de uma grade cultural e ideológica simples e direta, marcada pela díade amigo/inimigo. Outros povos e governos são, por sua vez, vistos como imaturos ou culturalmente inferiores, cabendo à América a defesa de seus interesses, malgrado eles mesmos. Em qualquer caso, o novo fundamentalismo liberal e cristão da América acaba por fazer com que a defesa dos interesses americanos – justos em vários âmbitos – torne-se uma *cruzada* – muitas vezes injusta e arrogante – em várias partes do mundo. Em particular, a aliança norte-americana com países que desenvolveram atitudes de menosprezo pelo Estado de Direito na Ordem Internacional, como Israel, Paquistão e algumas repúblicas centro-americanas, agravam a sensação de que as regras internacionais não são válidas para todos.

A formulação de uma política americana pós-Guerra Fria mostrou-se ambígua e contraditória em uma primeira fase, de 1991 até 2001, quando, sob a Administração Bush (pai) e Clinton, os Estados Unidos, ainda marcados pela necessidade de basear a política externa em sólida ética humanista, movia-se entre um multilateralismo voltado para a segurança coletiva e gestos que cada vez mais aproximavam-se de um robusto unilateralismo. Assim, as atuações marcantes de Bush (pai) no Iraque, de Clinton na Bósnia, no Oriente Médio e na Irlanda ou Somália tinham por trás o quadro institucional da ONU, da União Européia ou da Nato, negociando em tais fóruns suas atuações. Em outras ocasiões, contudo, optava-se por uma atuação isolada ou mesmo atropelavam-se as negociações coletivas, como na Questão de Kosovo, desenvolvidas pela UE, em Rambouillet, na França ou nas incursões punitivas permanentes contra o Iraque, o Sudão e o Afeganistão. No seu conjunto, contudo, havia um comportamento regulado, que poderíamos chamar de *Doutrina Clinton*, que pautava a política externa americana pela defesa dos direitos humanos, do meio ambiente, pela luta contra o narcotráfico, bem como por intenso diálogo com as chamadas ONGs, além de instituições multinacionais, como a OMC.

Para entendermos mais plenamente a política externa americana no período, poderíamos somar a esta *Doutrina Clinton* um *Corolário Powell*, conforme a prática do importante comandante, e depois secretário de Estado, Colin Powell. Segundo tais princípios – e ainda sob o impacto da chamada *Síndrome do Vietnam** – visava-se evitar envolvimentos diretos americanos, com presumíveis perdas humanas maciças, desenvolvendo-se, como alternativa, um poder aéreo substituto da intervenção terrestre americana, como ficou claro na Guerra contra a Sérvia, em 1999.

A estranha derrota de Al Gore, em 2000, fechou decididamente esta via para a política externa americana, abrindo o caminho para a fórmula proposta por Condoleeza Rice, a nova figura-chave na Administração Bush (filho), de um *multilateralismo à la carte*. Tratava-se, em verdade, de uma recusa clara em manter ou concertar compromissos permanentes com Estados ou instituições, mantendo a liberdade de agir dos Estados Unidos em cada caso que envolva seus interesses.

Assim, o período entre 1991 e 2000, mesmo antes do 11 de setembro de 2001, caracterizava-se como uma busca de uma nova estratégia pós-Guerra Fria. Fundamentalmente formulada por George Bush, pai, a noção de Nova Ordem Mundial implicava num mundo regido por organismos multilaterais, sob a hegemonia americana, com a possibilidade de os Estados Unidos agirem de duas formas: de um lado, com seu poder brando – *soft power* –, na qualidade de grande negociador, como na Irlanda do Norte ou Oriente Médio; ou, por outro lado, com seu poderio militar - *hard power* – o músculo militar –, como foi no caso de Kosovo[3]. Tal combinação de força e persuasão foi habilmente utilizada por Bush e Clinton, malgrado suas diferenças partidárias (o primeiro, republicano, e o segundo, democrata). A chegada, contudo, de um grupo de *warriors* oriundos da Guerra Fria, de ex-funcionários da Era Reagan (1981-1989), formados sob a Guerra Fria, com Bush (filho) produz uma forte guinada para a direita da política externa americana, abrindo caminho para uma postura mais agressiva, universalista e intervencionista por parte dos Estados Unidos.

Tal processo ainda não está consolidado e, tampouco, chegou ao seu ápice. O retorno ao *Grande Jogo* ou à *Grosse Politik* – denominação que recobre os enfrentamentos clássicos em política internacional, como eram feitos no século XIX – poderá, ainda, alterar profundamente, em vários sentidos, a busca americana em constituir-se em um *império*. A evolução, mais ou menos rápida de tal quadro, dependerá claramente de duas ordens de fatores:

1. Do lado interno dos Estados Unidos a resolução da crise econômica e corporativa que o país atravessa, com a restauração de sua capacidade de tornar-se novamente um pólo de atração mundial de capitais e de mercadorias, mantendo um novo ciclo de endividamento capaz de financiar a nova corrida

* *Nos referimos aqui a Síndrome do Vietnam como o temor das autoridades americanas em envolver-se em conflitos externos com elevado número de baixas americanas. Devido à experiência ao tempo da Guerra do Vietnam, os americanos teriam descoberto a baixa tolerância americana às perdas de vidas humanas e seu imediato impacto na formação de uma opinião pública hostil a tais envolvimentos, como foi o caso de Bill Clinton na Somália, em 1994.*

armamentista, tendo como pano de fundo o retorno da prosperidade da Era Clinton.

2. Por outro lado, do ponto de vista externo, do sucesso da Guerra Contra o Terrorismo, e, muito especialmente, do rumo e persistência da resistência iraquiana contra a ocupação estrangeira do país. Uma solução positiva para os americanos da atual guerra de desgaste no Iraque poderia alçar os falcões em Washington a uma posição de convencimento de que a intervenção militar, a substituição da política pela guerra, afinal, vale a pena frente aos custos reduzidos das operações. Mas, em vez disso, a continuação da resistência, com o nível atual ou superior de baixas, bem como a formação de uma república islâmica na região, poderia desacreditar fortemente a política intervencionista de Washington.

Devemos, ainda, considerar a atuação de outros atores no cenário mundial. Mesmo considerando o *excedente de poder* dos Estados Unidos, estes não conseguiram atuar como força única no cenário mundial, por exemplo, na crise do Conselho de Segurança da ONU, em 2003. A manutenção dos atuais índices de crescimento, ao lado da recuperada estabilidade política, dos chamados *BRIC*, principalmente Rússia e China Popular, poderia vir a instituir novos centros de poder mundial, contrariando a vontade americana de uma permanência unilateral enquanto força hegemônica mundial[4].

Da mesma forma, a evolução econômica e constitucional da União Européia, em especial o Projeto de Constituição Federal apontando em direção à construção de uma Europa da Defesa, poderia contrariar fortemente os interesses americanos. Por fim, de forma marginal, a formação do G-3 (Índia+Brasil+África do Sul, com possível incorporação da China Popular), além do G-20, pode vir a criar dificuldades para a plena autonomia estratégica americana no cenário mundial[5].

Impérios: ontem e hoje

Para uma compreensão mais nítida da irrupção da noção de império como elemento central da atual política norte-americana, cabe uma digressão histórica que nos informe sobre as fontes teóricas e práticas que regem a atual administração americana.

A noção de Império prende-se, historicamente, a grandes entidades políticas supranacionais que, a partir de um centro, organizam em torno de si vastos espaços, como são exemplos Roma e o seu Império ou a Inglaterra e o Império Britânico[6].

Nos impérios clássicos o elemento definidor reside na capacidade de o centro de poder desconhecer qualquer obstáculo a sua vontade, agindo por sobre outros poderes, desconhecendo, negando ou destruindo quaisquer obstáculos ao exercício do seu próprio poder. No âmbito do império não há soberania rivalizante e os ensaios de soberania existentes só são tolerados no limite em que se encaixam nas tarefas mais amplas da governamentalidade do Império, como, por exemplo, as tarefas de coletar impostos e manter a ordem local pelo reino da Judéia no interior do Império romano; ou, ainda, as funções legislativas locais outorgadas, em 1906, pelos ingleses ao Transvaal e Orange*, na África do Sul.

Na Antiguidade, Roma tratava de eliminar a autonomia política local, em especial no tocante à defesa e às relações exteriores, sem necessariamente destituir ou aniquilar as instituições locais – realezas, principados ou repúblicas mercantis – que assumiam, então, a função de coletar os impostos que seriam enviados a Roma e a manter a ordem local, garantindo o fluxo de mercadorias, além das funções de manutenção do aparelho produtivo local. Enquanto isso, construíam-se estradas e estacionavam-se legiões, no mais das vezes em novas vilas ou cidades, externas aos centros nativos, onde eram erguidos teatros, termas e um fórum, os típicos espaços da gestão imperial[7].

Já o Império Britânico agiu de forma variada, ora respeitando o poder local, como os rajás indianos incorporados funcionalmente ao sistema colonial inglês, ora impondo uma administração colonial direta, como na África Ocidental[8]. Mesmo quando havia uma clara e aberta resistência, como no caso das Repúblicas Boers do Orange e o Transvaal, na África do Sul, em 1900, os ingleses assumiam apenas a administração da defesa e das relações exteriores, após abrir a exploração mineira do ouro e dos diamantes a todos os súditos do Império. Somente quando não havia qualquer chance de usar as populações locais e suas estruturas políticas como bases da dominação imperial, como no caso dos Zulus, implantavam um sistema direto de administração[9]. Da mesma forma, os ingleses buscavam no alistamento local de nativos, enquadrados por um eficiente corpo de oficiais e suboficiais, a construção de vastos exércitos – como nas Índias ou no Egito – que não poderiam ser alistados na própria metrópole e encarregados da manutenção da ordem interna do Império. Este era o caso dos cipaios nas Índias, alistados principalmente entre os corajosos e aguerridos *gurkhas* ou *sikhs*. Montava-se, assim, uma impressionante estrutura política, pela qual um corpo de não mais de 250 mil funcionários governava um império de quase 500 milhões de habitantes. No Egito, por exemplo, cerca de seis mil ingleses detinham, em 1913, 14% de todo o escasso solo arável do Egito, criando imensas *plantations* de algodão voltadas para o abastecimento das indústrias do Lancashire. No seu conjunto não mais de 20 mil ingleses detinham a maioria dos cargos de comando e direção do país, compondo a totalidade de oficiais e funcionários, engenheiros e comerciantes, aliviando assim as tensões sociais no interior da Grã-Bretanha ao prover de renda um *surplus* populacional crescente[10].

Tanto no caso do Império Romano quanto no caso do Império Britânico havia alguns pontos em comum[11]. Em primeiro lugar, a escolha de uma etnia, grupo social ou

---

* Orange e Transvaal são as duas repúblicas *boers* conquistadas pelos ingleses, entre 1900 e 1902, após a descoberta de ouro e diamantes na África do Sul.

profissional para realizar a ligação funcional entre o centro e a periferia do Império, como coletores de impostos, burocratas e comerciantes, viabilizando a baixo custo a manutenção do domínio imperial e o fluxo permanente de capitais e mercadorias em direção ao centro do império. Assim, judeus, persas ou sírios, na Antiguidade, e indianos, na África e no Caribe, ou cafres, na África do Sul, e gregos, no Oriente Médio, serviram, no Império Britânico, como funcionários ou arrendatários para facilitar a exploração de populações locais, evitando o contato direto entre colonizados e colonizadores[12].

Os impérios eram universais somente no sentido da criação de amplas zonas francas onde valia uma língua comum – o latim ou o inglês –, as mercadorias deveriam circular livremente, com segurança para os comerciantes que praticavam as longas rotas comerciais transformadas em artérias vitais da economia imperial. Os grandes fluxos comerciais deveriam abastecer permanentemente os macrocéfalos centros imperiais, deficitários em alimentos e matérias-primas, onde uma imensa população consumia – seja em Roma, seja nas cidades industriais inglesas – muito mais do que podia produzir e mesmo pagar em termos reais. Assim, grande parte do organismo imperial era voltado para a drenagem de recursos da periferia do Império para o abastecimento das cidades imperiais, mesmo sob a forma de *anoma*, filantropia ou formas de e instituições de bem-estar[13].

A paz social no interior dos Impérios era largamente conquistada com a superexploração das periferias.

Ao mesmo tempo, a manutenção de imensos contingentes militares, mesmo em tempo de paz, e as obras necessárias para sua locomoção rápida – estradas e portos imperiais em Roma Imperial, a frota britânica e as ferrovias nos séculos XIX e XX – impunham um permanente déficit financeiro, financiado pela centralização financeira dos impérios em Roma ou Londres e no grande fluxo de impostos recolhidos. Assim, poderosos grupos de financistas concentravam-se na *Via dei Fori Imperiali*, em Roma, ou na *City* londrina, e daí controlavam largamente o financiamento do Estado. Respondiam por quase toda a movimentação de capitais no interior do Império, sendo responsáveis, ainda, pelo financiamento das duas ferramentas básicas de manutenção do Império: a burocracia e as forças armadas. Os impérios eram, assim, imensos espaços homogêneos onde reinava uma relativa paz interna, o que garantia, por sua vez, o livre fluxo de mercadorias e capitais, com o firme controle das fronteiras, onde acantonava-se o forte das tropas e travavam-se os conflitos mais freqüentes, fosse no *limes** da Germânia, com Roma, fosse nas *Rimlands*** da Ásia Central,

---

* *Limes:* expressão latina que descreve a fronteira guarnecida entre o Império Romano e a Germânia, habitada pelos chamados bárbaros. Hoje a noção é utilizada de forma genérica para definir as fronteiras fortificadas dos grandes centros econômicos do Ocidente, como a fronteira do Rio Grande, no México, ou das Canárias e Tanger, no Marrocos, em face da Espanha.

** *Rimland*: expressão devida aos estrategistas Mackinder/Spykman (1904/1943) para descrever as fímbrias ou áreas de tensão entre o império marítimo britânico e o império continental czarista. Mais tarde será incorporado para efeitos de planejamento estratégico da Guerra Fria.

com os britânicos. Os homens, entretanto, em ambos os espaços imperiais, eram estritamente controlados, com um severo sistema de passaportes internos para os que não eram cidadãos de primeiro grau, o que impedia o livre fluxo de pessoas. Por esta razão, grande parte do mal-estar e das tensões surgiam ante vastas massas de não-cidadãos, os bárbaros, que se acumulavam no *limes* do Império. Penetrar em suas fronteiras, alojar-se no interior do Império e gozar de seus benefícios, era, na maioria das vezes, um objetivo bem mais promissor para os bárbaros do que conquistá-lo[14].

No panorama mundial hodierno alguns dos móveis imperiais do passado estão claramente presentes: a busca de espaços francos de livre circulação de mercadorias e capitais, a limitação do fluxo humano, a criação de mecanismos de financiamento dos déficits centrais através da centralização de capitais e o fornecimento contínuo de matérias-primas e mercadorias, em especial de artigos estratégicos, como o petróleo.

A realização de tais objetivos implica, no passado como no presente, a busca das mesmas condições históricas que permitiram o surgimento e a duração dos impérios antigos, sendo a principal delas, nos dias de hoje, a limitação dos atributos do Estado-nação moderno, em especial a soberania. Assim, a imposição de um idioma, a construção de espaços francos para o fluxo de capitais e mercadorias, a subordinação da administração local aos objetivos supranacionais e a transformação das forças armadas locais em forças da ordem com a missão policial de garantir a paz imperial são etapas históricas na construção de uma entidade imperial.

Na Antigüidade tais objetivos foram perseguidos através da pura conquista: foi assim que Roma criou seu imenso Império. No século XIX a Grã-Bretanha combinou formas variadas de imposição política para reunir sob seu poder um terço dos territórios do planeta. Em alguns casos os empréstimos externos (e sua cobrança, como no Egito), a compra de direitos comerciais, como em Bengala, a justificativa de defesa, como na conquista da Birmânia, ou o puro e simples ato de guerra, como no Sikhin, serviam para reunir sob a coroa inglesa os mais variados povos do mundo[15].

No próprio século XIX, contudo, a dinâmica histórica do Estado-nação, o quadro mais eficiente de exercício da soberania, criou, ao longo de terríveis conflitos, formas de resistência às pretensões imperiais de potências em ascensão[16]. A mais eficiente barreira ao desejo de império, e que deveria sepultar as pretensões imperiais na própria Europa, foi o direito internacional emanado da Paz de Westfália, de 1648[17]. A regra estabelecida de que todo governante é soberano no seu território deveria limitar, ao menos no âmbito europeu, as tentativas de restabelecer um império. Mais tarde, os dois conflitos mundiais deixaram claro a necessidade de reafirmação das regras do direito internacional, agora sob a forma de um sistema de segurança coletiva – primeiro sob a forma da Liga das Nações e depois como a ONU –, onde a intangibilidade da soberania nacional constituir-se-ia em pedra fundamental. Evidentemente o sistema de segurança coletiva falhou, como no caso da agressão da Itália fascista contra a Etiópia, entre 1936 e 1941. Ou mesmo na prevenção contra as agressões nazistas. De qualquer forma, a existência de imensos impérios coloniais fazia com que o direito de autodeterminação dos povos e a soberania fossem minados, favorecendo os desafios contra a Ordem Mundial emanada do Tratado de Versalhes e seus correlatos.

Somente após 1945, através da Carta das Nações Unidas, a conquista militar foi banida de forma definitiva enquanto forma aceitável de fundar entidades políticas, mobilizando a comunidade mundial em várias ocasiões, como na Coréia, em 1951, o Timor, após 1975, ou o Kwait, em 1989.

Assim, emergiram novos métodos, muito especialmente pós-1945, necessários para a constituição dos novos espaços imperiais. A conquista militar e a política da canhoneira não estavam mais na ordem do dia, e uma nova ética – em grande parte derivada da ação da América – como os Quatorze Pontos de Wilson* e a Carta do Atlântico**, de Roosevelt – impunha um mínimo ético e de respeito ao direito internacional.

Assim, criaram-se novos mecanismos de restrição à soberania. Dois foram os mecanismos utilizados na restrição da soberania. De um lado, acordos multilaterais, no mais das vezes mediados por organismos multinacionais, impondo a renúncia a determinados atributos da soberania, tais como a capacidade de construir, testar e armazenar armas, em especial as armas denominadas de destruição em massa; o cumprimento dos chamados direitos do homem ou, ainda, a proteção ao meio ambiente. Tais acordos implicavam numa renúncia voluntária, múltipla e recíproca entre Estados soberanos. De outro lado, devido a fraquezas estruturais, mormente financeiras, organismos internacionais – tais como Banco Mundial, FMI, OMC, Clube de Paris – impunham obrigações a Estados que implicavam na renúncia de amplos atributos inerentes à soberania, como a capacidade de impor ou arrecadar impostos, a autonomia orçamentária e a definição externa do montante do déficit público. Tais atributos passam a ser limitados ou transferidos para entidades transnacionais mediante a imposição de regras que limitam a capacidade administrativa e a iniciativa estatal – as reformas ditas estruturais, de cunho neoliberal – impõem a transferência compulsória de capitais, a capacidade de investimento, a necessidade de redesenhar o Estado ou redefinem as funções das forças armadas nacionais.

---

* *Os Quatorze Pontos de Paz*, do presidente W. Wilson, proclamados em 08.01.1918 constituíram-se na proposta de paz americana para a Primeira Guerra Mundial, estabelecendo, entre outros pontos, o fim da diplomacia secreta, o controle internacional das armas e o direito à autodeterminação dos povos. Embora aceita como ponto de partida para a paz por todos os beligerantes, a Paz de Wilson foi amplamente desconsiderada pelas potências vitoriosas, como a Inglaterra e França.

** *Carta do Atlântico* foi o documento assinado por Franklin Roosevelt e W. Churchill, em 14.08.1941, proclamando as bases da futura paz: a renúncia a toda alteração territorial sem negociações mútuas e voluntárias e o direito de autonomia de todos os povos. A Carta do Atlântico converteu-se na base da proposta das Nações Unidas.

Tal cenário, de constrangimento da soberania nacional, torna-se claramente visível especialmente a partir de 1991, com o colapso da União Soviética, o que diminui imensamente o espaço de manobra dos países médios com vocação a potência regional. A existência da URSS, com todo o peso negativo derivado da ação soviética e do equilíbrio do terror – a chamada condição MAD/Mútua Destruição Assegurada – garantia, entretanto, que ações armadas diretas dirigidas contra outro estado teriam resposta numa escala de gravidade, variando do fomento à subversão até uma resposta atômica. Assim, muitos países com capacidade de negociação – Índia, Egito, Iugoslávia e, por algum tempo, o Brasil, por exemplo – puderam obter ganhos e manter sua postura de autonomia. O movimento Não-alinhado, a partir da Conferência de Bandung*, representa muito bem a brecha de autonomia existente na ordem mundial bipolar[18].

É neste sentido que se aperfeiçoam, após 1945, e com intensa ênfase depois de 1991, mecanismos novos de ingerência e desmontagem dos atributos de soberania do Estado-nação, muito especialmente através da tutela financeira de nações inteiras, a exigência de abertura de mercados, imposição de políticas de ajustamento e reformas estruturais. Este novo fenômeno, denominado *neocolonialismo*, acaba por substituir a intervenção direta nos países periféricos e visava, largamente, garantir a posição dominante dos países centrais nas suas ex-colônias ou áreas de influência. A África é, com certeza, o exemplo mais claro e dramático de tal intervenção encoberta, com as grandes tragédias africanas, como a Guerra de Biafra (1967-1970), ou a guerra sem-fim do Congo/Kinshasa, como exemplos mais evidentes.

Em outros países, como na América Latina, onde o Estado-nação já se encontra profundamente enraizado nas tradições nacionais, mesmo que sua construção se mantenha ainda hoje incompleta, o processo de controle de interesses estrangeiros passou, inicialmente, para o âmbito da guerra anti-subversiva. Sob o manto de combate ao comunismo – verdadeiramente ausente enquanto opção política no continente até a Revolução Cubana em 1959 – praticou-se a intervenção encoberta, na defesa de empresas estrangeiras em países como Honduras ou Guatemala. Quase sempre tais interesses pautavam-se pelo apoio a oligarquias agrárias incompetentes e reacionárias, que apoiavam e encobriam atividades de megaempresas como a *United Fruit*, mineradoras e companhias de exploração de petróleo[19].

Passada a fase do *Big Stick*, de uma certa política da canhoneira, e depois da defesa dos interesses corporativos norte-americanos em nome do anticomunismo, a dependência financeira, principalmente através da política de empréstimos, tornou-se o principal mecanismo de ingerência externa. Aos poucos os mecanismos de financiamento de políticas públicas, de coberturas de déficits orçamentários e ajuda no paga-

* *Conferência de Bandung* foi realizada, em 1955, na Indonésia, por 29 nações da Ásia e África desejosas de criar uma terceira força entre o socialismo e o mundo ocidental, condenando fortemente o colonialismo, o racismo e a corrida armamentista.

mento de dívidas externas acabam por atrelar o Estado soberano a uma série de obrigações que, na prática, impedem países inteiros de praticar uma verdadeira política autônoma, inclusive na escolha de políticas próprias de desenvolvimento – como se verifica, por exemplo, nas crises financeiras do México ou Venezuela em meados do século XX.

Nos anos de 1970 o endividamento em massa de inúmeros Estados acelerou imensamente o grau de dependência dos países em desenvolvimento. Com a crise energética mundial, a partir de 1973, e a retração do mercado financeiro mundial, tais países viram-se virtualmente falidos, obrigando-se a praticar "receitas" e a aceitar missões de organismos internacionais para examinar suas contas. O máximo da perda dos atributos da soberania surge quando tais organismos – FMI, Banco Mundial, Clube de Paris – dividem as nações e seus povos em "bons ou maus alunos", numa caricatura da percepção do Império Britânico sobre os "nativos" bons ou maus da África colonial[20].

No pós-Guerra Fria desenvolve-se assim uma larga prática de ingerência, sob a forma de assessoria de gestão econômica e financeira, na qual se fazem imensas exigências de cortes de políticas públicas e exportação de capitais. A ingerência desenrola-se fora de qualquer quadro legal, a pedido da própria elite dirigente do país, conquistada – como os antigos cipaios do Império Britânico – para as crenças fundamentalistas no modelo neoliberal.

Algumas vezes, contudo, uma forte coesão entre o Estado e a nação, uma história passada de sucesso e glórias, garantia a existência de um aporte nacionalista, autônomo e contrário à subordinação econômica. Nestes casos, outros temas – tais como a defesa dos direitos humanos, do meio ambiente ou o caos social associado à criminalidade e ao narcotráfico – podem servir de base para o *direito de ingerência*. Devemos aqui operar uma importante distinção, separando o trigo do joio: os chamados novos temas em relações internacionais, tais como direitos humanos, defesa do meio ambiente e combate ao narcotráfico devem ser parte fundamental da pauta do Estado-nação. O narcotráfico, por exemplo, compete diretamente com o Estado-nação no âmbito da extensão da soberania, procurando retirar o Estado de áreas periféricas, ou infiltrando-se em seus interstícios institucionais – como a polícia, a justiça e a representação política – ao ponto de levar as instituições à completa falência. O próprio aparelho produtivo do país pode ser conquistado por dentro através de mecanismos de lavagem de dinheiro, promovendo evasão fiscal e o surgimento de poderosos segmentos informais no bojo da economia escriturada[21]. Além disso, do ponto de vista humano trata-se de uma tragédia; a cooptação de milhares de jovens pelo crime organizado, como no Brasil, Tailândia, Colômbia, Indonésia ou Nigéria, pode muito facilmente desembocar numa crise de reconhecimento das próprias regras da convivência e da sociabilidade, causando danos permanentes aos países-alvo. Trata-se, em verdade, de máfias internacionais – americana, italiana, russa, nigeriana, colombiana, etc. – capazes de transformar países inteiros em peças móveis de uma geopolítica do crime organizado e, portanto, constituem-se em importante ameaça antinacional.

A ausência continuada do Estado no combate de tais máfias pode muito facilmente abrir caminho, para além da falência do Estado-nação, de intervenções de terceiras forças, que se considerem prejudicadas enquanto destino final de drogas ou outra forma de contrabando. Assim, tais máfias podem vir a justificar, muito claramente, uma ingerência estrangeira sobre um território de um Estado-nação. Assim, os chamados novos temas em relações internacionais são plenamente assimiláveis, na verdade devem ser assimilados, pela pauta do Estado-nação. A ausência de uma ação positiva nestes campos pode, isto sim, abrir caminho para a ingerência estrangeira.

Por outro lado, devemos ter claro, por exemplo, que os maiores mercados mundiais da droga são, exatamente, os Estados Unidos e a União Européia. Ao "exportar" a repressão do narcotráfico para países como Peru, México, Colômbia ou Turquia, o que tais centros de poder fazem é diminuir os custos internos da repressão às drogas, além de poupar sua própria sociedade do ônus da violência da repressão. Uma elementar lei de mercado nos diz que, na ausência de mercados, os fluxos comerciais, legais ou ilegais, tendem a extinguir-se. Da mesma forma deve-se ter em mente, com clareza, que a recusa em assinar o Protocolo de Kyoto implica a continuação da imensa poluição do meio ambiente por parte dos Estados Unidos. Este país é responsável pela maior parte da produção de óxidos de nitrogênio e dióxido de enxofre que geram a chamada Chuva Ácida, além de serem os maiores emissores mundiais de gases geradores do Efeito-Estufa, além da produção de 200 milhões de toneladas de lixo/ano, numa média de 725 quilos por habitante! A poluição petrolífera e de agrotóxicos no Golfo do México já provocou um deserto de vida marinha de 18 mil quilômetros quadrados... Além disso, são países ricos, como a Noruega e o Japão, que insistem em caçar baleias nas águas do Atlântico Sul.

Esses são alguns dos campos tratados sob a rubrica de "novos temas" de política internacional, que podem figurar numa agenda internacional para justificar um direito de ingerência sobre um território soberano. Mais do que combater tais temas como "inimigos", deveríamos avançar na direção de sua universalização, obrigando os países mais ricos a arcar com os custos do maltrato do planeta[22].

A partir de 1991 e 2000 o chamado direito de ingerência toma formas diferenciadas, dependendo dos objetivos a serem alcançados. Para países constituídos, onde o Estado-nação possuía um longo histórico, surgem formas de ingerência ora sutis (através da hegemonia de um pensamento único imposto pelo chamado *poder brando*, de Joseph Nye, defendido por grupos internos conquistados pela lógica transnacional, que poderíamos denominar de *novos cipaios*), ora surgem formas robustas (através de duros mecanismos de chantagem financeira). Em outros momentos evoluiu-se para a forma clássica de intervenção, dispondo de força militar e pressão política. Mesmo então tal ingerência, como no Iraque, em 1991, ou na Bósnia, em 1992, e no Timor, em 1999, obrigava-se a uma cobertura do direito internacional, buscando-se o mandato da ONU, e após longo processo de saturação mediática em defesa dos direitos humanos. Ao mesmo tempo, fazendo jus ao seu papel e justificando sua própria existência, a hiperpotência americana se esforça por pacificar o novo *limes* do Império: proposta de paz para a Irlanda, imposição de negociações para o Oriente Médio e desarmamento dos poderes regionais[23].

O Império deve garantir a paz

A partir de 2001, como veremos, tal situação se inverte, com o forte descrédito do conceito de segurança coletiva baseada num consenso internacional negociado. As velhas desconfiança e má vontade da direita americana com a ONU chegam ao poder, acentuando o descrédito da instituição. Surge então um embate entre a opção pela ingerência, seja ela robusta, seja a forma de ingerência militar clássica, e o princípio da soberania do Estado-nação. A idéia-força da inviolabilidade do território e de que o príncipe é soberano no seu reino, fundada na Paz de Westfália, de 1648, como a principal defesa face ao desejo de Império acaba sendo duramente questionada. O unilateralismo e a defesa intransigente dos interesses próprios, em detrimento da segurança coletiva, acabarão por impor o alinhamento automático e o risco da guerra preventiva[24].

Os impérios voltam à história.

O anúncio do admirável mundo novo

Enquanto em Moscou, em agosto de 1991, os carros blindados do Ministério do Interior, força repressora outrora temível utilizada pelos stalinistas, esmagava a rebelião do Partido Comunista contra Mikhail Gorbachov, no Ocidente o presidente George Bush, pai, comemorava a vitória americana na Guerra Fria. Em apenas alguns dias, no fim do mesmo ano, a URSS desapareceria. Ao mesmo tempo, o presidente americano, liderando uma vasta coligação mundial contra o Iraque de Saddam Hussein, anunciava uma *Nova Ordem Mundial*, marcada pela imposição do direito das nações, a vitória do livre mercado e da democracia. Em nome desta Ordem Mundial era lançada contra o ditador do Iraque uma vasta operação militar visando libertar o Kwait e garantir a segurança energética do Ocidente[25].

A maioria dos observadores e estudiosos no Ocidente apressou-se em marcar como o principal elemento da Nova Ordem Mundial o fim do socialismo de Estado e a conseqüente hegemonia americana, com seus valores e objetivos – o que recebeu seu aval no plano das idéias com o sucesso mediático do conceito de *fim da história*, em decorrência do fim das ideologias, da chamada fratura da civilização ocidental entre um mundo capitalista e outro socialista[26].

Uma outra mudança radical, operada desta feita nos países centrais do capitalismo avançado, era, no entanto, esquecida. Tratava-se, desde a chegada ao poder de Margareth Thatcher e Ronald Reagan, em 1979 e 1981, respectivamente, do fim do *Estado de Bem-Estar Social* – uma versão administrada do capitalismo, limitado em seus aspectos mais agressivos e cíclicos por uma associação tripartite entre Estado/

Grande Capital/Sindicatos –, que havia garantido a riqueza e a paz social do Ocidente, depois de 1945, por quatro décadas, justificando a denominação de "os trinta gloriosos anos" para o período imediato ao pós-guerra.

Na verdade, o que se via era a intensificação da luta ideológica, agora sob a forma de negação de quaisquer ideologias, como se o pensamento neoliberal – a crença fundamentalista no mercado, na resolução de todas as questões sociais através da ótica do ganho fácil – fosse a resposta natural para as questões que assolam a condição humana. Mesmo ante as crises econômicas ou sociais – no seu aspecto financeiro mais espetacular, como a derrocada completa de países em face aos chamados *ataques especulativos* – impunha-se o fundamentalismo liberal como um *pensamento único*.

No Ocidente, puxado pelo crescimento centrífugo dos Estados Unidos, a idéia do fim da história chegou a ser quase dominante, comemorando-se o fim do devir histórico – com suas crises, guerras, etc. – em face de um reino pacífico, auto-regulável, erguido sobre as bases de uma sociedade de consumo de massas permanentemente em expansão. Assim, regimes liberais-representativos, baseados na economia de mercado e em valores comuns herdados da Revolução Americana de 1776 e da grande Revolução Francesa de 1789, não deveriam se enfrentar, substituindo a competição deletéria pela colaboração, com a ampliação dos grandes espaços transnacionais – União Européia, Nafta, quem sabe em breve a Alca – e a organização de grandes organismos gestores multinacionais, como o FMI renovado e, principalmente, a nova Organização Mundial do Comércio, OMC, agora com a adesão da China Popular. Os ideais do fim do século, e do milênio, coincidiriam com esta nova ordem mundial, identificada com a globalização, entendida como a generalização dos critérios econômicos liberais aplicados às mercadorias e aos fluxos de capitais – embora não aplicáveis às pessoas – bem como na universalização e absolutização dos valores éticos do liberalismo, em especial a condenação dos regimes autoritários de tipo personalísticos (Fidel, Milosevic, Saddam, etc.). Tal unificação liberal do mundo seria a alma do fim da história, é a base de uma *política, ou doutrina, do alargamento* da hegemonia americana sobre o mundo. Alargamento e Império seriam assim o cara e coroa do novo domínio mundial americano.

Nos cinemas explodia como grande sucesso, ganhador de um Oscar, o filme *Wall Street*, de 1987, dirigido por Oliver Stone, em que as chamadas reformas estruturais – a flexibilização dos direitos trabalhistas e a demissão de trabalhadores – colocam face a face pai e filho, dois estilos de vida, dois mundos diferentes: um velho sindicalista e um novo empresário, *yuppie* inteiramente dedicado à especulação e ao ganho fácil.

Quase imediatamente em todos os países da periferia – de Manilha até Quito – despontava uma elite de tecnocratas voltados para a gestão dos fluxos de capitais, do dinheiro de plástico e das imensas operações com fundos de pensões. Convertidos ao credo neoliberal, remunerados com uma parafernália crescente de *gadgets* de *griffe* e aparelhos cibernéticos, viam o mundo – e não importava se estavam em uma janela em Djacarta, São Paulo ou Kinshasa – como se estivessem na Ilha de Manhattan. Tal como os funcionários cipaios dos britânicos na época do Império das Índias, defendiam estes *novos cipaios* uma visão única do mundo, voltavam as costas a qualquer imperiosidade social e muito rapidamente foram recrutados para os principais cargos de gestão do Estado. Coube a estes homens a tarefa de desmonte das estruturas de intervenção e gestão – imitações pálidas do Estado de Bem-Estar Social – que sobreviviam na periferia do mundo ocidental, ou, em outros casos, no desmonte apressado e orgiástico das estruturas do socialismo real. Em muitos países, como na Iugoslávia, Polônia ou mesmo Rússia, chegou-se a importar homens vindos do Ocidente para gerir tal desmonte, como na famosa, e breve, ida de Domingos Cavallo para Moscou.

As realidades mundiais, entretanto, teimavam em recusar o fim da história. Assim, as crises econômicas varriam o mundo – agora denominadas de ataques especulativos –, deixando na sua esteira a crise de inúmeras ditaduras que cediam ao peso da inépcia e da corrupção, desde os chamados tigres asiáticos até as Filipinas e Indonésia. A concorrência entre áreas de dominação na África – choque do imperialismo francês, em retirada, e avanço dos interesses anglo-americanos – acelerava a crise na região dos Grandes Lagos africanos – de Ruanda até o Congo, culminando no mais brutal genocídio que o continente conheceria, em 1994. Da mesma forma, a história teimava em se repetir bem no centro da Europa: de um lado, sob a forma da ressurgência do fascismo – com a multiplicação de grupos e ações neofascistas até a ida para o poder de um partido notoriamente fascistizante, como no caso da Áustria, onde o *Freie Partei Österreich* chega em segundo lugar nas eleições de 1999; de outro lado, sob a forma a mais clássica de guerra de conquista, como nos territórios da ex-Iugoslávia ou na Chechênia[27]. Um tanto perplexos perante uma resistência da história em aceitar o seu fim, como queria Francis Fukuyama, uma nova interpretação ganhou vulto junto aos políticos e *mass-media* através da obra de Samuel Huntington, de 1996, intitulada *Choque de Civilizações*. Do fim da história restava apenas a paz no interior do bloco ocidental, não mais dividido pela fratura ideológica esquerda *versus* direita (esta superada, como já afirmara F. Fukuyama, malgrado a reafirmação contínua de uma díade essencialmente marcada pela diferença entre a lógica dos negócios e a imperiosidade da justiça social, obrigando a pensar que ao menos existem corações de esquerda e de direita)[28]. Postulava-se agora um mundo ocidental unificado pela cultura, sendo cultura o cristianismo e a herança liberal, os traços fundantes do Ocidente. Face a este bloco civilizatório dominante erguer-se-iam os blocos rivais, e mesmo inimigos: o islâmico, o oriental – chinês –, o africano, etc. Assim, os conflitos do futuro deixariam de ser marcados por rupturas ideológicas – nem pensar na concorrência econômica interimperialista que fizera a história do século XIX e XX – e sim pela competição civilizatória entre o Ocidente e os não-ocidentais, *the West and the rest of the world*[29].

A supremacia do Ocidente expressar-se-ia na sua capacidade de impor seus objetivos e, acima de tudo, seus valores ao mundo, como a única garantia de paz e prosperidade. Um mundo unificado pelos valores ocidentais seria, desta forma, um mundo pacífico, como teria se tornado pacífico o conjunto ocidental com a imposição dos valores liberais e do cristianismo.

Para os idealizadores da política externa americana, tal conjunto de idéias servia de forma instrumental para amparar os interesses americanos, justificando a intervenção em áreas sensíveis (no Oriente Médio, contra o Iraque, ou na Europa, contra a Iugoslávia), e servia ainda para justificar o abandono de áreas não-sensíveis, como no caso do genocídio nos Grandes Lagos (Ruanda *versus* Burundi) ou na Somália[30].

A incorporação de tal ideário ao cotidiano ocidental – dos núcleos formuladores de políticas de poder até o entretenimento – marca profundamente os anos ´90. Assim, a formulação da chamada *Doutrina Clinton* – enquanto conjunto de diretivas estratégicas visando orientar a política externa americana –, em abril de 1999, no aniversário de criação da Nato –, ou a declaração da supremacia cristã (e católica) pelo papa, em setembro de 2000, marcariam os ápices da liderança ocidental sobre as demais civilizações do planeta[31].

A Nova Ordem Mundial faz sua aparição com a ação desencadeada pelo Ocidente, através da Nato, em 1991, ainda no governo Bush, pai, contra o Iraque, mas tem sua formulação mais completa sob a Administração Clinton. Em abril de 1999, na reunião comemorativa dos cinqüenta anos da organização militar do Ocidente, Clinton anuncia os novos objetivos estratégicos da aliança: o combate às tiranias – todas as formas não-liberais representativas -; às ameaças aos direitos humanos; ao narcotráfico; e à destruição do meio ambiente. É a explicitação da chamada Doutrina Clinton – a formulação de uma doutrina estratégica dos Estados Unidos, e que deveria marcar a permanência democrata na Casa Branca, marcando a gestão Clinton-Al Gore.

Embalando-se na aceitação "politicamente correta" da Doutrina Clinton, o vice-presidente Al Gore avançou – como nenhum político com responsabilidade de gestão global havia até então avançado – numa plataforma de promoção da *causa verde* e dos direitos humanos enquanto instrumento global de política.

Tal opção acaba por contrariar dois grupos fundamentais do ambiente político americano. De um lado, os interesses industriais voltados para a manutenção do crescimento inédito da economia americana sob Clinton, em especial da indústria de energia fóssil, que vão abandonar rapidamente Clinton/Gore e desembarcar na candidatura Bush/Cheney, altamente comprometida com as empresas de energia. Para os interesses industriais tradicionais, a perspectiva de um longo período de transição, com a incorporação de novas tecnologias não-poluentes, surgia como um ônus por demais elevado. Assim, os grupos vinculados a vastos setores, da energia elétrica até a exploração de petróleo, viram-se órfãos num possível governo Al Gore, além de todos os setores industriais poluentes, que seriam obrigados a imensos gastos para "limpar" os dejetos industriais. Grandes companhias, como a *Enron*, aceleraram investimentos e propaganda nos méritos dos combustíveis fósseis, e outras – como a *El Paso* – lançaram regiões inteiras dos Estados Unidos, como a Califórnia, numa vasta crise energética, visando pressionar a legislação antipoluição. De outro lado, a direita do Partido Republicano e a *new New Right* – a direita fora de partidos tradicionais e agrupada em organizações como a *Christianity Identity* até as milícias armadas, como a *Aryan Nation* – viram-se em situação excepcional para denunciar Clinton/Gore como uma administração antiamericana, controlada pela ONU e contrária aos mais importantes princípios morais americanos (a luta de Al Gore contra o livre porte de armas, a favor do aborto, da incorporação de *gays* nas forças armadas, etc.). Tudo isso tendo como pano de fundo os escândalos pessoais da família Clinton, permitindo desta forma que Bush unificasse o campo da direita americana, fraturado desde a Administração Nixon.

Aos poucos uma nova moral conservadora avança e começa a tornar-se majoritária no país. Nos cinemas de todo o mundo explode um sucesso retumbante: *Independence Day* – do diretor Robert Emmerich - o mundo ameaçado por temíveis ETs assassinos – o *outro* por excelência - é salvo da destruição pela ação destemida dos Estados Unidos e doravante o *4 de Julho* não é mais (ou apenas) o dia da independência da nação americana e, sim, de todo o mundo! Assim, a interdependência dos povos e os limites da soberania impostos pela liderança americana mostram seu lado benfazejo, ao mesmo tempo que os valores políticos e éticos dos fundadores da América se tornam valores de todo o mundo, consolidando o caráter americano enquanto *Império*, com sua ação espraiando-se acima dos demais Estados-Nações. Os grandes inimigos do *Império* estão fora do bloco civilizatório do Ocidente, são os *países párias*, tais como a Líbia, Sérvia, Iraque, Irã, Coréia do Norte, Sudão, Afeganistão ou Somália, entre outros.

No caso dos direitos humanos, a doutrina Clinton variou enormemente entre a imposição dos valores éticos ocidentais – como no caso de Kosovo e do Iraque – e o pretenso reconhecimento da especificidade das culturas não-européias, criando grande ambigüidade em relação à extensão da soberania destes países. Assim, a repressão política na China Popular, os campos de trabalho forçados, o abandono e morte de bebês-meninas, bem como o risco permanente de guerra com Formosa estariam no âmbito da diferença cultural, bem como a repressão dos nababos árabes, a discriminação contra mulheres, inclusive a circuncisão feminina, o total desrespeito de quaisquer regras de direito. Por outro lado, os regimes sérvio, líbio ou cubano seriam tiranias intoleráveis. Ao fundo a diferença residiria no imenso peso geopolítico e econômico da China Popular e no papel estratégico das reservas petrolíferas do Golfo Pérsico. Mesmo brandindo o gládio da defesa dos direitos humanos estaríamos, tal qual no século XIX, em face de pura e simples *realpolitik*, marcando claramente os limites entre interesses estratégicos e ideologia em política externa.

Rapidamente os novos temas, como vimos, até então desconhecidos numa agenda de política externa passam à ordem do dia. Tal como nos Impérios clássicos, a expansão da criminalidade começa a preocupar os principais formuladores da estratégia internacional.

Grande parte de tal receituário, praticado sob Reagan e impingido aos países latino-americanos pelo chamado *Consenso de Washington* e ao resto do mundo pelas exigências do FMI, sob a administração George Bush, pai, geraria, simultaneamente, uma expansão sem precedentes do comércio mundial, com uma circulação de riquezas em volume e rapidez nunca vistos, e, também, uma explosão do desemprego, do subemprego e do emprego de má qualidade – a expansão da informalidade. Da mesma forma, a retirada do Estado-nação, enquanto gerente, de inúmeros setores estratégicos de países em desenvolvimento acaba por desestruturar a existência de instituições que funcionavam como anteparos sociais em países de estrutura social injusta e desigual, levando tais países a um notável estado de falência e anomia. Ao somar-se a isso os efeitos das volumosas dívidas externas, cujo pagamento impõe a tais países a condição de exportadores de capitais, a retirada do Estado-nação dos setores estratégicos – serviços sociais, infra-estrutura, forças policiais, etc. – criam-se então as condições para uma virtual falência das funções básicas do Estado moderno. Tal foi o quadro que se abate sobre um grande número de países emergentes depois de praticarem mais de dez anos de receituário neoliberal. O caráter caótico do impacto neoliberal sobre as estruturas sociais de nações inteiras torna-se bem visível, em especial, em 1997, com a crise asiática, quando a partir de julho países considerados modelos do neoliberalismo – os chamados "bons alunos", malgrado seus regimes autoritários, como a Tailândia, a Indonésia, a Malásia, as Filipinas e a Coréia do Sul – foram duramente abatidos. A onda de crises expandiu-se, a partir de 1997, para a Rússia, México, Turquia, Brasil e Argentina, já no final do ano de 2001.

O rastro deixado pela crise é o aprofundamento do endividamento, a destruição das estruturas financeiras nacionais, a paralisia da economia e conseqüentemente o aumento do desemprego, a desorganização das classes médias e o aumento geral da pobreza. Assim, o legado neoliberal, depois de vinte anos de reformas ditas estruturais, é o aumento da desordem mundial, a falência de vários Estados-nacionais, como o caso da Argentina, e o crescimento, no interior destes, de núcleos gigantescos de "ingovernamentalidade", com a expansão da miséria, do narcotráfico, do contrabando de todos os tipos e das novas ideologias radicais, como os fundamentalismos, as igrejas eletrônicas e o neofascismo.

Eis aqui um ponto fundamental: as imposições derivadas da assunção do receituário neoliberal em vários países, em especial na América Latina, levam invariavelmente à retirada ou extinção de inúmeras atividades típicas do Estado, com uma verdadeira renúncia em fazer qualquer tipo de política de desenvolvimento. O Estado-nação diminui, encolhe e retira-se de inúmeras atividades nas quais exercia, na maioria das vezes desde meados dos anos de 1930, um papel incentivador, normativo ou mesmo empreendedor. Aplicando a países como Brasil, Argentina, Equador, Indonésia ou Filipinas a mesma lógica aplicada a países como Inglaterra ou Itália, criavam-se as condições de uma imensa crise social e política. Ao contrário da Europa desenvolvida, para a qual falavam os gurus neoliberais como Hajek ou Fridman, nos países da periferia a fome, o analfabetismo, a ausência de infra-estrutura básica eram – e ainda é – uma realidade. Assim, retirar o Estado, ou diminuir sua atuação, no caso da América Latina, da África ou do Sudeste Asiático, equivalia a lançar milhões de pessoas na mais completa pobreza. A ausência de políticas públicas nas áreas de saúde ou educação, em especial, aceleram as epidemias de AIDS, em especial na África, e aprofunda a segmentação entre ricos e pobres a partir de uma escola pública falida e aterrorizada pela violência, como na América Latina.

As grandes cidades da periferia do mundo desenvolvido, Djacarta, Manilha, Bogotá, Kinshasa, Rio de Janeiro, São Paulo, Buenos Aires, entre tantas outras, viram seus serviços básicos – ensino, saúde, lazer – degradarem-se rapidamente, ao mesmo tempo que a diminuição do Estado e o fim das barreiras alfandegárias, levando à desindustrialização de amplas regiões do mundo, criavam bolsões de desempregados e marginalizados. No Estado neoliberal apregoado como a última maravilha do mundo só a polícia tinha um papel garantido.

São em tais bolsões de miséria que se desenvolvem todos os fundamentalismos possíveis, onde o narcotráfico recruta seus soldados juvenis, onde a AIDS torna-se avassaladora e o crime organizado deita as raízes mais profundas. Aos poucos, regiões inteiras – seja em Mogadiscio, Rio de Janeiro ou Cáli – tornam-se presas do crime organizado, com o desafio aberto à ordem pública.

Na Europa a resposta dada pelos grandes centros urbanos, com uma imensa população jovem desempregada, é a expansão da extrema-direita fascistizante, como nos bairros industriais decadentes de Liverpool ou Manchester. Na Alemanha, Itália, Espanha ou Federação Russa os jovens são conquistados para organizações extremistas que odeiam estrangeiros e votam em políticos xenófobos, como Le Pen ou Berlusconi. Nos Estados Unidos expandem-se as seitas eletrônicas e o fundamentalismo, inclusive islâmico, e escolas, creches e as ruas tornam-se palco de sangrentos exercícios de *serial-killer*, como em *Columbine High School* ou do franco-atirador de Maryland/Washington.

O narcotráfico, favorecido pela livre circulação de capitais, pelas contas numeradas e os paraísos fiscais, assume o controle de *slums*, favelas, bairros, cidades e ameaça países inteiros, na Ásia Central e na América Latina. Em muitos países, como Colômbia, Brasil ou Tadjiquistão, a principal *causa mortis* de jovens do sexo masculino é o enfrentamento entre traficantes e a polícia ou entre traficantes de gangues rivais.

Tal expansão da insegurança e da desordem tornar-se-á, por sua vez, um dos fatores obsedantes da política externa dos Estados Unidos e da Europa, preocupados no voltar-se contra eles mesmos – na forma de terrorismo, migrações incontidas, contrabando, tráfico de drogas – os efeitos destrutivos da hegemonia neoliberal[32].

Lamentavelmente, como veremos, tais elites fundamentalistas liberais e seus seguidores – os *novos cipaios* - mostrar-se-ão incapazes de perceber que o mundo só será seguro quando for seguro para todos.

A Grande Virada: a Doutrina Bush

Após dois mandatos sucessivos de Bill Clinton, o mundo acostumara-se a um misto de *realpolitik* e de velhos e bons princípios wilsonianos – a defesa coletiva baseada numa ética como traço marcante da política externa dos Estados Unidos. Assim, ao lado da defesa intransigente de seus interesses nacionais, Clinton e seus democratas esboçaram uma doutrina de relacionamento internacional que alinhava livre acesso aos mercados mundiais, boa dose de protecionismo ao mercado nacional, com a luta contra o narcotráfico, a defesa dos direitos humanos e a salvaguarda dos santuários ecológicos do planeta. No plano interno, Clinton-Al Gore identificaram a crise da matriz energética fóssil e buscaram investir em formas alternativas de energia, fortalecendo a mística de politicamente corretos. Da mesma forma, investiu-se pesado na chamada Nova Economia, apontando para o futuro dos Estados Unidos com a pesquisa avançada em energia alternativa e informática. Foi desta forma – somada às ambições e dificuldades pessoais de Clinton – que os EUA agiram na Somália, na Bósnia, em Kosovo, em Timor e – ao mesmo tempo – atacaram seguidamente o Iraque, o Sudão e o Afeganistão, além de avançarem na pacificação da Irlanda do Norte e do Oriente Médio, onde quase obrigaram as partes em conflito a assinar um acordo de paz, o qual nenhum dos atores em cena queria, ou ainda na promoção do Protocolo de Kyoto.

A eleição de G. W. Bush, em 2000, veio mudar, e de forma radical, o cenário desenhado pela administração anterior. Nos primeiros dias restava ainda uma esperança de acomodamento: eleito pela diferença de apenas um punhado de votos da Flórida, ameaçando de descrédito as instituições nacionais, Bush deveria compor com seus adversários um governo de aceitação nacional. Não foi isso, bem ao contrário, o que se viu. Cioso de seu poder e de sua "vitória" – comprimido por uma comparação freudiana de concorrência com a figura paterna –, Bush optou pela formação de um governo conservador, cedendo espaço para figuras "fundamentalistas" do Partido republicano: velhos políticos dos governos Reagan e Bush (pai) foram chamados de volta, em especial para a ONU, para os cargos voltados para a América Latina e os escalões intermediários da Secretaria de Defesa e de Estado.

No conjunto conservador formado por Dick Cheney, Donald Rumsfeld e John Aschcroft e Condoleeza Rice destoava apenas o Secretário de Estado Colin Powell – o general que não gosta de lutar, conforme a maldosa afirmação de Madeleine Albright. A nova equipe conseguiu, entre janeiro e setembro de 2001, conduzir os EUA para uma política externa altamente concentrada em seus próprios interesses, o que a crítica mundial denominou de unilateralismo e o próprio Departamento de Estado chamou de *multilateralismo à la carte*: os Estados Unidos se reservavam o direito de analisar cada situação mundial e agir conforme seus interesses, independentemente de acordos ou restrições do direito internacional. Assim, em poucos meses o país recusava o Protocolo de Kyoto, a Convenção sobre Armas Portáteis, as restrições ao uso de minas terrestres, o controle sobre armas químicas de destruição de massa, a montagem do Tribunal Penal Internacional, ou o acordo de limitação de mísseis com a Rússia, etc. Poucas potências exerceram com tamanho desembaraço o poder mundial de que dispunham. Nos cenários mais conturbados os Estados Unidos simplesmente recusavam-se a agir ou escolhiam uma linha política própria, sem consulta aos aliados interessados ou aos organismos mundiais[33]. Foi assim no Oriente Médio onde o discurso devastador de Ariel Sharon foi incorporado plenamente pela nova equipe ou, ainda, no Extremo Oriente, onde a China Popular – potência emergente – foi tratada com descaso e arrogância, culminando na maior crise política entre os dois países em trinta anos.

Ao mesmo tempo, cientes do poderio econômico da União Européia e da China Popular, os Estados Unidos trataram de organizar as condições de garantir o futuro de "seu" próprio espaço econômico, acelerando o relançamento da Alca – ainda mais restritiva aos interesses dos potenciais parceiros do que na administração anterior – e construindo as pontes para uma unificação do espaço Pacífico/Américas, como alternativa aos complexos europeus e asiático-continental. Claro, haveria sempre os recalcitrantes: de um lado, a China Popular, e, de outro, o Brasil. Problemas desiguais no peso, na forma e, conseqüentemente, no tratamento.

Independentemente do varejo de medidas unilateralistas, algumas vezes arrogantes, praticadas por Washington entre janeiro e setembro de 2001, existia, desde a campanha eleitoral, um vasto plano de ação, uma verdadeira revolução estratégica como nova política americana. Dois eixos centrais deveriam ser contemplados:

1. a modernização e desenvolvimento das capacidades militares americanas;
2. a aquisição de reservas petrolíferas suplementares capazes de garantir o abastecimento da economia americana.

A equipe montada pela Casa Branca possuía, desde longo tempo, as credenciais básicas para organizar o novo projeto estratégico americano: larga experiência na Administração Reagan e Bush, vínculos notórios com grandes empresas petrolíferas e fabricantes de armamentos. Para a realização do primeiro objetivo – a modernização das forças armadas americanas – cabia reverter dramaticamente as prioridades do governo Clinton, que havia reduzido as forças armadas e optado pela corte de despesas[34]. Os grandes déficits acumulados desde a Era Reagan são transformados em saldos e iniciaram-se grandes investimentos em saúde e educação. Bush reverte rapidamente o quadro, visando a construção das forças armadas do futuro, conforme declara[35]. Para a realização de tal objetivo, a nova administração busca os seguintes objetivos:

i. assegurar a invulnerabilidade do território americano, construindo um escudo antimísseis;
ii. assegurar a manutenção da superioridade americana em armamento de ponta;
iii. assegurar a capacidade americana de impor sua vontade a potências regionais.

Tais objetivos deveriam ser alcançados através da ótica da chamada *revolução do pensamento militar, a R.A.M.*, com o uso sistemático de modernos instrumentos da informática, de sensores e material furtivo, impondo a lógica do chamado *olho negro – sensores que acompanham do espaço qualquer movimento feito na terra.* O conjunto dessas tecnologias militares deveria viabilizar a capacidade americana de projetar sua potência, ou seja, a capacidade de deslocar para territórios longínquos forças poderosas capazes de triunfar sobre qualquer adversário. Assim, *novas tecnologias* e a potencialização da *capacidade de projeção rápida do poder militar* tornam-se, desde janeiro de 2001, os novos objetivos da estratégia americana. Entretanto, tal capacidade nada significaria se o contorno do estrangulamento energético da economia continuasse a se delinear no horizonte (como a crise energética na Califórnia ou a Santuarização do Alasca, onde uma resolução do congresso americano impede novas explorações petrolíferas). Os relatórios do grupo de trabalho sobre energia, dirigido por Dick Cheney, mostram que a dependência americana de petróleo estrangeiro chegará a 66% em 2020, levando o país a importar 16.7 milhões de barris-dia (contra 10.4 milhões hoje). Para realizar este segundo desiderato da nova administração coube ao vice-presidente, Dick Cheney, um homem do mundo dos negócios petroleiros, formular os objetivos básicos:

i. aquisição de novas reservas de petróleo no exterior: as grandes empresas americanas do setor não possuem, hoje, reservas para mais do que 15 anos, enquanto que países como o Iraque possuem reservas para mais de cem anos;

ii. pacificar as áreas atuais de produção: alcançar a segurança e garantir o livre acesso às áreas de produção, principalmente evitando o chamado custo bélico do barril, que multiplica – em função dos gastos militares – por três o preço atual do barril;

iii. aumentar a diversidade geográfica de fontes de abastecimento: a elevada concentração de jazimentos no Oriente Médio, com a decepção sobre as dimensões das reservas no Mar do Norte, impõe a necessidade de explorar novas áreas, como a Ásia Central e a Bacia do Orinoco;

iv. assegurar o pleno domínio americano sobre as novas áreas: os grandes jazimentos atuais estão, em verdade, em mãos não confiáveis para os americanos: Venezuela, com Hugo Chaves; Líbia, com Muamar Khadafi; o Irã, com os xiitas, e o Iraque, até então, com Saddam Hussein, além de uma forte desconfiança sobre sauditas e russos, o que faz com que as fontes petrolíferas sejam consideradas inseguras;

v. modernizar e aumentar a capacidade de exploração dos jazimentos em serviço: vários países produtores, como a Arábia Saudita e a Venezuela, negam-se a aumentar a produção, mantendo o controle da OPEP sobre o mercado, enquanto outros, como a Líbia e o Iraque, estão com uma infra-estrutura de produção envelhecida, cuja renovação aumentaria a capacidade produtiva, além de garantir elevados lucros para as indústrias de equipamentos americanas[36].

O ataque de 11 de setembro de 2001 veio alterar profundamente o quadro, porém não o subverteu[37]. Bem ao contrário, as alterações foram em direção a um recrudescimento das ações unilaterais dos Estados Unidos. As ofertas do Conselho de Segurança da ONU, da Nato e, mesmo, do Tiar enquanto quadros do direito internacional para agir contra o terrorismo foram, todas, ignoradas pela administração americana. No agora já famoso discurso no Capitólio, em 20 de setembro de 2001, frente aos congressistas e ex-presidentes americanos, Bush reafirmou com infelicidade sua "cruzada" contra o terrorismo e a intenção, sem mediações, de pôr em prática uma política puramente americana de aniquilamento do Terror: não haveria enganos, quem não estivesse com a América seria considerado inimigo!

A reação européia definiu-se pelo esfacelamento de qualquer tentativa de uma política "européia" unificada de defesa, com uma sucessão de ações isoladas dos grandes parceiros dos Estados Unidos. No conjunto, destacava-se a Inglaterra, desde o primeiro momento alerta, cooperativa e cheia de iniciativas, tanto no sentido de punir os culpados quanto na clara limitação dos arroubos belicistas de Donald Rumsfeld e seu grupo. A atuação de Tony Blair acabou por criar, nos primeiros dias da crise, uma entidade anglo-saxã pronta para dirigir o planeta, e de certa forma Blair foi o *US´s prime-minister*, colocando ao dispor da América dois séculos de experiência com o Mundo Islâmico. A França, pega de surpresa, encolhia-se, para em seguida liderar, isolada, junto ao Conselho de Segurança da ONU, a resistência a uma disseminação da guerra; enquanto isso a Rússia de Putin, senhora da maior experiência existente no confronto com o terrorismo na Ásia Central, avolumava-se em prestezas aos Estados Unidos.

Dois países foram, por sua vez, hábeis para buscar na crise as condições de construir um espaço novo de ação, libertando-se de entraves herdados do passado recente: Alemanha e Japão. Ambos, despidos dos medos e das culpas decorrentes do genocídio e do militarismo na II Guerra Mundial, apressavam-se para tornar-se parceiros – inclusive militares – hábeis dos EUA. Não haveria, tão cedo, chance tão boa para romper com as cadeias e os complexos que limitavam suas ambições mundiais. Entretanto, tal parceria deveria ter limites. Assim, a Alemanha (social-democrata e verdes no poder) decide-se pelo envio de tropas ao exterior (África e Ásia Central), porém afasta-se radicalmente de qualquer ação punitiva contra o Iraque, desenhando assim, tal como já fizera o III Reich, um perfil de país amigo do mundo árabe; o Japão – cujo primeiro-ministro reverenciara os militares mortos na II Guerra Mundial acusados de crimes de guerra – consegue alterar a Constituição no sentido de utilizar suas forças armadas fora da tarefa exclusiva de defesa nacional, e avança em direção a uma atuação maior na ocupação do Iraque. Ao mesmo tempo, os atritos com a Coréia do Norte começam a avolumar-se no Mar da China, criando um novo centro de tensão internacional. Entretanto, devido as condições estratégicas diferenciadas da Coréia do Norte, e a ausência do fator petróleo, a política norte-americana conserva-se moderada na região.

A Guerra no Afeganistão, em 2001, embora sem atingir seus objetivos – a captura ou morte de Bin Laden, a formação de um governo estável – foi rápida; já o conflito – a *Guerra contra o Terrorismo* - deverá ser longo, sinuoso e nem sempre visível. A guerra econômica contra a Somália, Yemen e o Isudão, deslanchada logo após os terríveis atentados de 11 de Setembro, com possibilidades reais de evolução para uma situação de guerra aberta em algum desses países, ainda não apresentou resultados confiáveis, em grande parte devido à resistência americana e britânica em controlar paraísos fiscais e fluxos de capitais. O treinamento e o reconhecimento do terreno nas Filipinas (contra o grupo Abu Sayaff) prosseguem muito rapidamente, sem contudo evitar a extrema mobilidade de tais terroristas. No Líbano, Indonésia, Yemen e Sudão são alvos de várias operações encobertas. Abandonam-se os palestinos a um maquiavélico plano de aniquilamento por Ariel Sharon, além de buscar-se narcoterroristas na Colômbia, descobrirem-se células da Al-Qaeda na Tríplice Fronteira do Brasil, Argentina e Paraguai, etc., demonstrando a dimensão planetária da nova guerra assimétrica.

O ponto alto, contudo, da Guerra contra o Terrorismo foi, de forma inexplicável para os especialistas, o ataque ao Iraque. Sem qualquer prova concreta de envolvimento do país nos atentados de 11 de Setembro ou de, realmente, possuírem armas de destruição em massa, a Guerra contra o Iraque em 2003 causou profundo impacto nas relações internacionais, obrigando países como a França, Alemanha, Rússia e China Popular a reorganizarem suas prioridades e considerarem a política externa norte-americana o principal elemento de instabilidade internacional.

Na verdade, o consenso patriótico/fundamentalista/empresarial em Washington avaliou a guerra no Iraque apenas do seu ponto de vista, esquecendo de considerar um ensinamento básico de Clausewitz: o outro lado. De certa forma, com informações e inteligência fornecidos por burocratas ineptos ou oposicionistas há décadas exilados no Ocidente, os Estados Unidos procuraram dois objetivos básicos na Guerra do Iraque: i. uma reconfiguração estratégica do Oriente Médio, criando uma base permanente de operações, desestabilizando a Síria e o Irã, envolvendo a Arábia Saudita numa ameaça de perda de relevância estratégica e, enfim, viabilizando um projeto de segurança de Israel; ii. adquirir segurança de vastíssimas reservas de gás e petróleo, garantindo os estoques e interesses das grandes companhias americanas, todas conectadas com os homens no poder em Washington.

O que não estava previsto foi a resistência iraquiana, e a persistência da idéia nacional, que mesmo com a morte dos filhos de Saddam Hussein e de sua captura não perdeu qualquer impulso. Assim, hoje, os Estados Unidos estão envoltos em uma guerra assimétrica na qual mostram grande despreparo, e são rejeitados pela maioria da população que afirmam ter "libertado"[38].

Tudo encontra amparo em uma nova formulação de Condoleeza Rice: ao contrário da Guerra Fria, as armas de destruição em massa – de posse dos EUA ou da URSS – não mais são capazes de dissuadir um ataque. Na ordem mundial bipolar existia um equilíbrio de terror, a situação MAD, que garantia uma resposta devastadora para qualquer ato de agressão ao coração de uma das duas superpotências. Depois de 11 de setembro de 2001, a situação inverte-se bruscamente. O inimigo, uma rede difusa, acéfala e múltipla – o *Estado-rede* da Al Qaeda, por exemplo, não possui alvos a proteger e temer de destruição, a resposta devastadora não pode alcançar o terrorismo sem rosto, sem população e sem território. O novo *Estado-rede* terrorista é invisível e fortalece seu poderio a cada ação espetacular. Assim, somente a prevenção através de ações rápidas, mesmo fora dos quadros do direito internacional, localizando o risco terrorista e atacando-o antes de se manifestar, seria capaz de tornar o mundo mais seguro. As proposições de Rice são plenamente encampadas no discurso de Bush em 30 de janeiro de 2002 sobre o *Estado da União*, quando formula a nova doutrina, pela qual caberia aos Estados Unidos o direito de ataques preventivos a países – nomeia-se claramente o *eixo do mal*: Iraque, Irã e Coréia do Norte – que tenham condições de desenvolver armamentos capazes de pôr em risco a segurança americana.

Doutrina Bush: todos os homens (e uma mulher) do Presidente!

Os presidentes americanos tradicionalmente, ao buscar eficiência e experiência, buscam seus funcionários entre executivos das grandes empresas multinacionais. Talvez tenha sido Dwight D. Eisenhower o presidente que nomeou o maior número de executivos para seu gabinete, levando ao chiste de que o governo era uma reunião de "...oito multimilionários e um bombeiro-mecânico" (no caso, Martin Durkin, Secretário do Trabalho). Eisenhower reuniu em sua administração de Foster Dulles, Secretário de Estado – executivo da empresa bananeira *United Fruit* – até Charles Wilson, presidente da *General Motors*, e Secretário da Defesa[39].

O presidente George W. Bush seguiu a mesma tradição, trazendo, contudo, uma novidade: o caráter largamente vinculado aos setores de energia e de armamentos dos auxiliares escolhidos. Assim, vários dos novos funcionários da Casa Branca possuem fortes vínculos com setores diretamente interessados nos objetivos estratégicos contidos na nova política externa americana.

Existe, ainda, uma outra novidade na equipe de Bush: enquanto a maioria dos presidentes criava um grupo palaciano autônomo — como foi o caso de Kennedy e de Nixon —, com Bush os mais próximos auxiliares do presidente são homens com cargos formais na estrutura de governo americano, evitando a dualidade de poder e as crises personalísticas no interior da administração. Este procedimento também garante maior coesão interna ao governo; com a notável exceção do general Colin Powell, todos os demais distinguem-se por seu extremo conservadorismo – em alguns casos de cunho religioso – e, ao mesmo tempo, seus estreitos vínculos com o mundo dos grandes negócios.

Podemos ver aqui alguns exemplos:

Vice-presidente, Dick Cheney: ex-Secretário de Defesa de George Bush, pai, possui uma longa experiência em política externa e profundos laços com a indústria do petróleo do Texas. Através da indústria texana, Cheney desenvolveu múltiplos contatos com as grandes empresas e as famílias vinculadas à exploração do petróleo árabe, em especial nos países moderados, como Arábia Saudita. Cheney é presidente da *Halliburton Company*, uma empresa que atua no setor de serviços petrolíferos de projeção planetária e que acabou recebendo, sem qualquer mecanismo de concorrência, as maiores contas derivadas da guerra e da ocupação do Iraque; é, ainda, membro do conselho diretor da *Landmark Graphics Corporation*, que produz *software* para a prospecção petrolífera; atua ainda na *Numar Corp.*, outra empresa de prospecção; é conselheiro da *Dresser Company*, especializada no uso de ressonância magnética na busca de jazimentos de petróleo, além de ter participação na instalação e gerência de oleodutos do Azerbaidjão, provenientes do Mar Cáspio. Por fim, possui interesses na *Brown & Roots*, subsidiária da *Halliburton*, responsável pela construção dos alojamentos americanos na Bósnia, Kosovo e no Golfo Pérsico, inclusive no Iraque. A maioria destas empresas encontrou um nicho de atuação nos escritórios do Pentágono, sob proteção de Rumsfeld e de Perle.

Secretário de Defesa, Donald Rumsfeld: com longa experiência em política externa e de defesa, é associado ao *Frank Gaffney's Center for Security Policy*, um *think tank* de extrema-direita, dedicado à promoção do programa *National Missile Defense*, o famoso escudo de mísseis para a defesa dos Estados Unidos continentais. Com a mesma função o *Empower America* apóia as atividades de Rumsfeld pró-*Iniciativa de Defesa Estratégica* e desenvolve uma violenta campanha contra senadores de oposição, duvidando do patriotismo dos críticos do principal programa de armas de Bush. Rumsfeld participa ainda de outras instituições de extrema-direita, como a *High Frontier* e a *Heritage*. Tais núcleos de reflexão, como o nome do primeiro indica, defendem a militarização do espaço, com o rompimento do Tratado Internacional de Não-Militarização do Espaço, de 1967, e a instalação de grandes estações orbitais que permitam aos Estados Unidos a vigilância e a ação imediata em qualquer ponto da Terra[40]. Todas essas instituições recebem apoio financeiro da *Lockheed Martin*, *Boeing* e da *TRW*, todas empresas aeroespaciais implicadas no programa de armas, como a Iniciativa Estratégica de Defesa, e numa futura expansão espacial em direção à Lua e a Marte, como anunciada por George Bush, no discurso do *Estado da Nação*, em 2004. Com tais apoios, Rumsfeld sempre agiu em política externa como feroz opositor de todo e qualquer controle de armas, principalmente de mísseis balísticos, minas terrestres, como do recém denunciado *Anti-Ballistic Missile Treaty*.

Richard Lee Armitage, assessor do Departamento de Estado: formado na *Naval Academy*, ex-veterano do Vietnam e amigo pessoal da família Bush, Armitage mantém estreito contato com o Secretário de Estado, servindo como emissário especial do governo americano. Foi membro do Conselho Diretor da empresa de armamentos *General Dynamics*.

John Bolton, Subsecretário de Estado para o Controle de Armas e Segurança Internacional: ligado à *American Enterprise Institute*, outro centro de reflexão conservador, representa as posições de extrema-direita em política internacional junto à Casa Branca. Especializou-se em desenvolver uma análise duramente crítica contra a China Popular, vista como o grande adversário americano no século XXI e alvo de uma nova política de enfrentamento, contrariando as diretrizes de Bush (pai) e Clinton. É contrário à política oficial americana de "uma só China", advogando o reconhecimento de Formosa como país independente (para o qual presta serviços como conselheiro e representante informal junto à ONU). Bolton é também um arquiinimigo da ONU, pregando a não-participação dos Estados Unidos em suas atividades coletivas, inclusive nos corpos de paz, considerando ainda o organismo como uma velharia do tempo da Guerra Fria, que apenas obsta a livre ação da América. Bolton defende a excepcionalidade e preeminência dos Estados Unidos, o que justificaria o unilateralismo da Administração Bush.

Gordon England, Secretário da Marinha: trata-se de um homem longamente experimentado no mundo dos negócios, com larga atuação nos setores de energia e eletrônica. Foi vice-presidente da *General Dynamics* – a empresa é a maior fornecedora de armas e sistemas eletrônicos para o Pentágono, tais como sistemas de informação, construção de belonaves, inclusive de submarinos nucleares, além de carros de combate para o exército. England trabalhou, também, na *Honeywell* para o programa *Gemini Space* e na *Litton Industries*, e no modelo *E-2C Hawkeye*, para a Aviação Naval. Como *vice-chairman* do *National Research Council Committee of the US Aerospace* interessa-se pelo desenvolvimento de armas futurísticas para novos teatros emergentes de conflito na era pós-soviética, em especial grandes plataformas orbitais, dotadas de sensores e armas ofensivas e defensivas, que venham, num futuro próximo, substituir as grandes forças-tarefa aeronavais como principal instrumento americano de projeção de força.

Andrew Marshall, diretor do Pentagon's Office of Net Assessment: homem de confiança de Dick Cheney e Donald Rumsfeld, foi escolhido por Bush para efetuar uma ampla revisão da natureza das futuras guerras, dos meios e forças necessários ao combate do século XXI. Marshall iniciou suas atividades como conselheiro de estratégia nuclear da *Rand Corporation*, onde desenvolveu o conceito de *Revolution in Military Affairs* (RMA ou RAM), conceito tomado do estrategista soviético Nicolai Ogarkov. Para Marshall a ênfase deveria recair nos sistemas concentrados de informações e armas de precisão pré-guiadas. A nova estratégia – conforme o famoso discurso de Bush em *Citadel*, uma academia militar na Carolina do Sul – deveria basear-se numa estação espacial capaz de controlar, via sensores, um teatro de guerra múltiplo e global. Marshall é ainda um dos mais fortes defensores da hipótese de ser a China a mais importante adversária dos Estados Unidos no século XXI[41].

James Roche, Secretário de Estado da Força Aérea: com larga experiência em assuntos de Defesa Nacional, Roche possui estreitas relações com a megaempresa de armamentos *Northrop Grumman Corporation*, propondo-se trazer para o cargo as qualidade de um guerreiro com a experiência de um homem de negócios; Roche é, ainda, presidente da *Eletronic Sensors and Systems Sector*, da *Northrop*, a divisão voltada para o desenvolvimento de sistemas eletrônicos de defesa, de gestão de sistemas espaciais, armas de precisão e automação de sistemas de informação, inclusive radares militares[42]. O principal objetivo de Roche é convencer os colegas de gabinete a avançar em direção a armas futurísticas "...cada vez mais precisas e cada vez mais letais"[43].

Thomas E. White, Secretário de Estado do Exército: foi escolhido por Bush com a missão de transformar inteiramente o Exército americano, preparando-o para as guerras do século XXI. Antigo executivo do megaconglomerado *Enron Corporation*, do setor de energia, e um dos grandes financiadores da campanha de George Bush, com uma doação de US$ 550.000 (e origem dos seguidos escândalos de confiança corporativa que hoje se abate sobre os Estados Unidos). Foi o responsável direto pelos projetos de óleo e gasoduto na Bolívia e Brasil, acusado por organismos internacionais de desrespeito ao meio ambiente (em especial no *Cuibá Integrated Energy Project*, com a *Enron* e a *Shell*). O projeto de transformação do Exército de White "...consiste no incremento das forças americanas na Ásia do Pacífico", considerada vital pela nova administração, o que implica em visualizar a China Popular como um potencial teatro de guerra.

Paul Wolfowitz, Subsecretário de Estado de Defesa: trata-se de um funcionário de larga experiência administrativa na área da Defesa Nacional, com passagens no Pentágono e no Departamento de Estado, tendo trabalhado, no governo Reagan, com o atual vice-presidente Dick Cheney. Foi o mais ardente defensor de uma ação militar direta contra o Iraque, com ou sem apoio internacional. Considera a Coréia do Norte, Irã e Síria como virtuais riscos para a segurança americana, em perfeita concordância com as análises do *Premier* de Israel, Ariel Sharon; contudo, é a China Popular que é vista como "...o maior competidor e potencial teatro de guerra para os Estados Unidos".

Robert Zoellick, Encarregado do Comércio Externo (Trade Representative): trata-se de um negociador duro nos organismos internacionais, preocupado com a defesa dos empregos americanos e possível encarregado das negociações da ALCA, visualiza na atual política externa brasileira o principal obstáculo para a consolidação hemisférica da hegemonia americana. Era conselheiro da *Enron Corporation*, da *Viventures* e da *Goldman Sachs*, uma das principais empresas responsáveis pelo índice chamado "Risco-País", capaz de gerar grandes movimentos especulativos e choques financeiros.

Condoleeza Rice, Conselheira de Segurança Nacional: primeira mulher, e negra, a chegar a este cargo. Amiga pessoal da família Bush, foi considerada desde criança como gênio, tendo "estudado francês e ballet". Estudou na Universidade de Denver, tendo sido pupila de Joseph Korbel, marido da ex-Secretária de Estado

Madeleine Albright. Especializou-se em sovietologia e controle de armas, descrevendo a si mesma como "uma conservadora". A Sra. Rice é membro do Conselho Diretor da *Chevron*, da *Hewlett* e do *J.P. Morgan*, importante firma de gestão da dívida pública latino-americana. Foi a Sra. Rice a principal responsável pela opção unilateralista da política externa americana e, em 2002, pela assunção da ação preventiva, em detrimento da contenção, como parte da política externa americana[44].

Conclusão

Após as hesitações da Era Clinton, e mesmo antes dos ataques terroristas aos Estados Unidos, a atual administração americana operou uma verdadeira revolução nos princípios da política externa americana. Alguns dos novos princípios adotados, principalmente a idéia da excepcionalidade e da primazia americana, levaram à descontinuidade de inúmeros tratados e acordos, bem como a uma forte banalização da atuação da ONU. Sob impacto do novo unilateralismo americano, alguns países – como Israel e, muito provavelmente, a Índia e a Rússia – assumem claramente posturas de desafio ao Direito Internacional, generalizando o fracasso de um sistema coletivo de segurança.

Os terríveis ataques terroristas de 11 de setembro de 2001 vieram acentuar, em escala ampliada, as tendências já existentes na política externa americana, expressas na associação entre fundamentalismo religioso, patriotismo e promiscuidade entre os grandes negócios e a política de defesa e segurança. Procedeu-se rapidamente à recuperação do tom belicoso da Guerra Fria – facilitado pela presença no governo de velhos políticos da Era Reagan – no qual a Guerra Contra o Terrorismo, escorada em alguns princípios de culturalismo discriminatório, substitui a luta contra o comunismo da velha Guerra Fria.

A formulação mais acabada de tais tendências surge em setembro de 2002, com a nova Doutrina de Segurança dos Estados Unidos, sob a forma de imposição do unilateralismo, predisposição para ações preventivas – ou preemptivas – e desconhecimento dos fóruns internacionais, bem como de regras básicas do Direito Internacional.

Em suma, o fim da Guerra Fria e a chamada Nova Ordem Mundial, acompanhada e acelerada em seus traços mais marcantes pela mundialização, não são garantias de um mundo mais pacífico e onde o Direito Internacional seja generalizadamente respeitado.

[1] Nos remetemos aqui à famosa passagem de Th. Hobbes, em que se afirma *que a liberdade de usar da sua própria potência, conforme sua vontade, para a preservação de sua própria natureza, da sua própria vida caracteriza a noção de soberania do Estado* (**Leviathan**, XIV). Ou seja, a potência serviria, em princípio, para a garantia de sua própria segurança e fora do alcance de ameaças adversas. Ora, o grau de poderio alcançado pelos Estados Unidos hoje implicam uma profunda alteração, ou desordem, deste *estado de natureza*, posto que o país superou a situação em que outra entidade estatal possa, eficazmente, colocá-lo em risco. Assim sendo, este *excedente ou excesso de poder* gera dois efeitos simultâneos e contraditórios: de um lado, coloca os Estados Unidos em condição de ameaçar e não ser ameaçado e, de outro lado, obriga a formulação permanente de *novas ameaças*, visando justificar o custo de manutenção e expansão do próprio excedente de poder. Ver para este debate: **DELAMARRE,** Alexandre. *La Politique de Cléon*. In: **GÉOPOLITIQUE.** Paris, PUF, nº 82, 2004, pp. 11-22.

[2] Ver para a discussão da extensão do direito internacional: **MONTBRIAL**, Th. *La Justice pénale internationale: États et Justice*. In: *RAMSES 2004*, Paris, Institut Français de Relations Internationales, 2003, pp. 11 e ss.

[3] Ver para a definição de poder brando e poder militar Joseph **NYE**: O paradoxo do poder americano. São Paulo, UNESP, 2002.

[4] Para o debate da noção de BRIC (acróstico de Brasil+Rússia+Índia+China) ver **KENNEDY, Paul**. *Cuidado com los BRIC*. In: **El País**, 26.11.2003, p. 12.

[5] Estamos conscientemente abrindo mão aqui de discutir as teses de Negri & Hardt sobre a noção de Império de um ponto de vista que se quer *pós-moderno*. Neste mesmo volume tal discussão foi realizada por Ricardo Cabral.

[6] Ao tomar posse no cargo de Secretário de Defesa dos Estados Unidos, Donald Rumsfeld encomendou um estudo a uma equipe de historiadores visando estabelecer as causas da queda dos impérios, dos romanos até mongóis, na expectativa de não se repetirem os mesmos erros. A equipe contratada concluiu pela inevitabilidade do fim de todos os impérios. Ver: *Rumsfeld, el señor de la guerra*. In: **EL PAÍS semanal**, nº 1382, março/2003, pp. 35 e ss.

[7] *Ver* **MUSCO MENDES**, Norma.*O sistema político do Império Romano do ocidente*. Rio de Janeiro, DPA, 2002.

[8] **RENOUVIN**, Pierre. *Histoire des Relations Internationales*. Tomo VI, Paris, Hachette, 1955, p. 281.

[9] **OLIVIER**, Roland. *The African Experience*. Londres, Weindenfeld & Nelson, Ltda, 1991, pp.210 e ss.

[10] Ver **PANIKKAR**, K.M. *A dominação ocidental na Ásia*. Rio de Janeiro, Paz e Terra, 1977.

[11] **FINLEY**, *M.I. La mano de obra y la caída de Roma. In:* **CIPOLLA**, Carlo et alii. *La decadência econômica de los impérios*. Barcelona, Alianza, 1973, pp. 93-101.

[12] Ver **MERLE**, M. Et **MESA**, R. *El anticolonialismo europeo*. Madrid, Alianza, 1972, p. 302 e ss.

[13] **BERNARDI**, A. *Los problemas económicos del império romano en la época de su decadência. In:* **CIPOLLA**, C. Op. Cit., pp. 27-93.

[14] Ver **RICH**, John. *Warfare and external relations in the middle Roman Republic. In:* **HARTMANN**, Anja et **HEUSER**, Beatrice. *War, Peace and World Orders in European History*. Nova York, Routledge, 2001.

[15] **DUPUIS**, Jacques. *Histoire de l'Inde*. Paris, Payot, 1963, p. 255 e ss.Ver ainda **WESSWLING,** Henri. *Le Partage de l'Afrique*. Paris, Folio, 1996.

[16] Ver sobre o assunto o excelente trabalho de **KRITSCH**, Raquel. *Soberania*. São Paulo, Humanitas, 2002.

[17] Sobre a Paz de Westphalia ver: **BARUDIO**, Günter. *Die Zeitalater des Absolutismus und der Aufklärung, 1648- 1779*. Frankfurt, Fischer, 1981.

[18] Ver **FRANKEL**, Benjamim. *The Cold War, 1945-1947*. Washington, Galé Resaearch Inc, 1992.

[19] Ver **LINHARES**, M. Yedda e **TEIXEIRA DA SILVA**, Francisco Carlos. *Terra Prometida*. Rio de Janeiro, Campus, 2000.

[20] Ver **SAID**, Edward. *Orientalismo*. São Paulo, Companhia das Letras, 1989.

[21] Ver **RIVELOIS**, Jean. *Droga, corrupción y metamorfosis políticas aplicadas a una comparación entre Méjico y Brasil*. In: **Revue Tires Monde**. No. 158, 1999, t.XL, pp. 271-297.

[22] Estes chamados "novos temas" de relações internacionais já foram claramente incorporados a uma agenda de conflitos internacionais de grande porte no século XXI. Assim, Pascal Boniface, diretor do Instituto de Relações Internacionais e Estratégicas (IRIS), da França, e conselheiro do Secretário-Geral da ONU, publicou, em 2001, um livro denominado Guerras do Futuro, em que são previstas, num prazo de 40 anos, Guerras da Fome, pelas Águas, e, mesmo, uma Guerra pelo Meio Ambiente, travada sob a égide de uma coligação mundial contra o Brasil, pela "defesa" da Amazônia. Ver: **BONIFACE**, Pascal. *Les Guerres de Demain*. Paris, Seuil, 2001, p. 107.

[23] Ver **CHEMILLIER-GERDREAU**, Monique. *"L'ingérence entre États est le expression du déclin du droit international" In:* **CORDELIER**, Serge. *Le nouvel état du monde*. Paris, La Découverte, 2002, pp.89-92.

[24] **ADAM**, Bernard. *La sécurité collective repose plus que jamais sur les Éstats-Unies et échappe à ONU. In:* Idem, Ibidem, pp. 71-74.

[25] **POIRIER**, Lucien. *La guerre du Golfe dans la généalogie de la stratégie*. **Revue Stratégique**. no. 51, 3e. Et 4e. Trimestre, 1991.

[26] Para uma crítica do conceito de fim da história, ver: **HASSNER**, Pierre. *La thése du choc de civilization... In:* **CORDELLIER**, Serge. Op. cit., pp. 68.

[27] **VIZENTINI**, Paulo e **MILMAN**, Luis. *Neonazismo, Negacionismo e Extremismo Político*. Porto Alegre, Editora da Universidade, 2000.

[28] Para uma incisiva crítica a estas teses, ver: **BOBBIO**, Norberto. *Direita e Esquerda: razões e significados de uma distinção política*. São Paulo, UNESP, 1995.

[29] **ALI**, Tariq. *Confronto de fundamentalismos*. Rio de Janeiro, Record, 2002.

[30] Ver **SITBON**, Michel. *Ruanda: um genocídio na consciência*. Lisboa, Edições Dinossauro, 2000.

[31] **DEL VALLE**, Alexandre. *Guerras contra a Europa*. Rio de Janeiro, Bom Texto, 2003.

[32] Ver **BESSIS**, Sophie. *La fracture des inégalités entre riches et pauvres ne cesse de se creuser. In:* CORDELIER, Serge. Op. cit., pp. 27-30.

[33] **BAYLIS**, John et alii. *Strategy in the Contemporary World*. Oxford, University Press, 2002.

[34] **KLARE**, Michael. *Rogue States and Nuclear Outlaws*. New York, America´s Search for New Foreign Policy, Hill and Wang, 1995.

[35] Para a idéia de Guerras do Futuro, ver: **KALDOR**, Mary. *New & Old Wars*. Oxford, Polity, 2002 e **MURAWIEC**, Laurent. *La Guerre au XXIe.* Siècle. Paris, Odile Jacob, 2000.

[36] **MITCHELL**, John et alii. *The New Economy of Oil*. Londres, The Royal Institute of International Affairs. 2002.

[37] Ainda em plena Administração Clinton os homens hoje no poder já possuíam um plano de ação que previa o enfrentamento com o Iraque, Irã e Coréia, além do isolamento da Rússia e a hostilização da China Popular. Em 1997, a revista conservadora **The Weekly Standard** publicou um manifesto exigindo o restabelecimento de uma política externa no estilo de R. Reagan, a montagem de um braço militar que não pudesse ser desafiado e uma ação firme contra os *países párias*. Assinavam o documento homens como Jeb Bush, irmão do atual presidente e governador da Flórida; Dick Cheney, atual vice-presidente; Paul Wolfowitz, o ideólogo neoconservador do Pentágono e Donald Rumsfeld, entre outros. No ano seguinte, 1998, foi publicado o **New American Century**, verdadeiro manifesto de idéias unilateralistas, hoje esposadas por Washington.

[38] Para uma análise mais detalhada do mundo árabe, e islâmico, pós 11 de setembro, ver: **FILALI-ANSARY**, Abdou. *Réformer l'Islam?* Paris, Découverte, 2003.

[39] **ALEMANDER**, Charles. *Holding the Line: the Eisenhower Era, 1952-1961,* Bloomington, Indiana University Press, 1975, pp. 32-33.

40 *"O espaço é o mais recente componente do vasto domínio onde os Estados Unidos exercem seu poderio. Militarizar o espaço, anexar, estender as fronteiras da União ao Cosmos, estar em condições de manobrar sem entraves e ainda de ejetar eventuais competidores que queiram participar desta mesma busca de potência".* **GALLOIS**, Pierre. *États-Unis: le nouvel empire celeste.* In: **Géopolitique**. N° 82, Paris, 2004, p. 74. É sob tal luz que devemos entender os esforços da Federação Russa em manter seu programa espacial, bem como o lançamento de um astronauta chinês em 2003, fato acompanhado, em seguida, pelo anúncio em Beijing da criação de uma Força Militar Espacial pela China Popular. Também significativo foi o esforço conjunto europeu, leia-se franco-alemão, de enviar, no início de 2004, uma nave-robô a Marte, recusando um projeto único de colaboração com os Estados Unidos.

41 Para uma discussão inicial das relações entre o poder naval e o poder aéreo, ver: **BUCKLEY**, John. *Air Power in the Age of Total War.* Indiana, University Press, 2000 e **ISS.** *Startegic Survey, 2002/3*, em especial *Missile Defence After 11 September* International Institute for Strategic Studies, 2003.

42 *Ver Foreign Policy in Focus/The Republican Rule/Profiles.* ***File///A/Officials_body.htm***.

43 Para uma discussão dos atuais meios de detecção e sensoriamento, ver: **TERTRAIS**, Bruno. *Analyse de l´opération Enduring Freedom.* In: **ANNUAIRE STRATÉGIQUE ET MILITAIRE**. Paris, Odile Jacob, 2002.

44 Para uma maior percepção das análises e conceitos de Condi Rice, ver: **RICE**, Condoleeza. *The Making of Soviet Strategy.* In: **PARET**, Peter (Org.). *Makers of Modern Strategy.* Princeton, University Press, 2000, pp. 648-677.

A Cooperação no Mundo Latino

Portugal, Brasil e União Européia

Fernando de Souza*

Introdução

Na última década, as economias tornaram-se em toda a parte interdependentes, introduzindo uma nova forma de relação entre elas, o Estado e a Sociedade, em um sistema de geometria variável.

O aumento do volume do comércio internacional, a integração dos mercados financeiros e a internacionalização das estratégias empresariais contribuíram para o aparecimento de uma nova época, qualitativa e quantitativamente diferente, assente em um mercado global único.

A extinção da União Soviética e, em conseqüência, o desmoronamento do comunismo internacional abalaram a contestação histórica do capitalismo (alguém chegou a anunciar "o fim da História"), libertou, finalmente, a esquerda política da atração fatal do marxismo-leninismo, pôs fim à Guerra Fria, atenuou fortemente os riscos de um holocausto nuclear e transformou radicalmente a geopolítica mundial.

O capitalismo conheceu uma reestruturação total, caracterizada por uma gestão mais flexível; por um domínio crescente do capital sobre o trabalho, que gerou um intenso declínio do movimento operário, a individualização e a diversificação crescente das relações de trabalho e a integração maciça das mulheres no emprego formal, em condições geralmente discriminatórias; pelo desmantelamento do Estado-Previdência, e pela aceleração da concorrência econômica mundial, enquanto se diversificavam cada vez mais as áreas geográficas e culturais nas quais se acumula e é gerado o capital.

Com essa revisão geral do sistema capitalista, como escreveu Manuel Castells (*The Rise of the Network Society*, 1, Oxford, 1996), que estamos seguindo, assistimos à integração planetária dos mundos financeiros; ao desenvolvimento dos países da

* Professor catedrático da Universidade do Porto, Portugal.

Ásia do Pacífico, recentemente transformados no novo centro industrial mundial dominante, mesmo se as últimas perturbações parecem questionar o "milagre asiático"; à lenta e difícil unificação econômica da Europa; à diversificação e desintegração do chamado Terceiro Mundo; à transformação acelerada da Rússia e dos países do Leste Europeu em economias de mercado, e à inserção de setores econômicos essenciais do mundo inteiro em um sistema interdependente, que funciona como uma unidade em tempo real.

O mundo, nas últimas décadas, tornou-se multipolar. Mas será que os três clássicos pólos – americano, japonês e europeu – não estão evoluindo rapidamente para a construção de um só pólo dominante? Será que as três maiores economias do mundo não se encontram em vias de dar origem a uma só economia mundial, liderada por um só protagonista?

Neste processo de mundialização, que se traduz não apenas por uma maior abertura das economias às trocas internacionais, como também, e mais profundamente, pela interpenetração dos sistemas produtivos internacionais, quem se beneficia em primeiro lugar? A globalização de que todos falamos, não é a globalização orientada pelos Estados Unidos da América, a grande vencedora da Guerra Fria?

Primeira potência econômica, os Estados Unidos são também, incontestavelmente, a primeira potência militar, a única superpotência capaz de se projetar por todo o planeta com uma superioridade industrial, tecnológica e operacional esmagadora.

Será possível contrariar esta realidade, atenuar o peso hegemônico de uma só potência, afirmar outros pólos dominantes, enfim, regular a globalização?

Não importa agora discutir se a globalização/mundialização é um fenômeno novo ou velho. O que importa agora sublinhar é que a iniqüidade da distribuição da riqueza mundial agravou-se nas duas últimas décadas: segundo o Relatório do Programa para o Desenvolvimento das Nações Unidas em 2001 (PNUD, 2001), mais de 1,2 bilhão de pessoas (pouco menos de 1/4 da população mundial) vive em pobreza absoluta, ou seja, com um rendimento inferior a US$ 1 por dia, e outros 2,8 bilhões vivem apenas com o dobro desse rendimento. Segundo o Relatório do Desenvolvimento do Banco Mundial de 1995, o conjunto dos países pobres, no qual vivem 85,2% da população mundial, detém apenas 21,5% da renda mundial, enquanto o conjunto dos países ricos, com 14,8% da população mundial, detém 78,5% da renda mundial.

Segundo o Relatório do Desenvolvimento Humano do PNUD relativo a 1999, 20% da população mundial que vive nos países mais ricos detinham, em 1997, 86% do PIB mundial, enquanto os 20% mais pobres detinham apenas 1%. Segundo o mesmo Relatório, mas relativo a 2001, em 1/5 dos países mais ricos concentram-se 79% dos usuários da Internet. As desigualdades neste domínio demonstram quão distantes estamos, por exemplo, de uma sociedade de informação verdadeiramente global. A largura da banda de comunicação eletrônica de São Paulo, uma das sociedades globais, é superior à de África no seu todo. E a largura da banda usada em toda a América Latina é quase igual à disponível para a Cidade de Seul (PNUD, 2001).

Nos últimos 30 anos, a desigualdade na distribuição de renda entre os países aumentou drasticamente. A diferença dos rendimentos entre o quinto país mais rico e o quinto mais pobre era, em 1960, de 30 para 1, em 1990, de 60 para 1, e em 1997, de 74 para 1. As 2.000 pessoas mais ricas do mundo aumentaram em mais de duas vezes a sua riqueza entre 1994 e 1998. A riqueza dos três mais ricos bilionários do mundo excede a soma do PIB dos 48 países menos desenvolvidos do mundo (PNUD, 2001).

A concentração de riqueza em virtude da globalização neoliberal atinge proporções escandalosas nos países que têm liderado a aplicação do novo modelo econômico dos EUA. Já no final da década de 80 do século passado, segundo dados do Federal Reserve Bank, 1% das famílias norte-americanas detinha 40% da riqueza do país. Segundo este banco, esta concentração não tinha precedentes na história dos EUA, nem comparação com outros países industrializados (Mander, 1996).

Apesar do aumento gritante de desigualdade entre os países pobres e ricos, apenas quatro desses últimos cumprem a sua obrigação moral de contribuir com 0,7% do Produto Interno Bruto para ajudar o desenvolvimento dos primeiros. Aliás, segundo dados da Organização para a Cooperação e o Desenvolvimento Econômico – OCDE, esta percentagem diminuiu na última década. O mais perverso dos programas de ajuda interna nacional é o fato de eles ocultarem outros mecanismos de transferências financeiras nos quais os fluxos saem predominantemente dos países mais pobres para os países mais ricos.

O Fundo Monetário Internacional não funciona, em última análise, como a instituição que garante que os países pobres, muitos deles cada vez mais pobres e endividados, paguem as suas dívidas aos países ricos (Estados, bancos privados, agências multilaterais) nas condições (juros, por exemplo) impostas por estes?

É no âmbito deste quadro sombrio das desigualdades provocadas pela globalização que precisamos analisar as relações de Portugal com o Brasil, no quadro mais amplo da União Européia e da América Latina.

Com efeito, mais do que discutir a História comum, que ninguém pode alterar, devemos, sim, preocupar-nos com o presente e com o futuro das relações entre Portugal e Brasil, de forma a conhecermos melhor os dois países e, a partir desse conhecimento, contribuirmos para um relacionamento mais estreito e mais profundo entre as duas nações junto à Europa e à América Latina.

É que as imagens recíprocas de cada país, assentes em frases feitas ou princípios estereotipados, são ainda relativamente desfocadas, não nos permitindo ver com nitidez e profundidade os dois espaços atlânticos, o que é compreensível, devido ao relacionamento formal que caracterizou, nas últimas décadas, as relações entre o Brasil e Portugal, situação essa que só nos últimos anos foi alterada, a bem dos dois povos.

Sendo assim, importa perguntar: o que são os dois países no presente? De que forma Portugal e Brasil têm contribuído para reforçar as relações entre a União Européia e o Mercosul? Que papel está reservado aos dois países para o aprofundamento das relações Europa-América Latina?

Portugal

Portugal, hoje, possui 10.300.000 de habitantes, está entre os países considerados mais ricos do mundo, com um PIB que se aproxima dos US$ 8.000 mil. Portugal, neste grupo, ocupa justamente o 34° lugar. No que diz respeito ao PIB por habitante, encontra-se também entre os países considerados mais ricos do mundo, isto é, entre os 64 países que registram um valor superior a US$ 8.000 per capita. Portugal, com US$ 10.000 (5.000 • per capita), encontra-se no 52° lugar. E, quanto ao Índice de Desenvolvimento Humano das Nações Unidas, encontra-se entre os países de desenvolvimento humano mais elevado, ocupando o 28° lugar.

A inflação registra valores muito baixos, de 4,5% em 2001 (embora fosse o índice mais elevado da União européia), e o índice de desemprego, na ordem dos 5%, é um dos mais reduzidos da Europa.

Há, ainda, outros aspectos positivos, além dos já referidos, que convém salientar. Portugal é um dos Estados mais homogêneos do Continente Europeu, com um só povo, uma só língua, uma só religião. Somos um Estado-Nação antigo e sólido e, como sabemos, é na Nação que reside o próprio fundamento da legitimidade do Estado. Não registramos conflitos fronteiriços e a nossa configuração territorial é a mesma há séculos. Finalmente, e de não menos importância, importa destacar que o português, graças ao Brasil, é uma das línguas européias mais expandidas no mundo, falada por cerca de 200 milhões de lusófonos.

Somos, assim, um país de dimensão média, mas, segundo estes indicadores, um país que dispõe de uma economia forte. Somos considerados um país rico à escala mundial, mesmo não nos esquecendo de que somos o país menos desenvolvido da União Européia.

Brasil

O Brasil, pela dimensão do seu território – 8,5 milhões de km2, o que lhe dá o 5° lugar mundial –, pelo volume da sua população – 5° lugar mundial – e pelo PIB que registra – 8° lugar mundial –, é hoje uma grande potência, uma das 10 principais potências econômicas mundiais. Dispõe de tanto espaço como os EUA e produz quase tanto como os 1.370.000 chineses.

O Produto Interno Bruto per capita é de US$ 5.000, a inflação ronda os 9% ao ano, e o Índice de Desenvolvimento Humano da ONU coloca o Brasil em 73° lugar, isto é, entre os países de desenvolvimento humano médio.

Um país que viu a sua população mais que triplicar nos últimos 50 anos (de 50 para 170 milhões) e que conheceu um dos processos de urbanização mais rápidos do Mundo. Com a sua população concentrada ao longo da costa atlântica, 80% dos brasileiros vivem nas cidades, 40% em grandes aglomerações urbanas, quase todas no litoral.

Um país fortemente industrializado (o setor primário representa apenas 20% da sua população), o que o levou a modificar substancialmente suas trocas externas, com os produtos industriais representando hoje 65% do total das suas exportações.

Um país, assim, que se transformou profundamente nas últimas três décadas, apesar dessa transformação ter-se realizado de forma seletiva, quer geográfica, quer socialmente.

Por outro lado, o Brasil tornou-se a principal potência do Mercosul, conjunto regional que o Brasil vigorosamente defende contra as tentativas que visam a dissolvê-lo em uma vasta área intercontinental de livre comércio, como desejam os EUA.

É certo que o Brasil é também um dos países mais endividados do Mundo. E que ainda se debate com certos problemas que ameaçam, a longo prazo, o seu crescimento, como as deficiências da máquina do Estado e as graves disparidades sociais.

Mas o Brasil, dos países emergentes neste início de século e de milênio, revela-se a potência mais sólida e promissora, graças, entre outros fatores:

- a sua vasta reserva de território (8,5 milhões de km2), o qual em grande parte, permanece "aberto";
- a sua homogeneidade cultural veiculada por uma cultura e uma língua comum – que o distingue, por exemplo, dos países andinos seus vizinhos, onde parte da população não fala a língua nacional;
- a uma população jovem, dinâmica e instruída, na qual a classe de idade ativa, ao contrário da Europa, é largamente produtiva, cujo crescimento não constitui um problema insanável – como em muitos países da América Latina –, e dotada de recursos humanos qualificados, em que tanto os engenheiros como os médicos e os universitários pedem meças aos europeus.

Está ainda para ser definido o modelo de desenvolvimento que permitirá ao Brasil mobilizar todos os seus trunfos para se tornar uma grande potência. Mas no Brasil, assim como na Europa, reina a convicção de que está reservado para si um grande destino. A mentalidade pioneira, de fronteira, permanece e continuará como que afirmando que, nesta perspectiva, o Brasil ainda é a América que incendiou a imaginação dos nossos avós.

Portugal e Brasil

É à luz destas realidades que importa ver as nossas relações com o Brasil, o qual não precisa tanto de Portugal como Portugal do Brasil.

Portugal constitui uma pequena economia aberta, que continua dependendo, em boa parte, da sua capacidade de atração dos investimentos externos, para diversificar atividades e reforçar competências, mas que revelou, nos últimos anos, por maio do setor empresarial, uma significativa capacidade de investimento no estrangeiro, o que permite que o nosso país apresente um padrão de internacionalização próximo ao dos países desenvolvidos, que o situou de 1998 a 1999 em 8° lugar entre os maiores investidores mundiais. Ora, o investimento dos nossos empresários tem privilegiado, principalmente, o Brasil, no qual detemos a posição de quarto maior investidor estrangeiro, com particular importância para as empresas como a EDP, Portugal Telecom, Sonae, Jerônimo Martins, Caixa Geral de Depósitos, Grupo Espírito Santo, Cimpor, Grupo Sousa Cintra, etc.

O investimento português no Brasil cresceu extraordinariamente a partir de 1997, representando, hoje, mais de 80% do total dos investimentos feitos no estrangeiro.

Por que esta súbita redescoberta do Brasil, por parte de Portugal, nestes últimos anos?

Porque o Brasil, face à modernização acelerada de que Portugal foi alvo, por força das exigências decorrentes da nossa integração européia, passou a funcionar como um vetor de compensação, para que pudéssemos atenuar o preço da opção européia e não ficarmos apenas sob a pressão unívoca do exigente, mas irrecusável imperativo europeu de modernização e competitividade.

O Brasil, enquanto pólo econômico emergente, perseguindo uma estratégia de inserção na economia global que não decorre de um ajuste à pressão do seu mercado interno, por força de fatores exógenos, não necessita de Portugal como elemento indispensável para poder atuar na globalização.

Compete, assim, a Portugal – que conjuga uma posição geográfica periférica no contexto europeu com uma posição central no Atlântico, localizando-se no cruzamento dos corredores marítimos e aéreos Norte-Sul, com especial importância para as rotas intercontinentais - desenvolver esforços para que seja construída uma verdadeira cooperação/articulação, que saiba harmonizar as políticas econômicas nacionais, com a complexa inserção global de ambas as economias, no quadro regional que compete a cada país.

Papel de Portugal e do Brasil

No dealbar do século XXI, fica claro que a perspectiva clássica de uma ordem internacional baseada na soberania territorial já não corresponde à complexidade do sistema internacional atual.

Assim, em um mundo caracterizado pela crescente globalização e desterritorialização, o fenômeno da integração regional parece emergir como um dos fatores essenciais da nova reorganização mundial, caracterizando-se pelo crescimento de fluxos transnacionais desenvolvidos por atores locais, públicos e privados, que ultrapassam as fronteiras para construir novos espaços de comunicação e troca.

Nesse quadro, é de essencial importância refletir sobre as relações entre os diversos espaços regionais que se desenvolvem atualmente, nomeadamente, entre o Mercosul e a União Européia. Efetivamente, o incremento das políticas de cooperação entre estes dois importantes espaços regionais poderá vir a ser um dos pilares estruturais da sociedade internacional do século XXI.

No âmbito de uma economia mundial globalizada, em que, mais do que os Estados serão as empresas, em última análise, a definir as futuras hierarquias, assim como a organização do trabalho, a projeção social e mesmo a evolução do bem-estar à escala planetária, importa saber de que forma é que Portugal e o Brasil podem desenvolver uma estratégia mútua de cooperação, assim como de aproximação entre o Mercosul e a União européia, de forma a darem um novo sentido às relações luso-brasileiras e a ultrapassarem definitivamente as simples e episódicas relações culturais e as afirmações retóricas de circunstância.

Uma estratégia comum de aprofundamento das relações entre os dois países, baseada no princípio da reciprocidade, que passa obrigatoriamente pelos respectivos governos, mas que passa igualmente, para além do mundo empresarial, pelas universidades e centros de investigação portugueses e brasileiros, instituições que têm uma palavra fundamental a dizer quanto à definição das áreas de cooperação prioritárias.

Só assim é que Portugal e Brasil poderão ser a ponte essencial para a institucionalização de um diálogo mais aberto e mais fecundo entre o Mercosul e a União européia, e reatar as mais profundas e intensas relações econômicas, sociais e culturais que Portugal teve com qualquer outro país, ao longo da sua história. Só assim é que Brasil e Portugal, tendo como pano de fundo o Atlântico, onde ambos os países se encontraram e nele continuam, física e simbolicamente, pelo espaço e pela língua, e os espaços regionais em que se inserem, poderão reencontrar-se de novo, e hoje como ontem, marcarem de forma decisiva o sistema internacional.

As Relações União Européia – América Latina

Esta aproximação entre o Brasil e Portugal exemplifica, no plano político, a vontade que os latino-americanos, como os Europeus, têm manifestado, nas últimas duas décadas, de afirmarem uma presença autônoma na cena internacional. E é a luz dessa afirmação que devemos entender a aproximação entre ambos.

Em junho de 1999, a Conferência da União Européia-América Latina, realizada por iniciativa das diplomacias francesa e espanhola, teve lugar no Rio de Janeiro, e dela saiu a declaração final na qual os governos de ambas as regiões afirmaram querer promover e aprofundar as relações para o estabelecimento de um partenariado estratégico.

Por outro lado, verificamos que, desde 1991, a Conferência Ibero-americana tem-se realizado todos os anos.

Que significa esta multiplicação de contatos e acordos? Por que esse interesse recíproco? Certamente que por razões de natureza econômica, uma vez que a União Européia é o primeiro parceiro comercial do Mercosul, e vários países europeus, como Alemanha, Espanha, Portugal, França e Inglaterra, multiplicaram os seus investimentos diretos na América Latina.

Mas também porque há convergência de pontos de vista, quanto aos processos de integração em curso, quanto à evolução desejada dos modelos de democracia, e ainda, quanto á posição dos cidadãos face ao Estado. Convergências que estão contribuindo para o nascimento progressivo de uma relação triangular Europa–América Latina–Estados Unidos.

Atração pelos Processos de Integração

Embora a América tenha iniciado mais tardiamente que a Europa um processo real de integração, a idéia é bem mais antiga. Contudo, na década de 90, a América Latina progrediu extraordinariamente em matéria de integração: Grupo do Rio, Mercosul, Comunidade Andina, Caricom, etc.

O Mercosul foi constituído em tempo recorde (1991-1995). Apesar das dificuldades atuais, devido à recessão da Argentina e ao enfraquecimento da moeda brasileira, a verdade é que os quatro países que o compõe têm-se comprometido progressivamente na coordenação das suas políticas setoriais. Estamos assim longe da concepção estritamente livre-cambista que os Estados Unidos tentam promover. O diálogo entre a América Latina e a União Européia, quanto à questão da integração é um diálogo frutuoso, dando origem a inúmeras realizações conjuntas e a programas euro-latino-americanos nos domínios da educação superior, do investimento, das questões das cidades, etc. O acordo da União Européia com o Brasil no domínio da C&T está pronto para ser assinado.

Compromisso com a Democracia

A democracia é hoje nos dois continentes o único modelo político legítimo, com exceção de Cuba. Democracia que não se contenta com eleições livres, por sufrágio universal, individual e secreto. Democracia que procura garantir os direitos humanos – das mulheres e das minorias, das identidades culturais indígenas. Que aboliu a pena de morte – apenas Guatemala e Cuba a mantém.

Na América Latina fala-se muito de democracia participativa, procurando inventar novas formas de cidadania, pelas quais os cidadãos participam diretamente nas decisões/opções essenciais das cidades e das comunidades, como acontece, aliás, na Europa. O controle dos políticos e do dinheiro público, assim como a luta contra a corrupção tornaram-se problemas comuns.

Uma Mesma Concepção do Papel do Estado

Tanto na Europa quanto na América Latina, a presença do Estado continua a ser desejada, ao contrário dos Estados Unidos em que a maioria dos cidadãos desconfia do Estado, limitando, no nível nacional ou federal, tanto quanto podem, os seus poderes.

Na América Latina, assim como na maioria dos Estados europeus, a situação é radicalmente oposta. Estamos verdadeiramente na presença de uma cultura política comum. A América Latina não perdeu, como na Europa, a fé no Estado, malgrado a sua crise de legitimidade e os programas de privatização desenvolvidos.

Ainda que as duas regiões considerem que o Estado não deve intervir diretamente nos setores de produção, a verdade é que entendem que o Estado deve ter um papel decisivo, fixando as regras do jogo econômico e financeiro, regulando as relações sociais, orientando os processos econômicos.

Pouco a pouco, sobretudo após a queda do muro de Berlim, que alterou a natureza das relações Estados Unidos-América Latina, tornando essa última menos dependente dos primeiros, a Europa e a América Latina redescobriram-se, uma redescoberta que constituiu uma oportunidade para afirmarem as suas especificidades próprias, face à globalização dominada por uma única potência. Fundada no conceito de multipolaridade, nasceu, assim, um diálogo fecundo e promissor.

A Europa encontrou, aqui, pela primeira vez, um interlocutor coletivo partilhando alguns dos seus valores, e animado pelas mesmas preocupações de constituição de conjuntos regionais.

Em Defesa do Mercosul

Em março de 2001, Vicent Fox, no Encontro de Québec, afirmou que o século XXI será o século da América Latina.

Uma afirmação voluntarista que projeta para a América Latina a evolução positiva que a economia americana conheceu com a Nafta e que poderá vir a surgir com a Área de Livre Comércio das Américas (Alca), prevista para janeiro de 2005, a qual dará origem a um imenso espaço comercial de 800 milhões de pessoas.

Parece, contudo, ser cada vez menos possível falar de uma entidade designada por "América Latina", quando temos em consideração que as enormes disparidades de desenvolvimento dificilmente poderão ser reduzidas, arriscando mesmo a agravar-se, caso a lógica exclusivamente de livre-comércio prevalecer no futuro continente americano. É que a Área de Livre Comércio das Américas, ao contrário do que aconteceu com a construção européia, não prevê políticas regionais de coesão e desenvolvimento das quais países como Portugal, na União Européia, beneficiaram-se fortemente, para se aproximarem dos países europeus mais desenvolvidos.

Ora, ao contrário do que define a Constituição dos EUA no nível interno, não se encontra na Alca qualquer mecanismo de redistribuição de recursos econômicos e financeiros, de forma que a convergência entre os Estados venha a ser progressivamente alcançada.

Se assim não for, como é o que o Haiti, a Guatemala, a Nicarágua, o Equador ou a Bolívia poderão entrar no círculo virtuoso de desenvolvimento?

Não será, pois, a América Latina, "essa abstração", na célebre frase de Kissinger, que pesará sob o ponto de vista econômico no continente americano.

Um continente dominado pelo enorme poder dos Estados Unidos, unificado, no futuro, pelo comércio e talvez pela moeda. Um continente fortemente diferenciado, com identidades e culturas variadas, com uma rápida progressão da hispanidade no seio dos Estados Unidos e a redescoberta da "latino-americanidade" ao Sul, com países em rápido desenvolvimento, mas muitos outros praticamente entregues à sorte.

No exterior, a diplomacia brasileira foi largamente mobilizada pelo projeto, impulsionado por Washington, desde 1994, para a criação da Área de Livre Comércio do Alasca à Terra de Fogo.

Os seus oponentes consideram que a generalização das regras do Nafta acentuará a hegemonia dos EUA, cujo PIB apresenta 71% do continente, e que só as grandes empresas irão funcionar. Se alguns países mais fracos e alguns setores específicos irão beneficiar-se com tais processos, o Brasil, concorrente dos EUA (automóvel, aço, produtos alimentares, empresas de construção e de seguros, etc.), mas insuficientemente produtivo e competitivo, corre o risco de ter uma desindustrialização maciça e perdas significativas nas trocas comerciais. Sem contar que a área de livre comércio destruirá um Mercosul que é instrumento de modelo de integração que tende a preservar a identidade e a soberania.

Fernando Henrique Cardoso tem defendido a estratégia dos círculos concêntricos Brasília, Mercosul, Comunidade Andina, Área de Livre Comércio Sul-americano, de forma a reforçar a posição do bloco constituído em torno do Brasil, em face de Nafta e Washington, assim como a presença brasileira na cena internacional – o Brasil tem-se esquecido da África Ocidental, sobretudo de Angola -, acompanhada pelo reforço das ligações com a Europa.

Em abril de 2001, em Québec, Fernando Henrique referiu que o Mercosul era uma "prioridade absoluta" e que a Área de Livre Comércio das Américas era uma "opção".

É certo que a criação da Alca passou para 2005. Mas a relação entre o Brasil e os EUA permanece conflituosa.

Kissinger, em maio de 2001, insurgiu-se contra a "aspiração brasileira de comando" da América do Sul, a qual constitui, segundo ele, "um desafio à posição histórica dos EUA". E denunciou a instrumentalização de um Mercosul "mais rival que parceiro", transformado em um obstáculo à penetração dos produtos americanos, apelando a Washington para contornar a oposição de Brasília e assinar acordos bilaterais com "os seus amigos tradicionais" (Daniel Van Enewen).

Conclusão

Sendo assim, até 2005 vamos assistir a um profundo empenho das diplomacias nacionais, representativas das regiões em questão – América do Norte, Mercosul, União Européia –, no sentido de afirmarem e consolidarem os seus interesses.

Até que ponto a relação União Européia-Mercosul irá permitir a multipolaridade a que os dois conjuntos aspiram?

Até que ponto o alargamento ao Leste Europeu, uma prioridade da União Européia, não irá atenuar o seu interesse pela América Latina e pelo Mercosul em particular?

Até que ponto a crise da Argentina não vai arrefecer o interesse da União Européia pelo Mercosul? A solução da crise da Argentina não terá de passar pelo seu afastamento do Mercosul como moeda de troca?

Até que ponto o Brasil irá resistir à pressão de Washington no sentido da constituição da "América para os americanos", entenda-se das Américas para os Estados Unidos?

Saberá o Brasil – parafraseando o arquiteto Lúcio Costa, o autor da idéia de Brasília e um dos maiores arquitetos do século XX – ser um país precursor? Dar o seu recado no tempo certo?

Romênia-Brasil: um Encontro nunca Atingido pela Amnésia

Monica Grigorescu*[1]

A Imagem do Novo Mundo Refletida na Espiritualidade Européia

Um brilhante colombiano, Gemam Arciniegas, dizia sobre o Novo Mundo: "A própria América é um ensaio." Um problema, portanto, ainda não esclarecido, uma dinâmica histórica ainda não fundida em formas definitivas, uma identidade que faz apelo, como instrumento de eleição, à metáfora. A América é, portanto, um forte desafio para o mundo das idéias, das tentações intelectuais.

E como é que poderíamos falar sobre Brasil e Romênia sem antes esboçar a imagem espiritual da América Latina, tal como ela se reflete na consciência da Europa, um retrato escrito por literatos e filósofos, sábios e músicos, no domínio da cultura e da nostalgia, porque sem o Novo Mundo não poderíamos nem sonhar com a utopia de um mundo livre, com o esplendor esmagador de uma natureza sobrenatural percorrida por mitos essenciais, como um grande quadro em cores vivas, barroco e simples ao mesmo tempo.

Com a ajuda de Colombo e de Cabral, a Europa entra com certa timidez no colossal palco da América, e os seus primeiros cronistas, marinheiros abençoados com o dom da observação e da poesia, ajoelham-se nas praias paradisíacas frente à grandeza de Deus. Voltaire provavelmente chegou mais perto da verdade quando reconheceu que Colombo possuiu o mérito de "ter duplicado as obras da Criação".

Apesar de Colombo e de Cabral terem trazido a América para a consciência do mundo europeu, a projeção do fabuloso e do mítico não desapareceu por séculos a fio. As Américas ficarão por muito tempo sendo o continente do mistério, povoado por gigantes

* Foi Conselheira no Ministério dos Negócios Estrangeiros, Diretora Executiva da Casa da América Latina e Pesquisadora Científica do Departamento de Relações Internacionais do Instituto de Ciências Políticas, Bucareste. Atualmente é Embaixadora da Romênia no Brasil.

e amazonas, constituídas de ilhas fabulosas, entre as quais se encontra a Ilha do Brasil. Paraísos terrestres que, devido à marcha austera da ciência, desaparecerão, um a um, do mapa. Com todas as características da Terra Prometida, a América imaginária é o quadro da Idade de Ouro, da lenda das terras do El Dorado, um mundo tão carinhosamente chamado por Montaigne de *monde enfant*. E, provavelmente, no seu ensaio sobre os canibais – a primeira conversa entre um brasileiro e um europeu –, navegando nos mares infinitos das páginas dos livros, com reflexões nascidas em decorrência da leitura das aventuras da expedição de Villegagnon nas costas do Brasil, encontramos a mais profunda meditação sobre a identidade desse país: "*Il n'y a rien de barbare et sauvage en cette nation, sinon que chaqun appelle barbarie ce qui n'est pas de son usage*."

A leitura das histórias do início das Américas e do Brasil feita por André Thévet (1558) e Jean de Léry (1578), bem como a *História do Novo Mundo,* de Gerolamo Benzoni, publicada em Veneza, em 1565, alimentam o interesse dos sábios europeus, levando Montaigne a afirmar como um verdadeiro homem da Renascença, testemunha da interação da América ao nosso imaginário europeu: "*Cet autre monde ne fera qu'entrer dans la lumière, quand le nôtre la quittera.*"

A Itália da Renascença incluía a América, em razão de promotores como Vespucci e Ramusio, mas também pela história de Benzoni. A Grã-Bretanha tem um primeiro impacto fértil com a realidade americana, que gera obras-primas filosóficas, porque *A Utopia*, de Thomas Morus (1516), e *A Nova Atlântida*, de Francis Bacon (1616), aparecem antes como fantasias geográficas, inspirando-se em cidades e ilhas imaginárias, com características concedidas às sociedades americanas, modelos de organização moldados nos elementos do ideal americano. Os ecos das viagens inglesas de Drake, Frobisher, Cavendish e Raleigh surgem como um som divino em *A Tempestade* de Shakespeare, peça inspirada também no momento da conquista das terras do Rio da Prata, recontado pelo português Magalhães.

Esse é, portanto, o momento da primeira idealização do fato americano, que tem como base as informações verdadeiras ou imaginárias, experimento que não reflete senão a ardente aspiração do europeu de ultrapassar a sua própria realidade – que não o deixa feliz –, construindo um mundo ideal com base em uma realidade longínqua.

Todo o século XVII é impregnado por indivíduos exóticos americanos, por páginas de novelas nas quais eles travam combates: aventureiros, corsários, piratas, missionários jesuítas, comerciantes, marinheiros, filhos da Europa que vivem inauditas aventuras entre "os selvagens cheios de inocência". E, como poderíamos definir essa imagem espiritual que a Europa cria, senão como de uma revolta contra formas caducas de civilização e de governo que são próprias da Europa barroca?

Abundam tragédias com argumentos mexicanos ou peruanos, mas a moral pertence aos elementos de um "*rousseauisme*" *avant la lettre*. Portanto, a América escapa à compreensão européia, e os cronistas oferecem um tipo deforme e superficial, fragmentário e imaginário da mesma, e não conseguem penetrar no glorioso coração do vasto mundo americano. Mas que surpresa nos fornece um certo inglês chamado Daniel Defoe, que publica em Londres, com um gigantesco sucesso, em 1719, um dos mais amados livros do Mundo, *As Aventuras de Robinson Crusoé*, resultado da leitura das anotações do corsário inglês Woodes Rogers, famoso pelos saques nos portos americanos do Pacífico, e das histórias de um marinheiro escocês achado abandonado em uma ilha do arquipélago de João Fernandez. Os livros de *sir* Walter Raleigh ou o de William Dampier, que descrevia o Chile ou o Peru, trazem novas informações sobre o contexto tropical, considerado como o paraíso terrestre, segundo todas os sonhos dos conquistadores e dos viajantes, para não falarmos do famoso *Guliver* (1726), que dissimula a crítica social, viajando por reinos próximos à formação imaginária de certas sociedades americanas.

O ecumenismo temático, verdadeiro privilégio da literatura de ficção britânica, começa a desempenhar um certo papel também na literatura francesa, incluindo no século XVIII, além dos temas orientais, também os americanos, os brasileiros, os astecas, os incas. E o famoso *Télémaque,* de Fénèlon, é alimentado por elementos utópicos tirados de Benzoni e Garcilaso El Inca.

A incidência dos temas americanos na literatura francesa domina, particularmente, a obra de Voltaire, tanto no teatro como na prosa de ficção, e substitui os temas turco e árabe, colocando a ação dos seus contos seja em Lima, seja em outros lugares do continente americano. O que atraía Voltaire era o confronto das raças, das duas concepções da Vida e do Mundo em um ambiente imaginário inspirado pela lenda do El Dorado. Mesmo a novela de Marmontel, *Les Incas*, apresenta uma ampla documentação sobre as culturas inca e asteca, livro precedido pelas *Cartas Peruanas*, de *madamme* de Graffigny, obra de ficção exótica sobre as coisas do Novo Mundo. A América torna-se um pretexto exótico no qual se desenrolam as inquietações do homem do Século das Luzes. As teses na bondade natural do homem americano e na sociedade feliz, em que os constrangimentos da civilização ainda não tinham penetrado, tornam-se as idéias diretoras para todo um século.

A obra dos jesuítas alemães – de von Murr e Bayer, até os de Veigl, do geógrafo Fritz, autor da primeira carta da Amazônia, até as escritas de Ruess, Maroni e Eder – junta-se aos notáveis volumes dos jesuítas missionários franceses, publicados na famosa coletânea *"Lettres Édiffiantes"*, em 34 tomos, juntando informações extraordinárias dos domínios das ciências naturais, da geografia, dos costumes dos habitantes da América, tentando reconstituir uma imagem fiel da natureza e do homem do Novo Mundo.

Em Veneza, Goldoni escreve, em 1755, a comédia *La Peruviana*, e, em 1760, *La Bella Salvaggia*, enquanto Gian Rinaldo Carli vai escrever, em 1780, *Lettere Americane*, em cujas páginas defenderá o índio americano frente aos preconceitos.

O século XVIII é o período dos confrontos polêmicos em relação ao homem e à natureza americana. Buffon formula teorias de gabinete com base em informações fragmentadas fornecidas por viajantes e sem qualquer perspectiva global da realidade americana. O homem da América era, considerava ele, deficitário e incapaz de dominar as forças da natureza. Até mesmo a grandiosa natureza americana apresentava, segundo a sua estranha visão, características de imaturidade e degenerescência. Essa reação contra os autores panegíricos das maravilhas americanas e contra os que viam no bom selvagem americano um modelo de autenticidade entrava em confronto com o quadro da América real, que as viagens da segunda parte do século XVIII e do início do século XIX relatam seriamente.

Extraordinários sábios, como Alexander von Humboldt, Mutis e La Condamine, desenrolam nas páginas das suas obras, dedicadas às ciências naturais, à etnografia, à antropologia e à sociologia da América do Sul, a homenagem da ciência frente à grandiosa experiência. De suas obras geniais surge uma imensa simpatia para com os indígenas do Novo Mundo – das terras da Colômbia, da Venezuela, do Brasil de hoje –, para com o seu espírito de justiça, seus sãos costumes e sua capacidade de harmonizar o trabalho com a natureza, características que se opõem às horríveis fraquezas dos colonos europeus. Junto a Humboldt e Mutis, botânico genial, La Condamine, o primeiro viajante europeu que penetra fundo nas terras da América, atravessa as Cordilheiras, percorrendo as florestas tropicais amazônicas, fica 10 anos no vice-reino peruano, aponta as suas reflexões, juntando o talento literário à precisão da análise, ao espírito equilibrado e é capaz de reconhecer o valor e o belo, nos mais inexplorados lugares do mundo.

A América e o nome de Humboldt ficam ligados na memória intelectual do mundo no início de uma nova era de observação das realidades americanas, porque ele, sem perder nada do idealismo, das intuições poéticas e do sentido universal da vida, inaugurará nas suas pesquisas a análise baseada em métodos positivos e práticos, uma observação sistemática e diversificada dos fenômenos concretos do colossal espaço latino-americano que visitou. Libertado do empirismo e da improvisação, Humboldt liga a observação do fenômeno natural ao estudo das manifestações sociais e espirituais. A sua ideologia liberal, misturada aos ideais da Revolução Francesa, leva-o a desprezar a escravidão e a exploração do homem, e, tal como um profeta, prever os movimentos de autonomia do Novo Mundo. Vai contrapor-se ao continente da utopia e das fantasias de Voltaire e Rousseau, a imagem de um continente da esperança, obrigando os europeus a darem atenção à vida americana por uma outra perspectiva, como um lugar de refúgio afastado das dores do mundo. E como estamos na época de Goethe e da sua teoria supranacional sobre a arte, a realidade americana integra o mundo, não como um elemento exótico, mas sim como parte de um projeto universal, tal como ela é verdadeiramente.

Se os românticos buscam na América um ambiente autêntico, para colocar um tipo de criação que teria parecido exagerado na Europa, no continente do futuro, marcado pela reação cientista e positivista, aberto à indução e à análise sistemática, aparece ao mesmo tempo o grande momento da redescoberta da fabulosa civilização americana, anterior à chegada dos europeus. Sistemas culturais, como a cultura asteca, a maia e a inca (isso é, a cultura pré-colombiana), desvendam-se cheios de importância para a ciência européia, elemento essencial para definir cuidadosamente o que significa, verdadeiramente, o fenômeno americano.

Da ciência indiscutível, nascida das informações acumuladas em inúmeras viagens, passa-se facilmente à ficção científica. E quem, senão Júlio Verne, por intermédio das suas célebres novelas, pode ilustrar de maneira mais fascinante o interesse pela América. Essas novelas são adoradas por várias gerações de crianças do mundo, desde o *Maravilhoso Orinoco*, que se passa na Venezuela, *Os Filhos do Capitão Grant*, que descobre o Chile e o pampa argentino, passando pelo drama mexicano e pelas lendas da cidade de Lima, até *La Jangada* (1890), novela fixada na Amazônia brasileira e peruana.

Como o século XIX também possui misteriosos navegadores e literatas, Herman Melville, com as memórias de Lima e das Galápagos, junta-se a outros narradores norte-americanos, de O'Henry até Hemingway e Wilder. Nesse ponto Jennings emigra para a América Central, visita a Argentina e o México e, atravessando a América do Sul, povoa a sua obra com personagens inspirados pela realidade, muitos desses assustadores.

A integração no universo da imagem espiritual do Novo Mundo ao longo dos séculos determina a sua transfiguração poética, originando o lugar para maravilhosas criações do século XX, tais como *A Ponte de São Ludovico*, de Wilder, ou *Nostromo*, de Conrad.

O expressionismo alemão reclama também os quadros grandiosos da América Amazônica. Alfred Döblin, em *Terra Imortal* (1937), relembra a conquista espanhola na floresta amazônica, e *O Tigre Azul* desenrola a sua narração no Brasil, na Colômbia e no Paraguai.

Não esqueçamos nem os *beatniks* supra-realistas, Jack Kerouak ou Allen Ginsberg, nem Paul Claudel, com o seu *Cristofor Columbo*, o inglês Peter Chaffer com *The Royal Hunt of the Sun* (1967) ou Jacob Wassermann. Todos, mediante os temas latino-americanos, debatem os grandes problemas da existência, do ser humano, em uma grande corrente ecumênica que agora não exclui o pitoresco e o exótico dos tempos passados, que prevalece nas novelas de grandes escritores britânicos, como David H. Lawrence (*A Serpente Emplumada*, 1926) e Aldous Huxley (*Beyond the Mexique Bay*, 1934) e, depois, nas novelas de Graham Greene.

Seria impossível falarmos do Brasil sem recorrer a esta introdução. Por ela tentamos esclarecer o fato de que a América Latina descobriu a si mesma e adquiriu e evidenciou o seu profundo significado em decorrência de uma ampla e complexa cultura, realizada ao longo de todo o percurso da sua história – um produto de síntese –, da qual a brasileira é uma das mais complexas, mas também a mais bem analisada pelo genial sociólogo e antropólogo Gilberto Freyre, produto da Universidade de Columbia e profundo conhecedor da metodologia do antropólogo alemão Franz Boas, que juntou no livro *Casa Grande & Senzala* – uma verdadeira bíblia brasileira, livro de cabeceira de todo sábio desse país – a intuição, a profunda compreensão, a ampla documentação e o mais exato sistema de análise.

A América Latina pode dar uma resposta notável às questões sobre o ser e o futuro da cultura. E o homem latino-americano, entre os outros seres humanos, exprime na sua criação a condição humana, além dos preconceitos de uma Europa com injustificados complexos de superioridade, mostrando serenamente o seu esplêndido mundo criador, universo de idéias que pode ser colocado orgulhosamente junto a qualquer outro fruto do conhecimento, da revelação e da intuição.

Convergências e Encontros Culturais em um Espaço Unido pela Latinidade

Em uma entrevista à publicação *Adevarul Literar si Artistic*, no verão de 1997, o embaixador Jerônimo Moscardo afirmava a sua convicção de que a Romênia parece-se com a Europa naquilo que ela tem de mais profundo no domínio da cultura, e que, apesar de existir apenas há poucos séculos, a cultura brasileira está paradoxalmente muito próxima a romena, mesmo com as raízes latinas e européias daquele país pertencendo ao Novo Mundo. A dimensão da latinidade é, portanto, um forte fator de união. "Vejo a Romênia não como um objeto de culto, mas como um momento de reconhecimento. Encontro facilmente convergências, raízes comuns, uma ligação miraculosa entre os nossos países. Antes de tudo, descubro na Romênia uma grande sabedoria, que encontro em todos os seus profundos autores. Pela filosofia de Cioran tenho acesso a essa enorme sabedoria de uma civilização que soube contemplar a morte. A sabedoria romena é uma grande experiência para nós, porque a sociedade brasileira tem uma história tão curta, como se tivesse começado ontem. A Romênia nos dá uma dimensão da História, da experiência e da sabedoria que nos ultrapassa. Somos fascinados por esse povo, que tem uma perspectiva tão rica da História em virtude de suas experiências pessoais. Não quero falar da história dos impérios e das nações, mas penso somente na história pessoal, a vivida."

A percepção de união pela latinidade dos dois países, Romênia e Brasil, determina que devemos definir as convergências, identificando a figura espiritual da Europa e da América Latina. A Europa é um projeto histórico enraizado na tragédia deste século. A sua figura espiritual é um produto da História, um produto das lutas sociais, étnicas e religiosas travadas ao longo dos séculos.

Tal como a América, a Europa não é o resultado puro de uma idéia filosófica, mas sim o resultado histórico denso, às vezes opaco, na maioria dos casos trágicos, dos longos séculos de confronto, de invasões, de resistências e de lutas pela libertação. E se a Europa contemporânea nasceu das lutas travadas contra o nazismo e da resistência ao totalitarismo comunista, a América Latina tem também como fundamento o resultado dos desejos e das batalhas contra o colono espanhol, ou do desprendimento pelas idéias e pela luta política do império português. A América Latina de hoje é resultado de uma ampla síntese: das culturas indígenas e da brilhante civilização pré-colombiana, mas também da assimilação das idéias do Século das Luzes. É uma gigantesca e trágica união de grandes civilizações e ancestrais experiências indígenas, veiculando valores comuns, tais como o amor, a liberdade, a dignidade e a honra. A Europa e a América Latina não podem ser percebidas somente no seu estreito vestuário geográfico, tal como aparece nos mapas, são unidades de vida, de atividade, de criações espirituais com todos os fins e as aspirações, de interesses, de preocupações e de necessidades, com formações ideológicas e organizações. A figura espiritual dos dois continentes não depende estritamente de um território, mas sim de um horizonte extraterritorial, de um conjunto de valores universais, de uma razão democrática que constitui a própria finalidade dinâmica.

Os processos históricos mais importantes que os dois continentes conhecem, o de integração e o de explosão de identidade, que parecem ser contraditórios a curto prazo, podem ser na realidade complementares a longo prazo, figuras espirituais abertas ao universalismo de um pensamento crítico e democrático que nunca se poderá apoiar na exclusão das diferenças e deverá edificar-se na unidade essencial da sua diversidade. Não se trata aqui de nações diferentes, vizinhas umas das outras, influenciando-se no âmbito das rivalidades comerciais e das lutas pelo poder. Trata-se de um novo espírito que apareceu nos dois continentes, o espírito do pensamento crítico e da normalização dos projetos por uma infinidade de tarefas.

Regressando à unidade espiritual da Romênia e do Brasil, países que pertencem aos dois continentes que tentamos definir, lembramos as palavras do antropólogo e sociólogo brasileiro Darcy Ribeiro, que chamava a latinidade brasileira e o seu país de "uma Roma tardia, mulata e tropical", porque nós também cremos na múltipla identidade cultural dos povos da América Latina, herdeira de um passado ao mesmo tempo indígena, europeu e africano. O que os une, alimenta-se no reconhecimento das línguas dos colonizadores, a espanhola e a portuguesa, decisão necessária para entrar em um circuito de cultura universal. Para chegar a Homero e a Dante, sem perder a sua identidade latino-americana, precisa-se seguir as palavras de Borges, isto é, "extrair a raiz quadrada do teu Eu profundo", percorrendo, ao mesmo tempo, um eterno retorno, decifrando por cada ação o presente, apostando no futuro, tudo isso tendo por base um passado já escrito por outros. Mas a definição do presente é a mais complexa de todas, porque se relaciona sempre com o passado. O que nos une espiritualmente ao Brasil é a semelhança das nossas atitudes modernas em relação à Antigüidade e aos seus monumentos culturais, em face das perguntas que se fazem às elites dos dois países no que diz respeito à noção de "cultura morta" e de "cultura viva". Romenos e brasileiros, as nossas culturas existem, pois contêm todo o passado, e não nos devemos perguntar aonde o passado acaba e aonde ele começa.

Como um eco de Schlegel, o reconhecido elenista, os romenos e os brasileiros encontram no passado tudo de que precisam, isso é, redescobrir a si próprios, porque a Antigüidade, a sua presença invisível, mesmo se não é mais considerada um ideal absoluto, é uma experiência histórica, a mais complexa de todas. Unidos pelo estudo e pelo amor ao classicismo, reconhecemos nas opiniões de muitos intelectuais romenos e brasileiros a tal tradição de considerar os gregos os criadores de um mundo ideal, senhores da beleza olímpica e da profundidade filosófica, e os romanos, com a sua luta entre os melhores do paradigma, campeões do heroísmo viril, possuindo uma razão lógico-jurídica e sendo gênios administrativos, as suas vitórias são as nossas, tal como são nossas as suas derrotas de milhares de anos atrás.

Com a ajuda de diversas entrevistas realizadas nas publicações romenas pelo filósofo brasileiro Olavo de Carvalho e o embaixador Jerônimo Moscardo, aproximamo-nos desse universo comum da filosofia, de modo que o presente é colocado em uma visão crítica, fazendo, assim, a razão e o pensamento levantarem-se contra a tirania das eternas repetições, contra o pensamento único, sacudindo dessa maneira a monotonia da vida, vindo não só o movimento das idéias, mas também a sua imobilidade. Libertando energias prisioneiras, essa luta passada desvenda a grande aspiração comum de libertarmos as energias humanas prisioneiras do passado e aumentarmos vigorosamente a luta contra a mesquinhez do pensamento.

Ao falar nas convergências profundas entre os romenos e os brasileiros, nesse amplo território da latinidade, precisamos fazer uma pausa na dimensão fraternal desse espaço, sem visitar os atalhos criados pelos lingüistas e filósofos, mas tentando desvendar aos romenos a dimensão da latinidade, misturada ao modo específico de sentir e interpretar a vida, e o mundo próprio dos brasileiros. Gilberto Freyre, o grande sociólogo e antropólogo brasileiro, que os romenos tiveram finalmente o prazer de ler e conhecer por intermédio de sua obra-prima *Casa Grande & Senzala*, dedica páginas indispensáveis à relação entre a latinidade e o americanismo na América Latina. Ele elabora uma análise de grande força e intuição, utilizando a mais sofisticada metodologia de pesquisa retomada do antropólogo alemão Franz Boas: trata-se de idéias pioneiras e inovadoras que se concentram sob um raio, tal como em um *laser*, de um novo exame crítico: as múltiplas contribuições culturais. Porque, para Gilberto Freyre, nem o tempo é dos relógios.

Trata-se do tempo mental, da realização espiritual em movimento, tempo que humaniza a vida, que vem para nós, do futuro, atravessa o presente e dirige-se para o passado. Pondo em primeiro plano a herança africana, deslocando o eixo interpretativo da raça para a cultura, medindo o papel da paisagem, do clima, da habitação, do regime alimentar, das relações familiares, do sistema econômico e das várias formas de poder. Ele desiste definitivamente da hierarquia baseada em raças, consagrando o seu respeito ao mundo, à idéia de povo manifestada no cotidiano, e representando uma descoberta do Brasil mulato, tropical, europeu e africano, indígena e latino, um paradigma da autenticidade.

"O maior livro dos brasileiros e o mais brasileiro de todos os livros", como o definia Darcy Ribeiro, *Casa Grande & Senzala* coloca-se sob o império das influências psicológicas. Menciona que, no período pré-nacional do Brasil, fazia-se sentir na gente da península a convicção de que o povo brasileiro não seria um povo essencialmente latino. Para Freyre, o caráter português, tão presente no processo de formação histórica do Brasil, e a romanização tão intensa não afastaram os paradoxais traços hispânicos principais, tal como a reconquista cristã não pode afastar os traços mouros. Ele considera hispânica a formação social e cultural da América colonizada pelos espanhóis e pelos portugueses. Hispânica e não latina, mas fatalmente latina, porque provém desses dois povos.

Em um livro chamado *O Brasileiro entre outros Hispânicos* (1975), ele constata que o Brasil é a nação mais hispânica do mundo, porque não deixou de receber a influência espanhola no período pré-nacional, considerando que o seu país faz parte de um conjunto transnacional de culturas chamadas pan-hispânicas, em uma dinâmica solidária, a partir da atitude, mesmo diante do *loisir* ou da pobreza, e a grande semelhança entre o português e o espanhol possibilita o recíproco conhecimento das duas literaturas, colocando-as à disposição de todos os que falam, igualmente, espanhol ou português.

No que diz respeito ao conceito de americanismo, esse fenômeno não é ligado somente a circunstâncias biológicas e geográficas, pelo contrário, encontra-se longe de qualquer possível determinismo étnico e geográfico ou de qualquer mística. Ter nascido na América não significa implicitamente ser americano, porque ser americano é mais um fenômeno ecológico e uma condição sociológica, como um novo modelo de cultura no mundo, tanto mais profundo porque se baseia no modo de assimilar, como os americanos, os valores morais e materiais do indígena, parte do meio americano. Valores vivos e criadores, "a raiz ameríndia da vida", do caractere e da cultura do americano, não são, portanto, a única condição do americanismo. A integração do português com os elementos indígenas e africanos e a intimidade com os trópicos possibilitou a consolidação da civilização brasileira, a mais democrática do ponto de vista social e a mais moderna civilização dos trópicos. Dessa maneira, em um grande esforço, ligando valores de várias origens, empírico, mas também científico, a Europa harmoniza-se pelo seu representante o europeu com o meio tropical e semitropical, com o ameríndio e o africano. Assimila-se por essa criação que o brasileiro é americano, com valores e processos que o destino natural dos países americanos de formação ibérica, nascidos do elemento indígena e desenvolvidos por eles, tornou pluralista e diverso, em expressões regionais culturais, conforme as circunstâncias dos traços particulares de origem, que põe o seu sinal sobre cada um. O resultado é uma pluralidade cultural com base comum, ameríndia e hispânica.

Avançando no seu estudo sobre a relação entre a latinidade e o americanismo, Freyre repara que a emigração dos elementos não-ibéricos, parte dos quais são não-latinos, não só não compromete a latinidade das culturas latino-americanas, como constitui os elementos inovadores e modificadores dessas culturas, trazendo uma enorme energia criadora por meio de um processo de interpenetração na literatura, na arte, na filosofia social, etc. Resulta daí um específico latino-americano, fruto de uma união cultural entre os ameríndios, os africanos e os latino-europeus, uma latinidade que obtém as suas origens mais do cristianismo latino que da consciência tão forte dos europeus de pertencerem a uma raça – a latina. A latinidade e o americanismo tendem a se definir em termos culturais e ecológicos, considera Freyre, encontrando-se assim a diferença em relação ao desenvolvimento da América anglo-saxã. A definição da latinidade e do americanismo torna todo o conjunto das expressões do *ethos*, bem como sua cultura, um sentido sociológico, interpretação e compreensão da cultura latino-americana, que não se coloca em um latinismo exatamente puro, nem em um indigenismo. Os desenvolvimentos e esse ideal precisam reconhecer-se como ilhas sociológicas de eleição: européias, indígenas e negras, em relação ao conjunto do continente que consideramos latino-americano.

Por intermédio de um único e essencial livro, *Casa Grande & Senzala*, e pelos diversos ensaios que estudam o brasileiro, a latinidade, o americanismo e a hispanidade, constatamos a profunda proximidade do Brasil em relação aos nossos valores tanto europeus como romenos. No que somos universais, a semelhança com o Brasil também é quase natural. Citando as reflexões do embaixador Moscardo sobre *Miorita*, descobrimos que a tradução dessa obra-prima romena pelo brasileiro Luciano Maia faz o diplomata e intelectual brasileiro entrar na intimidade do profundo universo romeno e ter uma visão particular da vida, com uma aceitação tão serena e profunda da morte que oferece novas perspectivas aos aparentemente tão novos do ponto de vista da história. "Forjam concepções que não são tão íntimas. Essa cultura romena tem a noção dos inícios e, ao mesmo tempo, pertence a uma civilização que viu tudo, sofreu tudo e tem uma dimensão profunda da História. Vejo também uma outra perspectiva, pela qual a sabedoria romena aproxima-se do sentimento chamado pelos portugueses de saudade e que é tão presente na poesia romena por intermédio do equivalente perfeito da palavra romena dor. Saudade e dor são sentimentos idênticos, havendo também outras convergências e encontros."

Em uma abordagem ligada mais à percepção elenista da nossa cultura, Jerônimo Moscardo descobre no imaginário romeno um tributário ao paganismo que se recusa a morrer, experiências existentes também no Brasil, desde o mito da *Gênese*, em uma visão semelhante à semítica, até à imagem do nosso paraíso que se junta à "terra sem mal", o paraíso dos indígenas da Amazônia. Ele descobre na experiência dionisíaca e órfica, das costas da Trácia, o núcleo iniciático do carnaval brasileiro de hoje, paradigma arcaico da antiga recusa do conformismo, bem como da filosofia do abandono ao prazer momentâneo. O nosso "carnaval" antigo parece ser o antecessor do carnaval do Rio. Mas todo um mundo de semelhanças fica para ser descoberto pelos antropólogos, etnólogos, folcloristas, entre o fabuloso romeno e o brasileiro, em um tempo de pesquisa e reflexão para muitos decênios a seguir. Nas páginas geniais de Mircea Eliade encontram-se comparações, ecos profundos das semelhanças entre mitos essenciais da Amazônia e os do espaço da nossa Romênia profunda.

Estudando as suas relações com a Europa, o diplomata brasileiro descobre na Romênia uma extraordinária cultura do imaginário, com uma força espiritual fora do comum, uma primeira linha de defesa do continente, um país com antigos títulos nobiliários, mostrados por toda a sua história. "Toda uma história consolida a posição da Romênia, o que significa que não conhecer a história é não conceder a esse país a perspectiva e o valor do reconhecimento." O seu pensamento crítico, cheio de gravidade, considera que existe para os europeus uma grande dificuldade em compreender de modo complexo o mito do Mestre Manole ou da *Miorita*. "Os brasileiros não fazem esforço nenhum, percebemos mais que isso, creio que se trata de empatia, porque têm uma compreensão da História e dos acontecimentos deste país que ultrapassa os dramas pessoais. *Miorita* significa aceitar a morte como sendo algo de parcial. Como dominam uma dimensão muito mais ampla do que a da conservação da vida humana, têm uma perspectiva mais profunda e mais ampla, e a própria religião ortodoxa vos deu uma concepção orgânica da relação com Deus. Como Deus é tão íntimo da ortodoxia, têm com Ele uma relação tão estreita, uma relação tão calorosa." Os brasileiros, considera Jerônimo Moscardo, poderiam aproveitar a grande sabedoria romena, "que não é a da vitória, mas sim a sabedoria da exclusão". "Há países", considera ainda, "que têm uma ampla experiência de marginalidade na História e que se tornam muito ricos por essa perspectiva, com aberturas cínicas, até cheias de humor".

Muito raramente acontece uma manifestação cultural pública, de curta duração, que destrua completamente os padrões tradicionais. Apesar disso, A Semana de Arte Moderna (fevereiro de 1922), que se deu em São Paulo, é a quebra essencial do academicismo da cultura brasileira, constrangida pelo português imperial e libertando-se das formas de arte convencional da fonte européia. Mas o que é que tem a Romênia com todos esses acontecimentos revolucionários? Sem dúvida, o impacto das vanguardas européias foi sentido também no Brasil, desde o futurismo italiano, tendo como protagonista Marinetti, até o dadaísmo, criação do nosso compatriota Tristan Tzara.

Contaminada, por um lado, pela cultura das classes baixas, fruto da mistura racial e de uma secular aculturação, a cultura brasileira fazia nascer o seu primeiro grupo modernista, solidificado em 1920, quando Oswald de Andrade propõe a organização de um acontecimento maior por ocasião do centenário da independência, pelo qual deveria ser feita a prova de que "a independência política significa, particularmente, a independência mental e a independência moral".

Dessa maneira, citando de novo os comentários do embaixador Moscardo, *O Manifesto Dadaísta*, de Tristan Tzara, constitui uma "munição romena" concentrada para aniquilar o conformismo acadêmico brasileiro da essência portuguesa, ainda visível no início da década de 20 do século passado.

Um grande encontro romeno-brasileiro, que não obteve suficiente clareza, aconteceu no domínio da filosofia: a chegada a Bucareste do filósofo brasileiro Olavo de Carvalho e a sua iniciativa de traduzir para o português a obra de Constantin Noica, que considera maior filósofo do que Emil Cioran. A publicação no Brasil da tradução do volume *As Seis Doenças do Espírito Contemporâneo* e o seu rápido esgotamento nos fazem descobrir o inesperado êxito e a capacidade de penetração das idéias romenas nesse espaço, e reciprocamente. A editora Humanitas publicará em breve *O Imbecil Coletivo*, a brilhante obra, cheia de sarcasmo, do filósofo brasileiro Olavo de Carvalho, uma sátira mordaz da sociedade brasileira, do seu modo de ser e de pensar, um dos 16 volumes desse pensador que reinterpretou Aristóteles, elaborado em uma nova reflexão sobre *A Poética*. Pode ser que não encontremos exemplo mais convincente de interpretação das idéias dos dois continentes como nas páginas de Carvalho, nas quais o estagirita, calorosamente, é achado "um amigo mais idoso". A Europa, a visão inovadora sobre o classicismo, a assimilação criadora das idéias da sociologia e antropologia brasileiras, todas formam um brilhante corpo de idéias em Olavo de Carvalho, este grande lutador, que faz oposição ao pensamento único, valente denunciante da globalização da ignorância, tema da sua primeira conferência realizada na Casa da América Latina, no verão de 1997.

No que diz respeito à descoberta dos filósofos romenos pelos brasileiros, voltemos às páginas de Jerônimo Moscardo. Analisando a personalidade de Cioran, aliás já há muito tempo traduzido no Brasil, Jerônimo relata os comentários que ouvira em Paris sobre Cioran, considerado um modelo de pessimismo. A grande descoberta do diplomata brasileiro é um paradoxo. Cioran é para ele um homem cheio de vida e de força, "qualidades que o brasileiro nunca considerará em mim como adjacentes. A sua total concepção me revela um Nitzsche moderno, um homem sem indulgência. Ele é para mim uma conversa diária, porque sou seduzido por ele, e não há dia em que não o freqüento. É como uma grande força que atua sobre mim. E não me refiro somente à sua concepção, mas também ao homem. Mesmo as suas reflexões referentes à América Latina parecem extremamente interessantes. Cioran diz que a Europa de hoje é cansada, enquanto na América Latina há vitalidade e força... Com uma intuição muito exata, ele havia descoberto que na América Latina as coisas estão em movimento, tanto na cultura, como na criação histórica, em todo o espaço da inteligência. Ele compara a América Latina às nações cansadas pela história, e afirma – que testemunho da parte de um homem tão exato! – que o futuro pertence à América Latina e à latinidade".

Mircea Eliade, conhecido no Brasil por traduções do inglês, parece ao embaixador Moscardo, não como Cioran, mas como o protótipo do intelectual romeno otimista, realizando a mais inacreditável aproximação entre as civilizações, apresentando a sabedoria do Oriente aos do Ocidente, conferindo à religião uma posição no mundo das idéias e no mundo acadêmico, que não tinha tido até então. "Ele nos familiarizou novamente com todas as religiões do mundo, pelos estudos feitos com fé e imaginação. É um grande novelista que fez ciência, história e antropologia, é uma personalidade diferente, complexa e surpreendente. Li alguns de seus livros sobre a história das religiões, sobre a Índia, e considero-o um dos gigantes intelectuais que influenciaram profundamente o nosso século. Nas universidades americanas, em Chicago, e mesmo na Europa, desencadeou-se um verdadeiro fenômeno de sedução. Há uma religião oficial, mas descubro uma religião informal de admiração frente ao budismo, e creio que tal tendência deve-se a Mircea Eliade. Na França, descobria na intelectualidade uma crença superficial, mas subjacente, em uma camada secundária, encontrava elementos do budismo, das religiões do Oriente, de um relativismo religioso que não havia há 50 anos. É o resultado da influência de Eliade, mesmo se isso não é dito. Ele revolucionou a história das religiões, fez sair de novo, à luz do dia, o pensamento esotérico, conferiu uma nova perspectiva a esses domínios... Pela força, pelo talento e por sua cultura, tornou possível o grande encontro do Ocidente com o Oriente, e ficamos a lhe dever por isso."

Com uma grande intuição, Jerônimo Moscardo descobre as profundidades filosóficas do pensador Brancusi, que, pela sua arte, constrói uma ponte entre o pensamento oriental e "a arte moderna". Ele é "o criador de uma verdadeira revolução na escultura moderna, pode ser também por causa da sua profunda intimidade com a filosofia do Oriente. Mircea Eliade fez a teoria dessa aproximação. E a mesma comunhão aparece também na evolução intelectual de outros romenos que marcaram o século passado, penso em Eugen Ionesco, seduzido, ele também, pelo Oriente".

Promotor, em inúmeras entrevistas concedidas à imprensa escrita e audiovisual, da idéia de que a Romênia é um poder cultural, o embaixador Moscardo não se envergonha de considerar Cioran, Eliade, Brancusi e Ionesco "quatro gigantes que representam os pilares básicos da história intelectual do século passado, tendo cada um uma participação que transcende a Romênia. Eles têm raízes profundas em tudo o que representa a Romênia, mas têm também uma projeção em outros continentes. Têm a força de desempenhar um papel nos níveis europeu e universal. Eles representam os argumentos que me levam a considerar a Romênia um poder cultural".

A descoberta de Noica pelos brasileiros, "um Diógenos romeno", como é chamado calorosamente por Jerônimo Moscardo, cria um dever de aumentarmos a sua visibilidade, porque o diferente destino em relação a Cioran e Eliade, representantes da diáspora romena, não ofereceu ao filósofo romeno a oportunidade de se fazer amplamente conhecido. Conversando com os filósofos romenos Andrei Plesu e Gabriel Liiceanu, Olavo de Carvalho e Jerônimo Moscardo propuseram-se a fazer com que Noica fosse conhecido no Brasil e levaram isso a cabo. "Maior filósofo do que Cioran e mítico mais profundo do que Eliade", como o define Carvalho. A tradução de Fernando Klabin de *As Seis Doenças do Espírito Contemporâneo*, publicada no Brasil no verão de 2000, esgotou rapidamente.

Como o encontro profundo entre Romênia e Brasil desenvolve-se nas amplas zonas da latinidade, relembremos o nome de Darcy Ribeiro, visto que é o iniciador, em um novo contexto, de um grande projeto de uma civilização e de uma cultura – o de evidenciar a latinidade e a romanidade do Brasil. Apesar do seu excepcional dinamismo econômico e das centenas de projetos de supra-estrutura postos em marcha, o grande projeto do Brasil de hoje não é fundamentalmente econômico, mas cultural. Ele precisa dominar a relação com a Romênia, país que Jerônimo Moscardo define, generosamente, como "o grande testemunho da romanidade", vendo no Brasil "o grande espaço da romanidade".

Profeticamente, Jerônimo Moscardo reconhecia: "Se pudéssemos juntar-nos, conferiríamos à humanidade uma tal força, que iríamos determinar que ela desempenhasse um papel nas bases físicas que temos, sem nos apoiar somente nas bases espirituais. Neste espaço de romanidade possuímos tudo o que é fértil, e por isso poderíamos ser considerados os ricos do mundo. Temos uma geografia extraordinária, um espaço ético e espiritual, e creio que somos obrigados a edificar juntos um projeto... Nós encontramos na Terra um espaço de uma incrível riqueza biológica da beleza e do sonho, uma homenagem trazida à vida."

O Argumento Manoilescu – Uma Espetacular Ponte de Ligação entre a Romênia e o Brasil

Para os especialistas do pensamento econômico, a penetração no espaço latino-americano das teorias de Mihail Manoilescu não representou um estudo prioritário, apesar de se encontrarem, ao longo das últimas três décadas, referências e até relatos mais amplos sobre ele nos trabalhos de vários economistas romenos: Costin Murgescu, Nicolae Ivanciu-Valeanu ou Sultana Suta-Selejan, entre outros.

O importante investigador norte-americano, Joseph Love, diretor do Centro de Estudos Latino-americanos da Universidade de Ilinois, lança no mercado das idéias, em 1996, de modo extraordinário um livro cujo título original era *Crafting the Third World: Theorizing Underdevelopment in Rumania and Brazil*, volume que se tornou desde a sua aparição um livro clássico. Após Joseph Love, em 1975 e 1982, ter publicado dois volumes sobre o Brasil: *Rio Grande do Sul – o Regionalismo Brasileiro* e *A Locomotiva – São Paulo na Federação Brasileira*, partindo de um conhecimento sério da história contemporânea brasileira, também a Romênia entrara na esfera dos seus estudos; ele descobre e põe em relevo, por uma análise profunda, grandes semelhanças entre os dois países que se encontram à periferia da área dos estados desenvolvidos da Europa e dos EUA, não somente no que diz respeito à sua condição periférica, mas também no domínio das fórmulas utilizadas para ultrapassar a condição de atraso, apesar das grandes diferenças culturais muito evidentes. Mesmo se a teoria do desenvolvimento, tal como evoluiu depois da Segunda Guerra Mundial, teve a sua origem no pensamento econômico entre as duas guerras da Europa Central e Oriental, ela encontrará na América Latina o verdadeiro solo fértil, no qual a teoria estruturalista e os estudos da dependência conhecem um impacto particular, gerando uma nova teoria latino-americana do desenvolvimento econômico, original e criadora, mas alimentando-se especialmente dos volumes teóricos do economista romeno Mihail Manoilescu.

Joseph Love, com uma larga perspectiva sobre as duas regiões-alvo do estudo, a América Latina e a Europa tanto Central como Oriental, descobre afinidades profundas entre a Romênia e o Brasil, constatando, tal como o faz Celso Furtado, que Mihail Manoilescu pode ser considerado "um avô da moderna economia brasileira". Analisando as interpretações marxistas e estruturalistas que dizem respeito ao corporativismo, à industrialização, ao protecionismo, ao desenvolvimento, ele segue o nascimento e a evolução do estruturalismo e da teoria da dependência, constatando que, na Romênia, as idéias marxistas difundiram-se antes das corporativistas, em vez do que aconteceu no Brasil. Usando conceitos célebres como "centro", "periferia" ou "colonialismo interno", ele o faz, incluindo o "liberalismo", dando-lhes conotações diferentes dos clássicos na teoria econômica estudada nos EUA e no Brasil.

Ele descobrirá protagonistas romenos da teoria da relação entre o Estado e o desenvolvimento econômico, como o marxista Gherea, mas especialmente pára nas teorias de Mihail Manoilescu, referentes aos câmbios desiguais, que conheceu um êxito enorme no Brasil nos anos 30 a 40 do século passado, idéias colocadas na base da industrialização paulista. Roberto Simonsen, uma figura proeminente do mundo econômico brasileiro, explica esse tremendo êxito pelo fato de "o argumento Manoilescu" servir às medidas para ultrapassar a condição de estado exclusivamente agrícola, com as federações patronais aqui localizadas propondo-se e conseguindo transformar São Paulo na locomotiva da moderna industrialização do Brasil contemporâneo.

Certo, as idéias de Mihail Manoilescu, da teoria do protecionismo até o corporativismo, encontraram no Brasil um solo fértil, mas também a de outros economistas – de François Perroux a Raul Prebisch, até o pensamento dos corifeus da Cepal, liderados por Celso Furtado, o primeiro analista da dependência, bem como o grupo Cebrap, do qual surgirá um outro brilhante protagonista, o presidente Fernando Henrique Cardoso, juntando-se às teses de Passos Guimarães e Caio Prado Júnior –, repara-se uma real familiaridade com as idéias de Manoilescu, na ampla narração da história controversa, dramática e muitas vezes cheia de crueldade do crescimento do capitalismo nos países subdesenvolvidos. Há uma ampla apresentação de argumentos, pelos quais podemos compreender porque Manoilescu torna-se tão importante para o Brasil, e como ele esteve presente, de maneira fundamental, no processo da industrialização brasileira, com o seu pensamento ficando na base da ideologia corporativista que fundamenta o Estado Novo de Getúlio Vargas, impulsionando também o fluxo das idéias, preparando o caminho do estruturalismo e da teoria da dependência, podendo até se dizer que as suas teorias serviram, substancialmente, tanto à direita como à esquerda brasileira.

A transferência de idéias da Europa Ocidental para a América Latina –falamos aqui nas teorias dos câmbios desiguais, da dependência, do desemprego dissimulado, bem como de outros aspectos do subdesenvolvimento – não foi muito fácil. Os estruturalistas, preocupados em explicar o fenômeno do subdesenvolvimento latino-americano, alimentaram-se da fonte do pensamento de Manoilescu, mas também das páginas de outros representantes do pensamento keynesiano, originários da Europa Oriental, teóricos do comércio internacional inscritos na tradição neoclássica, mas em um meio internacional com uma dinâmica extraordinariamente forte. Tudo levou as Teses de Manoilescu, referentes ao comércio internacional, a reencontrarem-se na tese estruturalista original de Raul Prebisch, teoria associada para sempre à Cepal, comissão cujos princípios encontram-se imediatamente após a guerra. A análise do grande economista argentino constituiu a base na qual se construiu a obra de um outro grande economista do século XX, o brasileiro Celso Furtado, ligado também à história da Cepal, iniciador do estruturalismo brasileiro. As idéias de Manoilescu e de Raul Prebisch vão influenciar de maneira espetacular as teorias de alguns economistas, como o mexicano Juan Noyola Vasquez, pioneiro das teses estruturalistas sobre a inflação, ou Philippe Schmitter, investigador do corporativismo europeu e latino-americano.

Os principais trabalhos de Manoilescu, redigidos inicialmente em francês, foram traduzidos para o português e o espanhol, confessando o autor mais de uma vez a satisfação de se ter tornado conhecido como economista em toda a América do Sul. Raul Prebisch analisava os câmbios desiguais, causa das diferentes produtividades entre o centro industrializado e a periferia agrícola no sistema mundial do comércio, tudo isso no âmbito de uns acordos internacionais no mercado de capital e no que diz respeito à mão-de-obra. Manoilescu e, mais tarde, Prebisch vêm na industrialização uma saída da posição periférica da sua região. Contando as edições das traduções de Manoilescu, vemos que o mundo ibérico sente intensamente o impacto das suas teorias, a maioria aparecendo na Espanha, no Chile e no Brasil.

Apesar de convidado várias vezes pela Associação das Indústrias de São Paulo, Manoilescu não chega ao Brasil. Ele pára na Península Ibérica onde, seis meses antes do início da guerra civil da Espanha, apresenta conferências, tanto na Espanha como em Portugal. Neste último país o seu livro *O século do Corporativismo* suscita um grande interesse, bem como os seus argumentos a favor do protecionismo. Não vamos esquecer de que o ditador Antônio Salazar, no poder desde 1927, estabelece em Portugal, em 1933, um regime corporativo, que continua sob o de Marcelo Caetano. Na Espanha franquista isolada, ele oferece aos economistas espanhóis do regime argumentos a favor da industrialização e da auto-suficiência, dando soluções para mais tarde, frente à hostilidade dos aliados vitoriosos sobre o fascismo europeu. Durante a Segunda Guerra Mundial, as idéias de Manoilescu sobre a industrialização foram utilizadas na perspectiva de uma visão autárquica em um momento de crise no qual faltavam as divisas.

Depois da Espanha abraçar as idéias de Manoilescu, elas encontram apoio, inspirando toda uma corrente de pensamento na América Latina. A atenção que se lhe presta no Chile, na Argentina e no Brasil confirma o interesse desses estados que são os mais industrializados na área. Na década de 30-40 do século passado debatem-se no Chile idéias européias sobre o corporativismo e a racionalização econômica, como reação antagônica em relação aos Estados fortemente industrializados, afirmando-se que a industrialização representa a condição essencial para a conquista da independência econômica e de um nível de vida mais alto.

No Brasil, logo depois da aparição em Paris, em 1929, do livro *La Théorie du Protectionisme et de L'échange International*, o trabalho é traduzido para o português, em São Paulo, a pedido de Roberto Simonsen. O Brasil sofria, portanto, o impacto direto das idéias de Manoilescu, as suas teorias eram difundidas muito rapidamente em todo o mundo dos negócios de São Paulo.

A publicação da obra de Manoilescu em espanhol e português conheceu uma projeção espetacular no mundo ibero-americano. Dessa maneira, direta ou indiretamente, por todas as evoluções e pela implementação do estruturalismo latino-americano, as suas idéias têm impacto no pensamento econômico e na realidade brasileira.

Nos anos 50 e no início dos anos 60 do século passado, o Brasil conhecia o crescimento econômico, a presença das multinacionais fazia-se sentir e afirmava-se uma forte política do tipo nacionalista. O desenvolvimento econômico era uma aspiração *sine qua non* da ideologia nacional, muito presente nos trabalhos elaborados pelo Instituto Superior de Estudos Brasileiros, iniciado em 1955, ano em que Juscelino Kubitschek era presidente. Período de grande mobilização política, que conheceu crises e conflitos que levam à nomeação de um novo presidente, Jânio Quadros, o último período de 1950 e o início de 1960 representam um experimento político e cultural. O momento do nascimento de uma teologia radical dos movimentos urbanos, de alfabetização e de esplendor no mundo literário brasileiro.

São Paulo, estado-modelo da dinâmica industrial e agrícola, torna mais evidente a presença do modelo centro-periferia pela relação entre a prosperidade paulista e as outras regiões brasileiras. Trata-se do modelo descrito nos estudos de Celso Furtado e Hans Singer, do processo do "colonialismo interno" do Brasil, estabelecendo um momento de grande impacto do estruturalismo e, mais tarde, da teoria da dependência dentro do terceiro mundo. Sem dúvida, o estudo da relação entre São Paulo e o resto do Brasil determina que se lembre do início da industrialização paulista, na tentativa de transformar o território principalmente agrícola.

Manoilescu, que já tinha trazido a sua contribuição a esse processo de industrialização brasileira, contribui também para a sua modernização em decorrência da sua teoria do protecionismo, acrescentando à tradição local a originalidade de uma literatura de protesto contra a economia ortodoxa do tipo neoclássico e da ideologia liberal que a acompanhava. Joseph Love, examinará no seu trabalho, o modo em que foi teorizado esse problema nos dois países, em contextos geopolíticos diferentes. No pensamento tanto da Europa Central quanto da Oriental consolidam-se os argumentos nos quais irão basear-se muitas propostas que avançarão antes da guerra como solução à teoria do desenvolvimento e do estruturalismo da América Latina.

Love, estudando seriamente as idéias dos dois países colocados "no fim do mundo", descobre as fontes primárias e secundárias, concedendo-lhes o fato de serem romenas, mas evidencia também a diferença no que diz respeito às mentalidades nacionais, ao estilo político dos dois países, vivendo efetivamente tanto no Brasil como na Romênia, e recebendo a ajuda de personalidades que o levaram a perceber a realidade romena: Nicolae Georgescu-Roegen, Dinu Giurescu, Valeriu Dinu, Henri H. Stahl, Paul Sterian, Nicolae Marcu e outros.

O grande encontro teórico, pondo também em prática idéias econômicas romenas e brasileiras, figura no território de uma subdisciplina da teoria do desenvolvimento que diz respeito aos países subdesenvolvidos. O volume de Love, que escolheu como estudo de caso dois países a Romênia e o Brasil, abordou de modo original as suas transformações em uma tentativa de ultrapassar os esforços analíticos neoclássicos nos quais foi tradicionalmente tratado.

O atraso econômico, o subdesenvolvimento e o retrocesso são noções utilizadas para salientar o precipício entre o Ocidente desenvolvido, usado como referência, e o resto do mundo. Identificando os obstáculos do Terceiro Mundo, os estruturalistas latino-americanos identificam os problemas que eles agrupam em três categorias: do mercado e, especialmente, do mercado de mão-de-obra; do comércio internacional e do sistema econômico internacional e do crescimento, como uma solução ou um problema comum, colocando neste contexto a importância do papel do Estado no desenvolvimento e no equilíbrio do crescimento. O método estruturalista, em termos neoclássicos, conhece também uma variante estruturalista marxista. O marxismo da periferia tem por finalidade as saídas do subdesenvolvimento de uma outra maneira, transformando a periferia. Mas como não há opinião marxista única, a perspectiva reformadora desse tipo de análise proclama o apoio em prol do desenvolvimento de uma burguesia nacional embrionária que precisa fortalecer-se, como objetivo da evolução do capitalismo, um processo, portanto, direcionado pela burguesia.

Alguns autores consideram tanto a Europa Central como a Oriental, além da América Latina, o primeiro grande laboratório de análise do subdesenvolvimento, os primeiros lugares em que os intelectuais teorizam de maneira séria o problema do atraso econômico, o papel do Estado no desenvolvimento, bem como o da propriedade do Estado. Os sistemas de trabalho, do início da época moderna, do tipo coercitivo foram freqüentemente comparados ao capitalismo comercial do Ocidente.

A semelhança entre a América Latina e a Europa Central e a Oriental, essas chamadas às vezes "quase-Europas" ou "Europas epigônicas", é destacada estudando-se os códigos jurídicos e as tradições dominantes.

A aspiração das elites, muitas vezes marcada pela necessidade de auto-ilusão e pelo desejo de fazer boa figura no estrangeiro, parecia reencontrar-se em ambas as áreas, pondo em destaque um certo grão de ocidentalização. Tornados independentes bem recentemente, os dois países estudados tinham à sua frente inúmeras tarefas de construção da nação e do Estado, de desenvolvimento econômico e estratégico, verdadeiras precursoras do Terceiro Mundo, ou, conforme Love, "uma expressão do prototerceiro mundo". No caso da Romênia, a tese da iniciativa individual como fator de crescimento e desenvolvimento, junta-se àquela referente ao equilíbrio econômico, que tem as suas raízes nas idéias de Schumpeter, extraordinário economista e teórico austríaco, professor, no início da sua carreira, da Universidade de Cernauti. Esses primeiros teóricos do desenvolvimento seguiam um modelo alemão, que tinha como base conceitos universais, compatíveis com a atitude psicológica das novas nações. No caso da América Latina, a primeira região do Terceiro Mundo que obteve a independência formal, essa é também a primeira que consolidou a sua própria escola de teoria do desenvolvimento, a da Cepal, e pode-se afirmar que o estruturalismo desenvolveu-se de maneira espetacular aqui, adquirindo a mais importante influência no Terceiro Mundo, especialmente na "década do desenvolvimento".

Joseph Love, com os dois estudos de caso, evidenciava que a unidade essencial na qual se pode formular uma política coerente é o estado territorial, o mais importante instrumento do desenvolvimento econômico. Os seus limites geográficos correspondem às fronteiras nas quais se desenrolam os fluxos comerciais. A escolha da Romênia e do Brasil foi determinada, no caso de Love, por todas essas semelhanças e encontros teóricos. Love promove constantemente a idéia de que a Romênia traz uma contribuição indispensável para a teoria do estruturalismo econômico na versão brasileira, sendo, ao mesmo tempo, pelos seus pensadores, com base no grande esforço de industrialização do Brasil, a via mais segura do fortalecimento da sua independência econômica.

Um outro Tipo de Encontro com o Universo Brasileiro Esboço de um Documentário Diplomático Afetivo

A imagem do Novo Mundo é desenhada tardiamente para os habitantes da Valáquia e da Moldávia, apesar do descobrimento de 1492 não ter ficado desconhecido dos sábios, e muito menos dos da Transilvânia. Escassas referências, descobertas em documentos de arquivos, nos dão a esperança, senão a certidão, de que Petru Rares, Despot Voda, Petru Cercel sabiam que a autoridade dos monarcas ibéricos estendia-se além do oceano, na América.

Miron Costin, nas suas crônicas, já sabia que a América era a quarta parte do Mundo, tal como Constantin Cantacuzino, na sua rica biblioteca, tinha informações amplas sobre o Novo Mundo e a sua identidade, tal como era percebida naqueles tempos. Radu Popescu aponta nas suas crônicas informações sobre Colombo e o Novo Mundo.

Gradualmente, "os embaixadores vegetais" da América (o tabaco, a batata e, depois, o milho) introduzem nos séculos XVII e XVIII na Valáquia, na Moldávia e na Transilvânia a sua cultura, gozando mesmo de encaminhamento em publicações especiais.

No tempo do barroco, portanto, as Américas pré-colombiana e colonial, dominadas pelos espanhóis e pelos portugueses, constituem para os sábios romenos as duas faces do Novo Mundo que penetraram no imaginário romeno. Na Biblioteca da Academia Romena guarda-se um trabalho geográfico do século XVIII, que relata as expedições de conquista do México, do Peru, da Bolívia e do Chile, oferecendo amplas descrições das maravilhas das civilizações asteca e inca. Também no tempo do barroco, em 1795, Gherasim da Mitropolia de Iassi traduzia, de um original provavelmente grego, uma história da América, apresentando, do ponto de vista geográfico, histórico e etnográfico, o Peru e o Brasil. Apareciam dessa maneira na terminologia científica romena os nomes corretos de alguns povos, na forma atual: *peruvieni* e *brazilieni*. No mesmo ano, aparece a tradução de uma geografia universal do francês Buffier. Também aqui encontramos o nome do Brasil e do País das Amazonas. Mas a série de traduções da literatura científica da Europa barroca continua – mencionamos o volume de Johan Heinrich Kampe, que familiariza os nossos habitantes com o mundo da América, das Caraíbas ao Orinoco. É a América Latina entrando passo a passo na consciência do romeno, com toda a sua dimensão fabulosa de paraíso terrestre e terra dos milagres.

O século XIX, no qual os estados romenos abrem novas janelas para o mundo, com certeza, familiariza ainda mais os romenos com o mundo ibero-americano, enquanto a expansão de Napoleão e as suas conseqüências para a América Latina, entre as quais lembramos o refúgio da Família Real portuguesa no Brasil em 1807, não poderiam ficar desconhecidas aos nossos habitantes.

O ideal da libertação aceso nas colônias ibéricas do outro lado do Atlântico preparava a consciência dos romenos para com o mundo moderno. Conhecendo as idéias da Revolução Francesa e toda a sua ideologia mobilizadora, os romenos, que sabiam da evolução das guerras da América Latina para afastar o domínio espanhol, parecem projetar as suas próprias aspirações de liberdade, inspirados por esse grande modelo. Na terceira década do século XIX, a Europa precisa habituar-se à realidade dos 20 novos estados independentes no mapa da América.

E como o Brasil é objeto do nosso interesse particular, em 1830, no jornal *Albina Româneasca* publica-se pela primeira vez um retrato muito lisonjeiro do Imperador Pedro I do Brasil, homem de 31 anos, bem formado, loiro de olhos pretos, uma pessoa educada com preocupações humanistas, conhecendo algumas línguas estrangeiras, estudando com prazer a lógica, a geografia, a História e a música. O mesmo diário publicava, não muito depois, o necrológio do imperador brasileiro, retomando um artigo do jornal português *A Revista.*

As escritas científicas e populares do conhecimento, publicadas em meados do século XIX, familiarizam consideravelmente os romenos com as particularidades geográficas, físicas, etnográficas e antropológicas da flora e da fauna da América. Uma ampla apresentação sobre o Brasil, assinada por P. Popescu e chamada de *Estado da Cultura e os Costumes do Brasil,* incluiu dados sobre a população, estimada em 5 milhões, fazendo uma análise demográfica e diferenciando os naturalizados, os crioulos, dos verdadeiros brasileiros mestiços, mulatos, pretos e índios. Passava-se em revista o ensino desse país, dos colégios superiores do Rio e da Bahia, lembrando-se também as escolas jurídicas de Olinda e de São Paulo, bem como as academias de belas-artes, as escolas de comércio, mencionando ao mesmo tempo o hábito local de designar os jovens das famílias ricas a estudar nas universidades européias. As reflexões que diziam respeito ao desenvolvimento econômico do país – salientando a abundância dos produtos naturais, relacionando o café e a cana de açúcar – são completadas também por uma análise, com espírito crítico, do papel do capital estrangeiro, em uma visão nacional que leva em conta o desenvolvimento brasileiro como a maior certeza de um futuro próspero.

Os contatos com a América do Sul também se realizaram brilhantemente pelas expedições dos cientistas europeus, que culminaram, no tempo do barroco, com a viagem de Alexander von Humboldt e, mais tarde, com a da grande personalidade que foi Darwin. Dessa maneira, e nesse contexto estimulante, um pouco mais tarde, seguindo o mesmo paradigma, uma expedição liderada pelo romeno Iulius Popper chegará à Terra do Fogo, avaliando aqui as perspectivas da exploração do ouro. Ele também terá no seu caminho, no Brasil, uma curta estada. Depois da desaparição trágica de Popper, um outro sábio romeno, Emil Racovita, naturalista genial e cheio de vida, também estará presente na região, parando ele também um pouco no Brasil, no seu caminho para Punta Arenas.

Alguns Dados sobre o Início da Diplomacia Bilateral

Depois de, em 1859, o Estado Nacional Unitário Romeno ser formado, os contatos diplomáticos começam a tomar a forma de missão de notificação da independência do país. Proclamada em 9 de maio de 1877 e reconhecida pelo Tratado de Berlim, assinado em 13 de julho de 1878, a independência da Romênia precisava ser anunciada, por escrito, não só aos países europeus como também àqueles fora da Europa. Uma longa série de acontecimentos favoráveis possibilitava seu reconhecimento como estado livre e soberano e, dessa maneira, no outono de 1880, o coronel Sergiu Voinescu chegava ao Rio de Janeiro como "enviado extraordinário em missão especial" junto ao imperador Pedro II do Brasil. Vasile Boerescu, nessa época ministro das Relações Exteriores, dirigia uma carta com a data de 4 a 16 de agosto de 1880 ao seu homólogo brasileiro, Pedro Luiz Pereira de Souza, com a esperança de o enviado romeno conseguir demonstrar ao imperador e ao seu governo os sentimentos de simpatia do chefe do Estado, do governo e da nação romena para com o Império do Brasil. O coronel Voinescu notificava, portanto, a independência da Romênia por uma carta e apresentava ao imperador brasileiro a ordem A Estrela da Romênia da parte de Carol I.

Preparando a missão romena no Brasil, o encarregado de negócios do Brasil em Paris, por intermédio do qual se tinha transmitido a carta do ministro Boerescu, anunciava ao governo romeno a aceitação do imperador em receber "com o maior prazer" a missão romena no Rio. O coronel Sergiu Voinescu chega, no navio *Orenoque*, ao Rio de Janeiro em 25 de setembro de 1880, onde se apresenta ao ministro das Relações Exteriores do Brasil, sendo depois recebido em uma audiência no dia 2 de outubro pelo Imperador do Brasil, ao qual não só notifica a independência como apresenta a Estrela da Romênia.

A conversa com o diplomata romeno testemunha as calorosas reflexões do imperador brasileiro e a sua viva curiosidade em relação ao regime constitucional da Romênia, a organização da justiça, do ensino e da imprensa, pedindo informações particulares sobre a indústria nacional. Em uma nova audiência, o diplomata romeno receberá, da parte do soberano brasileiro, três cartas: a resposta à carta de Carol I, uma carta dirigida ao ministro dos Negócios Estrangeiros romeno da parte do seu homólogo brasileiro, bem como a ordem da Cruz do Sul para Carol I e a ordem *Christ* para Boerescu. O coronel Voinescu também recebeu uma condecoração. Ponto de partida de uma relação duradoura, o encontro do coronel Voinescu com o imperador Pedro II, e efetivamente o começo dos contatos da Romênia com o Brasil com a finalidade da sua institucionalização, abre desde então o caminho para os encontros dos oficiais dos dois Estados.

Os Consulados

Os primeiros consulados aparecem de maneira natural, devido às relações econômicas que surgem entre a Romênia e a América Latina. Depois das iniciativas de alguns cidadãos brasileiros e estrangeiros de representar de maneira honorária os interesses consulares da Romênia, o primeiro consulado honorário da Romênia é criado no Rio de Janeiro, em 1º de maio de 1921, sendo seu titular o negociante brasileiro de origem romena I. A. Wraubek, fiel militante da aproximação das relações. Em 16 de maio de 1926 cria-se um outro consulado honorário, dessa vez em São Paulo.

Em 19 de julho de 1914, o ministro brasileiro das relações exteriores dirigia uma carta ao seu homólogo romeno, propondo a criação de um consulado em Bucareste, com um cônsul de nacionalidade sueca, Jules Borel. Outro consulado brasileiro é aberto em Galati, recebendo o *agrément* do governo romeno em 10 de outubro de 1919. O cônsul Oscar Paruhos da Silva trabalha em Galati, de janeiro de 1920 até 1923, transferindo-se para Bucareste e regressando depois para Galati. Estimulando as relações econômicas e comerciais, os consulados serão seguidos pela criação de algumas agências comerciais. Em agosto de 1920 foi nomeado D.M. Popovici como adido comercial da Romênia para os países da América Latina, com residência em Buenos Aires, mas desenvolvendo uma viva atividade especialmente no Brasil. Ele trava negociações não só para a criação, na Romênia, de um armazém permanente de mercadorias brasileiras que vão para o Oriente, como também para um empréstimo de 1.000.000.000 de lei para a Romênia, para criar uma câmara de comércio romeno-brasileira, para apoiar a fundação de uma indústria na Romênia para a manufatura de algodão e borracha brasileira, bem como a criação de uma linha de navegação ligando diretamente os portos romenos aos brasileiros. Em 1921, D.M. Popovici é encarregado pelo governo romeno de criar, na Romênia, o tal armazém permanente de mercadorias brasileiras para o Oriente. No mesmo ano, devido a uma iniciativa particular, cria-se em Bucareste a sociedade South-American Office, sendo o cônsul honorário no Rio nomeado administrador-gerente dessa sociedade. A sociedade tratava também de achar materiais necessários para a organização de umas exposições romenas no Brasil, mas, em 1923, entra em liquidação. Nessa altura, em 1º de setembro de 1921, o adido comercial D.M. Popovici junto com I. Wraubek abrem oficialmente no Rio de Janeiro, na sala da Associação Comercial dessa cidade, a primeira exposição de produtos romenos na América do Sul. O ministro das Relações Exteriores Azevedo Marques visita a exposição e, no seu discurso de abertura, apresenta a Romênia como um país importante não só pela economia mundial como também pela sua extraordinária posição no que diz respeito à distribuição de produtos para o Oriente. O começo da aproximação econômica favorecia a conclusão de convênios comerciais entre os dois países. Começava também uma ampla ação para a realização de uma linha de navegação que deveria excluir os intermediários e as descargas nos portos europeus dos produtos romenos e brasileiros. Levantava-se o problema da criação de um armazém para os produtos brasileiros em Galati. O Brasil impunha a condição de esse porto ser livre para os navios brasileiros, solicitando nesse sentido que a Romênia pusesse à disposição combustíveis baratos, enquanto se mostrava interessado em abrir ao governo romeno uma linha de crédito para a compra de mercadorias brasileiras. Lamentavelmente, a Romênia não aplica o despacho do governo Averescu, que aprovava essa iniciativa, motivando a existência do regime dos armazéns que o Brasil poderia também usar. Wraubek apóia o projeto da linha de navegação direta entre a Romênia e o Brasil, enquanto o diário *Universul* relata amplamente, o projeto considerando-o "magnífico e absolutamente realizável".

As iniciativas comerciais romeno-brasileiras, mesmo não conseguindo sempre frutificar, foram uma realidade. Em 13 de setembro de 1931, o encarregado de negócios da Romênia no Rio assinalava para Bucareste o desejo do Brasil de assinar com a Romênia um acordo comercial do tipo tratado de comércio, no espírito das recomendações feitas em 1929 pela Sociedade das Nações. O ministro do Brasil em Bucareste, Thomaz Nabuco de Gouvêa propõe negociar um acordo comercial "em compensação". As negociações, travadas por iniciativa do Brasil, levaram à assinatura, em 16 de dezembro de 1931, no Rio de Janeiro, do primeiro acordo comercial por câmbio de notas. Ele foi aplicado provisoriamente em 22 de maio de 1933, estipulando que as duas partes vão conceder-se mutuamente em prol do país mais favorecido, ilimitado e incondicional a tudo o que diz respeito às taxas aduaneiras, a outras taxas acessórias, a modalidade de cobrança das taxas, bem como as regras, as formalidades e os serviços aos quais as operações alfandegárias poderiam estar sujeitas. Mas as relações comerciais continuam a ser insuficientemente desenvolvidas, indiretamente afetadas, reduzindo-se, pelo menos no que diz respeito ao Brasil, à exportação de café verde.

O governo romeno cria em 1926 armazéns permanentes com benefício de porto livre para as mercadorias brasileiras destinadas à Romênia e a toda a zona não só da Europa Central como da Oriental, o que levaria a uma redução de 30% dos preços. Em 1934, sente-se que as relações comerciais entre a Romênia e o Brasil começam a ganhar terreno, e é criada em Bucareste a sociedade romeno-brasileira — Rombra. Em 1934, o encarregado de negócios da Romênia percebe, devido a um relatório enviado no mês de março para Bucareste, que há uma exportação de café brasileiro, direta ou por intermediários, mas que os romenos não exportam nada, apesar do mercado brasileiro mostrar-se interessado em petróleo e celulose. No Rio de Janeiro, cria-se naquele ano a sociedade chamada Brania, com a finalidade de facilitar o câmbio comercial, especialmente de petróleo. Em 1936, o governo brasileiro conclui novos acordos comerciais com a Romênia. Com essa finalidade, o diretor da seção econômica do MRE do Brasil, Sampaio Vidal, faz uma ampla *tournée* européia. Na Romênia ele propõe a exportação para o Brasil de matérias para o caminho de ferro, produtos químicos, bem como a importação pela Romênia do mais conhecido produto de exportação brasileiro, o café. Em 8 de agosto de 1936 conclui-se um acordo comercial, provisório, por câmbio de notas, assinado em 24 de agosto. Entre os produtos exportados pela Romênia, que são objetos das trocas comerciais naquele período, lembramo-nos de: madeira de construção (pinho, carvalho e outras), produtos químicos, sal, vinho, petróleo e derivados; pelo Brasil: café, cacau, couro, açúcar, algodão e tecidos de algodão, borracha natural e outras. No que diz respeito à quantidade e ao valor, as trocas comerciais continuaram a ficar em um nível baixo até 1942, quando a conjuntura internacional determina a quebra das relações diplomáticas entre a Romênia e o Brasil.

As Legações

O conhecimento recíproco facilitava a abertura dos horizontes culturais e políticos e determinava, após o fim da Primeira Guerra Mundial, a entrada em uma nova era, dominada por projetos de colaboração, com a experiência da guerra evidenciando a necessidade de se estabelecerem relações diplomáticas nas formas institucionais clássicas, mas conforme a nova visão, determinada pela experiência traumática do primeiro conflito mundial. A Romênia e a América Latina estabeleciam relações no nível de legações, e o Brasil ocupa o primeiro lugar das ações travadas para esse fim. Vamos encontrar também para a abertura de novos caminhos o nome do cônsul I.A. Wraubek, que apóia a criação de uma representação diplomática romena no Brasil. Os motivos que ele invoca são vários, além do prestígio do estado romeno e da defesa dos interesses dos seus cidadãos no Brasil, acrescenta uma motivação econômica, considerando que há largas perspectivas de cooperação no domínio. O cônsul da Romênia apresenta em um relatório dirigido ao ministro das Relações Exteriores o fato de em 28 de dezembro de 1923 ser apresentado na Câmara dos Deputados do Brasil um projeto de lei para a criação de novas representações diplomáticas brasileiras no estrangeiro, entre as quais a Romênia.

Como sempre, a brilhante figura de Nicolae Titulescu situa-se à frente dos que percebem a importância da América Latina no campo internacional. As suas amplas ações diplomáticas para desenvolver as relações da Romênia com esta parte do mundo colocam o Brasil em um lugar de relevo, que receberá da sua parte uma atenção particular. Na qualidade de ministro dos Negócios Estrangeiros da Romênia, Nicolae Titulescu propõe, ao final do ano de 1927, a criação na capital do Brasil da primeira representação diplomática da Romênia do continente sul-americano. Em 21 de dezembro de 1927, debate-se na Assembléia dos Deputados e no Senado o projeto de lei para a criação de uma Legação no Rio de Janeiro. Uma vez aprovada a lei, Nicolae Titulescu comunica ao governo brasileiro o acontecimento e pede o agremento para Caius Brediceanu – deputado, antigo subsecretário de estado do Ministério dos Negócios Estrangeiros no gabinete de Take Ionescu –representar a Romênia no longínquo Brasil. O embaixador do Brasil em Roma é encarregado pelo seu ministro das Relações Exteriores de levar ao conhecimento do governo romeno "a grande satisfação com a qual foi recebida a notícia", considerando que a ação terá uma importância essencial para o futuro das ótimas relações de amizade que unem os dois países.

Nomeado em 1º de fevereiro de 1928, o enviado extraordinário e plenipotenciário da Romênia no Rio de Janeiro, Caius Brediceano, chega em 25 de abril e apresenta as suas credenciais em 10 de maio de 1928. O presidente do Brasil exprime a sua grande satisfação pelo fato de a Romênia criar a sua primeira legação na América do Sul, exatamente no Brasil. O mundo diplomático, mas também a imprensa brasileira, com grande entusiasmo, salientava a personalidade de Brediceanu, considerando que, por esta nomeação, a Romênia deixava clara a importância que dava a essa relação. Os seus relatórios mostram-no como um diplomata muito ativo, convencido da importância das relações entre Romênia e Brasil, que concede grande atenção aos consulados e sugere a criação de outros consulados honorários em mais quatro estados brasileiros, além do Rio de Janeiro e de São Paulo. Ele não afastou nem as insistências para se criar um posto de adido de imprensa, que poderia servir para um melhor conhecimento da Romênia no Brasil.

Como resposta, em 1929, cria-se em Bucareste uma missão diplomática brasileira, dirigida por José Tomaz Nabuco de Gouvêa, o primeiro diplomata brasileiro que chega à Romênia para representar, oficialmente, o seu país. O diplomata brasileiro apresenta as suas credenciais em 7 de julho de 1929.

Em 5 de março de 1942, houve o rompimento das relações diplomáticas entre o Brasil e a Romênia, e começa aí um período de 19 anos de silêncio entre essas duas nações.

Em março de 1961 as relações são retomadas ao nível de legação, o enviado extraordinário e ministro plenipotenciário da Romênia no Rio de Janeiro, Gheorghe Ploiesteanu, apresenta as suas credenciais ao presidente João Goulart, em 14 de setembro de 1961. Nos meses de abril e maio de 1961, uma missão diplomática e econômica visitava a Romênia. O embaixador João Portella Dantas, representante pessoal do presidente do Brasil, é encarregado de travar negociações com a parte romena, ação que resulta na assinatura de um acordo bilateral de pagamentos e cooperação econômica, uma cooperação técnica-científica e uma cultural, concluída para cinco anos e que prevê um intercâmbio de US$ 320 milhões, US$ 160 milhões para cada um. A Romênia exportava para o Brasil tratores, rolamentos, produtos derivados do petróleo, produtos químicos, vidro e importava café, minério de ferro, cacau e algodão.

Em outubro de 1963 e, depois, em outubro de 1968, o ministro dos Negócios Estrangeiros da Romênia, Corneliu Manescu, faz visitas aos seus homólogos, Araújo Castro e, respectivamente, Magalhães Pinto, e considera útil a convocação da comissão mista romeno-brasileira, prevista no acordo comercial vigente.

Em 9 de maio de 1974, a legação da Romênia no Brasil é elevada ao nível de Embaixada.

Depois da revolução na Romênia de dezembro de 1989, um primeiro contato em alto nível acontece entre 12 e 14 de julho de 1992, quando o presidente da Romênia, Ion Iliescu, participa como chefe da delegação romena da reunião mundial da EcoRio 1992. O primeiro-ministro, Petre Roman, também visita o Brasil oficialmente, entre 10 e 13 de março de 1991, sendo seguido pelo primeiro-ministro Nicolae Vacaroiu, que efetua também uma visita oficial, entre 10 e 14 de maio de 1994. O Brasil, em setembro de 1999, também leva representantes para visitar a Romênia, e entre eles encontra-se o diretor do Ministério das Relações Exteriores brasileiro, embaixador Marcelo Jardim.

Um momento marcante nas relações oficiais entre esses dois países foi também a visita ao Brasil do presidente da Romênia, Emil Constantinescu, no período de 23-27 de julho de 2000. Em todo o percurso dessa visita, salientou-se não só a forte vontade de dinamizar as relações econômicas bilaterais, mas também um interesse expresso de aumentar o conhecimento recíproco dos dois países, em todos os domínios.

A cooperação nos organismos internacionais data do tempo da Sociedade das Nações, mas a política ativa de cooperação internacional continua também depois da Segunda Guerra Mundial. Em maio de 1967, menciona-se, por meio de um documento feito pela delegação romena de observadores da 12ª Sessão da Cepal, em Caracas, o interesse pela política de desenvolvimento econômico dos estados latino-americanos, com base em todas aquelas ações teóricas estruturalistas que dizem respeito à teoria do desenvolvimento, que provém das teorias de Mihail Manoilescu.

Em outubro de 1967, a Romênia e o Brasil apresentam uma resolução comum ao Conselho Executivo da Unesco, relativa à importância das atividades regionais para a paz, a cooperação e a segurança dos povos.

Diplomacia Cultural – Quantificação Incompleta de um Conhecimento Cheio de Conseqüências

Certamente, a estatística dos conhecimentos culturais bilaterais poderia relevar a intensidade das preocupações do conhecimento mediante a espiritualidade. Mas os grandes encontros entre a Romênia e o Brasil no mundo das idéias não podem ser quantificados completamente, porque, de uma maneira sutil, o pensamento econômico, o filosófico, bem como as idéias revolucionárias da vanguarda romena encontraram o seu lugar na cultura brasileira. Seria possível uma valutação escrupulosa quantitativa, mas não a qualitativa. Nas páginas de um documentário poderíamos encontrar alguns acontecimentos, de traduções e lançamentos de livros até exposições e conferências, de artigos e reportagens de viagem até festivais de cinema, visitas recíprocas de tradutores e escritores que tiveram lugar em ambos os países. Mas é difícil determinar que conseqüências tudo isso causou para a Romênia e o Brasil.

A primeira tradução para o romeno de um texto literário brasileiro data de 1915 e trata-se do conto *Um Testamento*, de Machado de Assis, publicado na revista *Astra*, seguido, em 1930, pela tradução da história *O sonho...*, de Coelho Neto. No período entre 1948 e 1999 são traduzidos 27 volumes da literatura brasileira, sendo Jorge Amado o preferido dos editores (20 volumes traduzidos), seguido por Machado de Assis (três volumes), Érico Veríssimo e Graciliano Ramos (2 volumes cada um). Traduz-se neste tempo, do italiano, um volume dedicado à literatura brasileira de autoria da professora Luciana Stegagno Picchio.

Foram editadas antologias de poesia e prova romena em português, e um tradutor da qualidade de Luciano Maia entra para o nosso patrimônio comum com as traduçoes de *Miorita* e de Mihai Eminescu. Foram traduzidos também Sadoveanu, Caragiale, Rebreanu e Blaga. Também o investigador Ático Vilas-Boas da Mota elabora páginas do mais alto interesse relativas à presença romena no Brasil, em todos os domínios possíveis, trazendo a sua contribuição para o estudo do folclore romeno, sendo, como Luciano Maia, um bom conhecedor da língua romena. A sua biblioteca, que junta 5.000 volumes em romeno ou referentes à Romênia, é um ponto de referência para os brasileiros que querem saber mais sobre o nosso país.

Se há alguns decênios era traduzido da filosofia romena somente Athanase Joja, depois de Cioran e Eliade terem trazido um novo ímpeto ao interesse cultural da elite brasileira, um grande filósofo brasileiro, Olavo de Carvalho, começava há três anos a tradução de Constantin Noica no Brasil. *As Seis Doenças do Espírito Contemporâneo* esgotou há muito tempo no Rio de Janeiro. Ele será, por sua vez, traduzido em romeno pela ótima tradutora de português que é Mioara Caragea, das Edições Humanitas, em que deve aparecer o seu volume *O Imbecil Coletivo*, se houver um patrocinador disposto a investir na grande literatura. Uma série de visitas recíprocas – editores, arquitetos, pintores, homens de negócio, filósofos, políticos, escritores, tradutores, jornalistas, cineastas visitam a Romênia e o Brasil, desde 1961, e toda essa rede de contato bilateral romeno-brasileiro – constitui a sutil rede em que se encontram presos os tesouros de mundos que se descobrem um ao outro, chegando a pôr em prática aquilo que foi decidido.

Nos anos 1964-1965 começava na Romênia o primeiro curso de português, e os tradutores apoiavam com o seu entusiasmo a série de traduções brasileiras na Romênia. A Universidade de Bucareste e, depois, outras universidades do país vão constituir cátedras de português, chegando esta língua a ser ensinada ligeiramente nos liceus romenos por um curto período de tempo.

Depois de 1990, várias traduções demonstram que Antônio Olinto, Érico Veríssimo e Jorge Amado são os autores brasileiros mais publicados na Romênia. A presença por duas vezes de José Sarney em Bucareste, por ocasião do lançamento das suas obras, *O Dono do Mar* e *Saraminda*, proporciona aos romenos o encontro com uma grande personalidade política e cultural. O acadêmico Antônio Olinto e o filósofo Olavo de Carvalho também vão visitar várias vezes a Romênia, por ocasião de congressos ou seminários dedicados à poesia e à civilização latina e romena, fazendo conferências e tornando-se familiares para o público romeno.

Dominada pela figura filológica limitada ao espaço da literatura e da lingüística no que diz respeito ao conhecimento do Brasil, a aparição do livro brasileiro começa a abrir novos horizontes. Da grande literatura econômica, sociológica, antropológica e da filosofia cultural, a Romênia só sabia pelos seus ecos. Por isso, certamente o grande acontecimento brasileiro de 2000 na Romênia é a aparição da série "Brasiliana" na prestigiada Editora Univers, na qual encontramos tanto obras-primas da literatura sociológica brasileira (*Casa Grande & Senzala*, de Gilberto Freyre, *Uma Curta História do Brasil*, de Hernani Donato), bem como uns dos livros mais importantes da teoria do desenvolvimento, inspirada pelo pensamento econômico de Mihail Manoilescu, *Dependência e Desenvolvimento na América Latina*, de autoria de Fernando Henrique Cardoso, brilhante sociólogo, atualmente presidente do Brasil. Nesse volume, abrindo uma escola de pensamento na teoria econômica, encontrou-se fortes influências da teoria do protecionismo e dos câmbios desiguais. Ulteriormente, na série "Brasiliana", apareceu um volume que pertenceu aos trabalhos clássicos do domínio da literatura econômica: *A Formação Econômica do Brasil*, livro do grande economista Celso Furtado.

A dinâmica dos acontecimentos brasileiros na Romênia conhece um crescimento espetacular, quantitativo, mas especialmente qualitativo com a chegada na Romênia de um novo embaixador, Jerônimo Moscardo, antigo ministro da Cultura, diplomata dinâmico e intelectual formado, fino conhecedor do pensamento filosófico romeno, um apaixonado pela Romênia, mas, antes de tudo, apaixonado pelo seu país. Mediante um plano-piloto elaborado no início da sua estada na Romênia, ele tenta aplicar toda uma série de iniciativas, orientadas a longo prazo e desenroladas em programas específicos, nos mais diversos domínios. Convencidas de que a Romênia representa um poder cultural e uma janela de oportunidades para os negócios com o Brasil, as missões brasileiras econômicas, diplomáticas, parlamentares, militares e especialmente as culturais multiplicam-se. As publicações comerciais e culturais da embaixada, sob o nome de *Correio Brasil-Romênia* tentam impulsionar a relação econômica e cultural da embaixada. A presença marcante do embaixador Moscardo na TV, no rádio e nas páginas da imprensa escrita tornou-o o grande favorito das mídias romenas, sendo essa dimensão componente do plano-piloto. No que se refere à cultura, os programas de traduções de livros essenciais, romenos e brasileiros, a cooperação acadêmica, a economia, o turismo e até aquela parte tão cara ao brasileiro, o *loisir*, porque não faltam projetos de escolas de samba, tal como não faltam conferências de grande envergadura no domínio da filosofia, da lógica, da poesia, da ciência, da geografia e de muitas outras também, impulsionaram essas relações. Seja pelas missões econômicas, como o grande homem de negócio Maurice Costin, um dos líderes da Fiesp, ou pela delegação da poderosa companhia petroleira Petrobrás, seja pela visita de delegações representando os estados brasileiros ou pela Câmara de Comércio Brasil-Romênia, pela promoção de Feiras brasileiras mediante a Câmara de Comércio e Indústria da Romênia, pelos contatos realizados no World Trade Center com empresas romenas ou pelas reuniões dedicadas à "nova economia" que se realizam na Internet, todas essas atividades apontam para uma atividade frenética de recuperação que parou por anos, em um grande ensaio, para revitalizar a relação bilateral.

Se a colaboração romeno-brasileira, mediante o Congresso dos brasilianistas da Casa da América Latina ou a visita de um grande grupo de intelectuais brasileiros que representa o Instituto Brasil-Romênia, que chegaram liderados pelo seu diretor, Vítor Alegria, representa os momentos de relevo, não se pode esquecer nem a esplêndida noite de poesia brasileira, que o embaixador Lauro Moreira realizou, nem as noites de cinema na Cinemateca Romena e na Casa da América Latina, como também um grande número de acontecimentos, exposições e conferências e até lançamentos de livros.

Um documentário sobre todas essas iniciativas encheria dezenas de páginas e desenharia uma imagem mais clara do grande esforço que os romenos e os brasileiros, oficialmente ou pura e simplesmente por paixão, fazem para se conhecer melhor.

Escolhemos a via do ensaio, menos científica, pode ser, mas certamente mais profunda.

[1] Traduzido por Stefan Mera.

Mundialização e Estratégia – Política no Mundo Latino

A América do Sul é o Nosso Futuro

Darc Costa*

Como devemos olhar o nosso futuro? Por mais que o mundo esteja globalizado, o nosso destino estará preso ao destino de nosso país. Como nos devemos posicionar no mundo? Qual é o melhor caminho para a inserção internacional do Brasil? Evidentemente que essas são questões de fundamental importância não só para o nosso país como para o nosso futuro.

Nós – o Brasil – somos a América portuguesa posta diante de uma dualidade clara que contrapõe a América espanhola à América inglesa. Dualidade que já estava posta no continente europeu. O processo de colonização espanhola na América sempre foi contestado pelos ingleses, e nós, como terceiros interessados, acompanhamos, à época da colônia, essa contestação. Quando houve a independência nas Américas, manteve-se, por inteiro, a contraposição entre a América inglesa e a América espanhola. Por trás do imaginário inglês, há uma visão bem posta nas obras de Shakespeare, uma visão pragmática, muito realista, enquanto o imaginário espanhol está posto em uma visão sonhadora, não-pragmática, construtiva de mundos imaginários, como está claramente colocada nas obras de Cervantes.

Nós somos a América portuguesa e, portanto, continuamos sendo um terceiro interessado. O que está essencialmente acontecendo é que fizemos nossa primeira opção, logo após a independência, em 1823, pela visão inglesa, pela doutrina anglo-saxônica na América: a doutrina Monroe para nós, naquele momento, era interessante. Fizemos essa opção pelo apoio a esse discurso, pois estávamos isolados, cercados por um cordão de isolamento hispânico, desde o tratado de Santo Ildefonso, e víamos na Europa, após o Congresso de Viena, a possibilidade do início de uma nova colonização.

* Engenheiro formado pela Pontifícia Universidade Católica. Funcionário admitido por concurso público no Banco Nacional do Desenvolvimento Econômico e Social, no qual fez sua carreira profissional, tendo ali sido chefe de Consultoria Técnica e Superintendente. É consultor na área de planejamento de diversas Instituições. Mestre em Engenharia de Produção pela PUC/Rio, é doutor em Engenharia de Produção pela Coppe/UFRJ, membro do corpo permanente e coordenador do Centro de Estudos Estratégicos da Escola Superior de Guerra.

Esquecíamos o sonho espanhol, a utopia de Bolívar, a união dos povos ibéricos postos na América, algo que também se perdia na repartição da América espanhola. Nós, até 20 anos atrás, estávamos afinados com a doutrina Monroe. Será que, neste momento da História, não nos cabe, como terceiros interessados, ou seja, como América portuguesa, mudar de posição, pendular e reconstruir o sonho de Bolívar, ou seja, buscar uma integração dos países de origem ibérica na América?

A resposta a esta questão já está dada, e é sim. Isso passa obrigatoriamente por um processo de cooperação sul-americana, que leva à integração dos países da América do Sul. Explica por que a nossa maior prioridade, em termos de relações internacionais, é construir um processo de cooperação sul-americana. Tal cooperação é o caminho para a inserção internacional do Brasil. Tal conclusão não é autônoma nem empírica e não foi feita de forma isolada. É fruto de uma reflexão muito mais profunda, que passou não só por uma avaliação do mundo político e econômico atual como também das nossas vulnerabilidades diante dos outros países do mundo. O Mercosul é uma resposta que podemos dar a algumas dessas vulnerabilidades. Mas, uma resposta inicial, que se insere na nossa concepção estratégica. Qual é a nossa concepção estratégica? Seu preâmbulo está no parágrafo único do artigo 4º. da Constituição Federal do Brasil: "A República Federativa do Brasil buscará integração econômica, política, social e cultural dos povos da América Latina, visando à formação de uma comunidade latino-americana de nações."

Nosso objetivo central será estudar e discutir esta concepção, sua viabilidade mediante a proposta já adotada de escaloná-la, passando, previamente, pela cooperação sul-americana.

Pensemos no mapa mundial. Verificamos, ao fazê-lo, que o Brasil, naturalmente por questões geográficas, e a América do Sul, também por questões geográficas, estão afastados das rotas internacionais de comércio. O Brasil e toda a América do Sul têm uma desvantagem operacional com respeito ao comércio mundial, porque as rotas mundiais do comércio processam-se no Hemisfério Norte e envolvem basicamente a parte norte do Hemisfério Ocidental, a Europa e a Ásia.

O comércio da América do Sul é um processo marginal do comércio mundial. Isso pode ser um problema, mas também pode ser uma solução. Por que afirmamos isso? Olhando a História, concluímos que foram sempre os periféricos de seu tempo que conquistaram o centro, como, por exemplo, Portugal e Espanha, no século XVI. Contudo, na América do Sul nada é mais competitivo, sob o ponto de vista de localização geográfica, que os próprios países da América do Sul. A posição do Brasil no continente sul-americano é impar. Temos fronteiras com quase todos os demais Estados, com exceção de dois, o Chile e o Equador. Isso nos coloca em uma posição privilegiada, como articulador da integração do vasto território da América do Sul.

Então, sintetizando, a posição geográfica dos países do Mercosul, em especial a do Brasil, os coloca em uma situação singular, pois, em virtude de sua periferia em relação às rotas do comércio mundial, fomenta, em um primeiro momento, uma integração, como uma subpolarização, que tem claras características de uma futura polarização expressiva. Para se entender o termo polarização é preciso compreender que, no mundo de hoje, esse é o fenômeno econômico determinante, e não a globalização. Na verdade, o processo que está ocorrendo é a polarização. Isso porque hoje se polariza cada vez mais econômica, política, tecnológica e fisicamente em torno da Alemanha, do Japão e dos Estados Unidos.

Como exemplo dessa polarização encontra-se a concentração empresarial. Se pegarmos as 500 maiores empresas do mundo, veremos que 240 são americanas, 120, japonesas e, das restantes, 80 são alemães.

É indubitavelmente relevante o fato de a América do Sul ser um território no qual estão inseridos os maiores recursos estratégicos do mundo.

Os estrategistas atuais estabelecem a existência de dois novos grandes problemas para a humanidade no século XXI: as crescentes necessidades de alimento e de água doce. A água torna-se, cada vez mais, um problema crucial no mundo. A América do Sul tem, hoje, uma dotação *per capita* de cerca de 28.800 litros de água/dia, a Europa tem 4.000 e os Estados Unidos têm 7.000. O volume de água doce por habitante na América do Sul é muitíssimo maior do que o dos demais continentes. Isso é extremamente importante.

Outro ponto relevante é a questão agrícola. A América do Sul tem 40% de sua área agricultável, enquanto os Estados Unidos só têm 27%. Já a Europa Ocidental tem 44% de área agricultável, mas seu território corresponde a um quinto do território da América do Sul. Na Europa Oriental e na Rússia existem muito pouca área agricultável, assim como na Ásia. Em síntese, nós, da América do Sul, detemos uma grande parcela da área agricultável disponível e ainda não utilizada do planeta. Aqui existem um potencial considerável e uma disponibilidade ampla de recursos agrícolas e de água.

Vamos estender um pouco esta avaliação de recursos da América do Sul. Em termos de produção de alimentos, a América do Sul é auto-suficiente, isso se dá não só por causa do trigo da Argentina, como da carne do Uruguai, da Argentina e do Brasil, do peixe que vem da Costa do Pacífico – do Peru, do Chile –, etc. A América do Sul é auto-suficiente tanto em leite e seus derivados quanto em frutas e verduras. É auto-suficiente em termos de petróleo – a Venezuela sozinha tem reservas três vezes superiores às dos Estados Unidos. Em minerais de ferro – cobre, bauxita, manganês, metais básicos – e em outros minerais, a América do Sul também é auto-suficiente.

Mas temos problemas com o carvão, isso se dá em razão de ele não ter sido devidamente prospectado, e aquele encontrado ainda não estar sendo explorado. Existem reservas em quantidade e qualidade na Colômbia esperando para serem exploradas. A mesma coisa acontece com o titânio e o tungstênio. Somos os maiores detentores de terras raras, nas quais se encontram grandes reservas de minerais estratégicos. Temos, mas não estamos explorando, a rocha fosfórica. Mas esse é mais um problema.

O potássio também é um grande problema, mas isso não quer dizer que não exista potássio explorável na América do Sul. Esse subcontinente detém uma grande parcela desse mineral. Possui mais reserva mineral do que a África ou a Ásia, e mais do que a América do Norte. A este potencial natural agrega-se outro: o biogenético. É na biodiversidade que a América do Sul tem outro grande trunfo, pois no subcontinente sul-americano estão hoje mais de 60% das espécies animais e vegetais conhecidas.

Contudo, os recursos naturais não são mais a base sobre a qual se processa a acumulação de capital. Desde o século XVIII, a acumulação é processada na indústria, seja pela repetição dos processos produtivos, seja pela inovação. A indústria é a força motriz do desenvolvimento.

Falemos, então, sobre a base industrial e a possibilidade de uma ação nessa base na América do Sul. A produção de aço ainda é o melhor termômetro da atividade industrial.

Na Argentina, a produção de aço em 1995 foi de 95 toneladas *per capita*. O Brasil produziu mais, 196 toneladas *per capita*, mas muito pouco se comparado com o Japão, com uma produção de 951 toneladas de aço, a Alemanha, 622, e os Estados Unidos, com 447 toneladas *per capita*. O mesmo acontece com os demais insumos básicos e também com os bens de consumo duráveis: refrigeradores, televisores, etc.

Aliás, o mercado potencial latente de bens industriais na América do Sul é um enorme patrimônio da região. Primeiro, porque na América do Sul a população não tem a sua demanda potencial de bens industriais atendida, em função de sua baixa renda média *per capita*, e, segundo, porque é um mercado demograficamente crescente. Ninguém tem mais que duas geladeiras, três já é um excesso e quatro é muito difícil. Enquanto isso, a maioria dos lares norte-americanos e europeus tem mais de um refrigerador e os bolivianos não tem nem um refrigerador.

Cerca de 30% da população brasileira ainda se encontra sem energia elétrica. Existe um vasto mercado que não foi atendido, portanto, há uma grande possibilidade de expandir esse mercado não só no território brasileiro como também na América do Sul. Mas, para atender a esse grande mercado, precisamos continuar implantando indústrias. Isso é industrializar.

Industrializar, no bom sentido, é ir aumentando o parque industrial em virtude da criação de atividades subsidiárias e da integração de processos industriais, evitando desse modo transferir as plantas importadoras, algo que só aumenta a dependência da industrialização. Industrializar é também garantir a participação da sua população, em decorrência do acesso aos bens físicos produzidos por esse processo.

Ainda contemplando a atividade industrial, é importante compreender a baixa capacidade dos países da América do Sul em produzir máquinas operatrizes. Vamos comparar os dados da produção de máquinas operatrizes do Brasil, da Argentina e do México com os da Alemanha, da Coréia do Sul, da Itália e do Japão, na década de 90 do século passado. A Alemanha produzia 50 vezes mais máquinas por habitante do que a América do Sul, o Brasil, a Argentina, etc. A Coréia do Sul produzia seis vezes mais, a Itália, 18, e o Japão, 30 vezes mais do que o Brasil. Tais máquinas são fundamentais no processo industrial. É óbvio que à frente precisaremos recuperar uma parcela expressiva do parque industrial sul-americano, o qual foi sucateado por uma abertura malconduzida recentemente.

Precisamos tentar preservar o parque industrial brasileiro, pois ele se encontra em processo de sucateamento, e temos de fomentar as produções industriais em outras regiões da América do Sul. Entretanto, repetimos, a questão principal é a produção de máquinas e equipamentos. O Brasil possui recursos capazes de suportar cerca de 75% das suas necessidades, mas os 75% das necessidades brasileiras correspondem a 50% das necessidades da América do Sul.

Agora, passemos aos insumos básicos, cimento, aço e fibras sintéticas. Em uma avaliação geral, a América do Sul possui um elevado grau de auto-suficiência nesses insumos básicos. Se for necessário ser auto-suficiente na América do Sul, não há nada que não se possa fazer.

É possível ser autárquico – palavra e ação que detestamos – na América do Sul. Se for necessário, é possível. Isso porque este é um subcontinente muito bem-dotado.

Precisamos abordar também o problema da agricultura na América do Sul. Comecemos com o rendimento agrícola visto em tonelada por hectare. Vamos comparar os dados da rentabilidade agrícola, da Argentina, por exemplo, que tem um dos melhores solos do planeta, com os da Europa Ocidental e dos Estados Unidos. Indubitavelmente, toda a fertilidade do planalto brasileiro correu, ao longo de milênios, para a Mesopotâmia da Argentina. Apesar disso, os argentinos têm um rendimento por hectare muito menor do que o dos Estados Unidos ou da Europa Ocidental.

Qual é a explicação para isso? Primeiro, o número de tratores utilizados no setor agrícola na Argentina é muitíssimo menor do que nos Estados Unidos e na Europa Ocidental. Depois, o baixo uso de insumos modernos: defensivos e fertilizantes. O que está claro é que a nossa agricultura é profundamente atrasada – quando aqui se fala em agricultura capitalista, ficamos imaginando o que é a nossa cultura capitalista, *vis-à-vis* das agriculturas européia e americana. A agricultura sul-americana é uma agricultura retardada. Então, concluímos que é possível avançar para a modernização do setor agrícola.

Outro fato importante é o pouco espaço relativo ocupado pelas áreas agrícolas. Há grandes possibilidades de se incorporarem nos próximos anos novas áreas agrícolas ao processo produtivo. Hoje, ninguém tem maior possibilidade no mundo de incorporar novas áreas à atividade agrícola do que nós, sul-americanos. Várias regiões novas podem ser efetivamente incorporadas até o ano 2020 para a atividade agrícola. Podemos aumentar extraordinariamente a produção de alimentos, seja pela incorporação de novas áreas, seja colocando mais tecnologia na agricultura das áreas já exploradas.

Contudo, a América do Sul não se pode integrar nem haver cooperação dos países, e muito menos uma ação voltada para a integração e o desenvolvimento da sua agricultura e da sua indústria, com o Peru voltado para o Pacífico, o Brasil, para o Atlântico, e a Venezuela voltada para o Caribe. Precisamos acabar com essa situação – a de os países sul-americanos ficarem voltados para o mar e de costas uns para os outros. É necessário que exista um projeto de infra-estrutura que os una pelo interior do continente. Precisamos fazer algo para que haja uma integração dos mercados dos diversos países sul-americanos, e isso somente pode ser feito com infra-estrutura.

O projeto de infra-estrutura que visa a essa integração precisa concentrar-se em três empreendimentos. O primeiro corresponde à área do transporte, que precisará ser feito sobre a água, de forma fluvial e marítima; sobre a terra, suportada por redes ferroviárias e rodoviárias; no espaço, por meio aéreo, e pela interconexão eficiente entre essas redes, com armazéns de cargas e descargas. O segundo compreende as grandes obras hidráulicas. Não há continente que possa realizar obras hidráulicas tão importantes como aquelas que podemos realizar no continente sul-americano. Uma das razões é a grande quantidade de água doce que existe nos rios sul-americanos. E o terceiro compreenderia a montagem de um sistema de energia, que precisa ser imaginado de forma comum, e que interligasse por cima das fronteiras o potencial disponível.

De maneira breve vamos falar sobre os diferentes custos dos meios de transporte. Estimamos que por meio aéreo transporta-se 1 tonelada de carga por 1 milha pelo custo de US$ 0,22. A mesma carga, transportada em um navio cargueiro, talvez custasse quase US$ 1.000 a menos. Existe uma gradação no custo do transporte, o rodoviário é muito caro em relação ao ferroviário. O transporte mais barato é o transporte marítimo. Isso demonstra a necessidade de se repensar o setor naval e se remontar o sistema portuário.

Para valorizar o modal hidroviário, precisaríamos novamente projetar e tornar os nossos portos especializados. O sistema portuário da América do Sul deveria contemplar dois superportos, que integrariam o continente ao mundo, um superporto em Sepetiba, aqui no Atlântico, e outro superporto no Chile ou em outro ponto da costa oeste do subcontinente, o qual se integraria ao sistema do Pacífico. Cada superporto comportaria-se como um ponto de acumulação e de distribuição de carga, que seria anteriormente coletada ou posteriormente repassada ao longo da respectiva costa do subcontinente.

Algo que fica muito claro em nossa concepção estratégica, é a questão da nossa ligação com o Pacífico. Será de fundamental importância para nós, neste século XXI, que se proceda à ligação terrestre do Atlântico com o Pacífico.

Outro ponto fundamental para o modal hidroviário é a integração das principais bacias dentro do subcontinente sul-americano. Não há outro subcontinente no mundo em que possa ser feito um sistema de distribuição de cargas hidroviário, no seu interior, como na América do Sul, e isso precisa ser aproveitado. É um absurdo que isso não tenha sido feito até agora, dados os baixos custos relativos do transporte sobre a água. Mas, para isso, grandes obras hidráulicas precisariam ser feitas. A expansão do antigo Canal do Panamá e a construção de um novo canal nos interessa.

A ligação da bacia do Orenoco com a bacia Amazônica e dessa com a bacia do Prata também nos interessa. Outro exemplo de obra hidráulica de monta a ser realizada é a transposição das bacias, o que permitirá resolver definitivamente a questão da falta de água na região semi-árida do Nordeste do Brasil. Temos inúmeras outras possibilidades de obras hidráulicas importantes no Brasil, como o canal de Jacuí e o prolongamento da hidrovia do Tietê, mediante a construção de uma série de novas eclusas. E, em outros países da América do Sul, como o canal de Bermejo, um grande projeto de integração, na bacia do Prata, que fará a ligação de parte da Argentina com uma grande área do território da Bolívia, fomentando um grande aproveitamento agrícola, mediante o uso da irrigação ou da construção de túneis transandinos destinados a levar água à costa árida peruana.

A situação atual do sistema ferroviário sul-americano é caótica. Existe um *carnaval* de bitolas na América do Sul. Aqui se usam seis bitolas diferentes, e não há um país sul-americano que possua uma rede com a bitola igual a de outro país. O setor ferroviário é um desastre completo na América do Sul. O seu esquema ferroviário foi, no passado, todo articulado não para a integração de espaços no continente, mas para a exportação de produtos. Montou-se um sistema ferroviário destinado a retirar produtos do centro do território e colocá-los na costa, para exportá-los para outros países do mundo.

Precisamos de uma proposta de reestruturação. Dentre outras ações, sugerimos a criação de um corredor ferroviário de alta velocidade, de linha dupla, que ligaria Santiago do Chile ao Rio de Janeiro, passando por Buenos Aires e São Paulo. Imaginamos construir cerca de 70 mil km de novas ferrovias até 2020. (Essa idéia de que perdemos o trem da História, de que o sistema ferroviário não tem mais sentido, etc., não é verdadeira. Para grandes volumes de cargas que estão no interior do continente, em distâncias médias de mais de 600 km, o melhor transporte é o ferroviário. Para não perdermos o trem da História, precisamos pressupor que ainda é plausível a realização de um sistema ferroviário.)

Apesar das vantagens do transporte ferroviário, durante muito tempo teremos de conviver com um transporte terrestre de base rodoviária. Por isso, devemos projetar rodovias concentradoras na América do Sul, rodovias de quatro ou cinco pistas, que podem ser feitas às margens das ferrovias a serem construídas, e um amplo sistema de rodovias alimentadoras.

A infra-estrutura precisa ser vista como um conjunto. Não podemos fazer uma rodovia sem um sistema de distribuição de energia e de telecomunicações que a acompanhe. Se concebermos um projeto de rodovia em um território novo e não levarmos energia até lá, pouco estaremos agregando.

Desenvolver é gastar energia, assim como criar energia é desenvolver. O homem sempre buscou apropriar-se da natureza e isso ficou muito mais fácil quando ele encontrou outras energias que não as dos seus músculos. Para ilustrar o que acabamos de dizer, vamos dar um exemplo: os territórios do Japão e da Alemanha são muitíssimos mais providos de energia do que o nosso. O consumo de energia por habitante é muito maior nesses países do que na América do Sul. É isso, em última análise, que demonstra o porquê dos altos padrões de vida dos principais países: a densidade de energia por km^2 é muito maior nesses países do que aqui.

Outra questão fundamental que precisa ser vista é o custo de investimento em energia elétrica para a América do Sul. A melhor forma de gerar energia é ainda por meio da hidroeletricidade, em função da sua disponibilidade e do seu baixo custo, vis-à-vis de outras formas de gerar energia. Mas também é óbvio que existe um custo crescente de aproveitamento de energia elétrica sob a forma hidroelétrica. Em alguns momentos existe, nas projeções feitas sobre a geração de energia na América do Sul, uma vantagem clara no aproveitamento de energia sob a forma termoelétrica, mas o que também é relevante é que existe a possibilidade concreta de que a energia nuclear torne-se extremamente competitiva até o ano 2020, e isso nos leva a continuar pensando em energia nuclear.

Não podemos abandonar a utilização de energia nuclear para fins de geração de energia. A respeito disso, ainda surpreende a falta de aproveitamento hidroelétrico que se encontra disponível na bacia do Prata – que é igual a uma outra Itaipu. Existe na bacia do Prata, hoje, represamentos possíveis de serem feitos e que, somados, são capazes de gerar uma quantidade de energia superior àquela que vem sendo gerada em Itaipu. Os potenciais andino e amazônico de aproveitamento hidroelétrico são gigantescos. Devemos transformá-los em realidade.

Mas as telecomunicações também são importantes. Antes de tratarmos da infra-estrutura das comunicações, gostaríamos de falar em educação. Não há melhor exemplo de progresso na educação do que o emprego de computadores, algo que, cada vez mais, também está diretamente ligado às comunicações. A analogia é clara, a correlação não só é evidente como permite ligar a questão da educação com a das comunicações. Sem redes de processamento, os processos educacionais, hoje, ficam muito limitados, o que limitará também o crescimento da utilização de computadores. Mas nada é mais espantoso do que a venda anual de computadores na América do Sul.

Desde 1996, o maior crescimento relativo mundial na utilização de computadores é na América do Sul. Isso demonstra, claramente, que existe um enorme potencial de utilização de microcomputadores, de fibras ópticas, de satélites e de torres de microondas que unirão e alimentarão tais computadores. Em síntese, procuramos um projeto de desenvolvimento econômico na América do Sul que, efetivamente, garanta não só a inserção do continente como do Brasil no mundo, de uma forma muito melhor do que acontece hoje. E isso só é possível com um grande esforço para montar uma base expressiva de infra-estrutura.

Abordaremos agora a questão polêmica relativa ao crescimento demográfico na América do Sul. Diferente do que dizem, o território da América do Sul possui enormes vazios demográficos. Para se ter uma idéia, o Uruguai, por exemplo, tem 3 milhões de habitantes, desses, 2 milhões moram em Montevidéu. No interior, existe um enorme vazio entre um local e outro. Vemos o mesmo processo na Patagônia e em toda a região amazônica, etc. Devemos deixar claro que a América do Sul é um continente consideravelmente pouco povoado, diferente do que vemos nos arredores do Rio de Janeiro e no entorno de São Paulo, que são superpovoados. Mas quando a lógica opera sobre o continente sul-americano, vemos o contrário. O problema real do século passado, para a América do Sul, não foi uma taxa excessiva de crescimento demográfico, mas sim o fato de essa explosão demográfica não ter ocorrido um século antes. Se essa taxa de crescimento tivesse ocorrido como nos Estados Unidos e na Europa, talvez a situação, hoje, fosse bem melhor.

Somos de opinião que, para apoiar a infra-estrutura e financiar a força de trabalho do mercado para a produção industrial é necessário ter um território que possua uma densidade demográfica mínima. Isso é uma condição necessária, mas não é uma condição suficiente. Para que se tenha mercado, em termos industriais modernos, é preciso que exista uma ampla base espacial, com uma densidade mínima que estimamos em 50 habitantes/km^2. Precisa-se preencher esta condição, só que ela também não é única. Existem outras. Se não houver um amplo espaço com esta densidade mínima mencionada, pode-se desistir de pensar em montar uma ampla e diversificada base industrial.

Acreditamos, também, que é necessário alterar a composição interna da força de trabalho, liberando, gradualmente, por meio da utilização intensiva de maquinário, a força que aparece primeiro no campo para a área industrial, pois mais adiante essa força de trabalho vai transferir-se para o setor de serviços. A idéia de que o setor de serviços é gerador de empregos é verdadeira, mas não há nada mais falso do que construir a riqueza, diretamente, por meio do setor de serviços. O gerador de riqueza sempre será o gerador de bens físicos.

A riqueza não surge do turismo, nem de parques temáticos. Esses só refletem a riqueza. O que é relevante é ter sempre mão-de-obra integrada ao processo produtivo, gerando produtos. Para podermos avançar, evidentemente, temos de fazer uma alteração na composição interna da força de trabalho. Isso é, o número de operários produtivos deve crescer, até chegar a um percentual de 50% do total dos empregados. É isso que, a Alemanha, o Japão e os Estados Unidos conseguiram. Tais operários produtivos devem ficar concentrados em máquinas, na produção de bens de capital, dentro da área de máquinas e ferramentas.

Particularmente, deve-se separar 5% da população economicamente ativa – PEA para trabalharem como cientistas, técnicos ou engenheiros. Esse é o caminho do desenvolvimento, do crescimento econômico. Não existe outro no campo técnico.

Em síntese, avançamos em uma concepção estratégica que determina, em primeiro lugar, que haja crescimento da população da América do Sul (essa idéia de que a população precisa estabilizar-se entra em conflito com a nossa assertiva de que é necessário combater os vazios demográficos); em segundo, que a população economicamente ativa deve estar estabilizada em um patamar mínimo de 40% da população total, e que para isso busque-se um projeto que empregue a mão-de-obra disponível (importar tecnologia para desempregar é um absurdo). Precisa ser um projeto que veja sempre a mão-de-obra como um bem escasso, pois 20 anos são gastos para se construir um homem.

Hoje, é evidente que, para enfrentarmos esse problema, precisamos mudar a estrutura da população. Não basta apenas ter boa vontade, precisamos de homens educados, de um continente educado ou de um conjunto de países educados. A América do Sul possui os piores índices de educação do mundo, com exceção da África. Hoje, a América do Sul chega a ter um índice de educação pior do que o da Ásia.

A mesma pseudo-educação realizada aqui no Brasil é feita nos diversos programas de educação de primeiro e de segundo graus na América do Sul. Seria uma bobagem comparar esses estudantes com os estudantes americanos, alemães e japoneses. Existem vários problemas na educação, entre os quais: o número excessivo de estudantes em sala de aula; a capacitação deficiente dos mestres; o uso de material de trabalho antiquado, principalmente, no campo da educação científica; e, principalmente, o que nos parece ser o maior deles, as condições gerais de pobreza nas quais vivem os estudantes, algo que dificulta imensamente a concentração do estudante em sala de aula. Se pudéssemos resumir quais são os maiores problemas de educação na América do Sul, eles seriam certamente esses quatro listados por nós.

Outro tema que pretendemos tangenciar é a questão da educação superior na América do Sul. Vejamos os adolescentes de 15 a 17 anos no continente. A totalidade da população nessa idade é estimada em 40 milhões de pessoas. O número de jovens matriculados do 4º. ao 7º. ano está em torno de 19,2 milhões, ou seja, 48% dos adolescentes estão fazendo o segundo grau, os outros 52% não estão mais estudando. Se olharmos para o ensino superior, as taxas caem ainda mais e, se atentarmos para a especialização, na faixa etária que vai de 22 a 24 anos, verificamos que apenas 2,5% dessa população fazem algum tipo de pós-graduação.

Ao compararmos esses dados com os dados americanos, alemães e japoneses, verificamos que estamos preparando uma mão-de-obra que não será capaz de competir com seus colegas estrangeiros. Outra ocorrência gravíssima surge quando comparamos o número de estudantes dos países citados matriculados em Ciências Naturais e em Engenharia, nas universidades, com o número de estudantes da Argentina, do Brasil, do Peru e da Venezuela. Observe quantos estudantes formaram-se em atividades técnicas no nosso continente, por milhão de habitantes, e compare esses dados com os da Alemanha, os da China, os da Coréia do Sul, os dos Estados Unidos e os do

Japão. Fica clara a nossa falta de capacitação tecnológica e a dos países vizinhos da América do Sul, simplesmente porque não damos ênfase à educação e, muito menos, enfatizamos o estudo da Engenharia ou das Ciências Naturais.

A América do Sul, hoje, é marginal, periférica, fornecedora de matéria-prima e possui uma base industrial e tecnológica muito incipiente. Para o nosso desenvolvimento precisamos entender os problemas que ainda existem no subcontinente, e verificar a necessidade criada e recriada de uma interação econômica crescente e permanente entre os países da América do Sul. Também é necessário aumentar a produção e a produtividade e verificar a escolha das combinações adequadas para o processo produtivo, com o intuito de proporcionar emprego para um grande número de desempregados e procurar atender anualmente a um enorme contingente que procura ingressar no mercado de trabalho.

Para isso, deve-se criar um mercado comum envolvido por um sistema aduaneiro protecionista, que garanta o desenvolvimento da indústria local, para suprir ao máximo as atividades regionais. Deve-se, também, procurar a integração física da região, por intermédio da construção de grandes obras de infra-estrutura. Precisa-se pensar na criação de um único sistema de crédito voltado para o desenvolvimento da região, e, também, na criação de uma moeda única.

Entretanto, isso só será possível se o Brasil tomar para si esta tarefa: a de construir a cooperação na América do Sul e investir neste processo, principalmente, no financiamento da construção da infra-estrutura física do subcontinente.

O Mundo Latino e a Era do Megaestado

Severino Cabral*

A concepção geopolítica elaborada e desenvolvida pelo corpo de estudiosos e mobilizada pela Escola Superior de Guerra ao longo de 50 anos constitui um patrimônio intelectual brasileiro. A síntese mais acabada desta concepção geopolítica brasileira encontra-se, ao meu ver, exposta na obra de Golbery do Couto e Silva. Entre as idéias desenvolvidas no esforço golberyano de reflexão sobre o ser nacional brasileiro e o seu destino, duas, sobremodo, chamam a atenção: a primeira é a caracterização do Brasil como uma panregião em si mesmo; a segunda é que esta panregião, quando se firmar no contexto internacional, engrandecerá a cultura da humanidade.

Ao pensar o conceito de panregião como um sistema "de economia e organização social superiormente equilibrado, de cristalização de poder em uma unidade de larga base geográfica", Golbery irá opor esta macroentidade ao que chamou de Império Universal, com sua paz ecumênica e o despótico cesarismo interior. Nesta visão, a particularidade brasileira, mais que em defesa do Ocidente, consistia (e consiste, pode-se afiançar ainda hoje) em constituir-se em um *socle,* base na qual se apoiaria toda a ordem democrática ocidental.

Tal como o fizera Carlos Badia Malagrida, em 1919, irrompia na análise geopolítica de Golbery do Couto e Silva a concepção de um superestado meridional, de feição cultural latina, capaz de protagonizar a liderança dos estados sul-americanos. Desse modo aparecia, com alto grau de consistência e de racionalidade, um país latino e americano, uma estratégia mundial. À época, a bipolaridade restringia os movimentos do Brasil, que continuava sendo um país vinculado politicamente ao Ocidente, mas preso, por destino, ao mundo em desenvolvimento. Ao ser acelerado o desenvolvimento industrial que o elevaria à condição de uma das dez

* Doutor em Ciências Sociais: Sociologia, Universidade de São Paulo – USP, diplomado na Escola Superior de Guerra – ESG. Curso de Altos Estudos de Política e Estratégia, diretor do Programa China Ásia Pacífico, do Centro de Estudos Afro-Asiáticos – CEAA da Universidade Candido Mendes – Ucam. Adjunto da Divisão de Assuntos Internacionais da ESG.

maiores potências do mundo, o Brasil emergia como um protagonista especial do jogo mundial do poder.

O fim da Guerra Fria e o colapso do sistema dos estados socialistas fizeram com que o maior país ocidental, pertencente ao mundo em desenvolvimento, aparecesse e se posicionasse como ator cada vez mais relevante da cena internacional. Na época da globalização, vale dizer, da unificação do mercado mundial, graças à revolução tecnológica dos transportes e das comunicações, a natureza da panregião metamorfoseia-se, o que pode definir o aparecimento necessário do megaestado. Na verdade, a pressão dos mercados financeiros globais, os quais estavam impulsionados pelo torvelinho dos capitais voláteis, que supera todos os obstáculos de ordem política e também social e técnica ao seu fluir, levou a uma nova concentração, uma nova sístole em meio a uma aparente diástole universal.

Nesta caótica situação vivida pelas economias nacionais, submetidas a uma depressão que reproduz a crise dos anos 30 do século passado em novas bases, assistimos a súbitas e violentas crises regionais, como a que se apoderou dos países do Sudeste Asiático. Estas explosões ocorrem em consonância à profunda e crítica mudança observada no macroclima mundial com o fim do conflito leste-oeste, com a superação do velho imbróglio entre direita e esquerda, *vermelhos e azuis*, o que decretou a substituição da bipolaridade pela unipolaridade.

O processo em curso, decorrente da crise do sistema internacional, aponta para a formação do megaestado. Este fato, conceitualmente antecipado, contradiz e responde à concentração unipolar, impulsionando uma crescente tendência à dispersão multipolar. Ele pressupõe, no entanto, a compreensão do fenômeno da polarização. Como se refere o prof. Shen Jiru, do Instituto de Economia e Política Mundial da Academia de Ciências Sociais da China, na política internacional, a palavra pólo é uma metáfora que designa as "forças que podem exercer grande influência sobre a economia, a política, os assuntos militares, a ciência, a educação e a cultura do planeta". Assim, os países e regiões em desenvolvimento, que buscam a integração e a cooperação (como o Mercosul, que tem o Brasil como núcleo), podem ser chamados de pólos latentes, os quais na medida em que aumentam o seu poder, logo se convertem em pólos plenamente realizados.

Assim, pode-se depreender que uma panregião satisfeita em torno de si mesma, como o Brasil, mesmo que venha a sofrer percalços com a dinâmica própria à sua inserção no mundo caracterizado pela globalização dos mercados, irá pouco a pouco se transformar no megaestado do século XXI. Tal designação, formulada ao final da década de 80 do século passado, a denominada década perdida, corresponde a uma tentativa de atualização do projeto Brasil Potência.

O conceito de megaestado, bem como a sua relação com uma possível teoria geral do mundo pós-Guerra Fria, quando esse foi desafiado a responder ao impacto das mudanças finisseculares — como a *débâcle* soviética, a guerra do Golfo, a crise nos Bálcãs, etc. — tem resistido à prova dos acontecimentos. Sua positividade maior consiste talvez, em elucidar sobre a lógica interna que preside tais eventos, do ângulo do interesse nacional, em liberar o pensamento de hoje de dupla hipoteca que pesa sobre a reflexão política no mundo global: de um lado, o velho anarcoliberalismo *fainéant*, madraço e preguiçoso; do outro lado da cerca, o também rançoso e ressentido (ora histérico, ora obsessivo) materialismo histórico.

Nova Pauta e Umbigo do Mundo

"Para traçar a sua estratégia, um Estado qualquer, por mais fraco que seja, precisa olhar, assim, o mundo ao largo, em sua totalidade global, e não só discernir aí as tensões dominantes que o agitam, mas, captar-lhes a intensidade, sentir-lhes a evolução e prever-lhes o desfecho. (...) Uma revisão das várias teorias ou cosmovisões ou Weltanschauung geopolíticas, que interpretam as tensões mundiais dominantes, impõe-se, assim, como insubstituível pano de fundo para a mais simples apreciação da geopolítica e da geoestratégia brasileira. Mas essas só merecerão ser chamadas de brasileiras se para elas, de fato, o Brasil for o centro do Universo ou, melhor, o umbigo do mundo." (Golbery do Couto e Silva, *Geopolítica do Brasil.*[13])

A crise do sistema soviético ainda não chegara ao seu desfecho e o líder máximo dos Estados Unidos, o presidente George Walker Bush, já preparava uma nova pauta para uma nova realidade mundial. Curiosa e paradoxalmente preparava-se para uma nova guerra, que deveria dar início à Nova Ordem Mundial.

Desde então, as mudanças geradas por esses macroacontecimentos não alteraram significativamente a tendência hegemônica unipolar norte-americana. A derrota de Bush para o democrata Bill Clinton nas eleições de 1992 não alterou de forma eficaz as condições de funcionamento da política internacional no pós-Guerra Fria. A hegemonia norte-americana impôs-se em todas as expressões de seu poder global: econômica, política, militar, científica e cultural. Tal supremacia seria acentuada ao longo dos anos 90 do século passado.

Hoje em dia, parece cada vez mais claro que o acordo decisivo com a URSS de Gorbatchev abriu caminho para a consagração da nova configuração do sistema internacional. Esclarecedora para a análise da situação é a visão da crise sistêmica que pôs fim à Guerra entre vermelhos e azuis, com o exame acurado da crise chinesa de 1989, que antecedeu à *débâcle* do Leste Europeu. Neste episódio, surpreendeu a todos a forma com que o Estado chinês rechaçou o padrão único imposto ao mundo pelo acordo estabelecido pelas duas superpotências ao final da Guerra Fria.

Zbigniew Brzezinski, em seu livro *The Grand Chessboard*, editado em 1997, dedicado ao estudo da estratégia mundial dos Estados Unidos da América no pós-Guerra Fria, considera crucial, para que se mantenha na excepcional condição de única superpotência global, que os Estados Unidos previnam a emergência de um poder dominante e antagônico no Continente Eurasiano. E, para tanto, julga que, além do emprego de meios militares, a pugna deverá contar, sobretudo, com meios não-militares, como o apelo cultural, o dinamismo econômico, a flexibilidade ideológica e a vitalidade política.

Assim, na concepção daquele que segundo Samuel Huntington é um pensador geoestratégico da linha da grande tradição de Bismarck, um dos grandes desafios dos Estados Unidos no século XXI consiste em manter sua liderança não apenas política e militar, mas também econômica e científico-tecnológica.

De qualquer modo, nesta nova era da civilização industrial, a dimensão econômico-produtiva ganhou novos e revolucionários valores, com a combinação de grandes transformações tecnológicas (no campo da microeletrônica, da robótica, dos novos materiais, da biotecnologia, etc.) e gerenciais (qualidade total, reengenharia, etc.). Tudo isso acarretando uma grande mutação nos padrões culturais da urbe mundial, unificada globalmente pela comunicação e pelo transporte, tendo como conseqüência mais visível uma nova revolução industrial, comercial e financeira de alcance global. Por último, mas não em último, a emergência ainda difusa das exigências de uma nova distribuição de poder e riqueza no mundo.

É dentro desse quadro geral que se insere a nova pauta do mundo global, inaugurada, a rigor, pelo presidente republicano Bush, mas desenvolvida de fato, e afinada, pela administração democrata de Clinton, ajudada pelo novo trabalhismo inglês de Blair. As disposições avançadas pelos governos citados pautam a política mundial dos anos 90 do século passado em torno da questão ambiental, dos direitos humanos e do livre comércio. Todo esse conjunto tem por base a cosmovisão, que propõe a fórmula democrática norte-americana como o padrão universal da organização social humana.

Essa nova síntese da política do pós-Guerra Fria começa a ser configurada com o famoso debate sobre as novas bases de consenso sobre a macroeconomia fundamentada na orientação para o mercado, e prolonga-se no famoso corolário de McNamara do Consenso de Washington, sobre a macropolítica hemisférica. Em todos os momentos desse debate, ressurge, como uma chave da política do pós-Guerra Fria, o confronto entre os que pretendem que a hegemonia dos países industriais seja completada com a criação de uma estrutura de governo mundial, coordenada pelos Estados Unidos da América, e os que resistem a essa busca da uniformidade planetária.

Neste sentido cabe uma vez mais recorrer à concepção geoestratégica e geopolítica brasileira, formulada principalmente pela necessidade que o país ainda tem de consolidar a interiorização do seu desenvolvimento. Pois a dinâmica das geopolíticas sul-americana e mundial contemporânea exige que se complete neste decênio a integração do país, realizada por meio da construção dos eixos de desenvolvimento e da incorporação da Amazônia como área próspera, o que servirá de poderoso ímã para que as economias vizinhas associem esta vitalização e integração com o ecúmeno nacional. Completada a unificação das bacias amazônica e platina e instaurada a bioceanidade, ter-se-á definido o destino manifesto do Brasil: o de engrandecer-se perante o conjunto da humanidade (tal como registra o memorável verso: Fulguras, ó Brasil, florão da América).

Conclusão

"O símbolo de nossa era é bem o símbolo da integração, processo solucionador por excelência de todos os antagonismos e que melhor convém ao espírito faustiano do homem moderno, inimigo de todas as limitações." (Golbery do Couto e Silva, *Aspectos Geopolíticos do Brasil.*)

O momento atual vivido pelo Brasil corresponde ao início da terceira fase da grande manobra de integração territorial voltada para a vitalização do seu espaço amazônico. A incorporação da Amazônia à civilização brasileira constitui uma alta manobra geopolítica que, realizada com sucesso, elevará o país à condição de um dos dois megaestados do século XXI.

Tal observação assenta-se no fato de que o êxito na penetração do Centro-Oeste brasileiro, a partir do deslocamento da Capital Federal para o planalto goiano, seguido da construção da Usina Hidrelétrica de Itaipu, significou a concretização da primeira e da segunda etapa do processo de tamponamento de áreas sensíveis à penetração no território nacional por parte dos centros de poder regionais.

Vencidas essas etapas iniciais, por efeito reverso decorrente da imantação gerada pela área irradiadora de prosperidade, todas elas desenvolvidas com base no esforço econômico brasileiro, parece que o país deverá credenciar-se para ser o núcleo geo-histórico do espaço integrado sul-americano.

Antes, porém, deverá transpor o formidável obstáculo constituído pelo desafio amazônico. Sendo uma das últimas fronteiras do planeta, a Região Amazônica desperta cada vez mais o interesse e a atenção das grandes potências reunidas no G-8, sob a liderança dos Estados Unidos. Esse pequeno grupo de países representa no mundo do pós-Guerra Fria a totalidade da *soi-disant* democracia industrializada. O menos rico do clube dos grandes é a Federação Russa, que já foi a poderosa URSS, mas ainda é detentora de grande arsenal nuclear. Encontra-se organizada como se fosse condômino da sociedade internacional. E, como tal, ameaça a soberania das demais nações com as suas intervenções e ingerências. Certamente nostálgica do período colonial, sente-se árbitro do destino dos países em desenvolvimento.

Há que se considerar que, por ser uma panregião satisfeita em torno de si mesma, o Brasil não se apresentará como uma potência expansionista, como o fizeram no passado recente os Estados Unidos e a URSS. Pelo contrário, a sua ascensão à condição de megaestado sul-americano estará baseada em uma projeção de poder aceita e até mesmo requisitada pelos estados vizinhos. Este fato, em si mesmo corroborado pela recente cúpula sul-americana, revela que uma transformação qualitativa na relação entre os países da região está em curso neste momento, alterando a percepção mútua e reafirmando a necessidade da construção do bloco econômico, político e cultural da América do Sul.

Esses movimentos começam a tornarem-se visíveis a partir do esvaecer da ordem bipolar. Quase como uma ressurgência da União Ibérica, os países sul-americanos vêm aproximando-se em um regime de cooperação único, singular e extraordinário para os padrões comuns do sistema internacional contemporâneo. De tal modo, que se pode até mesmo pensar que velhos e irremovíveis conflitos intracontinentais podem encontrar solução por meio da integração e da criação de um espaço econômico sul-americano. Esse desenvolvimento que se processa sob as nossas vistas, em que pese as dificuldades geradas pelos obstáculos erguidos pelo superpoder global, mostra como o Brasil vem afirmando um estilo de política que tem por base uma geopolítica integracionista, e não confrontacionista.

Assim é que o país deverá preparar-se para maiores e mais decisivos desafios em um futuro próximo. O desafio de enfrentar situações políticas críticas no sistema mundial de poder sinaliza cada vez mais fortemente para as novas tensões e rupturas, por vezes drásticas. A inserção soberana do Brasil na ordem multipolar de hegemonia americana se dará somente se o país emergir como um dos dois megaestados do século XXI. Para tanto, terá que se superar e, talvez, pôr à prova todo o potencial já desenvolvido desde a sua emergência como nação soberana e independente.

Nessa aventura, tanto espiritual como material, ao refletir sobre o seu destino, deverá reviver toda a tensão do homem ocidental. Como se pode sentir na palavra densa do filósofo espanhol José Ortega y Gasset, em seu comentário de Quixote de Cervantes: "*Cuando el héroe quiere, no son los antepassados en él o los usos del quienes quieren, sino él mismo. Y este querer él ser él mismo es la heroicidad.*"

Pela Construção de um Pensamento Latino-americano-caribenho no Projeto de Integração

Fernando Bossi*

Se vários países da Europa compreenderam a necessidade de encaminhar-se rumo à união foi, por um lado, em virtude da idéia de melhorar as condições de desenvolvimento regional, e, por outro lado, mas principalmente, em defesa de seus interesses ante a ofensiva de norte-americanização do planeta.

A América Latina e o Caribe, ante o mesmo desafio, encontram-se em uma situação menos favorável do que a dos países europeus. A ofensiva da Alca na área econômica, como a do Plano Colômbia e a Iniciativa Andina no campo militar, pressiona com uma força descomunal rumo a uma integração neocolonial. E isso de maneira alguma favorecerá a Europa, já que está claro que o fortalecimento da hegemonia estadunidense atentará contra as demais regiões, e isso não só revitalizará o poder político da superpotência como a unipolaridade.

Nesta apresentação, afirma-se que a Europa, por interesse próprio, deverá apoiar os processos de liberação e integração da América Latina, como deste lado deveremos ver com simpatia e agrado toda a ajuda que, solidariamente, provenha de além do Atlântico.

Introdução

Pela primeira vez na História, e como conseqüência da globalização neoliberal reinante, a espécie humana encontra-se em perigo de extinção. Junto aos vertiginosos progressos da ciência e da tecnologia, a fome, a guerra e a contaminação avançam tenebrosamente sobre o planeta ante o olhar atônito e aterrado de milhões de habitantes.

Se a globalização, hoje, apresenta-se como um fato irreversível, o neoliberalismo, como modelo sustentado pelo poder do dinheiro e das armas, não. Um mundo multipolar, com base nos princípios do respeito, da tolerância e da solidariedade,

* Universidade Nacional da Argentina.

deve tomar providências urgentes para evitar a catástrofe. Hoje, mais do que nunca, a alternativa é de vida ou morte para os povos do mundo.

Mas, para que exista um mundo multipolar, rompendo com as hegemonias do poder, é imprescindível o respeito à autodeterminação dos povos, a tolerância ante o "outro" e a solidariedade como laço de união e igualdade. Só assim os povos poderão desenvolver-se harmoniosamente, não uns contra os outros, mas sim comumente para todos e em harmonia com a natureza.

Como a Europa antiga avança aceleradamente rumo à comunidade das nações, a América Latina e o Caribe devem redobrar seus esforços rumo à constituição de uma sólida confederação de repúblicas irmãs. Lograr a igualdade entre os blocos de nações é pré-requisito inevitável para sentar-se à mesa do diálogo e obter benefícios mútuos. A União Européia – e principalmente os povos latinos, aqueles da Liberdade, Fraternidade e Igualdade – precisará comprometer-se abertamente com a tarefa de favorecer o andamento da integração latino-americana-caribenha.

Assinalava corretamente o escritor uruguaio Vivian Trias: "A integração do continente austral é, hoje em dia, uma necessidade histórica... o tempo da balcanização chegou ao seu ocaso. A integração se fará de qualquer maneira; pode concretizar-se para afiançar o desenvolvimento e a dependência colonial ou realizar-se para superar o atraso e liberar-se da opressão imperialista." E dizia ainda: "A integração, em si mesma, não é nada mais do que um instrumento, uma ferramenta, um meio. Assim como um bisturi pode ceifar ou salvar a vida de um homem, aquela pode reforçar os elos dos povos ou rompê-los."

E aí está um tema central: se vários países da Europa compreenderam a necessidade de encaminhar-se rumo à união foi, por um lado, devido à idéia de melhorar as condições de desenvolvimento regional, e, por outro lado, mas principalmente, em defesa de seus interesses ante a ofensiva de norte-americanização do planeta. A América Latina e o Caribe, ante o mesmo desafio, encontram-se em uma situação menos favorável que a dos países europeus ao implantá-la. A ofensiva da Alca na área econômica, como a do Plano Colômbia e a Iniciativa Andina no campo militar, pressiona com uma força descomunal rumo a uma integração neocolonial. E isso de maneira alguma favorecerá a Europa, já que está claro que o fortalecimento da hegemonia norte-americana atentará contra as demais regiões e revitalizará o poder político da superpotência e a unipolaridade.

A Europa, por interesse próprio, deverá apoiar os processos de liberação e integração da América Latina, assim como deveremos ver com simpatia e agrado toda a ajuda que solidariamente provenha de além do Atlântico.

A que recurso, então, os latino-americanos-caribenhos deverão apelar para frear a ofensiva da integração neocolonial? Nossos povos possuem uma infinidade de elementos comuns, na História, na cultura, na língua, na religião e nas artes. Mas esse patrimônio de união, não-subestimável, só poderá emergir como força material uma vez que estruturemos um pensamento e uma visão latino-americana-caribenha com o objetivo de incorporar-nos, ao concerto das nações, em condição de igualdade e soberania. Esse é o atual desafio, e toda cooperação que se orientar nesta direção conduzirá não apenas à constituição de uma ordem mundial mais justa, como também acelerará a destruição do sistema depredador imperante.

Com a Europa, e especialmente com o Mundo Latino, mantemos laços muito marcantes, ora de afeto, ora de ódio. A mão dura do conquistador deixou feridas que ainda não se cicatrizaram e que alguns querem reanimar. Quem se aprofundar bem na História saberá que parte da prosperidade do Velho Mundo de hoje deve-se à improsperidade dos nossos povos.

Um poeta e escritor argentino, exilado pela ditadura militar, que fez "desaparecer" seu filho e sua nora, essa grávida de seis meses, e que só recentemente conheceu sua neta – ela tinha 23 anos e fora adotada por um militar – disse em seu escrito *Exílios XXV*:

> "A Europa foi o berço do capitalismo, e a esse filho, no berço, alimentaram com ouro e prata do Peru, do México e da Bolívia. Milhões de índios americanos tiveram que morrer para engordar o filho, que cresceu vigoroso, desenvolveu línguas, artes, ciências, modos de amar e de viver, mais dimensões do humano.
>
> Quem disse que a cultura não tem cheiro?
>
> Passo por Roma, por Paris, belíssimas. Em Via del Corso e Bulmish sinto imediatamente o cheiro de taino devorado por cães andaluzes, de orelhas de onas mutiladas, de astecas desfazendo-se no Lago de Tenochtitlán, de um pequeno inca quebrado em Potosí, de querando, de araucano, de congolês e de carabali escravizados, massacrados.
>
> Não cheiras a velho, Europa. Cheiras a humanidade dúplice, a que assassina, a que é assassinada. Passaram-se séculos e a beleza dos vencidos ainda apodrece tua face." (JUAN GELMAN, Roma, 1980.)

A Europa está endividada com a Nossa América, os latino-americanos-caribenhos, que sofremos na própria carne o atropelo colonial, devemos saber perdoar aos nossos devedores, e demonstrar, mancomunadamente, que a espécie humana merece viver irmanada e em paz.

Liberdade, Igualdade e Fraternidade

Pensar-nos, a nós mesmos, como latino-americanos-caribenhos, sob a perspectiva de sermos partes de um todo que é Nossa América – tal qual a definiu magistralmente o patriota cubano José Martí –, resulta em uma tarefa central, em busca de um pensamento próprio que nos leve a encontrar soluções para o drama cotidiano que os nossos povos padecem.

Se consideramos culturalmente o período histórico compreendido entre os séculos XVI e XIX, notamos que o Ocidente – a Europa humanista, renascentista, iluminista e racionalista – reafirma-se em sua identidade nacional e regional. O Oriente e as grandes civilizações asiáticas são absorvidas, de maneira considerável, como parte do processo de hegemonia, que impõe a razão cultural do Ocidente. A África e a Nossa América não são exceções.

As gestas emancipadoras na América Latina do século XIX são um capítulo da revolução democrático-burguesa espanhola, e esta, por sua vez, é uma conseqüência da Revolução Francesa de 1789. Todas filhas do pensamento racional burguês, que se conforma a partir de sucessivas revoluções do pensamento, associadas às necessidades práticas dos homens e às transformações materiais do mundo. A síntese alcançada com o lema Liberdade, Igualdade e Fraternidade não se manifestará espontaneamente, mas sim como efeito da reação ao pensamento medieval.

E, assim, quatro causas concretas resultaram na composição do pensamento moderno: 1) a suplantação da física aristotélica pela nova concepção física-matemática do universo, a raiz do sistema de Copérnico e o nascimento da ciência experimental com Galileu, estes dois feitos espirituais estão intimamente relacionados com o tráfico de ultramar, quer dizer, com o comércio; 2) a revisão da cosmovisão religiosa, devido à crise da concepção antropocêntrica e ao avanço do protestantismo; 3) a revolução da idéia do Estado na ordem política; 4) a afirmação da individualidade com a ascensão de uma nova classe histórica, a burguesia, que inaugura a era capitalista, mas que desempenhou uma alta função revolucionária em suas origens. Conforme diz Juan José Hernández Arregui: "O irracionalismo moderno é o refúgio da impotência atual da classe mais racional da história: a burguesia."

"A Pátria é a América" (Simón Bolívar)

Ante o fracasso da revolução liberal, democrática e antifeudal, que pretendia tirar do atraso e do obscurantismo a Espanha absolutista, os patriotas americanos pleiteiam definitivamente a luta pela independência. A simultaneidade do processo revolucionário coloca às claras a unidade geográfico-cultural do pólo insurrecional. As diferenças emergentes só se delatam nos prazos em que se pleiteia a separação definitiva da Espanha. Uns cedo, outros mais tarde, todos entenderão definitivamente a luta pela independência como um processo de revolução nacional e social. O caráter duplo do processo irá ser definido então por seu conteúdo democrático-popular, por um lado, e por seu conteúdo nacional, anticolonialista, por outro. A natureza americana, a cultura nativa, as formas de produção e de distribuição das riquezas, as instituições coloniais e as lutas precedentes de resistência dos índios, negros e mestiços selarão sua marca no processo revolucionário. As idéias eruditas de Rousseau, Campomanes, Montesquieu, Floridablanca, Diderot, Jovellanos e Voltaire serão divulgadas e enriquecidas por revolucionários americanos, do porte de Nariño, Espejo, Gual, España,

Rodríguez, Lavardén, Miranda, Murillo, entre tantos outros. Todos filhos da erudição, mas todos também americanos com pensamento próprio.

O conceito de liberdade, que na França revolucionária será associado à liberdade de comércio, de opinião, de imprensa e ainda de direitos civis, em Nossa América também estará ligado diretamente aos conceitos de soberania, emancipação e pátria, e em contraposição a seus opostos: dependência, dominação e colônia. Ainda assim, a idéia de igualdade ante a lei da Declaração dos Direitos do Homem e do Cidadão, neste lugar do planeta, adquire um colorido particular. Se os revolucionários franceses pleiteavam a igualdade, esta medida, no entanto, não alcançara os escravos de suas colônias, a revolução latino-americana pela independência, mediante a voz de seus maiores exponentes, era antiescravagista. Ambas apresentavam-se como antifeudais, mas na Nossa América as idéias de liberdade e igualdade fusionar-se-ão explosivamente na consciência de milhares de trabalhadores submetidos à escravidão, que verão o movimento patriótico como uma força emancipadora nacional e social. As bandeiras da Liberdade, Igualdade e Fraternidade da revolução européia serão desfraldadas na América Latina, mas levarão seu próprio perfil: União, Independência e Justiça Social.

As idéias, como em todos os processos transformadores, antecedem as ações, precipitam-nas quando as condições estão maduras e orientam-nas ante as vacilações próprias dos tempos turbulentos. Mas essas idéias precedentes alcançarão sua dimensão real no próprio transcurso da luta por materializá-las. E esse processo aceitará novas idéias e aguçará o pensamento revolucionário. Assim, aparecerão as figuras gloriosas de Simón Bolívar, José de San Martín, Mariano Moreno, Francisco Morazán, Miguel Hidalgo, Bernardo O'Higgins, José Gervasio Artigas, José Maria Morelos, Antonio Sucre, entre muitos outros.

Então, é durante a transformação do combate que surgirá a idéia mais acabada, o Projeto Estratégico, o plano diretriz: "É uma idéia grandiosa, pretender formar de todo o Novo Mundo uma só nação, com um só vínculo, que ligue suas partes entre si e com o todo. Já que tem uma origem, uma língua, os mesmos costumes e uma religião, deveria, por conseguinte, ter um só governo, que confederasse os diferentes Estados que irão formar-se...", assinala Simón Bolívar na Carta de Jamaica.

Conseguir a unidade de Nossa América, a independência e a felicidade dos povos, foi o objetivo estratégico das lutas emancipadoras do século XIX e, ante a derrota, continuam sendo os objetivos estratégicos do século XXI.

A revolução americana pela independência, nacional, popular e democrática, precisou enfrentar não apenas o poder monarquista espanhol, mas também as forças do antigo regime e a ação dissociadora das potências hegemônicas e seus aliados nativos (Inglaterra e as burguesias importadoras/exportadoras portuárias). Ante o projeto libertador, triunfante perante o colonialismo espanhol, um novo projeto aparece em plena expansão: opressor, dissolvente e poderoso. A Grã-Bretanha manufatureira, associada aos interesses de uma minoria comercial, proprietária de terras e mineira, impede que as idéias revolucionárias dos patriotas hispano-americanos consolidem-se.

Da glória de Ayacucho, Nossa América passa para a etapa sombria da pátria dividida. Desvanece o sonho de Simón Bolívar, a última tentativa de retomar a senda nacional latino-americana, popular e democrática, o Congresso Anfictiônico do Panamá é boicotado pelas oligarquias portuárias e as velhas e novas potências que cerram frente ante a possibilidade do nascimento de uma nova e pujante nação.

"Os Inimigos Vitoriosos por todos os Lados nos Oprimem e a Causa é nossa Desunião" (José de San Martín)

Em 1825, a tendência portenha de Buenos Aires, pró-britânica, liderada por Bernardino Rivadavia, cria condições apropriadas para desprender-se do Alto Peru, apesar dos esforços realizados pelo próprio Bolívar para evitá-lo. Em 1828, os interesses mercantis de Montevidéu e Buenos Aires, dirigidos pelo embaixador inglês, Lorde Posomby, logram a "independência" da Banda Oriental sob o nome de República Oriental do Uruguai; o sonho de Artigas, da Liga dos Povos Livres, evapora-se. Em 1830 – o mesmo ano da morte do Libertador –, a Grã-Colômbia desfaz-se, surgindo as repúblicas independentes de Colômbia, do Equador e da Venezuela. Dez anos mais tarde, culmina o intento unificador do Marechal Santa Cruz, que sustentava a Confederação Peruana-boliviana. Em pouco tempo, cai a Confederação das Províncias Unidas da América Central, acaudilhada por Francisco Morazán. O Paraguai, onde se havia aplicado os princípios regentes da revolução hispano-americana, que emergia como um país desenvolvido e próspero, é esmagado pela ação combinada da oligarquia portenha argentina, dos colorados uruguaios, do império escravagista do Brasil e da mão manipuladora da Inglaterra. E, como corolário de tudo isso, México, Cuba e Porto Rico sofrerão os flagelos da garra imperialista ianque.

"Assim", disse-nos o historiador argentino Norberto Galasso, "ficou despedaçada a Pátria Grande e os pequenos países começaram a viver suas vidas pequenas. Proprietários de terras, mineiros e comerciantes dos portos impuseram seu predomínio e os Estados desunidos da América Latina iniciaram, cada um, seu próprio caminho de frustração e impotência."

As economias latino-americanas tornar-se-ão monoprodutoras e complementárias das economias metropolitanas, que as sugarão mediante empréstimos, concessões e bancos. Umas deverão produzir cereais e carnes, outras bananas, café, cacau e açúcar, e constam também aquelas que entregarão seu cobre, seu estanho e seu ferro. Logo será o petróleo.

Enquanto as costas e os portos das raquíticas repúblicas cresciam desproporcionalmente, o interior latino-americano submergia no atraso, na miséria e na fome.

Os focos de cultura e desenvolvimento irão apagar-se, zonas ricas e prósperas por suas economias regionais irão converter-se em zonas pauperizadas, grandes centros populacionais irão extinguir-se devido às migrações internas, o artesanato desaparecerá, derrotado pela importação de mercadorias estrangeiras. O corpo de Nossa América seguirá os passos do herói índio Tupác Amaru. A dependência passará a ser nosso maior mal e o neocolonialismo nosso principal inimigo.

Dizia Manuel Ugarte:

> "Suponhamos que a América de origem espanhola seja um homem. Cada república é um membro, uma articulação, uma parte dele. A Argentina é uma mão. A América Central é um pé. Não digo que por cortar-lhe um pé deixe de funcionar a mão. Mas afirmo que após a amputação, o homem se encontrará menos ágil, e que a mesma mão, apesar de não ter sido tocada, irá sentir-se diminuída com a ausência de um membro necessário para o equilíbrio e a integridade do corpo. Uma nação conquistadora pode asfixiar-nos sem contato. Se cortam ao homem seu outro pé, se lhe fecham os olhos, se lhe anulam seus recursos mais eficazes, se lhe reduzem a um pobre tronco que se arrastará, para que servirá a compensação da mão, se não para estendê-la ao transeunte pedindo a esmola da liberdade?"

"A Maior Guerra que Enfrentamos é a do Pensamento: Ganhemo-la por meio do Pensamento" (José Martí)

O presente encontra-nos divididos, submetidos e imersos no subdesenvolvimento, na miséria e na fome. A implementação de políticas neoliberais, em quase todo o conjunto das repúblicas latino-americanas-caribenhas, não só nos levou a esta tremenda situação, como também hipotecou-nos o futuro por muitas gerações.

Nossa América tem sido por muitos séculos tributária do mundo europeu; os Estados Unidos agregaram-se mais tarde à constelação das grandes potências, que viam nesta terra uma grande reserva colonial. "Os Estados Unidos parecem destinados, pela Providência, a praguejar a América de misérias em nome da Liberdade", nos advertia Bolívar. E acrescia o grande patriota nicaragüense Augusto César Sandino:

> "Os ianques são os piores inimigos de nossos povos e, quando nos olham, nos momentos de inspiração patriótica nos quais nos buscamos com sinceros impulsos de unificação, eles remexem profundamente nossas questões pendentes, de forma a acender o ódio entre nós, para continuarmos desunidos e débeis e, portanto, fáceis de sermos colonizados."

Mas a subordinação de nossos países às metrópoles não foi apenas econômica: as grandes forças internacionais elaboraram cadeias mais sutis e efetivas. Para perpetuar seu controle econômico e político, deformou-se a tradição histórica, criaram-se centros políticos diversionistas e ideologias exóticas opuseram-se à formação de um verdadeiro pensamento nacional latino-americano. Assim foi com o marxismo, o nacionalismo, e as verdadeiras tradições democráticas muitas vezes serviram para fins totalmente distintos daqueles que haviam justificado sua existência e seu desenvolvimento nos grandes países metropolitanos. "Não se deve esquecer de que os imperialistas fincam seu domínio não só nas armas da economia, da política, mas muito essencialmente também nas armas espirituais, nas armas do pensamento, nas armas da cultura", instrui Fidel Castro.

"Trincheiras de Idéias Valem mais que Trincheiras de Pedras" (José Martí)

Buscar soluções viáveis para nossos padecimentos é o grande desafio a assumir. Mas, cada uma das repúblicas em que foi dividida a Pátria Grande poderá, isoladamente, enfrentar tal desafio? É possível encontrar saídas viáveis sobre a base da fragmentação atual? "Eu lhes direi o que pode tornar-nos aptos a expulsar os espanhóis e fundar um governo livre. É a união, certamente; mas essa união não virá a nós por prodígios divinos, apenas por realizações perceptíveis e esforços bem dirigidos", pleiteava o Libertador.

Pensar em soluções regionais que abarquem toda Nossa América parece ser a única resposta ao problema. "Só há futuro na união, só há salvação na união", nos vem advertindo, desde a Cuba revolucionária, o comandante Fidel Castro.

Se entendemos que todo o processo de grandes transformações vem precedido de um desenvolvimento profundo das idéias superadoras e que Nossa América tem sido, até agora, importadora do pensamento metropolitano, então manifesta-se de modo vital a recriação de um genuíno pensamento latino-americano-caribenho, nutrido de nossas próprias raízes, cultural, histórica, filosófica, social e artística, como "criação heróica", segundo as palavras de José Carlos Mariátegui.

E estes "esforços bem dirigidos", de que nos falava Bolívar, no caso da tarefa de conformação de um autêntico pensamento latino-americano-caribenho, deverá respaldar-se em certos elementos concatenados entre si que mostraremos a seguir:

Os elementos próprios de nossa realidade e nossa cultura. O resgate dos valores democráticos e revolucionários de nossa cultura popular, a valorização de nossa arte popular em suas expressões impugnadoras da estética dominante, o resgate da história latino-americana liberada da falsificação colonizadora, a incorporação do pensamento dos povos originais e sua vinculação com a natureza, a defesa do idioma em suas múltiplas expressões, o respeito às tradições, aos costumes e à religiosidade popular, o conhecimento de nossa geografia física e humana, e tudo aquilo que seja imprescindível para reafirmar-nos como latino-americanos-caribenhos terá de ser incorporado na hora de construir um pensamento próprio. "A universidade européia", dizia José Martí "há de ceder à universidade americana. A história da América, desde os incas até agora, há de ser ensinada detalhadamente, ainda que não se ensine a dos arcontes da Grécia. Nossa Grécia é preferível à Grécia que não é nossa. Ela nos é mais necessária (...)". Cabe aqui recordar também o que pleiteava Simón Bolívar no discurso pronunciado ante o Congresso de Angostura, aos 19 de fevereiro de 1819, e que reafirmava nossa originalidade: "(...) tenhamos presente que nosso povo não é o europeu nem o americano do norte, é, melhor, um composto de África e de América que uma emanou da Europa...".

Os elementos provenientes de nossa criatividade. "Ou inventamos ou erramos", sentenciava o mestre do Libertador, Simón Rodríguez, e o ratificava "o Apóstolo" quando nos assinalava: "(...) imita-se demasiado e a salvação está em criar. Criar é a palavra de passe desta geração (...)."

Os elementos provenientes de outras culturas, de outras realidades, mas que acrioulam-se para formar parte de nosso acervo. Mais uma vez, citamos Martí: "Enxerte-se em nossas repúblicas o mundo, mas o tronco há de ser o de nossas repúblicas." O marxismo, por exemplo – nascido no marco de outro contexto histórico –, contribuiu formidavelmente para a análise e a teoria revolucionária de Nossa América, por meio de brilhantes expoentes que antepuseram a análise dialética ao dogma: Manuel Ugarte, José Carlos Mariátegui, Pío Tamayo, Marcelo Quiroga Santa Cruz, Vivian Trías, Rodolfo Puiggrós, Ernesto Che Guevara, Sergio Almanaz, Farabundo Martí, Juan José Hernández Arregui, para citar apenas alguns. Assim como os libertadores do século XIX acrioularam a Declaração dos Direitos do Homem e do Cidadão, adaptando-a aos nossos costumes e necessidades, o Cristianismo, por meio dos homens da Igreja, também precisou adaptar-se à nossa particularidade e à visão cosmogônica de seus habitantes, dos elementos provenientes da Ciência e de tudo aquilo que é patrimônio da humanidade.

Embora o monopólio do desenvolvimento científico-tecnológico seja exercido pelas grandes potências "subdesenvolvidoras", o avanço da ciência desmoronou o pensamento racional burguês a tal ponto que a teoria revolucionária – aquela que aparecia como subversiva e calamitosa – pode hoje ser demonstrada por meio da física moderna, expressa na física quântica. Sistemas, conjuntos, redes, inter-relações, etc., levam-nos a analisar as sociedades como Sistemas Dinâmicos Complexos Humanos e aproximam, cada vez mais as ditas "ciências duras" das ciências sociais. O pensamento latino-americano-caribenho deverá nutrir-se da ciência para avançar na aquisição de um projeto próprio e de frente para o futuro. "Unir o mito e a Ciência" é uma resposta que Mariátegui aduzia com acerto.

"Unamo-nos e Seremos Invencíveis" (Simón Bolívar)

Se não temos capacidade para imaginar um futuro melhor, se não construirmos um projeto de sociedade que erradique os males que hoje nos afligem, estaremos rendendo-nos à perda de nosso futuro e, por sua vez, aceitando que aqueles que impuseram este presente continuem apresentando seu projeto ao conjunto da sociedade, como o único possível e aceitável. Um novo projeto histórico, concebido pelo povo latino-americano-caribenho e para ele, no contexto de um mundo multipolar, deve ser a ferramenta, o plano-mestre e a guia de ação que mobilize as forças transformadoras para a conquista de uma sociedade justa e eqüitativa. Como afirma Heinz Dieterich, em *Bases para a Democracia Participativa*: "(...) a classe ou o sujeito social que não tenha uma visão sistematizada do futuro – seu projeto histórico – não será dono de seu porvir..." e "a luta dos contrários, ao longo da História, tem sido o enfrentamento dos futuros possíveis, visionados pelas principais classes da sociedade".

Construir um projeto, a partir das classes oprimidas, imaginando uma sociedade futura, sem as marcas da atual, exigirá uma visão prospectiva, um meticuloso estudo de nosso passado e um compromisso cotidiano com as lutas de nossos povos. "Se o passado nos foi imposto, não podemos aceitar que o futuro também nos seja imposto", assinalava o antropólogo mexicano Guilhermo Bonfil Batalla.

Talvez a redescoberta de nosso passado, como povo latino-americano e caribenho, seja um bom ponto de partida para imaginar esse futuro que oriente as ações do presente. "(...) sem dúvida, muitas das melhores luzes iluminadoras do caminho, nestes tempos de beco sem saída, de tanto bater a cabeça contra paredes, muitas das luzes iluminadoras de saída provêm desde o fundo da História", nos diz o escritor uruguaio Eduardo Galeano, afirmando que, "há vozes do passado que falam aos tempos que vêm (...)". A usurpação da memória, parte substancial da consciência, tem sido e é uma das maiores dificuldades na construção do projeto histórico de liberação de nossos povos. Esse "passado que fala com o futuro" deve ser resgatado e recriado como patrimônio e base do novo pensamento revolucionário latino-americano e caribenho.

Pensar a América Latina e o Caribe como uma única grande nação em vias de construir-se, respeitando sua multiplicidade cultural e sua diversidade; entendendo que a originalidade do Projeto Emancipador devirá de um pensamento próprio e revolucionário; consciente de que ninguém, além de nós mesmos, nos tirará do pântano da miséria e do atraso; assimilando as experiências históricas de luta de nossos antecessores, e confiando na riqueza espiritual de nossos povos é que poderemos avançar em direção à Pátria Grande, sonhada pelos libertadores, e aportar um exemplo de paz, dignidade e amor à humanidade. O Projeto Emancipador – o pensamento latino-americano-caribenho – será a guia para que nossos povos marchem novamente. A passo de vencedores!

"Eu Pertenço ao Partido Americano" (José de San Martín)

Mas esta tarefa – a de construir um pensamento próprio – não será só obra dos intelectuais, mas sim obra do conjunto do povo oprimido de Nossa América. Esta tarefa vai exigir o esforço de milhões de compatriotas decididos a lavrar seu próprio destino. Como, quando, com o quê? Com idéias, com tenacidade, com perseverança, com coragem e com imaginação. A tarefa já começou, desenhemos a casa que nos abrigue a todos e injetemos essa cota de esperança, necessária a nossos povos, para dar o golpe definitivo em nossos inimigos. Tomemos partido pela causa americana, dizia o General San Martín: "Sejamos livres, que o resto em nada importa."

Como dizia o patriota latino-americano Manuel Ugarte: "Unamo-nos! Unamo-nos a tempo, que todos os nossos corações palpitem como se fossem um só e, assim, unidos, nossas 20 capitais converter-se-ão em outras tantas sentinelas que, ao divisar o orgulhoso inimigo, quando este lhes perguntar:

– Quem está aí? –, respondam-lhes unânimes, com toda a força dos pulmões:

– A América Latina!"

Latinidade e Mundialização

Williams Gonçalves*

Agradecimentos

Em primeiro lugar, desejo agradecer aos organizadores deste Seminário pela gentileza do convite. Sinto uma grande honra em estar junto com os senhores, sob os auspícios da Fundação de Amparo à Pesquisa do Estado do Rio de Janeiro – Faperj, aqui na UERJ, para trocar idéias a respeito desta tão importante questão que é o Mundo Latino e o processo de globalização.

Vou ser absolutamente sincero. Em virtude de um problema qualquer de comunicação, tomei conhecimento do convite para participar do Seminário um tanto tardiamente. Por isso, infelizmente, não trago qualquer trabalho pronto sobre essas questões que aqui serão competentemente discutidas. Deverei limitar-me, portanto, a apresentar alguns breves comentários, que, espero, tenham alguma relevância e possam contribuir de alguma forma para o debate.

Para iniciar tais reflexões, gostaria de reafirmar o que foi dito pelo prof. Luis Manuel Fernandes. Os Estados da América do Sul vivem um momento bastante especial de sua história. Vivem uma conjuntura que aponta para mudanças. O grande problema, no entanto, é que não dispomos de indícios seguros que nos permitam discernir como acontecerão tais mudanças. Na verdade, diante de tantas incertezas, não sabemos exatamente para onde iremos.

Ao longo da última década, como afirmou o prof. Luis Fernandes, alimentou-se a ilusão de que havia acontecido uma mudança definitiva de rumo na América Latina. Uma vez tendo optado pela obediência às diretrizes do Consenso de Washington, não

* Doutor em Sociologia pela USP, professor de História Contemporânea e Relações Internacionais da UERJ e da UFF. Coordenador de Pós-graduação *Lato Sensu* em História das Relações Internacionais da UERJ. Professor-visitante do Mestrado em Relações Internacionais da UFRGS. Autor de artigos e livros, publicados no Brasil e no exterior, sobre Relações Internacionais.

tardariam a aparecer resultados positivos. A conclusão de que o nacional-desenvolvimentismo achava-se definitivamente superado e a idéia de que se devia combinar instituições democráticas com economia de mercado indicavam, para muitos, a única forma possível de êxito político e econômico. No entanto, a esta altura dos acontecimentos verificamos que tudo não passou de uma grande ilusão. Vive-se, hoje, uma grande frustração. Em alguns lugares, como na Argentina, a situação é de desespero total. Nunca se viu crise como esta que a Argentina está passando. Lá, vislumbra-se a incrível possibilidade de um completo rompimento do tecido social e a dissolução do Estado. Se, de um lado, vale a pena registrar a resistência das instituições à situação de crise, revelando a vontade de todos de viver em democracia, por outro lado, fica evidente que todas as reformas empreendidas serviram tão-somente para promover uma ainda maior concentração de renda.

A situação da Argentina é, por certo, a mais dramática. Mas, em todo o continente sul-americano, a paisagem, hoje, é a mesma. As reformas e a resultante estabilização monetária foram boas para as instituições financeiras internacionais, que se livraram de perdas inesperadas. Todavia, os elevados índices de desemprego, o achatamento da massa salarial e o insuportável clima de violência urbana continuam a formar a realidade das grandes massas assalariadas dos povos do subcontinente.

É a partir dessa realidade que pretendemos realizar algumas observações críticas a respeito do processo de integração sul-americana. A idéia de integração nos agrada e é isso que nos leva a essa união.

A História nos diz que o processo de integração é um processo longo, muito longo. Naturalmente, quando se fala em processo de integração, pensa-se imediatamente na experiência européia. E, é claro, o marco histórico dessa referência é a assinatura do Tratado de Roma, em 1957, ou, um pouco antes, na formação da Comunidade do Carvão e do Aço, que aconteceu em 1951. Não é comum pensar que essa história começa, na verdade, muito antes desses dois acontecimentos. Começa, vamos assim dizer, com a formação dos Estados nacionais no século XVII e prolonga-se por meio de um incontável número de conflitos localizados, de curta duração, e também de grandes guerras que mobilizaram praticamente a totalidade do continente.

Em outras palavras, o que queremos dizer é que o processo de integração que teve início no final dos anos 50 do século passado não pode ser dissociado dos intensos conflitos que marcam a Europa. É preciso levar em conta que a idéia de integração surge como forma de acabar com as guerras. Seu objetivo foi criar compromissos que forçassem os Estados a adotar políticas de cunho colaborativo. Desse modo, se a Europa hoje se orgulha de haver criado um solo institucional a partir do qual tem sido oferecida uma grande prosperidade econômica e social e, ao mesmo tempo, tem propiciado a paz internacional e a estabilidade política, é forçoso reconhecer que tal realidade formou-se sobre muito sofrimento e muito sangue derramado.

Essas considerações sobre a história do processo de integração da Europa podem ser úteis, acreditamos, para tecer algumas observações sobre o processo sul-americano. Em primeiro lugar, nosso subcontinente deve ser considerado pacífico. Nossa história registra poucas guerras. A maior parte delas deveu-se aos processos de luta pela independência nacional. Nunca tivemos guerras gerais, como os europeus em várias ocasiões. Não obstante, nossa experiência integracionista começa logo em 1960. Começamos com a Alalc, criada pelo tratado de Montevidéu.

Movidos pela vontade política de promover o desenvolvimento econômico-social e pelas teorias elaboradas pela Comissão Econômica para a América Latina – Cepal, buscamos a aproximação política e a articulação econômica. Mediante uma atitude crítica em face da teoria do crescimento econômico, defendida pelos liberais ortodoxos, a Cepal elaborou aquela que deve ser considerada a única teoria do desenvolvimento do capitalismo na perspectiva da periferia subdesenvolvida. Nessa teoria, uma mais intensa cooperação e integração econômica tem importância particular, qual seja, a de superar a exiguidade dos mercados nacionais pela criação de um mercado regional que fosse suficientemente amplo a ponto de alavancar a industrialização e a urbanização do subcontinente sul-americano.

É bem verdade que essa experiência integracionista da década de 60 do século passado foi considerada malsucedida. O Tratado de Montevidéu foi substituído por outro tratado em 1980, o qual estabeleceu objetivos mais modestos. Não obstante essa experiência, que poderia ter sido definitiva para as pretensões dos defensores da integração, criou-se o Mercosul e com ele uma realidade incontornável. E, a respeito do Mercosul, eu me arrisco a dizer, sem qualquer fundamentação científica, baseado única e exclusivamente na observação empírica, que a participação do conjunto da sociedade constitui um elemento novo e importante do processo. Eu diria que a participação das sociedades envolvidas no processo vai muito além do que as autoridades governamentais previam.

Empresários, autoridades governamentais municipais, acadêmicos e jornalistas têm se envolvido de forma intensa com a evolução do Mercosul, e defendem-no como uma conquista dos povos do Cone Sul, que deve ser preservada das crises econômicas que acontecem ou venham a acontecer.

Precisamos ter clareza a respeito desse processo e não nos deixarmos levar pelas eventuais dificuldades da conjuntura. Voltando à comparação da situação do Mercosul com a realidade da União Européia, devemos considerar o seguinte: a integração da Europa foi um processo induzido pelos Estados Unidos. Sabemos todos que a integração nunca acontece espontaneamente. Ela é sempre provocada por um terceiro elemento. No caso da Europa, o terceiro elemento foi a necessidade de ser criar uma barreira no centro da Europa para impedir o avanço soviético em direção ao oeste. Para que essa barreira existisse, considerou-se fundamental o comprometimento da Alemanha com a causa da Europa Ocidental. Isto é, o ressentimento alemão não podia ser, de maneira alguma, explorado pela União Soviética a seu favor.

Daí porque os Estados Unidos viram com bons olhos e incentivaram o máximo que puderam a articulação política e econômica da França com a Alemanha. Todas as dificuldades pelas quais a integração européia passou, como o chamado europessimismo da década de 70 do século passado, foram resultado das contradições políticas havidas entre os governos europeus. Nunca houve uma política norte-americana expressamente formulada com o intuito de inviabilizar a integração do continente. Qualquer que fosse o prejuízo que essa integração pudesse causar aos interesses norte-americanos, esse seria menor do que o representado pela volta das rivalidades dos países europeus e pela aproximação de qualquer um deles da União Soviética, para polarizar com os aliados dos EUA.

O caso do Mercosul é completamente diferente. Ele é formado por Estados em diferentes etapas do processo de desenvolvimento. Todos lutam contra as imensas dificuldades para alcançar o desenvolvimento. Lutam contra as adversidades internas, muitas delas herdadas do passado colonial, e lutam também contra as pressões externas, determinadas pelo jogo bruto da política e da economia internacionais. Além de todos esses problemas, existem os Estados Unidos. Na América, eles desempenham um papel distinto do desempenhado na Europa. Isto é, enquanto na Europa, como vimos, os EUA incentivaram o processo de integração, porque previam obter vantagens com sua consecução, na América do Sul, os Estados Unidos tudo têm feito para impedir o sucesso do Mercosul, porque entendem que seus interesses serão prejudicados. As autoridades governamentais norte-americanas não escondem sua contrariedade em relação aos avanços do Mercosul. Consideram-no um obstáculo no caminho da Área de Livre Comércio das Américas. Entendem que a Alca lhes proporcionará a neutralização das forças que lutam pela autonomia e pelo desenvolvimento no Cone Sul. Por essa razão, podemos dizer que o êxito do Mercosul depende, sobretudo, da vontade política dos governantes dos países que o integram. Há, portanto, que se defrontar com essa força espetacular. Para que o Mercosul caminhe adiante, há que se fortalecer a frente político-diplomática, para evitar a força pulverizadora dos Estados Unidos. Os países da América do Sul têm de usar a força da integração para enfrentar a estratégia da pulverização e da dominação.

Em vista de tudo o que foi dito, voltamos a afirmar que a situação atual é bastante delicada. Vivemos momentos de crise. Crise essa que denuncia o rotundo fracasso do projeto liberal de produzir real desenvolvimento econômico-social nesta parte do continente. A crise, vamos dizer assim, apresenta essa face, a de expor a incapacidade do liberalismo ortodoxo de elevar os patamares de desenvolvimento e aumentar o grau de autonomia, de independência em relação às forças desestablizadoras externas. Todavia, sabemos todos, não basta constatar o fracasso. É absolutamente imprescindível apresentar alternativas. É necessário, enfim, saber superar este quadro atual.

Já a título de conclusão dessas brevíssimas reflexões sobre a latinidade e o processo de integração, gostaria de lembrar que, se há esta força formidável que aponta no sentido da pulverização do Mercosul, existe, por outro lado, a força que a ajuda a compor, e essa força é a União Européia.

Evidentemente que, no âmbito da lógica econômica, a área de livre comércio proposta pela União Européia não pode ser substancialmente diferente da área de livre comércio proposta pelos Estados Unidos. Do ponto de vista formal, a área de livre comércio depende do respeito a princípios, normas e regras que são universais. Portanto, neste sentido estrito, tanto faz a área de livre comércio ser proposta por uma ou outra parte interessada. Em síntese, a área de livre comércio significa pura e simplesmente a adoção de tarifa zero nas relações comerciais, nada mais que isso.

A questão, nesse caso, todavia, não é apenas econômica; é, na realidade, estratégica. Melhor dizendo, não se pode ignorar que o interesse dos europeus em fortalecer a capacidade negociadora do Mercosul e avançar as negociações, no sentido de integrar os dois conjuntos econômicos – União Européia e Mercosul –, tem por objetivo impedir que os Estados Unidos consolidem definitivamente sua hegemonia na totalidade do continente americano. Muito embora não se possa esperar qualquer atitude dos europeus que vá de encontro à racionalidade econômica capitalista, o fato é que a existência e a consideração por determinados fatores fazem com que o entendimento com os europeus seja muito mais interessante do que o entendimento com os norte-americanos.

Poderíamos dizer, em primeiro lugar, que é melhor negociar uma área de livre comércio com os europeus do que com os norte-americanos, porque os primeiros são vários e o segundo é um só. No entanto, parece-nos mais interessante lembrar a importância de pertencer ao mesmo tronco cultural, à medida que entre os europeus, de modo genérico, encontram-se povos que falam a nossa língua, que se emocionam com os mesmos símbolos e que estão na nossa origem como nações independentes. Não podemos desprezar, de forma alguma, a dimensão cultural do processo de integração econômica. Podemos dizer que a integração econômica, quer se queira ou não, conduz ao envolvimento cultural. E já que é para ser assim, que seja com aquelas culturas com as quais temos afinidades, com as quais podemos interagir e enriquecer-nos.

Sabemos, também, que as negociações político-diplomáticas, que podem fazer com que os discursos materializem-se em fatos objetivos, enfim, que realizem nossas aspirações e nossos ideais, dependem em grande parte da solução de determinadas questões pontuais bastante conhecidas. Somente a solução ou o equacionamento dessas questões pode criar coesão suficiente para levar adiante o processo. No caso das relações econômico-comerciais com a Europa, temos o problema do protecionismo europeu em relação à sua atividade agropecuária. Podemos até entender as razões que movem os europeus a manter sua política protecionista, porém, em vista dos mais amplos interesses do livre-comércio, não podemos aceitar tal prática. No entanto, não podemos também considerar tal problema como intransponível. Devemos confiar na inteligência, na habilidade e no sentido de defesa dos interesses nacionais de nossos diplomatas para encontrar canais de negociação que produzam resultados satisfatórios para ambas as partes, de sorte que os interesses estratégicos fundamentais sejam devidamente preservados.

Algumas Reflexões sobre a Política Externa Norte-americana durante o Século XX

Sidnei Munhoz*

Gostaria inicialmente de agradecer ao prof. Francisco Carlos Teixeira da Silva, à Faperj, ao Laboratório de Estudos do Tempo Presente – Tempo, da UFRJ, e à Escola Superior de Guerra pelo convite que me fizeram para participar desse seminário. Gostaria ainda de esclarecer que, a princípio, eu apenas participaria como comentador de outra mesa, contudo, hoje, por volta de 10 horas da manhã, o prof. Francisco Carlos fez-me um gentil convite para que eu efetuasse esta exposição. Então, peço a vocês antecipadamente as minhas desculpas porque a exposição talvez seja mais fragmentada do que de costume, pois farei uma apresentação livre, e, em decorrência disso, solicito desde já o perdão por alguma imprecisão[1].

O que vou procurar expor resume-se no seguinte: para pensar na questão das relações estabelecidas entre o Brasil e a América Latina e entre o Brasil e a Europa, no momento atual, precisamos compreender historicamente as políticas externas concebidas pela principal potência com quem nos relacionamos, os Estados Unidos. Buscarei expor em linhas gerais como vejo a ação da política norte-americana desde o final do século XIX até o presente. Assim, será possível refletirmos sobre os possíveis cenários que teremos pela frente. Infelizmente, em virtude do espaço, deverei fazê-lo de forma sintética e com a maior brevidade possível. Portanto, a primeira questão a ser observada é que os Estados Unidos, ao final do século XIX, romperam com a política até então revolucionária e adotaram uma posição de intervencionismo

* É graduado em História pela Unesp, mestre em História Social pela Unicamp e doutor em História Econômica pela USP. Foi Fee Research Student na The London School of Economics and Political Science. É professor na área de História Contemporânea da Universidade Estadual de Maringá, professor do Programa de Mestrado Associado UEM/UEL, professor associado do Mestrado em História Comparada da UFRJ e pesquisador Associado do Laboratório de Estudos do Tempo Presente – Tempo – IFCS – UFRJ. Concluiu em 2002 o seu programa de pós-doutorado na UFRJ, desenvolvendo o projeto denominado "Estudo de possíveis relações entre as medidas adotadas pelo estado brasileiro visando ao controle dos movimentos sociais e à aplicação das estratégias de contenção concertadas pelos EUA e seus aliados durante a primeira fase da Guerra Fria".

tanto militar quanto econômico, apesar de manterem um discurso isolacionista. Grosso modo é possível entender que, naquele momento, o discurso isolacionista possuía muito mais um sentido de não interferência nas questões européias.

Para Williams,[2] a política externa dos EUA não pode ser pensada sem se considerar o processo de expansão territorial, comercial e cultural do país.[3] Nessa perspectiva, depois de esgotada a fase de expansão interna das fronteiras, desde a depressão da década de 90 do século XIX, os EUA buscaram superar a crise doméstica ocasionada pelo desenvolvimento de uma capacidade de produção muito superior à demanda interna, mediante o emprego de políticas expansionistas.[4] Assim, adotaram uma política externa imperial com o objetivo de solucionar a crise do seu mercado doméstico, o que os teria levado à guerra com a Espanha, e, em conseqüência, propiciou a independência formal de Cuba, a anexação de Porto Rico e o domínio sobre as Filipinas e Guam. Desse modo, a guerra, inicialmente justificada como uma luta para apoiar a independência de um povo oprimido, acabou fazendo com que os EUA se tornassem uma potência imperial. Nessa época, entre 1899 e 1900, foi cunhada a *Open Door Policy*. Inicialmente, seu objetivo era garantir o acesso dos EUA ao mercado chinês, então partilhado pelas potências coloniais. Posteriormente, essa política foi ampliada para outras regiões, sobremaneira para a América Latina.

Williams procurou demonstrar que em meio ao debate entre imperialistas, tendo à frente homens como Roosevelt e Lodge, e antiimperialistas, liderados por William Jennings Bryan, Grover Cleveland e Carl Schurz, surgiu uma terceira posição, composta por empresários, intelectuais e políticos que discordavam das perspectivas colonialistas tradicionais e propunham uma nova política que permitisse aos EUA, mediante o peso da sua economia, a conquista econômica e o controle das áreas subdesenvolvidas do planeta. Essa coalizão tornou-se vitoriosa e, depois disso, a *Open Door Policy* tornou-se estratégica para a política externa dos EUA, durante o meio século seguinte.

O eixo central de tal política era uma espécie de diplomacia econômica, em que o governo estadunidense empregava o peso da sua economia para abrir os mercados externos aos produtores norte-americanos. Em outras palavras, se, por um lado, os EUA nunca possuíram um império formal, como o inglês ou o francês, por outro, problemas econômicos domésticos e questões ideológicas levaram o país a adotar uma política externa agressiva, intervindo sobremaneira nos negócios internos de outras nações, com o objetivo de controlar as fontes de matérias-primas, de energia e os mercados consumidores, sendo bastante plausível reconhecer aí a constituição de um império informal.

Ao final da Segunda Guerra Mundial, essas políticas foram exacerbadas durante os dois governos sucessivos de Harry Truman (1945-1953), uma vez que houve a retomada de políticas imperiais objetivando preencher os espaços surgidos nas áreas anteriormente sob o domínio das forças do eixo e, ao mesmo tempo, conter qualquer possível intenção de expansão soviética. Além disso, a fragilidade dos impérios coloniais britânico e francês abriu aos EUA a possibilidade de uma expansão comercial vultosa, uma vez que esses impérios começavam a desmoronar.

Algumas correntes historiográficas procuram demonstrar a ocorrência de uma ruptura na política externa dos Estados Unidos no pós-guerra, dando ênfase ao período de transição do governo Roosevelt para o governo Truman. Para outras, durante o governo Truman ocorreu a retomada de estratégias políticas anteriores ao New Deal. No entanto, para os historiadores corporatistas havia uma linha de continuidade entre o projeto da New Era, na década de 20 do século passado, o do New Deal, na década seguinte, e os desenvolvidos pelos Estados Unidos durante o período imediatamente após a Segunda Guerra Mundial.

Michael Hogan, o maior expoente da corrente corporatista defende a tese de que se desenvolveu nos EUA um Estado associativo ou um neocapitalismo corporativo, composto por coordenações institucionais e por mecanismos de mercado. Esse modelo tinha como base a auto-regulação dos grupos econômicos. Ainda para Hogan, os líderes norte-americanos procuraram construir, durante o século XX, uma nova ordem mundial, tomando como modelo o corporativismo desenvolvido internamente. Assim, a política econômica doméstica influenciou a elaboração das diretrizes da política externa, que, por sua vez, influenciaram as questões domésticas. Desse ponto de vista, ao final da Segunda Guerra Mundial, tanto as questões endógenas (política interna) quanto as externas (expansão soviética) tiveram influência na definição da política externa dos EUA.

Para esse autor, após a Segunda Guerra Mundial, o Plano Marshall viabilizou os elementos necessários à reconstrução de uma balança de poder na Europa, garantindo aos seus participantes as condições para conter o bloco soviético. Além disso, Hogan afirma que a criação de sistemas de segurança coletivos, baseados em alianças militares e em programas de assistência mútua liderados pelos Estados Unidos, funcionou como garantia contra agressores potenciais. Paralelamente, o Tratado Geral de Tarifas e Comércio e o Tratado de Reciprocidade Comercial foram agregados como fatores multilaterais à *Open Door Policy* do período entreguerras.[5]

A historiografia tradicionalista apresenta a contenção à expansão comunista na Europa Ocidental e a tentativa de estabilizar o continente europeu como os objetivos fundamentais do Plano Marshall. Nessa perspectiva, a fome, a miséria, o desemprego e a desagregação institucional, ocasionados pelos desastrosos efeitos da guerra, constituíam-se em terreno propício à propagação do ideário comunista. Em conseqüência, era necessário recriar uma Europa forte para frear os movimentos revolucionários que ameaçavam o continente. Contudo, Hogan afirma que o papel principal desempenhado pelo Plano Marshall não foi o de promover a recuperação da Europa arrasada pelo conflito mundial, nem a reconstrução da ordem anteriormente existente no continente. Para esse autor, o objetivo era destruir o que restava do capitalismo autárquico europeu e lá semear as bases de uma nova ordem internacional, fundamentada no modelo de capitalismo norte-americano.

Essa estratégia baseava-se nos indicadores apresentados mediante a análise da economia das principais potências européias. Para os estrategistas do Departamento de Estado, ao final da guerra, predominava no velho continente um capitalismo nacional autárquico, com forte presença e intervenção do Estado na economia. Eles temiam que esse modelo de capitalismo, que se diferenciava do norte-americano – baseado no livre comércio – e com ele rivalizava, pudesse obstar os interesses do país. Acreditavam, ainda, na necessidade de adotar medidas com o intuito de impedir que esse modelo de desenvolvimento capitalista fosse expandido e pudesse desafiar a hegemonia norte-americana. Em decorrência do exposto, os objetivos do Plano Marshall iam muito além da reconstrução da Europa. Pretendia-se, no âmbito regional, redirecionar o capitalismo europeu e, em uma perspectiva global, universalizar o modelo capitalista estadunidense.

Os estrategistas do Departamento de Estado entendiam que somente uma ordem econômica internacional fundada no multilateralismo e na livre circulação de capitais poderia gerar uma nova estabilidade mundial, em que os interesses dos EUA pudessem ser preservados e ampliados. No entanto, não se pode deixar de observar que tanto no planejamento como na execução do plano havia a necessidade de compatibilizar os diferentes interesses de cada uma das nações participantes com os da nova potência mundial. Por isso, a Europa que surgiu do Plano Marshall não foi nem a desejada pelos norte-americanos, nem a almejada por cada um dos governos das nações européias.

Alguns autores entendem que a receptividade e o envolvimento dos governos europeus na elaboração e na gestão do plano dão suporte à idéia de que se houve uma política imperialista norte-americana, ela haveria ocorrido a convite dos governos europeus e não como produto de uma ação agressiva dos EUA.[6] No entanto, parece-me que essa perspectiva minimiza as divergências existentes, não dá a devida atenção aos conflitos gerados pela aplicação da *Open Door Policy* durante o período entreguerras e desconsidera a forte resistência à penetração norte-americana em algumas dessas nações. Mais do que isso, não considera os conflitos de classes e de ideologias existentes no interior dessas sociedades e nem percebe que, em algumas delas, a hegemonia somente se deu mediante sangrentas guerras civis, como por exemplo aquela ocorrida na Grécia.

Para a historiografia corporativista, os planejadores do Departamento de Estado entendiam que, se não houvesse uma rápida recuperação da economia européia, os interesses norte-americanos estariam seriamente ameaçados, pois haveria o perigo de uma importante recessão no país. Essa avaliação considerava grave o desequilíbrio existente na balança de pagamentos dos países europeus, pois eles estavam necessitando importar muito mais do que podiam exportar, gerando uma escassez de dólares. Tal situação os levaria ao endividamento, à necessária contenção das importações, ao atraso na retomada da capacidade produtiva e ao estrangulamento do comércio internacional. Esses planejadores entendiam ainda que o processo de recuperação da economia européia somente poderia ser pensado de forma global, uma vez que as tentativas desenvolvidas até o início de 1947 haviam consumido cerca de US$ 9 bilhões e haviam fracassado ao buscar a solução individualizada para os problemas de cada uma das nações européias. Deve-se observar ainda que os governantes dos EUA consideravam fundamental para a segurança do país garantir o acesso aos mercados e às fontes de matérias-primas e de energia da Europa (assim como de outras regiões do planeta) e, dessa forma, bloquear qualquer possibilidade de acesso da União Soviética a esses recursos.

Para Robert E. Wood, o Plano Marshall possuía uma dimensão global em que o chamado Terceiro Mundo desempenharia um papel fundamental. Em primeiro lugar, substituiria o mercado consumidor de produtos da Europa Ocidental, anteriormente existente na Europa Oriental, e, em segundo lugar, as colônias européias contribuiriam para solucionar o problema da escassez de dólares, mediante o fluxo de moeda americana que entraria nas metrópoles européias. Esses dólares seriam obtidos mediante a exportação, para os EUA, de produtos primários. Nessa perspectiva, os conflitos da Guerra Fria teriam se expandido pelo Terceiro Mundo como produto dessa ação, uma vez que a crise seria transferida da Europa para a periferia do sistema capitalista.[7] A adoção dessa tese pode contribuir, por exemplo, para elucidar quais seriam os motivos que levaram os EUA a rejeitar a proposta de elaborar um "Plano Marshall" para a América Latina, insistentemente defendida por dirigentes latino-americanos durante a realização da Conferência do Rio de Janeiro (1947) e da Conferência de Bogotá (1948).[8]

Concluindo essa parte, gostaria de ressaltar que há evidências de que um plano com as características do Plano Marshall já estava sendo cogitado ao final de 1942. Naquele momento, a questão do perigo da expansão soviética rumo à Europa Ocidental ainda não estava posta, uma vez que a URSS encontrava-se em uma situação bastante difícil, tendo grande parte do seu território ocupado por tropas invasoras. Considerando esses aspectos, podemos concluir que, em 1947, muito mais do que deter a expansão imperial soviética, baseada nas matrizes ideológicas, tratava-se de conter a Europa e controlar preventivamente as fontes de energia, impedindo dessa maneira o futuro acesso da potência rival a tais recursos. Essa questão remete à necessidade de controlar as regiões petrolíferas do Mediterrâneo e as rotas por onde fluíam as riquezas energéticas e as matérias-primas consideradas estratégicas. E, aqui, surge outra questão essencial: devemos observar que o modelo de desenvolvimento econômico norte-americano do pós-guerra possuía – e ainda possui – uma base fundamental: energia abundante e barata. A alteração desse quadro gerava problemas de grande vulto para a economia norte-americana.

Alguém pode indagar os motivos que me levaram a apontar questões aparentemente distantes da temática proposta. Procurei demonstrar que houve uma mudança significativa na política externa norte-americana em meados dos anos 90 do século XIX, porque se havia esgotado um processo de expansão. Observei ainda que a noção de segurança norte-americana, que foi sendo cunhada durante os séculos XVIII e XIX, desenvolveu-se no sentido de exagerar a fragilidade norte-americana. No século XX, esse constructo tornou-se de vital importância para alimentar as tendências expansionistas. A expansão aparece como decorrência das estratégias de defesa. Nesse modelo, as questões relativas ao controle das fontes de matéria-prima e de energia, em distantes regiões do planeta, afetam a segurança nacional dos EUA. Partindo de uma noção de segurança nacional tão ampla, os EUA acabaram, ao longo do século XX, interferindo constantemente nas questões internas de outras nações.

Assim, da mesma forma que assistimos a um processo de expansão dos EUA ao final do século XIX, em decorrência da necessidade de reprodução do seu modelo de capitalismo podemos estar assistindo a um novo ciclo desse processo. Após a crise na década de 70, no final da década de 80 e no início dos anos 90 do século passado houve um novo ciclo de expansão do capital norte-americano. Contudo, há indicadores de que agora esse ciclo possa estar chegando ao fim. Nesse contexto, faz-se necessária uma indagação: qual será a política que o nosso principal parceiro, por um lado, e contendor, por outro, deverá adotar para continuar mantendo o seu modelo de expansão. Já em 1992, Noam Chomsky indicava alguns pontos que merecem ser observados. Ele afirmava que os Estados Unidos, concluída a Guerra Fria e havendo desaparecido o perigo soviético, haviam escolhido novos inimigos que justificavam políticas intervencionistas do país em diferentes áreas do planeta, a saber: o fundamentalismo islâmico, o tráfico hispano-americano e o terrorismo no Oriente Médio. Parece-me que, nesse aspecto, a análise de Chomsky foi precisa, pois os elementos por ele apresentados demonstram-se centrais na atual política externa dos EUA.

Acredito que, a partir deste resumo rápido e genérico, devemos procurar compreender que tipo de estratégia embasa a atual política externa estadunidense. Assim, será possível interpretar melhor, por exemplo, as medidas que os EUA estão empregando para frear a união latino-americana, os percalços criados para a aproximação do Brasil com a Europa e por que estão adotando repetidamente medidas protecionistas contra os nossos principais produtos. Paralelamente, será possível também entender o que significa a adesão à Alca. Somente assim poderemos pensar uma política externa brasileira independente e comprometida com os interesses e as necessidades do país e dos distintos grupos sociais que compõem a sua população.

[1] No texto, procurei ser fiel à apresentação, contudo, precisei algumas informações, desenvolvi idéias apenas indicadas durante a exposição no Seminário, e inclui as referências bibliográficas de apoio.

[2] Williams, W.A. *The Tragedy of American Diplomacy*. New York: Norton, 1988. O livro, publicado em 1959, tornou-se uma referência obrigatória para os críticos da história tradicionalista norte-americana, constituindo-se em uma das principais matrizes do revisionismo. Para uma revisão crítica e um balanço da influência de Williams veja Perkins, B. *The Tragedy of American Diplomacy: Twenty-Five Years Later. In:* Williams, W.A. *Op.* cit., 1988, pp. 313-334.

[3] Sobre essa análise, veja Leffler, M. "*Approaches, Interpretations and Reconfigurations*". *In:* Hogan, Michael (Ed.) *America in the World: the Historiography of American Foreign Relations Since 1941*". Cambridge: Cambridge University Press, 1995, p. 90.

[4] Williams, W.A. *The Tragedy of American Diplomacy*, principalmente o Cap. I, pp. 18-58.

[5] Hogan, M. "Corporatism". *In:* Hogan, M. and Paterson, T. (Eds.). *Explaining the History of American Foreign Relations*. Cambridge: Cambridge University Press, 1991. p. 233; Hogan, M. *Marshall Plan: America, Britain and the Reconstruction of Western Europe, 1947-1952*. Cambridge: Cambridge University Press, 1987.

[6] Lundestad, G. *Empire by Invitation? The United States and Western Europe, 1945-1952. Journal of Peace Research,* pp. 263-277, n. 23, 1986. Veja também do mesmo autor *Empire by Invitation in the American Century. In*: Hogan, M. (Ed.) *The ambiguous legacy*. U.S. Foreign Relations in the "American Century". Cambridge: Cambridge University Press, 1999, pp. 52-91.

[7] Wood, Robert E. "From the Marshall Plan to the Third World". *In*: Leffler, M. and Painter, D. *Origins of the Cold War.* London: Routledge, 1994: 201-214.

[8] O governo dos EUA afirmava que, em decorrência da difícil situação reinante na Europa e da escassez de recursos, não era possível atender às reivindicações dos países latino-americanos.

A Crise Regional

A Alca e o Projeto Nacional

Paulo Neves de Aquino*

A Alca – Área de Livre Comércio das Américas – cabe no Projeto Nacional do Brasil? O Brasil precisa da Alca? E a Alca, sem o Brasil, o que será?

A Alca é uma iniciativa isolada das conexões e interações das relações internacionais e do jogo estratégico das grandes potências no tabuleiro das disputas pelo poder mundial?

Creio que a abordagem da questão da Alca deve ter a abrangência suscitada por questionamentos como esses e não se limitar a uma análise sob a ótica de ganhos e perdas setoriais e eventuais da economia brasileira, com evidentes motivações imediatistas e mercantilistas.

O Projeto Nacional do Brasil, por sua amplitude e sentido de permanência no tempo e no espaço, envolve valores, aspirações e interesses vitais relativos à coesão social, à unidade política, ao desenvolvimento *lato sensu*, à consolidação da democracia, à soberania – todos formadores da identidade e da vontade nacional. Esse projeto é, pois, o farol orientador e fator de continuidade das políticas e estratégias nacionais que os governos, sucessivamente, devem respeitar e implementar acima das paixões partidárias, dos personalismos e dos interesses menores de grupos ou das facções da sociedade brasileira.

Em linhas gerais, essa orientação superior já está contida na Constituição Federal de 1988, em seus artigos 1° a 4°, que valem como verdadeiros objetivos nacionais permanentes. Julgo oportuno citar o parágrafo único do artigo 4°:

"A República Federativa do Brasil buscará a integração econômica, política, social e cultural dos povos da América Latina, visando à formação de uma comunidade latino-americana de nações."

---

* O autor é general-de-exército da reserva. É formado em Geografia e História pela Faculdade Salesiana de Filosofia, Ciências e Letras de Lorena-SP.

Embora longe de nós a pretensão de discorrer sobre o conteúdo de um Projeto Nacional para o Brasil, ousamos selecionar algumas idéias, dentre tantas outras, que consideramos prioritárias, urgentes e intransferíveis, isto é, que só podem ser realizadas pela vontade e pelo trabalho dos brasileiros. São elas:

– Considerar que o patrimônio do Brasil por excelência é a sua população – foco principal da ação governamental.

A propósito, o 1º Relatório de Desenvolvimento Humano do Programa das Nações Unidas para o Desenvolvimento – PNUD, de 1990, trata dessa questão de uma maneira ao mesmo tempo simples e profunda:

> "A verdadeira riqueza de uma nação é o seu povo. E o objetivo do desenvolvimento é a criação de um ambiente que permita às pessoas beneficiarem-se de uma vida longa, saudável e criativa. Essa simples mas poderosa verdade é muitas vezes esquecida quando se persegue a riqueza material e financeira."

– Assegurar a posse, a exploração e o desenvolvimento sustentável da área estratégica mais importante do Brasil, da América do Sul e quiçá do mundo – a Amazônia –, de maneira racional, responsável e determinada, em benefício de um futuro melhor não só para a população brasileira como para todas as populações dos países amazônicos. Basta relembrar que nessa imensidão territorial de 7 milhões de km^2 (dos quais 5 milhões pertencem ao Brasil) encontra-se quase metade da área das florestas tropicais úmidas, uma exuberante biodiversidade – o maior banco genético do mundo – e 20% da água potável existente em todo o globo terrestre. E, entre suas riquezas minerais, vale destacar a existência de 90% das reservas mundiais de nióbio, justamente no subsolo da reserva dos ianomanis!

Por tudo que mencionamos, essa é uma ação que deve ser coordenada com os países vizinhos, para ressuscitar o Tratado de Cooperação Amazônico, dormitando há mais de 20 anos!

Mas isso requer, além de visão e de vontade política, altivez para enfrentar não só as pressões como a cobiça internacional.

Para tal, deve-se realizar uma ampla renovação política, de modo que as ações previstas possam ser desencadeadas com competência, probidade, transparência, dedicação à causa pública e, sobretudo, amor ao Brasil. Portanto, exatamente o oposto do que hoje assistimos, estupefactos e com justa indignação, na cena política de nosso país...

Para uma compreensão mais ampla da questão da Alca, do Mercosul e dos novos paradigmas, riscos e desafios que o Projeto Nacional do Brasil deverá considerar e enfrentar para alcançar uma inserção internacional favorável, torna-se necessária uma rápida incursão pelo cenário mundial atual e prospectivo.

O que podemos perceber, desde logo, é que o mundo está experimentando uma fase de transição e de reorganização, uma "pausa estratégica" (na expressão do Sr. Jacques Chirac, presidente da França), que se iniciou na década de 90 do século passado e deverá prolongar-se pelo primeiro quarto do século XXI.

Se após a Segunda Guerra Mundial o divisor de águas era a opção ideológica, no contexto da bipolaridade, agora no pós-guerra fria, além de enfrentar as turbulências de uma "paz quente" e de mais desordem do que ordem internacional, a humanidade encontra-se novamente diante de um conjunto de questões, de dimensão global, que também coloca em perigo sua própria sobrevivência. Aí estão presentes e com preocupantes tendências de agravamento, as problemáticas relativas à demografia, ao meio ambiente, ao *gap* e ao *apartheid* tecnológico, à economia globalizada, à marginalidade (narcotráfico, crime organizado e terrorismo) e ao cenário estratégico-militar, no qual a questão nuclear, extremamente grave, ainda está longe de encontrar uma solução racional e definitiva.

É forçoso reconhecer que o mundo em que vivemos, nesse início de século, está cada vez mais competitivo, conflituoso e caracterizado pela alta concentração dos poderes político, econômico, tecnológico e militar da superpotência mundial, os EUA, e, além disso, tal concentração é reforçada pelas potências médias, que, diga-se de passagem, integram o G7 e o Conselho de Segurança da ONU. Concentração, aliás, que é decorrente do pragmatismo, da dualidade e mesmo da incoerência da atuação desses países em proveito de seus interesses imediatos e futuros.

A própria globalização, em seu estágio atual, com menos virtudes e mais assimetrias e armadilhas, tem concorrido para agravar as desigualdades de toda sorte entre os países mais e menos desenvolvidos.

Há, também, fatos positivos a registrar, como o surgimento de novos atores e lideranças relevantes na cena internacional, capazes de conduzir a novas configurações políticas e estratégicas. Destacamos aqui a formação de megablocos econômicos e de blocos menores de integração regional, o realinhamento de alianças, a diversificação de parcerias entre países emergentes e a atuação cada vez mais destacada de organismos multilaterais e supranacionais.

Assim, renascem as esperanças de um mundo melhor, menos desigual, um local mais seguro para se viver, com as perspectivas de uma progressiva dissociação entre os poderes político, econômico, tecnológico e militar, delineando uma inédita assimetria do poder mundial e abrindo os caminhos para a multipolaridade.

À guisa de conclusão do panorama mundial e regional, devemos salientar:

1º) A Alca e a segurança hemisférica, como suporte da integração comercial – duas faces de uma mesma moeda –, são iniciativas e ações complementares do amplo espectro de interesses e prioridades da atuação global dos Estados Unidos. É evidente, e até certo ponto compreensível, que prevaleçam os interesses comuns da aliança

EUA–União Européia relativos à "nova" Otan, atualizada em 1999, em suas finalidades, missões e concepções estratégicas (New Strategic Concept), e à parceria econômica Transatlântica.

2°) O Mercosul, embora ainda enfrentando as crises de sua adolescência, tem uma importância e um significado extraordinários, muito além do valor intrínseco da integração regional: com o Mercosul (e com a eliminação da variável nuclear entre Brasil e Argentina) afastou-se o fantasma do que tenho chamado "a síndrome do Cone Sul" e ganhou-se em mudança de atitudes, eliminação de prevenções e rivalidades extemporâneas. E substituiu-se tudo isso por confiança, estabilidade política e aproximação sociocultural, enfim, por uma ampla sinergia continental (sul-americana), na qual, efetivamente, residem, sem hegemonias, as maiores afinidades para a edificação de uma comunidade.

Renunciar a todas essas conquistas e ao ideal de integração, na dimensão geopolítica adequada, é, a meu ver, ter uma visão curta ou mesmo não ter visão estratégica!

3°) O Brasil, por sua dimensão, pela própria formação de sua nacionalidade e pelos princípios tradicionais de sua competente diplomacia, é, sem dúvida, um dos atores e uma das lideranças mais influentes da ação compartilhada, seja no âmbito regional seja no mundial.

Passemos a nos deter objetivamente, daqui por diante, na análise dos possíveis cenários que o Brasil poderá vir a enfrentar e na definição de nossa posição pessoal a respeito da Alca.

Identificamos três cenários: os dois primeiros nas vertentes de adesão à Alca e nas quais as variáveis são a menor ou a maior abertura dos mercados, em especial, do mercado norte-americano; o terceiro cenário é na vertente contrária, em que o Brasil abandona sua estratégia protelatória e não adere à Alca desde já.

Uma outra variável neste cenário é quanto à posição a ser adotada pelos demais países do Mercosul: que podem ou não acompanhar a decisão brasileira.

O primeiro cenário é o menos favorável: os Estados Unidos manteriam a maior parte de suas barreiras não-tarifárias, fitossanitárias e de leis antidumping e ainda reservariam a discussão das principais pendências protecionistas para o fórum da Organização Mundial do Comércio – OMC, com resultados que seriam igualmente desfavoráveis para os demais países americanos.

É um cenário que não merece sequer ser considerado pelo Brasil. Talvez interesse às economias menores do Caribe e da América Central, algumas delas até já dolarizadas e gravitando em torno dos EUA.

O segundo cenário é aparentemente mais favorável: os Estados Unidos se comprometeriam a abrir mão de parte daquelas barreiras não-tarifárias e de subsídios agrícolas.

O presidente dos EUA, Sr. George W. Bush, obteria o *fast track,* agora renomeado TPA *(Trade Promotion Authority)*, e destinaria algumas das principais pendências para a discussão na OMC, com resultados que variariam, por excelência, para o Brasil e os demais países americanos de equilibrados a favoráveis.

Esse cenário atenderá àquela visão imediatista de alguns setores da economia brasileira, a que já me referi, que estão preocupados apenas com os ganhos de um possível aumento de exportação, como é o caso dos produtores de cítricos, de fumo, de álcool, de calçados e de aço, hoje, sem dúvida, exageradamente sobretaxados pelos EUA.

É uma visão, entretanto, que não leva em conta as graves conseqüências para os interesses vitais do Brasil: a primeira e quase instantânea será a implosão do Mercosul, porque, reduzida a tarifa no acordo hemisférico, a Tarifa Externa Comum – TEC regional perde sua razão de ser. Portanto, a Alca e o Mercosul são incompatíveis e, por isso mesmo, a realização de negociações em bloco (países do Mercosul), pressupondo a obtenção de vantagens nas negociações da Alca, apóia-se em uma premissa falsa.

As demais conseqüências ocorrerão sucessivamente a curto, médio e longo prazos, em face da imensa desigualdade entre os demais países americanos e os EUA, que possui um PIB correspondente a cerca de 76% do PIB de todos os países americanos juntos, e por ser detentor do capital, da tecnologia de ponta, da gestão empresarial e dos altos níveis de internalização de suas multinacionais, particularmente no Brasil. Além disso, seguir-se-ão o aumento do comércio intrafirma, dos crescentes déficits na balança comercial, da dolarização, da asfixia das indústrias locais em virtude da concorrência desequilibrada, da desnacionalização, etc. Além disso, o Brasil terá que enfrentar, sem sombra de dúvida, retaliações dos outros blocos econômicos e poderá ver minguar os fluxos de investimento em benefício do mercado norte-americano!

Faço coro com as palavras do professor José Eli da Veiga, da USP, quando, após verificar que os Estados Unidos continuam a acrescentar subsídios agrícolas aos anos fiscais de 2001 e 2002 na ordem de US$ 5 bilhões e US$ 7,35 bilhões, respectivamente, e que haja uma previsão de recursos federais da ordem de US$ 63,5 bilhões para sustentar os preços agrícolas entre 2003 e 2011 (!) afirma:

> "(...) Por isso, a pretensão de que o fim dos subsídios agrícolas norte-americanos seja condição *sine qua non* para propor um acordo sobre a Alca em 2005 só pode ser pura ingenuidade ou mera demagogia." (*O Estado de São Paulo*, 21 de abril de 2001.)

Há, também, um estudo que vem a calhar para uma reflexão mais detida, de autoria dos economistas Luciano G. Coutinho, da Unicamp (Campinas), e de João Furtado, da Unesp (Araraquara), no qual eles dizem:

> "Os fluxos intrafirma constituem a modalidade de comércio característica dos países desenvolvidos. Eles são a expressão da forma típica das grandes empresas contemporâ-

neas – fortemente internalizadas e seletivamente integradas aos territórios que as abrigam. Mais de 1/3 das exportações dos Estados Unidos e 2/5 das importações referem-se a transações entre a matriz e as filiais." (*A Integração Continental Assimétrica e Acelerada: Riscos e Oportunidades da Alca*).

Hélio Jaguaribe destaca, em tal estudo, que as relações de troca industrial, no âmbito da Alca, de três das maiores economias do continente, teriam a seguinte participação:

EUA	58,67%
Brasil	5,58%
Argentina	1,43%

(*Argentina e Brasil diante de suas Alternativas Históricas* - Revista Política Externa, vol. 9, nº 3).

Portanto, esse segundo cenário é o cenário da ilusão e, se concretizado, levará o Brasil, na minha percepção, a uma situação de dependência externa crescente, além da perda de autonomia.

O terceiro cenário é aquele em que o Brasil não adere à Alca e opta pela prioridade à implementação de seu Projeto Nacional.

Não há, nessa opção, qualquer idéia de confronto com os EUA, ao contrário, o Brasil não deve descurar de suas importantes relações bilaterais com aquele país e com os demais países americanos. Mas deve procurar, por outro lado, ampliar e diversificar ao máximo sua pauta de exportação e suas parcerias.

Quando participei, em agosto de 1997 e em março de 1998, dos seminários organizados e conduzidos pelo ilustre embaixador Samuel Pinheiro Guimarães, à época diretor do Instituto de Pesquisa de Relações Internacionais – IPRI do Ministério das Relações Exteriores, apresentei minha visão de que não só os riscos seriam maiores do que as oportunidades, mas que a Alca, na variável tempo 2005, não seria oportuna, em face das disparidades existentes e do despreparo do Brasil, o que fatalmente nos levaria à condição de um mercado cativo dos EUA e de um ator coadjuvante na cena internacional. De lá para cá, os fatos só têm fortalecido minha convicção de que não podemos abrir mão de nosso Projeto Nacional e que a hora é de cerrar fileiras para a construção soberana de nosso destino. Além do mais, reconheçamos, os constituintes de 1988 demonstraram visão larga e de futuro. Cumpramos a Constituição Federal!

Alca para Principiantes

Samuel Pinheiro Guimarães*

A formação de uma área de livre comércio das Américas afetará a todos os brasileiros, sem exceção. Assim, é necessário trocá-la em miúdos, esclarecer com simplicidade o que a propaganda sempre otimista procura "vender" à população como panacéia para seus males. É necessário ampliar esse debate e trazer para ele todos os trabalhadores, profissionais, lavradores, religiosos, empresários, intelectuais, militares, funcionários, políticos, sem distinção de idade, sexo, raça ou credo. A Alca atingirá a todos em seu presente e em seu futuro e, ao ferir a soberania brasileira, impedirá a construção de uma sociedade mais justa, mais próspera e mais democrática. Ao debate!

Os países que participam de uma área de livre comércio não cobram impostos de importação sobre os produtos que vêm dos países-membros da mesma área nem dificultam sua entrada mediante quotas e outros instrumentos não-tarifários.

Hoje em dia, muitos dos produtos que são exportados pelo Brasil para os países das Américas pagam impostos ou estão sujeitos a quotas, como é o caso do açúcar, do suco de laranja, do aço, dos tecidos, etc., quando entram, por exemplo, nos Estados Unidos. Por sua vez, os produtos importados pelo Brasil que vêm dos Estados Unidos, do México e dos demais países das Américas têm de pagar impostos na fronteira brasileira.

Isto não ocorre entre Brasil, Argentina, Uruguai e Paraguai, porque esses países são membros do Mercosul, uma zona de livre comércio (e também uma união aduaneira), e por esse motivo não cobram impostos sobre a maioria dos produtos que comercializam entre si (há exceções). Uma união aduaneira é uma área de livre comércio na qual os países-membros têm uma tarifa comum em relação aos demais países que não são membros.

---

* Embaixador de carreira, diretor por longo tempo do Instituto de Pesquisa de Relações Internacionais (Ipri), Secretário executivo do Ministério de Relações Exteriores e autor de inúmeros livros e estudos sobre as relações exteriores do Brasil, notadamente *Quinhentos Anos de Periferia* (Porto Alegre, Contraponto, 2000).

O livre comércio para o cidadão, na sua qualidade de consumidor, significa a possibilidade de comprar produtos importados mais baratos e por vezes de melhor qualidade e cuja importação pode (não necessariamente sempre) forçar os preços de tais produtos para baixo, pois aumenta a concorrência no mercado. Para este mesmo cidadão, agora na qualidade de trabalhador, o livre comércio poderá significar a perda do seu emprego, pois os produtos importados mais baratos eventualmente acarretam dificuldades para a fábrica ou a empresa na qual trabalha. Para os trabalhadores de outras fábricas, o livre comércio talvez signifique o aumento de emprego, pois a sua fábrica pode vir a exportar mais com a redução dos impostos de importação nos outros países, o que leva ao aumento das importações e ao aumento da produção de suas fábricas.

O livre comércio ou mesmo a redução acelerada de tarifas, como ocorreu no Governo Collor, provoca muitos deslocamentos no mercado de trabalho, especialmente se as empresas dos países que fazem parte da mesma área de livre comércio forem muito desiguais em tamanho, organização, acesso ao crédito, geração de tecnologia, apoio de seus Governos, etc. A capacidade competitiva do conjunto das empresas de um país reflete de certa forma o seu nível de desenvolvimento econômico, o bem-estar de sua população e sua importância econômica (e política) internacional.

Sendo o Brasil um país subdesenvolvido, as empresas brasileiras menos competitivas, isto é, aquelas que produzem a custos relativamente mais elevados, tenderão a ser vencidas no mercado brasileiro pelas empresas mais eficientes dos países altamente desenvolvidos, como os Estados Unidos e o Canadá, que produzem a custos mais baixos e poderão exportar para o Brasil, caso participem de uma área de livre comércio.

Por outro lado, em qualquer país, em qualquer território econômico no qual haja livre comércio entre suas distintas regiões (como ocorre entre os Estados do Brasil) ou entre países, por diversas razões iniciais (localização, recursos naturais, etc.), tende a ocorrer uma concentração de atividade econômica, de riqueza e de renda em certas áreas (como é o caso de São Paulo, no Brasil). Tal concentração deve-se ao maior mercado (mais consumidores com maior renda), à mão-de-obra mais qualificada e abundante, à melhor infra-estrutura física (transportes, etc.) e social (escolas, hospitais, lazer, etc.). Novos investimentos (i.e., novas fábricas e empresas de serviços) tendem a ser realizados nessa região mais dinâmica, o que acentua um círculo virtuoso (i.e. positivo) de riqueza, que atrai mão-de-obra, "cérebros" e capitais das regiões menos favorecidas que passam a se encontrar, por seu lado, em um círculo vicioso (i.e. negativo) de riqueza: são relativamente mais "pobres" e por isso tornam-se mais pobres, caso nada seja feito pelo Estado para reverter tais processos e reduzir as disparidades regionais.

Aí temos dois aspectos fundamentais de uma futura Alca, Área de Livre Comércio das Américas, que incluiria os Estados Unidos, o Canadá, o México, os países da América Central e do Caribe e os países da América do Sul, entre eles a Argentina e o Brasil.

Nessa área de livre comércio, que seria formada pela redução gradual dos impostos sobre as importações e outras barreiras (quotas, etc.) ao comércio, por um longo período de 10 anos, competiriam em igualdade de condições, de um lado, as maiores e mais poderosas empresas do mundo, as chamadas megaempresas multinacionais americanas, cujas sedes e acionistas encontram-se nos Estados Unidos, que não só é a maior economia (25% do PIB mundial), a mais dinâmica (42% das 90.000 patentes solicitadas anualmente), a mais influente pelo seu domínio de informação e cultura (CNN, agências de notícias e publicidade, cinema, música, TV),como também a mais poderosa militarmente (7.000 ogivas nucleares, US$ 400 bilhões anuais em seu orçamento da defesa). Por outro lado, as empresas dos mini, pequenos e médios países da América Latina, que têm populações relativamente menores, economias pouco diversificadas, parques industriais reduzidos, mercados estreitos, Estados enfraquecidos por suas dívidas internas e externas e sociedades fraturadas e convulsionadas pela acentuada pobreza, pela violência e pelos extremos de riqueza de pouquíssimos e a pobreza de muitíssimos.

Assim, eliminados os impostos de importação e as outras barreiras (quotas, etc.), as gigantescas empresas americanas vencerão facilmente a competição em cada um desses países com as empresas locais, muito menores, sem capacidade tecnológica própria, sem acesso a um crédito abundante e barato e sem o apoio financeiro e ativo de seus governos. No mercado brasileiro, tais empresas norte-americanas levarão as empresas brasileiras à falência ou as comprarão, quando for de seu interesse, como já vem ocorrendo.

Os Estados Unidos têm 80% da produção das Américas, renda *per capita* superior a US$ 30.000 e razoável distribuição de renda e, portanto, grande mercado interno para suas empresas. Para uma empresa norte-americana (e mesmo européia ou japonesa) é melhor investir nos Estados Unidos, lá vender sua produção e exportar os excedentes para os demais países das Américas. Se o processo de produção exigir muita mão-de-obra, a empresa poderá investir no México, fazendo a montagem de seus produtos e de lá exportar para os Estados Unidos e para os demais países da Alca.

A Alca não trará maiores possibilidades de exportação para a maioria das empresas brasileiras, nem ocasionará mais investimentos estrangeiros para o Brasil, mas, ao contrário, trará mais importações para o Brasil, e o capital que atrair será para adquirir aquelas empresas brasileiras sobreviventes. Como têm declarado reiteradas vezes as autoridades americanas, o objetivo da Alca é ampliar ativamente as exportações americanas e penetrar nos mercados latino-americanos, além de ter acesso garantido aos recursos naturais da região, como petróleo, minérios, água e biodiversidade da Amazônia.

Mas a Alca não quer só isso. Ela também pretende criar normas iguais para as empresas de serviços, sobre investimentos e capitais, sobre as compras do Estado, sobre a tecnologia. Se a Alca vier a existir, as empresas de serviços (bancos, escolas, hospitais, seguradoras, transportadoras, construtoras, etc.) de todos os países poderão funcionar em qualquer um deles em igualdade de condições com as empresas locais. Naturalmente, as empresas de serviços maiores, como no caso da produção de bens, prevalecerão na competição direta com as empresas mais fracas. As futuras regras da Alca impedirão que os Estados estabeleçam condições para que o investimento estrangeiro (isto é, americano ou canadense, porque os investimentos externos de outros países das Américas são mínimos) deseje instalar-se no Brasil para se beneficiar de oportunidades para conseguir lucros mais elevados (bem mais) do que nos Estados Unidos e enviá-los para seus acionistas. Seria mais do que justo poder exigir que tais empresas exportem parte de sua produção, que comprem produtos (peças, etc.) de empresas locais, que empreguem mão-de-obra local, que reinvistam parte de seus lucros no Brasil, etc. Todavia, as futuras regras da Alca proibirão este tipo de contrapartida. Tal contrapartida, aliada ao crédito e às isenções fiscais, constitui os instrumentos de política industrial pela qual, sem eles, ela na prática não pode existir.

As compras do Estado são muito importantes em qualquer país. No Brasil, as receitas do Estado que se originam dos impostos pagos pela população correspondem a cerca de 30% do produto nacional, e com elas o Estado paga os juros de empréstimos (60% do orçamento), os funcionários públicos e faz despesas em saúde, educação, transporte, segurança, etc. mediante suas compras. Hoje, o Estado brasileiro pode utilizar os recursos coletados do povo brasileiro para contratar serviços e compras de empresas brasileiras que empregam trabalhadores brasileiros, e os recursos coletados retornam à economia nacional.

Há outros aspectos da Alca, mas os anteriormente citados são os principais. Fica claro que a Alca constituirá uma só economia nas Américas, que o os Estados Unidos serão o centro dessa economia, que ocorrerá um processo de concentração ainda maior de riqueza nos Estados Unidos, que a economia dos países latino-americanos, em especial a do Brasil, será desnacionalizada e sofrerá um processo de desarticulação e reversão industrial. O Estado brasileiro não disporá dos instrumentos de política comercial, industrial, tecnológica e de poder de compra para enfrentar os desafios das disparidades sociais (a pobreza e a miséria), das vulnerabilidades externas (a dívida, etc.) e da realização de seu potencial. Seus vizinhos na América do Sul sofrerão processos semelhantes e o conflito social e político nesses países irá agravar-se e envolver-nos, como a Colômbia e a Argentina já mostram aos que têm olhos para ver. Qualquer candidato que se eleger ou desativará a bomba de tempo que são as negociações da Alca ou não governará de fato. Será apenas um procônsul, angustiado ou cínico.

Argentina Moribunda

Reinaldo Gonçalves*

A experiência argentina é fonte de aprendizado para o Brasil, visto que fornece duas lições: (1) continuidade sem continuísmo pode representar risco institucional; e (2) ambivalência e conciliação podem provocar uma tragédia.

Na primeira metade dos anos 90 do século passado, a economia argentina foi capaz de alcançar o controle da inflação e o crescimento econômico. O "milagre" era facilmente explicado pelo câmbio fixo e pelo ingresso de recursos externos. Tais recursos envolveram os processos brutais de desnacionalização das empresas argentinas e de privatização das empresas estatais. O crescimento do passivo externo argentino foi significativo. Ainda como resultado do projeto neoliberal, a estabilização macroeconômica trouxe as conseqüências conhecidas: aperto fiscal, juros elevados, desemprego e dificuldades crescentes nas finanças das províncias.

Em 1995, já era evidente a crise dos governos das províncias, forçados a fazer cortes nos gastos sociais e nos investimentos. O desmonte do aparelho produtivo (reestruturação, na linguagem dos otimistas) provocou o aumento do desemprego. A privatização foi particularmente radical, tendo atingido a companhia petrolífera, os Correios e os aeroportos. Além disso, as mudanças na legislação trabalhista, com o objetivo de maior flexibilização, agravaram ainda mais as situações econômica e social. O elevado nível de desemprego foi um fator determinante do esgarçamento do tecido social. Apesar de tudo isso, Menem reelegeu-se em 1995, prometendo gerar emprego e desempenhando o papel de avalista da estabilidade dos preços e da ordem institucional.

No segundo mandato de Menem, a trajetória de instabilidade e de crise tende a acelerar. Se é verdade que a conjuntura internacional para países emergentes tornou-se menos favorável, é ainda mais verdade que as fragilidades estruturais (endógenas) do modelo neoliberal argentino ficaram expostas. A oposição tanto ao modelo quanto

* Professor titular de Economia da UFRJ e autor do livro *Vagão Descarrilhado. O Brasil e o Futuro da Economia Global*, Rio de Janeiro, Ed. Record, 2002.

ao governo aumentaram. Inclusive crescia, no interior do próprio bloco peronista, a oposição a Menem.

Os sinais de degeneração do modelo ficavam cada vez mais claros, inclusive, a degradação moral e ética da classe dirigente. Os casos de corrupção eram cada vez mais graves. As disputas cresciam na medida em que Menem trabalhava para obter o seu terceiro mandato com as eleições de 1999. Dentro do bloco peronista, já em 1997, Eduardo Duhalde pretendeu substituir Menem como candidato à presidência. Menem derrotou Duhalde e, como resultado, os peronistas entraram divididos e perderam a eleição para Fernando De la Rúa, candidato da aliança de centro-esquerda (Frepaso) e centro (UCR, União Cívica Radical).

Os peronistas, entretanto, mantinham o controle sobre diversos governos de província e tinham uma forte base parlamentar. A trajetória de instabilidade e de crise na Argentina aprofundou-se, ao mesmo tempo em que o poder do novo presidente era limitado. A falta de vontade política de De la Rúa e a sua incapacidade de realizar rupturas com o modelo neoliberal provocaram a perda de legitimidade do governo. A continuidade (sem continuísmo) provocou a perda de legitimidade. O resultado foi a deterioração das condições de financiamento externo (esse dificultado, ainda mais, pela recessão internacional que ocorreu em 2001) e o aumento das pressões políticas internas. Ao término de 2001, a Argentina experimentou o ato final de uma tragédia anunciada: houve a esperada crise múltipla (econômica, social, política e institucional).

As causas da crise transcendem a questão do câmbio. Durante os dois mandatos de Menem houve aumento da desigualdade, do desemprego e da marginalidade. O esgarçamento do tecido social foi acompanhado pela degradação institucional. As degenerações moral e ética da classe dirigente provocaram um crescente desconforto na sociedade. A continuidade do modelo, a ambivalência ou a fraqueza do presidente provocou a perda de governança. As lutas políticas entre o governo central e os governos das províncias agravaram ainda mais a situação de instabilidade e de crise política.

A anarquia institucional chegou a ponto dos governos das províncias criarem suas próprias moedas. No final de 2001, as bombas-relógio de Menem explodiram no colo de De la Rúa e houve a deposição do presidente. Depois de um processo caótico e patético de conciliação, os peronistas retomaram o poder. Duhalde, candidato derrotado nas eleições de 1999, tornou-se presidente da Argentina.

A crise deverá prolongar-se pelo tempo necessário para que sejam definidos claramente os "ganhadores" e os "perdedores". A estratégia da classe dirigente é "cansar o povo", tirá-lo da rua. Dessa forma, haverá a socialização das perdas. A sociedade "entubará" mais um programa fatídico do FMI. O processo de ajuste deverá ser longo e de alto risco. As perspectivas são altamente desfavoráveis. As perdas acumulam-se, tanto em termos econômicos (renda, desemprego) como em termos sociais (marginalidade, violência, emigração, etc.). A imagem de um argentino correndo abraçado a um pacote de papel higiênico, após um saque de supermercado em janeiro de 2002, mostra a degradação de um país e de uma nação. Em maio de 2002, os argentinos, que fazem malabarismos e mendigam nos sinais de trânsito de Florianópolis, são a expressão de um país derrotado e humilhado.

Não há benefícios sem custo: o dólar barato gerou uma "orgia" de importação de bens e serviços, bem como uma brutal fuga de capitais. Outro fator central: o povo argentino elegeu e reelegeu Menem, escolheu a sua classe dirigente e seu modelo econômico. Cabe ao povo argentino encontrar sua própria saída para a crise atual. Naturalmente, não será com Duhalde nem com a atual classe dirigente que a Argentina sairá dessa crise. As forças progressistas precisam ser revitalizadas na Argentina, reconquistar a confiança do povo e reorganizar não só o processo político como também as instituições. A Frepaso fracassou porque não era um partido de massas e sim um partido de "caciques". O problema é que, talvez, essas forças estejam muito debilitadas e fragmentadas após os resultados trágicos da aliança da Frepaso com os centristas da UCR. A solução dos problemas da Argentina depende, fundamentalmente, do próprio povo argentino.

“Choque de Desenvolvimento”

Reginaldo Gomes Garcia dos Reis*

A história é uma forma de apresentar a realidade do homem. Negar o passado é absurdo e ilusório. O passado existiu e tem que estar integrado e vinculado ao contemporâneo. Esta é a razão de ser da monarquia na Inglaterra: simbolizar o passado que continua a existir. A permanência de seus princípios e valores.

Observem-se os trechos abaixo transcritos:

> “Há quem se sinta, na forma de vida atual, como um náufrago que não consegue flutuar. A velocidade do tempo com que as coisas caminham hoje, o ímpeto e a energia com que se faz tudo, angustiam o homem de temperamento arcaico, e essa angústia é a medida do desnível entre a altura de seu pulso e a altura da época. Por outro lado, o que vive plenamente e à vontade as formas do presente tem consciência da relação entre a altura do nosso tempo e a altura das diversas idades passadas.”

A altura aqui referida é a que determinava a modernidade do chamado “nosso tempo”. Eleva-se o hoje sobre o ontem, como se fosse superior, ou, então, cai, se não estiver de acordo com a percepção de “modernidade”. Mas tome-se, ainda, mais uma parte do texto:

> “Essa grave dissociação entre o passado e o presente é o acontecimento comum de nossa época e nela está incluída a suspeita, um pouco confusa, que leva à conturbação peculiar da vida nestes anos: Os homens atuais sentem, de repente, que ficaram sozinhos sobre a terra; que os mortos morreram de fato; que já não podem ajudar-nos. O resto do espírito tradicional se evaporou. Os modelos, as normas, as linhas de conduta já não nos servem. Temos que resolver nossos problemas sem a colaboração ativa do passado, em pleno atualismo – sejam eles de arte, de ciência ou de política.”

* Contra-almirante da reserva da Marinha do Brasil, doutor em Ciências Navais e Secretário Executivo do Centro de Estudos Políticos-Estratégicos da Escola de Guerra Naval (Rio de Janeiro).

Os dois textos parecem ter sido escritos neste exato momento. Entretanto, eles foram elaborados por José Ortega y Gasset em 1927, e fazem parte de seu livro *A Rebelião das Massas*. Naquele momento, vivia-se um período de transição entre guerras, pleno de perplexidades e com crescentes conflitos de interesses internos e externos nos principais países "desenvolvidos" da época. Curiosamente, hoje são praticamente os mesmos.

As incertezas do mundo atual, como antes, levantam questões básicas sobre valores, crenças, enfim tudo aquilo que mantém a sociedade unida e dá significado às nossas vidas. Hoje, é quase senso comum, que se inicia uma nova era. Ela é denominada "era do conhecimento", amalgamada numa frente de ações que é a globalização. O que é isto? É um fruto do desenvolvimento tecnológico em ciclos de inovações cada vez mais curtos? É um fator de desemprego e mudanças sociais que acirram as diferenças internas e, no campo externo, causam um alargamento e aprofundamento das desigualdades entre países?

A globalização, como descreve Domenico Demasi, no livro *O Futuro do Trabalho*, em realidade, mostra várias faces e não é um fenômeno recente. O fato atual é a convergência de diversos modelos de uma eterna tendência humana de explorar e depois colonizar. É uma mistura da vontade humana e a disponibilidade de tecnologias e, assim, pode-se ver a globalização multifacetada do seguinte modo:

a) O ser humano tem inata a vocação das descobertas. É assim que o planeta Terra foi explorado. Isto é exemplificado, em um dos momentos históricos, pelos descobrimentos desenvolvidos a partir da Escola de Sagres. Hoje, continua a ser feito pela ânsia de desvendar o Universo.

b) A troca de mercadorias ocorre desde a Antigüidade, permitindo a expansão do comércio. Não só serve de motivação para a penetração de territórios, mas como decorrência a história apresenta-a como origem de diversos conflitos. A característica dessa face da globalização é que as trocas podem ser vistas como boas ou más. Estas são caracterizadas, por exemplo, pelo tráfico de escravos. Como ação benigna tem-se a rede de pesquisa científica sobre o DNA.

c) A expansão territorial feita sob o poder das armas marca vários acontecimentos históricos, tal como a formação do Império Colonial Espanhol, a dominação inglesa no século XIX e a colonização da África.

d) A expansão da rede financeira, com a influência de determinadas moedas e do capital acumulado tendo-as como base de valor, é uma globalização antiga. Numa viagem pelo tempo, pode-se escolher a atuação dos banqueiros de Florença, passar-se pela libra da "pax britânica" e chegar ao dólar dos anos 1970, ao romper com o padrão ouro de Bretton Woods. Aliado a isso, vê-se a busca de uma integração dos mercados de ações em tempo real. Opera-se nesse mercado por 24 horas, desde a Ásia até os EUA, acompanhando o nascer e o pôr-do-sol. A consolidação da União Européia (UE) tem como condição importante a adoção do euro como moeda comum, para que assim ela reforce a sua posição como reserva de valor e uma alternativa ao dólar.

e) O deslocamento de parte das próprias estruturas produtivas das empresas transnacionais faz-se na direção de regiões cada vez mais distantes. Tais empresas produzem uma grande transformação que as fazem transpor as fronteiras e os poderes do Estado. O atual estágio da TI (Tecnologia de Informação) fornece facilidade de gestão e, assim, as matrizes centralizam o planejamento estratégico e exercem um maior controle sobre as filiais. É a otimização dos recursos espalhados pelo mundo. O carro mundial das grandes montadoras com suas partes produzidas em diversos países e, por vezes, integrados em um outro, dá uma adequada dimensão do fato.

f) Invadir o mundo conhecido com determinadas idéias vem dos tempos mais remotos. Um dos exemplos dessa ação é a Igreja Católica Apostólica Romana. Outro aspecto atual baseia-se nas facilidades da TI, na difusão de filmes, programas de TV e notícias via satélite em tempo real. As Guerras do Golfo são um exemplo marcante da influência da mídia. A expansão de idéias influencia as crenças, as linguagens e os modelos de vida locais, tendendo a criar uma uniformidade cultural. É a aldeia global, visualizada por MacLuhan no início dos anos 1960.

g) A regulamentação internacional com vistas a sobrepor-se às políticas de cada Estado-nação manifesta-se não só com a criação de organismos internacionais, como também pela atuação influente das Organizações Não-governamentais na tentativa de gerar limites e subordinação dos atos decisórios de cada país. Os campos de ação são os mais diversos. Exemplifica-se com o meio ambiente, infância e adolescência, pesquisas e organização do comércio, entre outros. As organizações criam, ao passarem a existir, uma elite transnacional, normalmente competente e bem remunerada, que cultua o novo credo das instituições contratantes, olvidando-se, por vezes, dos interesses nacionais dos seus países de nascimento.

h) Um outro componente que se manifesta como de ponderável influência internacional é o da expansão do crime, em especial o relacionamento com o sistema mundial da droga. Esta é a face negativa do aproveitamento dos desenvolvimentos científicos e tecnológicos, em especial na área da TI.

i) Um mapa dos acordos entre as grandes corporações e a imensa onda de fusões e aquisições mostram como existe um perigoso estreitamento da competição. Neste sentido está inserida a disseminação de um pensamento gerencial predominantemente oriundo dos EUA. Tal fato é percebido pela introdução e criação de novas "palavras" com origem na língua inglesa, e os modismos de "management" criados por "Gurus". A falência da *ENRON* nos EUA e o reflexo do fato pelo mundo caracterizam a situação vivenciada. O caso Parmalat está apenas reforçando o lado negativo.

j) O momento contemporâneo expressa a presença de todas as formas acima citadas em conjunção com a predominância de um país detentor de um poder militar muito superior aos demais, os EUA, e a aplicação unilateral de um modelo político-econômico que não atende às peculiaridades de outras culturas. Associa-se a isso a taxa de mudança cada vez mais acelerada com base em inovações tecnológicas. A contribuição desses fatores é sintetizada na tentativa de estabelecer-se um processo de unificação social e cultural, alimentado pela rede informatizada e a "mídia de massa".

As relações internacionais têm o direito internacional como princípio organizador da consciência entre os Estados. Hoje, predominam as instituições e os fóruns multilaterais no relacionamento entre países, porém, como nos séculos antecedentes, os "interesses nacionais" continuam a jogar seu papel decisivo, em especial, no comportamento dos atores mais proeminentes no contexto internacional. É este comportamento que estabelece o marco da ordem internacional, com base no peso político, econômico, militar e de desenvolvimento científico dos Estados.

Os movimentos deflagrados pela globalização não permitem uma clara definição de que tipo de sistema está vigindo após a fragmentação desencadeada pelo fim da era bipolar. Para onde tende a balança que mede o "equilíbrio de poderes"? Em que pese a permanência em cena de praticamente os mesmos atores, EUA, União Européia (em processo de consolidação), Rússia, após a implosão da ex-União Soviética, e a ascensão da China, como representante da Ásia em conjunto com o Japão, ocorreram mudanças significativas no papel de cada um desses países, como também da base de sustentação de que dispunham para as negociações globais do mundo atual.

Poder-se-ia acrescentar uma série de outras considerações. Todas levariam à percepção de que o mundo permanece em um equilíbrio instável, pleno de indecisões e fluido, ao sabor da dinâmica da incerteza. Para o agredido haverá sempre a decisão crítica, pois não é o detentor do modelo estabelecido pelo agressor, que escolhe o centro de gravidade do conflito imposto. Este é o desafio dos estrategistas: fazer deslocar o centro de gravidade, tendo em conta as oportunidades e os riscos. Como se percebe, o modelo decorrente da idéia básica não se limita somente aos aspectos das estratégias militares. Fala-se da estratégia como filosofia de ação, a qual não se restringe a uma situação de guerra ou a uma aplicação militar. Ela é útil para qualquer situação de conflito ou dilema.

Há um consenso que o século XXI seja visto como a "Era do Conhecimento". A demanda por conhecimentos especializados é crescente. Os impactos da tecnologia de informação (TI) e da tecnologia do conhecimento (TC) na cultura das diversas sociedades ainda não podem ser avaliados de modo definitivo. Neste sentido, vive-se um período em que não se tem "certeza nem das nossas incertezas".

As grandes invenções e a adaptação aos nossos tempos serão produzidas por aqueles que ousarem ver o mundo com uma lógica diferente da lógica dominante. Isto foi o que aconteceu na história da humanidade. Não se pode continuar a ser invadido pela informação e continuar órfão do conhecimento. A mais efetiva forma de gerir a mudança com sucesso é criá-la.

A transposição linear de inovação, sem que se considerem as práticas e costumes locais, tem sido a causa de grandes fracassos. O senso da realidade estabelece que é preciso desenvolver a própria formulação em busca de um conhecimento aprofundado.

No caso brasileiro, a adaptação precisa passar pelo filtro saudável do trópico do hemisfério sul, onde são mitigadas as "verdades indiscutíveis", provenientes de modelos prontos e acabados, por serem oriundos de países ditos como mais desenvolvidos.

A tecnologia é um fator fundamental no desenvolvimento e traz consigo a necessidade de mudanças e transformações. Entretanto, é preciso que ela seja apoiada em uma base humana educada e apta a dar respostas adequadas aos interesses nacionais. Os algoritmos são excelentes meios de modelagem da realidade, "ressalvadas as restrições impostas pelo modelador". Este, por vezes, não considera o homem pensar e ter vontade própria.

Atribui-se a Einstein a frase de que o perigo de só se olhar para o lado material da tecnologia está na possibilidade de o homem acreditar em possuir mais poderes que Deus, e, assim, imaginar ser possível substituí-lo.

O modismo é um perigo pelo mal que ocasiona ao ser adotado sem a análise crítica que deve anteceder qualquer implementação. Uma das características do modismo é considerar irrelevante e ultrapassado tudo o que foi feito antes. É uma "verdade estabelecida a priori. Isto prima pela falta do conhecimento e sabedoria. Não faz muito tempo a transformação inovadora era a "nova economia". A realidade foi bem diferente. Há alguns anos Keynes alertava para o que chamou de "economia de cassino". Ainda são atuais suas sábias palavras.

A "mundialização" deve buscar a solidariedade do respeito. Não se precisa de um choque de civilizações, pois os conflitos existem naturalmente. A aurora da "mundialização" precisa despertar para um choque de desenvolvimento voltado para a dignidade do ser humano.

Uma Outra Alca*

Samuel Pinheiro Guimarães
Francisco Carlos Teixeira Da Silva

A Área de Livre Comércio das Américas (Alca), tal qual foi concebida originalmente – inclusive com seu calendário aceito no lançamento em Miami, em 1994 – não traria quaisquer benefícios para as empresas brasileiras nem para sua sociedade. Neste sentido é de suma importância que as negociações em curso assumam claramente a defesa dos interesses nacionais e proponham modificações fundamentais em todo o processo. E quanto antes o país tomar essa iniciativa, melhor. O principal impedimento, imaginado por inúmeras lideranças brasileiras, e brandido abertamente pelos negociadores americanos, seria o risco de um isolamento do Brasil no âmbito continental. Na verdade, o país dispõe de meios para não ficar isolado no continente americano, se tomar a iniciativa de reorganizar os termos da negociação. A Alca, tal como se encontra, é parte de uma estratégia de hegemonia dos Estados Unidos no hemisfério. Entre seus resultados, estará a "absorção" completa do Mercosul, que perderia o sentido no interior de um acordo mais amplo.

As principais questões envolvendo a Alca e o Brasil prendem-se, hoje, aos seguintes pontos:

1. A questão do calendário de negociações e da data de entrada em funcionamento do acordo: as negociações envolvem os universos tarifário e não-tarifário, os serviços e as compras governamentais, impondo cuidados extremos nas decisões a serem tomadas, o que implica que qualquer açodamento no processo de negociação poderia gerar graves danos às partes envolvidas. Além disso, há uma pressão dos EUA para a inclusão das cláusulas trabalhistas e de meio ambiente. São, portanto, extremamente complexas as negociações. A disparidade econômica, do dinamismo tecnológico e das forças empresarial e financeira das megamultinacionais america-

* Este texto é produto de duas longas conversas do embaixador de carreira Samuel Pinheiro Guimarães com o professor Francisco Carlos Teixeira Da Silva, responsável por sua organização e edição, em 2002.

nas, se comparada com as empresas brasileiras, é gritante. Esse fato, aliado à diferença dos níveis tarifários do Brasil e dos EUA, torna inevitável um resultado extremamente negativo para o conjunto do comércio brasileiro de bens e serviços, caso a Alca venha a ser implementada, ainda que a longo prazo, nos termos originais propostos. Para a sociedade brasileira, os empresários, os trabalhadores e as elites políticas, não se trata apenas de antecipar o prazo e, portanto, a crise. Mas, sim, de evitá-la.

2. As relações entre a Alca e o Mercosul: a Alca e o Mercosul são incompatíveis nos termos originais da proposta. A Alca absorveria o Mercosul. A expansão das exportações brasileiras jamais teria ocorrido – no patamar em que se deram -, se não fosse a preferência tarifária criada pela Tarifa Externa Comum (TEC). O Mercosul privilegia as empresas instaladas nos quatro países do mercado intra-regional. Com a Alca, o Canadá, os EUA e o México passarão a gozar das mesmas vantagens no mercado regional do Mercosul, competindo em igualdade de condições com as empresas instaladas na região. Ou seja, a preferência, que caracteriza o Mercosul, deixará de existir, e o Mercosul desapareceria. A TEC continuará a vigorar apenas para as importações que não sejam provenientes da Alca, prejudicando parceiros de grande importância para o Brasil.

3. Uma previsão da situação dos diversos setores no interior de uma Alca abrangente: uma área de livre comércio hemisférica cria um único território econômico-comercial nas Américas. Na ausência de sistemas de compensação e de reorganização econômica, tenderia a ocorrer um processo de especialização produtiva. Os Estados mais desenvolvidos concentrar-se-ão na produção industrial de ponta e os Estados menos avançados especializar-se-ão nas atividades primárias. Os setores industriais brasileiros têm graus menores de eficiência, em geral, do que os correspondentes setores industriais americanos. Com as tarifas reduzidas a zero, a empresa americana continuaria a ser mais competitiva em seu próprio mercado e ainda ganharia melhores condições para competir na América do Sul, o principal destino de nossas exportações industriais. Os setores brasileiros que exportam produtos agropecuários enfrentarão uma situação duplamente difícil. De um lado, a agropecuária americana é altamente competitiva. Por outro, está a oposição de *lobbies* regionais ao acesso dos produtos brasileiros, como o açúcar, carnes, camarão e o suco de laranja. O Brasil é um incipiente exportador de serviços e nossas empresas não poderiam enfrentar a concorrência das empresas americanas no mercado interno e na América do Sul.

4. As relações comerciais Brasil/EUA em face da Alca: um dos principais problemas das relações Brasil/EUA, e os americanos não queriam discutir na Alca abrangente, são as restrições não-tarifárias ao comércio brasileiro. Mesmo existindo uma Alca limitada, nada impede que o Brasil e os EUA negociem bilateralmente a não-aplicação da legislação americana antidumping, por exemplo, contra os produtos

brasileiros e, mesmo, a redução de barreiras tarifárias e não-tarifárias a certos produtos. Mesmo que alguns setores venham a beneficiar-se com a Alca, o que será difícil, não significa que o conjunto do comércio exterior, da economia e da sociedade do Brasil venha a beneficiar-se. Acelerar as negociações, abrindo mão dos cuidados necessários, seria precipitar-se em um caminho que pode não ter volta, e cujo resultado final poderá ser catastrófico para o futuro do Brasil na sociedade internacional.

5. *A questão do isolamento do Brasil temida por alguns:* o fato de o Brasil não participar da Alca não significaria, isto ocorrendo, que ele iria isolar-se econômica e politicamente na América do Sul e nem mesmo em relação aos EUA. O México, ao participar do Nafta (Acordo de Livre Comércio da América do Norte), continuou mantendo suas relações políticas e econômicas com os demais países. Os parceiros do Mercosul podem ou não seguir uma eventual decisão brasileira de não participar da Alca. O fato é que a Alca dissolveria o Mercosul e, portanto, deixaríamos de ter os parceiros do Mercosul. O projeto da Alca responde aos interesses estratégicos dos EUA para a América do Sul. Se os nossos parceiros decidirem seguir o exemplo do Chile, não haverá maior prejuízo para o Brasil, seja devido à reduzida dimensão de suas economias, como é o caso do Uruguai e do Paraguai, seja pelo interesse em manter o comércio conosco. O Brasil não ficaria isolado. Nada impede que o país venha a aumentar seus laços com todos os países desenvolvidos, inclusive com os EUA.

Política Externa e América Latina – Avaliando a Trajetória e Extensão de seu Globalismo e Regionalização

Sabrina Evangelista Medeiros*
e Cristina Buarque de Hollanda**

Um dos grandes dilemas da inserção da América Latina na ordem contemporânea é a combinação entre suas políticas domésticas – historicamente nacionalistas – e suas políticas externas, com um grau de congruência cada vez mais elevado. Ao longo do século XX, os movimentos de aproximação sul-americanos incluem desde o Pacto ABC, de 1907, que instaurava uma união aduaneira entre a Argentina, o Brasil e o Chile, até a conformação progressiva de um Mercado Comum abrangendo o Brasil, a Argentina, o Uruguai e o Paraguai. A culminância deste processo nos anos 90, com a instauração do Mercado Comum do Sul, não significa, entretanto, uma história intermitente de aproximação, mas uma trajetória permeada de avanços e retrocessos no campo da diplomacia. Contemporaneamente, a observância da cena das relações internacionais aponta forte dinamicidade, ao mesmo tempo que se faz forçadamente mais cooperativa – definindo a esfera de estreitamento dos projetos políticos nacionais. Os elos de interdependência são reforçados e a teia de pactos, blocos econômicos e acordos bilaterais delineiam um ambiente internacional de grande complexidade.

A criação de uma identidade política latino-americana depende do eixo de negociações formado pelas diplomacias, suas respectivas políticas externas e a plataforma política dos governos vigentes. A inserção da América Latina no contexto de mundialização é favorecida não só pela extensão internacional de suas economias nacionais, como também pelo movimento recente de ampliação do potencial destas economias e de diminuição do risco e vulnerabilidade delas, através da formação de blocos regionais.

A regionalização das fronteiras – designação atribuída ao processo de formação de blocos de negociação e áreas de livre comércio – ocorre simultaneamente em várias

* Historiadora, pesquisadora do Laboratório de Estudos do Tempo Presente/UFRJ, doutoranda do Iuperj.
** Cientista política, historiadora, pesquisadora do Laboratório de Estudos do Tempo Presente/UFRJ, doutoranda do Iuperj.

das economias menos e mais desenvolvidas, delimitando um processo cujas origens remontam ao cenário de bipolaridade da Guerra Fria. Naquele período de rigidez ideológica e pouca flexibilidade de adaptação das agendas políticas nacionais, a América Latina esteve nitidamente localizada sob a égide dicotômica das relações Estados Unidos – URSS, o que circunscreveu consideravelmente o âmbito de possibilidades das negociações entre países. No momento político subseqüente, marcado pela derrocada da matriz soviética, o poder de barganha latino-americano, alavancado pelos processos de distensão política, foi consideravelmente ampliado, ao menos potencialmente. Os movimentos nacionais de redemocratização foram, portanto, importantes na redefinição do embate de forças na cena internacional pós derrubada do muro de Berlim.

Uma vez esvaziado o cenário de bipolaridade, dois fenômenos – em parte confluentes, em parte divergentes e contraditórios – emergiram como rumos possíveis para o rearranjo das relações internacionais. De um lado, a concentração de poder e a tendência à unipolaridade, de outro, a proliferação de atores políticos e a possibilidade de diversificação das instâncias de poder. A nova formatação do poder supranacional, fundado num novo e cambiante equilíbrio de forças, foi um dos temas mais recorrentes nas projeções sobre o cenário mundial que sucede a Guerra Fria. Fundamentalmente, as análises giram em torno de especulações sobre a consolidação da preponderância política norte-americana ou em torno da emergência de focos múltiplos que engendrariam uma complexa conformação de poderes e contrapoderes interagindo no cenário internacional. Nesta conjuntura, o aprofundamento da integração regional de países latino-americanos emerge como o contrapeso possível à univocidade de diretrizes, normalmente constatada na política internacional.

Devidamente incorporados ao paradigma comum da ordem democrática de direito, os países latino-americanos, em sua grande maioria, garantiram maior participação de suas economias (com grande potencial de crescimento, apesar de ainda marcadas por fortes vínculos de dependência) e de seus governos (mais estáveis por ora) na esfera internacional.

A aproximação de suas políticas nacionais com estratégias de negociação e regionalização pôde ser constatada a partir do final dos anos 70, fundamentalmente entre Brasil e Argentina. A convergência de fatores conjunturais diversos, que abrangem desde desentendimentos dos dois países com a potência americana (em razão de pressões do governo Carter com relação ao desrespeito dos direitos humanos pelos governos militares brasileiro e argentino) até conflitos regionais entre Chile e Argentina, acabou por gerar o estreitamento de vínculos entre nações historicamente imbuídas em grande dose de rivalidade. A disputa tácita por hegemonia territorial parecia encerrar-se com a percepção de que a melhor opção para ambos, em termos de comércio e de desenvolvimento econômico, era o delineamento de estratégias convergentes no âmbito da política externa. O marco deste novo capítulo das relações entre os países foi a adesão ao Acordo Tripartite, que também incluiu o Paraguai, em 19 de outubro de 1979. Dele resultaram os projetos de construção das hidrelétricas de Itaipu (Brasil-Paraguai) e de Corpus (Argentina-Paraguai). A questão do aproveitamento hídrico da Bacia do Prata, um dos principais motivadores de contendas entre Brasil e Argentina, era superado por um acordo que deveria beneficiar ambos os países.

A esta negociação bem-sucedida sucederam-se acordos bilaterais concernentes a medidas diversas no campo energético, delineando assim um terreno fértil para o estreitamento de laços regionais, o que incluiu também a formalização de vínculos com o Paraguai e Uruguai, países vizinhos. Em 1980, a assinatura do Tratado de Montevidéu instituiu a Associação Latino-Americana de Integração, Aladi, uma nova versão da fracassada Associação Latino-Americana de Livre Comércio, Alalc. O objetivo de liberalização completa do comércio regional foi mantido, mas agora assimilado com maior flexibilidade, de maneira a permitir o firmamento de acordos sub-regionais (o que permitiu, alguns anos depois, a criação do Mercosul e da Comunidade Andina). Além do novo formato normativo da Associação, o contexto supranacional emergente de nações recém-democratizadas - que deve significar menos centralismo decisório - e de diversificação industrial - que implica maior potencial de complementaridade das economias - somou-se às expectativas de sucesso deste empreendimento de regionalização.

Neste momento, parece ter sido estabelecida a intenção de se firmar, efetiva e progressivamente, a integração entre os países da América Latina. Dentre os objetivos comuns enunciados, "a promoção e regulação do comércio recíproco, a complementação econômica e o desenvolvimento das ações de cooperação econômica que coadjuvem a ampliação dos mercados"[1] mereceram maior destaque. A concentração normativa em elementos da ordem da economia compôs o marco principal deste estreitamento de laços; o elo de cooperação possível em nível internacional. A premissa tácita de inferioridade diante de outros quadros internacionais de destaque gerou disposições formais de solidariedade diante de conjunturas nacionais especialmente desfavorecidas. O tratado prevê, por exemplo, a formação de programas especiais de cooperação em favor dos países de menor desenvolvimento relativo.

Os anos que sucederam a implementação da Aladi não foram, entretanto, marcados pelo empenho multilateral intermitente em fortalecer o estreitamento de vínculos entre os países latino-americanos. No caso da Argentina, por exemplo, o estabelecimento de um sistema de relações múltiplas, que recolocava os Estados Unidos como protagonista dos tratados internacionais em detrimento dos vizinhos sul-americanos, apontava o papel coadjuvante relegado à formação e consolidação de blocos regionais. O comércio bilateral com o Brasil, por exemplo, foi prejudicado pela forte crise econômica que atingiu os dois países na década de 80. Por outro lado, o boicote econômico da Comunidade Econômica Européia à Argentina, em razão da Guerra das Malvinas, em 1982, significou a necessidade de estreitamento de vínculos comerciais com países vizinhos.

Nesta conjuntura ainda incipiente de negociações e acertos intra América Latina – distante do ideal de um movimento unívoco e coerente – o Mercado Comum do Sul, Mercosul, delineou suas primeiras diretrizes de ação. Nasceu em 26 de março de 1991 como uma possibilidade importante de barganha econômica por parte dos países com maior destaque regional – antes pouco cooperativos entre si –, que contariam ainda com o Paraguai e o Uruguai, em menor proporção. Embora a aproximação comercial entre

Brasil e Argentina tenha sido iniciada nos governos militares, a abertura política gerou mais dinamicidade e, inclusive, participação da sociedade civil nesta relação, que agora se estendia para os países vizinhos com maior vigor. Com uma proposta inspirada nos moldes europeus de comunidade, o Mercosul emergia com uma pequena agenda de negociações para se tornar, dez anos mais tarde, um estreito parceiro da Europa neste continente, contrariando expectativas de dependência do elo americano baseado no Acordo de Livre Comércio da América do Norte, Nafta. Após pouco mais de uma década transcorrida do Acordo Tripartite, firmavam-se, enfim, as condições objetivas para a implementação e efetiva consolidação de um mercado comum factível.

Para o Cone Sul, entretanto, a exclusão do Chile do rol de países que integram o Mercosul poderia significar dificuldades para sua estabilização e legitimação no cenário internacional como bloco de negociações com os maiores fluxos de capital da América do Sul. A peculiaridade da política externa chilena, caracterizada por acordos pontuais, esparsos e diversificados, aponta para a resistência histórica a vínculos de pertencimento regional, com exceção da expectativa de acoplamento ao Nafta. A percepção, entretanto, de que estratégias isolacionistas não são condizentes com a realidade da mundialização gerou contatos mais substantivos, a partir dos anos 90, com países da América do Sul. Neste contexto foi estabelecida a aproximação com o Mercosul e a inclusão do país na categoria de "membro associado", especialmente criada para absorvê-lo. Enquadrando-se numa concepção fluida de regionalismo, que não considera as distintas possibilidades de inserção regional mutuamente excludentes (o que implicaria na compatibilização, por exemplo, entre Mercosul e Alca), o Chile se integrou a um Mercosul ampliado, o que significa nada mais que uma adesão parcial. Apesar do caráter inconstante da sua política externa, o Chile, através, por exemplo, da sua proximidade em relação aos mexicanos – com quem primeiro firmaram acordo – ou aos americanos – com quem estabeleceram acordo de preferência recentemente – engendra a quebra da distância entre a repartição Sul e Central da América Latina, principalmente ao juntar-se, em algumas das mais importantes demandas, às deliberações do Mercosul.

Na mesma direção de fortalecimento regional preconizada pelo Mercosul encaminha-se a Comunidade Andina de Nações, CAN, composta pela Colômbia, Venezuela, Equador, Peru e Bolívia. O objetivo delineado é o de formar um bloco coeso de negociações que deverá viabilizar a implementação de um acordo sobre Tarifa Externa Comum (TEC), o que, a médio prazo, poderá significar a formação de um Mercado Comum entre os países-membros.

A consolidação e legitimação deste bloco na cena internacional não significa, entretanto, que o Mercosul e a CAN possam estar travando uma concorrência contraproducente fundada no esvaziamento das respectivas agendas e possibilidades de negociação, mas, muito pelo contrário, consolidando o regionalismo sul-americano e estreitando esta parceria. A convergência de projetos pode ser percebida, por exemplo, pelo acordo de liberalização tarifária firmado diretamente entre a Bolívia e o Mercosul, mesmo sendo a CAN liderada por bolivianos. Maior confluência de interesses pode ainda ser concluída das negociações travadas entre os dois blocos, CAN e Mercosul, que poderão praticamente converter a América do Sul numa área de livre comércio.

Para além dos benefícios decorrentes da intensificação de trocas comerciais entre os blocos, esse empreendimento tem um amplo sentido estratégico que poderá conferir aos países da América do Sul um novo *status* nas negociações com a Área de Livre Comércio das Américas, Alca, cujo projeto de implementação, elaborado em 1994, vislumbrava um panorama de trocas comerciais completamente diferente do que poderá tornar-se vigente num futuro próximo. A reconfiguração de forças no cenário sul-americano, que aponta para a convergência de políticas externas nacionais, poderá significar a alteração do patamar anteriormente reservado aos países deste continente. Nessa direção firmam-se ainda os passos rumo à dinamização e realização efetiva da Aladi.

Este estreitamento das relações exteriores no âmbito dos países da América do Sul também repercutiu na configuração de possíveis acertos para além das fronteiras do continente. A proximidade entre proposições dos presidentes Luiz Inácio Lula da Silva, do Brasil, e Vicent Fox, do México, aponta também para a possibilidade de formulação conjunta das demandas a serem pleiteadas junto aos Estados Unidos na conformação normativa da Alca. E este possível movimento de estreitamento das relações Brasil-México para contrapor-se aos Estados Unidos pode ser pensado como um capítulo a mais da reação brasileira à Cúpula das Américas, convocada, em 1994, por Bill Clinton, com o intuito de promover a integração hemisférica. Dentre os movimentos de rejeição precedentes, destaca-se a resolução do Protocolo de Ouro Preto. O documento estabelece que qualquer projeto de integração que extrapole os limites territoriais do Mercosul deve ser negociado em bloco, o que frustra o intuito norte-americano de firmar acordos bilaterais para driblar resistências nacionais.

Mesmo ocupando os Estados Unidos o vértice da estrutura de poder internacional, o fortalecimento dos blocos econômicos regionais gera a possibilidade de contrapeso, por vezes incipiente e irrelevante, por vezes imbuído em considerável potencial de barganha nas tratativas internacionais. Reorganizadas as fronteiras, geograficamente ampliadas, para negociações de grande porte, novas posições vão sendo alocadas na estratificação de poder dos atores negociadores. Uma tal reconfiguração gera a possibilidade de alterações, ainda que sutis, do equilíbrio de forças na cena internacional.

A escalada da importância efetiva do Mercosul – mesmo que ainda distante dos objetivos delineados, por vezes discrepante dos interesses nacionais mais imediatos – gera repercussões políticas que extrapolam as fronteiras regionais. Para além das negociações que se esgotam no campo da economia, a consolidação progressiva do Mercado Comum suscita a consideração de outros objetos de discussão e possível interesse mútuo, como a livre circulação de cidadãos sul-americanos.

O aprofundamento da reflexão sobre o fluxo de pessoas nos territórios dos países-membros acarretou a formulação de projetos mais ambiciosos para o Mercosul, que abarcam inclusive a possibilidade de livre intercâmbio de trabalhadores. O bloco decidiu que a partir de 2002 estenderia seus objetivos para formar uma comunidade política, para além da já consolidada comunidade econômica. Esta decisão implica na formulação, a curto prazo, de uma política imigratória comum, que significará a liberalização das fronteiras para que os futuros cidadãos do Mercosul circulem livremente nos mercados de trabalho de seus países-membros.

Isto significa que um cidadão argentino, uruguaio ou paraguaio poderá trabalhar oficial e permanentemente no Brasil, e vice-versa, o que acaba com a grande perda de receita de alguns destes países e com a angústia de cerca de um milhão e meio de ilegais que transitam nos países acordados[2]. No Paraguai, por exemplo, calcula-se em centenas de milhares o números de camponeses brasileiros, os "brasiguaios", erradicados em suas terras, muitos em situação irregular. Estima-se inclusive que 8% da população paraguaia sejam compostos por brasileiros, que significam parte considerável da população economicamente ativa do país e, em grande medida, não contribuem regularmente para a receita local. Também no Uruguai a presença brasileira é massiva, chegando a corresponder a 50% da mão-de-obra agrícola no país. Na Argentina, cerca de 800 mil paraguaios estão ilegalmente instalados em seu território[3].

Apesar da forte imigração brasileira para os países vizinhos, o fluxo contrário, que também ocorre, não produz um impacto considerável na economia do Brasil, por conta de seu volume e da diferença significativa de populações. A efetivação de um acordo imigratório comum poderia significar considerável injeção de capital nas economias do Mercosul, uma vez que os imigrantes exerceriam legalmente suas atividades, podendo ser titulares, por exemplo, de contas bancárias.

A Pastoral do Imigrante no Brasil calcula um número entre 40 e 60 mil imigrantes ilegais bolivianos só no ramo das confecções no Brasil. Além deles, o número de argentinos é também cada vez maior, especialmente depois da grave crise econômica de 2001. Apesar da imprecisão dos dados sobre imigração, pode-se facilmente concluir que o fluxo de pessoas, mesmo entre países com desigualdades sociais alarmantes, é muito grande. O reconhecimento do intercâmbio informal de populações e o delineamento de políticas comuns para lidar com esta questão deverão fortalecer os vínculos entre os países do Mercosul, promovendo efetivamente a regionalização das fronteiras. Formalmente, a pretensão é de que, legalizando-se a situação destes indivíduos, os direitos humanos e de trabalho sejam ampliados de forma a coibir a inserção assimétrica dos imigrantes ilegais na ordem democraticamente instituída. Nesta comunidade ampliada, o caráter nacional deixaria de ser um instrumento de barganha para a auferição ou manutenção de direitos (com exceção dos políticos), eliminando assim o confronto de alteridades locais.

A peculiaridade da política imigratória latino-americana, atrelada a instâncias da Justiça, Trabalho e Relações Exteriores, reside na não vinculação a variações de governo – a única exceção fica por conta do Paraguai, cuja política externa ainda se baseia fundamentalmente no poder executivo. A formação de uma política imigratória irrestrita para os cidadãos do Mercosul, pouco vulnerável, portanto, às oscilações políticas locais, inauguraria uma configuração diferenciada das outras relações bilaterais e multilaterais existentes em toda a América Latina. Por um lado, os países do bloco – agora não somente econômico – podem vivenciar períodos conturbados de adaptação. Isto porque a disputa por mercado de trabalho e os altos níveis de desemprego destes países potencializam o protecionismo nacionalista, que emana fundamentalmente das próprias sociedades nacionais. Por outro lado, esta política aponta para a necessidade de diluírem-se as diferenças, propiciando que uns e outros compartilhem dos prejuízos e benefícios trazidos pela nova era regional.

No caso particular do Brasil, as regiões de fronteira – de grande extensão territorial, em muitos trechos inabitada e tomada pela floresta Amazônica – são suscetíveis a dificuldades específicas de controle. Para lidar com esta questão, o tratado multilateral da Cooperação Amazônica, vigente a partir de agosto de 1980, define estratégias de cooperação que não se restringem à tutoria e propriedade brasileira sobre a região. Naquela área, as contendas são complexas, abrangendo as polícias federais dos países envolvidos, inspetores e pesquisadores internacionais, além de abarcar um intenso fluxo da população fronteiriça entre cidades próximas de países vizinhos. Neste caso, a falta de centralismo na administração dos atores locais, por vezes coniventes ou envolvidos em práticas ilícitas como o tráfico de drogas e contrabando, somada à incapacidade das políticas imigratórias dos países respectivos em dar conta satisfatoriamente desta população flutuante, converge para corroborar uma percepção de escassez do Estado. Na altura de 2002, estima-se que o número de latinos ilegais na região amazônica brasileira seja 80% maior do que havia há 10 anos[4].

O conhecimento mais preciso dos fluxos imigratórios, que poderia convertê-los em ganhos de receita e evitar as incursões em situações de ilegalidade, é uma preocupação relativa não só a cada país isoladamente. Além de blocos como Mercosul e Pacto Andino, a América Latina também é representada pelo Parlatino, uma espécie de Parlamento Latino-Americano, vigente a partir de novembro de 1987, que reúne periodicamente líderes regionais para o estabelecimento de diretrizes que motivem os interesses conjuntos. A política imigratória foi o tema da ultima reunião do Parlatino, convocado desta vez pelo Congresso guatemalteco. O encontro contou com a presença de deputados e representantes do Brasil, México, El Salvador, República Dominicana, Guatemala, Chile, Colômbia, Venezuela e Equador, que "se pronunciaram por el pleno respecto de los derechos humanos de los inmigrantes" – conforme definiu um editorial equatoriano.

Dentre as deliberações deste encontro, os países se comprometeram a fomentar políticas legislativas de apoio a populações imigrantes na América Latina e Caribe. O pressuposto tácito é de que o trato dispensado aos imigrantes diz muito sobre as disposições democráticas do país que os recebe. E, portanto, deve merecer atenção especial das instâncias competentes. Conforme consta nas proposições fundadoras do Parlatino, o respeito ao pluralismo e à diversidade cultural dos países latino-americanos deve compor o ambiente democrático predominante em cada uma das realidades nacionais em questão. A rejeição pela diferença constituiria, portanto, elemento de repúdio às políticas nacionais dos países envolvidos.

Neste fórum de debates e deliberações, vislumbra-se claramente a junção de três temas fundamentais para a reflexão sobre a ordem supranacional ou regional: os direitos humanos, civis e sociais (os políticos permanecem no âmbito doméstico); a liberalização econômica; e a segurança (nacional). Estes temas definem a pauta de discussões – normalmente marcadas por elevado grau de abstracionismo e pouca tradução em eventos práticos – e as maiores dificuldades em se fazer estabelecer um compromisso absolutamente conjunto.

Ainda no âmbito das discussões sobre imigração, em novembro de 2002, a Conferência Episcopal Mexicana declarou que os direitos individuais deveriam prevalecer em relação à legislação de fronteira e segurança dos Estados quando os países de origem destes migrantes não podem garantir condições de vida adequadas. Este seria, segundo eles, problemas de responsabilidade tanto dos Estados de origem desta população quanto dos Estados de destino. A concepção universalista do homem projeta na política imigratória uma forte expectativa de realização do ideal democrático. Ainda de acordo com os bispos mexicanos, a inexistência de políticas regulatórias menos restritivas e mais voltadas para a legalização destes indivíduos contribui com o tráfico e com o abuso desta mão-de-obra, acentuando o fluxo ilegal – ao contrário do que se pretende.

Em linhas gerais, a extensão do debate sobre imigração, não mais circunscrito ao plano estritamente nacional, significa o amadurecimento e aprofundamento do processo de regionalização dos países que integram o Mercosul. Para além das questões de interesse econômico *stricto sensu*, o trato conjunto do tema da imigração implica na reavaliação e compatibilização dos respectivos projetos de democracia, mutuamente dependentes no âmbito regional.

Referências Bibliográficas

Bauman, Zigmunt. *Globalização – As Conseqüências Humanas.* Rio de Janeiro: Zahar, 2001.

Bean, Frank D.; Bell-Rose, Stephanie. *Immigration And Opportunity: Race, Ethnicity, And Employment In The United States.* Russell Sage Foundation; 1999.

Castles, Stephen; Davidson, Alastair. *Citizenship and Migration – globalization and the politics of belonging.* New York: Routlegde, 2000.

Chomsky, Noam. *World Orders Old And New.* New York: Columbia University Press: 1996.

Cornelius, Wayne A.; Martin, Philip L.; Hollifield, James F. *Controlling Immigration: A Global Perspective.* Stanford Univ Pr: March, 1995.

Cvetkovich, A.; Kellner, D. (eds.) (1998). *Articulating the Global and the Local: Globalization and Cultural Studies.* Boulder: Westview Press.

Dirlik, A. "The Global in the Local". *In:* R.W.A W. Dissanayake (ed.). *Global/Local: Cultural Production and the Transnational Imaginary.* Durham: Duke University Press, 1996.

Jacobson, David (1997). *Rights Across Borders: Immigration And The Decline Of Citizenship.* Johns Hopkins University Press.

Lesser, Jeffrey. *Negotiating National Identity : Immigrants, Minorities, And The Struggle For Ethnicity In Brazil.* Duke Univ Pr; 1999.

Mansfield, E. D.; Milner, H. V. (1999), " The New Wave of Regionalism". International Organization, vol. 29, número 3.

Mansfield, E. D.; Milner, H. V. (eds.). The Political Economy of Regionalism. New York, Columbia University Press, 1997.

Mayall, J. "National Identity, and the Revival of Regionalism", *in:* L. Fawcett and Hurrell (eds.), *Regionalism in World Politics.* Oxford: Oxford Uni. Press, 1995.

Miller, Mark J.; Castles, Stephen. *The Age of Migration: International Population Movements In The Modern World.* 1998.

Neves, João Augusto de Castro (2002), *Participação do Poder Legislativo na Política Externa Brasileira: o Caso do Mercosul.* Dissertação de Mestrado. Rio de Janeiro, IUPERJ.

Paradiso, José, et alli (2000). *Política Externa na América do Sul.* Fundação Adenauer. Rio de Janeiro.

Sassen Saskia; Kwame, Anthony (1999). *Globalization And Its Discontents: Essays On The New Mobility Of People And Money.* Appiah.

Schuck, Peter H. *Citizens, Strangers, And In-Betweens: Essays On Immigration And Citizenship.* 1998.

Simon, Julian L.; Ungar, Sanford J. *The Economic Consequences Of Immigration.*; Univ Of Michigan Pr; 2nd Edition; 1999.

Wade, Peter. *Race And Ethnicity In Latin America.* Pluto Pr; 1997.

E ainda:

Associação Latino-Americana de Integração www.aladi.org

Immigration News – Editado pelo Center of Immigration Studies. www.cis.org

Informativo do NIEM – Núcleo Interdisciplinar de Estudos Migratórios – UERJ. Niem_rj@yahoogrupos.com.br

Agradecemos ainda ao Prof. James Houlston, do CCIS – *Center of Comparative Immigration Studies* - UCSD.

---

1 Associação Latino-Americana de Integração (www.aladi.org). Acessado em 18 de dezembro de 2002.

2 Dado disponibilizado através dos Informativos organizados pelo RelNet UnB – site de referência em Relações Internacionais. www.relnet.com.br

3 Dados disponibilizados através do material recolhido pelo NIEM – Núcleo Interdisciplinar de Estudos Migratórios – UERJ (Org. Prof. Helion Póvoa).

4 Apesar do último censo do IBGE creditar cerca de 500 mil estrangeiros no Brasil legais – número bem inferior aos quase 1 milhão e cem mil estrangeiros legais da década de 70 – ONGs e pesquisadores acreditam que o número de estrangeiros ilegais supere em quase 300% os dados oficiais. Ver dados da Fundação Joaquim Nabuco - http://www.fundaj.gov.br/rg01/rg06d.html

Para saber mais sobre nossos títulos e autores,
visite nosso site:
www.mauad.com.br

Este livro, da MAUAD Editora,
foi impresso em papel pólen soft 70g,
na gráfica Sermograf